孟子文獻集成

孟子文獻集成編纂委員會　編纂

山東人民出版社

圖書在版編目（CIP）數據

孟子文獻集成. 第一二六卷 /《孟子文獻集成》編纂委員會編. --濟南：山東人民出版社, 2020.1
ISBN 978-7-209-12337-2

Ⅰ. ①孟… Ⅱ. ①孟… Ⅲ. ①儒家 ②《孟子》-研究資料-匯編 Ⅳ. ①B222.55

中國版本圖書館CIP數據核字(2019)第227496號

項目統籌: 胡長青
責任編輯: 李　濤
裝幀設計: 武　斌
項目完成: 文化藝術編輯室

孟子文獻集成（第一二六卷）
《孟子文獻集成》編纂委員會 編

主管單位　山東出版傳媒股份有限公司
出版發行　山東人民出版社
社　　址　濟南市英雄山路165號
郵　　編　250002
電　　話　總編室（0531）82098914
　　　　　市場部（0531）82098027
網　　址　http://www.sd-book.com.cn
印　　裝　山東新華印務有限責任公司
經　　銷　新華書店

規　　格　16開（210mm×285mm）
印　　張　59.5
字　　數　480千字
版　　次　2020年1月第1版
印　　次　2020年1月第1次
印　　數　1-200
ISBN 978-7-209-12337-2
定　　價　900.00圓

《孟子文獻集成》編纂委員會

學術顧問 杜維明　張豈之　李學勤　牟鍾鑒

學術委員會

主　任　陳　來

副主任　郭齊勇　李存山

委　員　王　傑　王中江　王志民　王其俊　王鈞林　王漢東　孔德立　杜澤遜　李存山

李景林　吴　靖　袁汝旭　徐洪興　高兆波　郭齊勇　陳　來　孫明霞　梁　樞

梁　濤　董洪利　曾振宇　楊海文　楊朝明　趙　勇　鄭傑文　劉瑾輝　顏世安

顏炳罡　龔鵬程

（按姓氏筆畫排序）

編纂委員會

主　編　王志民

副主編　杜澤遜　梁　濤　胡長青　李梅訓

委　員　王　路　王恒柱　李西寧　李振聚　李國慶　黄顯功　張　勇　張志清　趙永和

趙紅彦　劉　晨

（按姓氏筆畫排序）

編　　务　劉　晨　楊雲雲　孫　姣　李　濤　劉嬌嬌　張艷艷
　　　　趙　菲　吕士遠

組織實施

中國孟子研究院

山東人民出版社

序

《孟子文獻集成》是在孟子故里鄒城市委市政府鼎力支持下，由中國孟子研究院、山東人民出版社協同合作，共同致力完成的一項大型儒家文獻的搜集、整理、出版學術工程。

一

孟子是中國歷史上偉大的思想家、政治家、教育家，是僅次於孔子的儒家學派重要代表人物。戰國時期，戰爭頻仍，『角戰英雄，六經泥蟠，百家飆駭』（《文心雕龍·時序》），孔學既黜，儒道中衰。孟子遵夫子之道，批邪説，正人心，發揚光大孔子學説，復興儒學，成爲孔子之後最重要的儒家傳人和先秦原始儒學理論體系的主要奠基人。韓愈論儒家道統由堯、舜、禹、湯、文、武、周公代代相傳，言及『文、武、周公傳之孔子，孔子傳之孟軻。軻之死，不得其傳焉』（《原道》），又説『自孔子没，群弟子莫不有書，獨孟軻氏之傳得其宗』（《送王塤秀才序》）。可見，後世尊孟子爲『亞聖』，稱儒學爲『孔孟之道』，實爲孟子歷史地位使然！

《孟子》一書，是孟子及其弟子編著的全面反映孟子思想的儒家經典著作。漢文帝時，即曾設立《孟子》學博士，全國推闡。六朝時期，玄學、佛學興盛，儒學式微，《孟子》亦受冷落，但唐宋以後，隨着孟子地位的大幅提昇，《孟子》一書越來越受到統治者和學者文人的廣泛重視。唐代大儒韓愈倡論中國文化道統，其《原道》之説，影響甚大，已掀『孟子熱』；北宋時期，《孟子》與《論語》俱列入『十三經』之數；南宋朱熹作《四書章句集注》，將《孟子》列『四書』之中。南宋統治者更將其正式列入官方之學，設爲科舉考試科目，欽定爲必讀經典，學孟子、讀《孟子》，蔚然而成社會風氣。此後，孟子地位進一步提昇：元文宗封孟子爲『亞聖公』，尊其爲『百世之師』；明清兩朝更大推『四書』，地位儼然超越『五經』。《孟子》與《論語》並行，上自帝王，下至百姓，家有之，户誦之，『所研究者惟「四書」，所辨訂者亦惟「四書」』（《四庫全書總目·四書大全提要》語）。孟子思想，深入人心；《孟子》之學，遍佈各地；《孟子》

文獻，汗牛充棟。

根據我們的初步調查，歷代《孟子》文獻有兩千種之多。這些文獻，依孟子學史的發展，大致形成了以下幾点較鮮明的時代特徵：宋元文獻多義理闡發，以朱熹《孟子章句集注》爲代表；明代以王夫之《讀四書大全説》爲代表，多從心性之學挖掘孟子豐富的思想内涵；清代孟子學最盛，不僅産生了以乾嘉學者戴震《孟子字義疏證》、崔述《孟子事實録》爲代表的大量考據、辨僞著作，還出現了集前人研究成果之大成的焦循《孟子正義》。大致可以説，以東漢趙岐《孟子章句》爲發端，歷代學者多所闡釋研究。尤其宋元以來，孟學實爲千年『顯學』。《孟子》文獻内容所涉注釋訓詁、義理闡發、思想挖掘、考證辨僞等所有方面，其對孟子及《孟子》文本的研究廣度、深度可謂前無古人，後難爲繼。尤爲重要的是，歷代學者秉持儒家人生理念，一生所繫，立德立言，以『爲往聖繼絶學』爲生命追求之本，往往傾一生之力終注一經。孟子文獻不僅真實地展示了孟學及儒學發展的歷史，也留下了代代學者治學的心路，實在是應該认真进行挖掘整理的傳統文化瑰寶。

然而，毋庸諱言，孟子文獻的收集整理向未受到應有的重視。這固然與二十世紀以來，儒學命運多舛有關：批孔之時，孟子亦受其累；近數十年來，『孔子熱』不斷升温，孟子受冷落的現象却未有大的改觀，歷代孟子文獻迄未收集整理即是一例。據我們不完全統計，包括臺灣在内的中國圖書館，現存宋元至清代的刻本與鈔本計有一千二百餘種之多。由於各種原因，百分之九十餘未曾整理出版，而百分之七十以上仍處於人所罕见的塵封狀態。歷史的責任，現實的需要，未來的期盼，都在呼喚能有一套《孟子文獻集成》的編纂出版。

二

二〇一三年四月底，孟子研究院在孟子故里山東省鄒城市正式成立。時值一年一度的『孟母文化節』，同時進行的還有由鄒城市、《光明日報》國學版、山東師範大學山東省齊魯文化研究院共同策劃主辦的『孟子公開課』開講儀式。來自國内各著名高校的部分主講學者和與會專家對孟子研究院成立後的學術規劃提出了許多建設性意見，多位專家提出了編纂《孟子文獻集成》的建議。

同年十月二十九日至三十日，孟子研究院學術委員會第二次會議在主任陳來先生主持下於鄒城召開。會議就《集成》的立項和編纂事宜進行了認真深入地討論，參閲審查了初選孟子文獻書目，形成了以下四點共識：一是孟子文獻的搜集、整理向稱薄弱，絶大多數迄未面世，影響了孟學研究的深度和廣度。編纂《集成》，填補空白，意義重大。二是要在廣泛搜集、精心選編的基礎上，力求將《集成》做成收羅全、質量高、權威性强的精品學術工程。三是应制定具体工作規劃，選編文献时代可由遠及近；文獻收集範圍，宜先國内後國外，分段完成，穩步推進，確保質量。四是在孟子研究院學術委員會基礎上，应增加部分孟子研究專家，充實到《集成》學術委員會；選聘孟學研究、版本目録、館藏出版等方面專家，組建高層次、有效率的編纂部和工作班子，扎實有效開展工作。

在經過編纂部四次召開籌備會議和系列籌備工作基礎上，二〇一四年五月，在濟南召開了特邀專家選目審查論證會。來自北京大學、中國人民大學、山東大學等全國各地的十餘位孟子和孟學史專家就編纂部提供的《集成》選編總目（國内）進行了認真研析、讨论審查。這次會議的召開更堅定了大家对編纂《集成》的信心和認識，許多專家從長期孟學研究的切身感受中充分肯定編纂《集成》的重大意義，一致認爲：這是一項立足當前又澤被後世的重大學術工程；目前国内編成的經典文獻集成中唯獨没有孟子文獻集成，这不僅是文化建設的一种缺憾，也从多个方面影響了孟子研究的深入和拓展，从这个意義上説，該項目的实施确是一項填補空白、意義深遠的學術工程。專家們特别指出，這項重大學術工程，由山東，特别是孟子故里鄒城市支持，由孟子研究院、山東省齊魯文化研究院牵頭承擔，正是歷史責任與當前文化建設的最佳選擇。相信《集成》的出版，對於提昇孟學研究、促進孟子研究院發展、推动山東文化强省建設，贡献巨大，意義深遠。會議還就選目原則形成以下共識：一是《集成》應當是一套研究孟子文獻的集大成之作，所收以獨立成書的研究《孟子》專書爲主，兼顧其他，儘量收全。對孟子文獻的含義可以放得寬一些，對書名没有『孟子』的，例如以『四書』『諸子』爲書名的，也要注意在考察辨析基礎上做好，要高標準、高質量。二是《集成》應兼顧古籍的重要性與稀見性，做到常見書精選善本，重要文獻不遺漏。三是海外孟子文獻應作爲一個工作目標，與海外學者合作，广匯博收，規劃編纂。四是時代大致截止到清末，現代部分可作爲『附編』或單獨列編收集出版，部分難以收入文獻應附列存目。這次專家會議的意見，得到二〇一四年六月五日召開的孟子研究院第二次學術委員會的重視和確認。

在籌備、啓動《集成》的整個過程中，得到鄒城市主要領導及社會各界鼎力支持。山東人民出版社主動、積極地參與了各項工作。二〇一四年八月二十八日，在山東省第五届文博會上，省有關領導和衆多媒體記者見證了孟子研究院與山東人民出版社共同簽訂《〈孟子文獻集成〉編纂出版協議書》的过程。

經過編纂委員會及有關方面的共同努力和各相關圖書館的大力支持，宋元時期傳世文獻已基本全部收録，共四十八種，分裝十四册，已於二〇一六年初首批出版發行。其中，收録宋元刻本十四種，海外善本四種，第一次影印的即有十六種，屬於披沙揀金的珍本，將爲孟子文獻及思想研究提供寶貴資料。

第二輯精選明代孟子文獻八十一種，分裝爲三十二册影印，已經於二〇一七年三月出版。

第三輯爲明代文獻的第二批，共收入著作四十五種，分裝爲二十册影印，其中五種來自日本，三種來自美國；其他部分也多爲稀見的珍本和善本，已經於二〇一八年三月出版。

第四輯，共收録著作六十二種。其中，明代著作四十八種，分裝爲二十四册；清代著作十四種，分裝爲十册。共出版三十四册。底本皆爲精選珍本善本，其中，明代刻本四十種，清代刻本二十二種。又有二十三種來自日本，多爲國内未見，彌足珍貴。

本次出版爲《孟子文獻集成》第五輯，清代文獻之第二部分，也是《集成》編纂以來，收録文獻最多的一輯。共收入著作三百六十八種，分裝爲一百册；至此，自康熙朝至清末絶大部分與《孟子》相關文獻已基本囊括。其中：來自日本的珍稀文獻八種；稿抄本二十六種；孤本二十二種，國内未出版者達三分之二以上。

編纂出版《孟子文獻集成》，既有利於深入挖掘孟子思想精髓，洞見《孟子》世代傳承的歷史場景，又有利於珍貴文獻的保護、傳承和共享、共用，是惠及當代、澤被後世的文化善舉。值此共出版二百册之際，我們對國内外各有關圖書館和學界同仁的鼎力支持與真誠合作表達崇高的敬意和誠摯的感謝！

讓我們黽勉同心，共同努力，以期這一重大學術工程的圓滿完成。

王志民

二〇一五年四月十二日第一稿
二〇一八年三月八日修改第二稿
二〇一八年十二月十二日修改第三稿
二〇一九年十月六日修改第四稿

凡例

一、《孟子文獻集成》匯聚歷代關於《孟子》之著述，要其旨歸，不外經學之考證、義理之推闡、文章之批點，故舉凡注釋、析義、批點等書皆酌加收録，大致以著者時代先後爲次，俾經學之大，義理之善與夫文章之美，庶幾由此而知。

二、《孟子文獻集成》選用底本多未經整理，或孤傳海外，或秘庋深閣，學者既不能偏歷中外而窺其概貌，又不能盡探二酉而知其大略，不能無憾焉。今集爲一編，則學者循覽而知《孟子》一經之本末，歷代著述之昇沉。

三、各書或得自日本、美國，或攝自國家圖書館、天津圖書館、上海圖書館、浙江圖書館、山東大學圖書館等。底本皆經選擇，其存世孤秘，列爲首選，而後出佳槧，流佈稀少，亦資採摭。

四、諸書著録書名、卷數、著者時代、姓名、撰著方式及版本，覽者便焉。

五、著者真僞，學者所重，凡有歧異，均於著者前加『題』字，略示區别。

六、諸家解《孟》之作，或爲獨立成書者，或爲總集内别裁而出者，或以『四書』著述總題者，今所匯集，以能獨立析出者爲斷。其單篇零什，概所不收。

七、裁出之書，凡原有題名者，概依原題，而於版本項注其從來；凡無獨立題名者，則仍用大題，而括注『孟子』二字；其不能析離者，則全書收録。

八、是編博訪廣蒐，固難周徧，續有所得，拟輯《補編》，庶免遺珠之憾。伏望博雅君子，匡其不逮，補其未備，是所幸焉。

目録

四書講義尊聞録（孟子）七卷（二）

清　戴鋐輯

清雍正懷新堂刻本

四書講義尊聞錄卷之十七

離婁章句上

翼註他處論政重心。此章重法。以當時諸侯。不遵井田學校也。

凡二十八章

此章揔是論為治。若在寔行先王之政。惟仁者宜在高位。[illegible]來天之方蹶。亦承喪亡無日來。文自相貫也。

離婁之明章

此即孔子祖述堯舜意。提醒先王之道。揔要當時君臣。取法先王意。通章揔重仁政二字。

【總講】說約。按達說全章智乎分。上論爲治之道。下勉君臣當各任其責。細分之。又當分作四段。自離婁之明至徒法不能以自行。言舍法。無以成治。自詩云不愆不忘至可謂智乎。言治法所當遵。自是以惟仁者至喪無日矣。是責其君當行仁政。自詩云天之方蹶至謂之賊。是責其臣當輔其君以行仁政。大文明有四箇故曰字。皆收繳意也。○【說統】別處論政多重心。此章獨重法。以當時諸侯蔑視井田學校等法故也。不重堯舜言。堯舜且不能恃仁心以為治。然則法何廢已乎。

孟子曰、離婁之明、公輸子之巧、不以規矩、不能成方員、師曠之

聰不以六律不能正五音堯舜之道不以仁政不能平治天下

離婁古之明目者公輸子名班魯之巧人也規所以爲員之器也矩所以爲方之器也師曠晉之樂師知音者也六律截竹爲筩陰陽各六以節五音之上下黄鐘大簇姑洗蕤賓夷則無射爲陽大呂夾鐘仲呂林鐘南呂應鐘爲陰也五音宮商角徵羽也范氏曰此言治天下不可無法度仁政者治天下之法度也蒙引此道字指其緼蓄用運于一心者言對仁政說

本義　孟子曰天下事皆不可無法以制器言之離婁至明公輸子至巧使不以規爲員以矩爲方則明巧亦無所據而方員不能成矣以作樂言之師曠至聰使不以六律之短長定五音之高下則至聰亦無所施而五音不能正矣曲藝且然

而況治天下乎堯舜有愛天下之至道使不以仁政則雖有教養斯民之心而綱紀未備法度未詳欲天下歸於平治亦不能矣況不及堯舜者乎

堯舜心在愛民如天好生之仁何治不仁

附解 趙氏曰只言六律者陽統陰也○程氏復心曰人聲亦有高下聖人制五聲以括之又制十二律以制五聲五聲中又各有高有下每聲又分十二等所謂律和聲也樂律自黃鍾至仲呂皆屬陽自蕤賓至應鍾皆屬陰此是一箇大陰陽黃鍾爲陽大呂爲陰太簇爲陽夾鍾爲陰每一陽間一陰又是一箇小陰陽五音始於宮宮數八十一商數七十二角數六十四徵數五十四羽數四十八以數之多少爲尊卑故曰宮商角徵羽○吳氏曰五聲最濁者爲宮稍濁者爲商微清者爲角稍清者爲徵最清者爲羽十二管長者聲濁短者聲清宮商角徵羽之高下無定準必以律管長短定之每律之宮各有商角徵羽而不相亂則長短之度不可有分釐之差然後其聲句調歌聲句調施之八音皆然而無相奪倫矣○蒙引六律六呂之法每三分而損益隔八位以相生如不以八十一數之黃鍾不能正夫音之宮不以五十四數之林鍾

不能正夫音之徵是宮也徵也必以黃鐘林鐘之律而後正不以七十二數之太簇不能正夫音之商不以四十八數之南呂不以正夫音之羽不以六十四數之姑洗不能正夫音之角是商也羽也角也必以太簇南呂姑洗之律而後正焉由一鈞以往旋相爲宮而莫不皆然然後五音始可得而正焉○三分損益者凡陽律三分其數而損一分以下生陰陰律三分其數而益一分以上生陽如黃鐘之數八十一爲宮三分其數得二十七者凡三損去一分二十七數得五十四合爲下生林鐘爲徵三分林鐘五十四數得一十有八者凡三又益一分一十八數得七十二數合爲上生太簇爲商三分太簇七十二數得二十四者凡三損去一分二十四數得四十八數合爲下生南呂爲羽三分南呂四十八數得十六者凡三而益一分十六數得六十四數合爲上生姑洗爲角姑洗六十四數三分之得二十一者凡三而零一數其一數每三分之竟零一數而分不盡數不行矣此音所以止於五者○隔八相生如子爲黃鐘之宮歷丑寅卯辰巳午未而爲林鐘之徵也旋相爲宮謂每律皆可以起宮也○此道字指仁心○〔說統〕首二段借制器審音引起堯舜如詩興體然

即堯舜亦是借來說雖堯舜不能仁政不外教養之法天下外仁政爲治極見法之不可廢也之人皆遂生復性即是仁政

附考 漢書律歷志律十有二陽六爲律陰六爲呂律呂統氣類物一曰黃鍾二曰太簇三曰姑洗四曰蕤賓五曰夷則六曰亡射呂呂旅陽宣氣一曰林鍾二曰南呂三曰應鍾四曰大呂五曰夾鍾六曰仲呂有三統之義焉其傳曰黃帝之所作也黃帝使泠綸自大夏之西崑崙之陰取竹之解谷生其竅厚均者斷兩節間而吹之以爲黃鍾之宮制十二筩以聽鳳之鳴其雄鳴爲六雌鳴亦六比黃鍾之宮而皆可以生之是爲律本

今有仁心仁聞而民不被其澤不可法於後世者不行先王之道也

胡雲峰曰上文云堯舜之道此云先王之道道一而已有仁心則此道蘊于中是爲美意有仁政則此道行于外是爲良法上既言爲治不可無法故此緊承不能平治天下者正以不行先王之道故也

仁心溢爲仁聞澤今所以傳後詞意不予

仁心愛人之心也仁聞者有愛人之聲聞於人也先王之道仁政是也范氏曰齊宣王不忍一牛之死以羊易之可謂有

仁心梁武帝終日一食蔬素宗廟以麪爲犧牲斷死刑必爲之涕泣天下知其慈仁可謂有仁聞然而宣王之時齊國不治梁武之末江南大亂其故何哉有仁心仁聞而不行先王之道故也

本義 堯舜惟行仁政所以澤被於當時法垂於後世今之爲君者亦有愛民之念發於中愛民之名聞於外似亦可以致治矣然而當時之民不沾其實惠傳之後世亦不可以爲法者豈其心不若堯舜哉由其不能行先王之仁政故也

附解 存疑法於後世者澤既被於當時其良法美意又足以垂訓於來世也有王者起必來取法是如此○少墟馮氏曰孟子所謂先王非專指古之先王論本朝前代皆是先王但求其可法者而已卽父有作而子述之是亦法先王也○問孟子告齊宣王曰是心足以王矣則仁心者固王政之本也今曰有仁心而不行先王之道則是所謂仁心者初不

足恃，而所謂先王之道，又在此心之外也。〔朱子曰〕是心足以王者，言有是心而能擴充之，以行先王之道。如其篇末所論制民之産云者，則可以王爾，非謂專恃此心，而直可以王也。

○〔存疑〕此節是即當時不行仁政不能爲治，以証不以仁政不能平治天下之意。

故曰：徒善不足以爲政，徒法不能以自行。呂晚村：此承上起下兩節，兩句有賓主歇側之勢。

徒，猶空也。有其心，無其政，是謂徒善；有其政，無其心，是謂徒法。程子嘗言爲政須要有綱紀文章，謹權審量，讀法平價，皆不可闕。而又曰必有關雎麟趾之意，然後可以行周官之法度。正謂此也。蔡氏：此總上二節而斷其含法無以成治，意重上句，見徒善之與徒法等。

〔本義〕不行先王之道，即仁心仁聞，不足以成治，可見心爲出治之本，政爲致治之法。故曰徒有仁心而無其政，以繼之則慈祥愷悌之蘊，何從運用，不足以爲政也。猶之徒有仁政，而無其心以主之，則紀綱法度之施，祇爲文具，不能以自行也。故治天下者，有仁心以爲治本，尤有仁政以爲治法，而後堯舜之治可庶幾矣。

附解 存疑：此承上文，而結其意。兩句或是古語，引之重在上一句。

上節已收拾舍法無以成治意了此節則起下文法而嘗兼意也但此節且在後人尊之上說說到先王之法之善處以其即有下文故也

詩云：不愆不忘，率由舊章。遵先王之法而過者，未之有也。

詩大雅假樂之篇。愆，過也。率，循也。章，典法也。所行不過差，不遺忘者，以其循用舊典故也。

過即愆忘而不能平治意亦包在內愆忘是悖戾如不合天理不宜人情就太過一边說忘是疎陋漏如大綱未舉節目未張就不及一边說

大義 徒善既不足以爲政，則先王之法，信不可不遵矣。假樂之詩有云：不愆不忘，率由舊章。言治天下者，於政事之間能無錯悞疎失，皆由遵用先王之典故也。可見先王之法中正不偏，纖悉具備，若能以先王之法爲準，自然有所持循而不至於錯悞，有所考據而不致於疎失矣。乃猶愆過遺忘而不能平治天下者，決無是理也。人亦何爲而不遵哉。

附解 慶源輔氏曰過差謂用意過當處遺忘謂照顧不及處遵用舊典則有所循故不過差有所據故不遺忘○存疑遵先王之法而過此過字與上過字不同不能平治天下乃過也

蔡氏此總上三節而斷其舍法無以成治意重上句徒善之弊与徒法等 此註在徒善節不在此節内

聖人既竭目力焉繼之以規矩準繩以爲方員平直不可勝用也既竭耳力焉繼之以六律正五音不可勝用也既竭心思焉繼之以不忍人之政而仁覆天下矣

準所以爲平繩所以爲直覆被也此言古之聖人既竭耳目心思之力然猶以爲未足以徧天下及後世故制爲法度以繼續之則其用不窮而仁之所被者廣矣

本義 吾謂先王之法後世當遵者何也蓋古之聖人繼天立極開物成務欲制器以利天下之用既嘗竭其目力以辨方

員平直之則矣。然使無法以繼之。則目力有時而窮。故制之規矩以爲方員。制之準繩以爲平直。使天下後世凡有造作者。皆據之以爲式。而成器之利。世世賴之。是聖人制器之法。不可勝用也。欲作樂以宣天下之和。既嘗竭其耳力。以察清濁高下之理矣。然使無法以繼之。則耳力有時而窮。故制之爲律。陰陽各六。以正宮商角徵羽之五音。使天下後世欲審音者。皆據之以考驗。而聲音節奏世世傳之。是聖人作樂之法。不可勝用也。欲爲民生造命。凡遂生復性。固已竭盡心思。無所不用其極矣。然使無法以繼之。則仁亦有時而窮。故必以不忍人之政繼之。爲之制田里。教樹畜。以厚其生。設學校。明禮義。以正其德。使不忍之心。有所寄而不匱。而天下後世無有不被其仁者矣。

附解 慶源輔氏曰。耳目言力。心言思者。耳目之視聽以力。而心之官則思也。○東陽許氏曰。兩言規矩六律。前此說用法後正言立法。○蒙引 聖人既竭目力耳力。不可與公輸等相干。此皆以制器立法之聖人言。公輸離婁所用之規矩師曠所用之六律。皆出自聖人。非離婁公輸師曠能制規矩六律也。然重在心思仁政。○存疑 蒙引欲於繼之以規矩準繩一讀截以爲方員不直屬下文讀依愚見準繩下用箇以字文勢未斷況上曰既竭目力下只曰繼之以規矩準繩上曰既竭耳力下只曰繼之以六律任意亦未完以爲方員平直正五音只當連上文讀爲是○〔蒙引〕大註故制爲法度以繼續之則其用不窮而仁之所被者廣矣此法度字該規矩準繩六律不忍人之政其用不窮貼二不可勝用仁之所被者廣尊貼仁覆天下

故曰爲高必因丘陵爲下必因川澤爲政不因先王之道可謂智乎

丘陵本高川澤本下爲高下者因之則用力少而成功多矣

鄒氏曰自章首至此論以仁心仁聞行先王之道

本義 聖人法度之盡善無弊如此此正爲治者所當因也故曰爲高者必因邱陵以邱陵之勢本高因而積累之則易成

也爲下者必因川澤、以川澤之勢本下。因而疏浚之。則易深也可見天下之事有所因而爲之。則簡而有功。無所據而施之則勞而寡效。今先王之道、就如邱陵川澤一般、乃不知所以因之、是舍邱陵以爲高。舍川澤以爲下。用力愈多。而功愈不能成矣。豈可謂之智乎。

【闡解】因勉齋不因先王之道。須兼過不及兩邊說（貫註）可謂智乎。在勞逸上見因先王則逸而有成不因之則勞而無功。此之不辨焉得爲智

是以惟仁者宜在高位不仁而在高位是播其惡於衆也

仁者有仁心仁聞而能擴而充之以行先王之道者也播惡於衆謂貽患於下也

【本義】爲政必因先王是以天下人君惟以仁心仁聞行先王之政而爲仁者則澤及生民法垂後世而無歉於元后父母

之責其在高位宜也若不仁而在高位必且縱情肆欲破壞先王之法而無所顧忌是播其惡於衆而天下皆受其禍矣

附解說統是以二字領上遵先王來說宜在高位有臣民胥被其化意惡對善言卽不仁也以下文觀之臣民胥化而爲不仁卽是不仁之惡流播於衆處

上無道揆也下無法守也朝不信道工不信度君子犯義小人犯刑國之所存者幸也

此言不仁而在高位之禍也道義理也揆度也法制度也道揆謂以義理度量事物而制其宜法守謂以法度自守工官也度卽法也君子小人以位而言也由上無道揆故下無法守無道揆則朝不信道而君子犯義無法守則工不信度而

小人犯刑有此六者其國必亡其不亡者僥倖而已

【本義】何以見不仁而在高位之禍也。蓋人君者百官萬民之統率也。苟上而人君不以道理揆度事物，則下而為臣者亦法度紊亂無所遵守也。凡物必用之而後信，若無道揆，則道雖人所本有，然不用自玩視，而朝不信道；無法守，則法雖朝廷所立，然不守自玩視，而工不信度。夫朝既不信道，則在上君子視道義為泛常，肆意妄行，而干犯名義；工既不信度，則在下小人亦視法度為泛常，作奸作慝，而下犯刑憲。是皆相因之勢，而其本則在於上之不仁以播於衆如此。此其國必亡，而不亡者，亦僥倖苟免而已。

【附解】朱子曰：上無道揆，則下無法守，雖有奉法守一官者，亦將不能用而去之矣。信道、信度，信如憑信之信。此理只要人信得及，自然依那箇行，不敢踰越。惟其不信，所以妄作。如胥吏分明知得條法，只是冒法以為姦，便是不信度也。○蒙引：上無道揆，以法制而言；下無法守，以守法而言。下無法守，非果無法也，只是法為上所奪而不得行其法也。○上無道揆上之一身無道揆也。朝不信道。則舉朝綱皆不正矣。復說得廣。由是凡有位之人無不犯義矣。下無法守在下之人因上無道揆而不知所遵守也。工不信度則凡各衙門事體俱無定準矣。漸說下來。由是至於細民亦莫不犯刑矣。〇說統此節正是播惡於衆之實。上無道揆一句。是通節大綱

故曰城郭不完兵甲不多非國之災也田野不辟貨財不聚非國之害也上無禮下無學賊民興喪無日矣

上不知禮則無以教民下不知學則易與爲亂鄒氏曰、自是以惟仁者至此所以責其君

本義 不仁之禍如此。故曰城郭不完、兵甲不多、雖是國勢不競却於根本無傷非國之災也田野不闢貨財不聚雖是國儲不富却於元氣不損、非國之害也、惟是道揆不立於上而不知有禮則教化不行於下而不知有學由是無良之賊民

起於其間肆爲邪說暴行敗紀亂常而國之喪亡無日矣其爲災害顧不大哉然則爲君者當鑒不仁之禍而取法先王之仁政矣

【講解】蒙引 賊民猶云奸民不要說賊民者興正是陳涉吳廣黃巢朱温楊么李全之徒〇說統 當時不行仁政之故病根在圖富强故言此以破之上無禮應上無道揆句下無學應下無法守工不信度句賊民興應上犯刑句喪無日矣應上國之所存者幸句

詩曰天之方蹶無然泄泄

詩大雅板之篇蹶顛覆之意泄泄怠緩悅從之貌言天欲顛覆周室羣臣無得泄泄然不急救正之

【本義】然不特爲君者當以此自責即臣亦當以此自任而輔其君也大雅板之詩有曰上天方欲顛覆周室羣臣無得泄

泄然怠緩悅從、而無所救正也、詩戒同列如此、

附解 （翼註）泄泄註云怠緩悅從。又云不急救正之。急字反怠緩救正反悅從。然直至事君無義。方可發透○（張侗初曰）怠緩而不眞切。悅從而不鯁直

泄泄猶沓沓也

沓沓卽泄泄之意、蓋孟子時人語如此、

本義 夫詩所謂泄泄者、卽俗語所謂沓沓也、詞異旨同、古今所共議也、

附解 （翼註）泄泄猶沓沓也。不從訓字。正是引時俗所共惡者。以深著其緩慢懈事之罪。

事君無義、進退無禮、言則非先王之道者、猶沓沓也、

非詆毀也、

【本義】猶沓沓之實何如蓋人臣事君有當盡之義今以逢迎爲悅不以匡弼爲忠是無義矣進退有當循之禮今進不能陳力就列而又不能止是無禮矣至其所謀畫皆出於世俗功利之私而於先王之道則詆毀以爲不可行全是因循容悅無體國盡忠之誠此詩所謂泄泄而吾所謂猶沓沓也

【附解】【蒙引】進退無禮謂其去就之間不以禮但知爵祿之爲重雖不當進而亦進雖當退而亦不退則此進退卽進以禮退以義之進退也如此者豈望其能正君哉○【困勉錄】上泄泄猶沓沓只因俗語以互證其義下猶沓沓也乃指此等人所爲之實如此

故曰責難於君謂之恭陳善閉邪謂之敬吾君不能謂之賊

范氏曰人臣以難事責於君使其君爲堯舜之君者尊君之大也開陳善道以禁閉君之邪心惟恐其君或陷於有過之

地者敬君之至也謂其君不能行善道而不以告者賊害其君之甚也鄒氏曰自詩云天之方蹶至此所以責其臣○鄒氏曰此章言爲治者當有仁心仁聞以行先王之政而君臣又當各任其責也

本義 泄泄沓沓如此君何用是臣爲乎故曰人臣以難事責於君必欲使其君以仁心行仁政而得爲堯舜之君是以高遠望其君而不以庸常待其君也謂之恭開陳善道言如何而爲仁心如何而爲仁政使其君曉然知善道之所在而有以閉其邪心唯恐其所行不仁而或陷於有過之地者是以誠實事其君而不以容貌事其君也謂之敬若謂其君不能行善道而不以告者是害其君之甚矣非賊而何然則爲臣者其可不以正君爲己責乎臣能正其君君能信其臣尚何患先王之政有不行而
天下有不被其澤者哉

附解 說統 先王之道原非難事此曰難者對世主言之○朱子曰恭與敬大槩也一般只是恭意思較濶大敬意思較細密責難之恭是先立箇大志以帝王之道爲必可信必可行陳善閉邪即是做那責難底工夫○問所謂陳善閉邪者奈何曰君有邪心所當閉也然不知所以閉之之道而逆閉之則動有𢙣拂之患其言不可得而入矣故必爲之開陳善道使之曉然知善道之所在則所謂邪者亦不難乎閉之矣○人臣之道但當以極等之事望其君責以十分只做得二三分若只責以二三分少間做不得一分矣若論才質之優劣志趣之高下固有不同然吾所以導之者則不得問其才智之高下優劣但當以堯舜之道望他豈可謂吾君不能而遂不以此望之哉

規矩方員之至也章

總旨 困勉錄 上章只言以仁心行仁政此章則專欲以仁心行仁政者之法堯舜○翼註 前三節言君臣當法堯舜後二節言人君當鑒幽厲而人臣可知○達說 通章雖遞說下總只歸到法堯舜上或以爲堯舜不可不法幽厲不可不鑒則

平贍而非旨矣。

孟子曰、規矩方員之至也、聖人人倫之至也、

至極也、人倫說見前篇、規矩盡所以爲方員之理、猶聖人盡所以爲人之道。

本義 孟子曰、天下事物、皆有中正不可易之則、如制器者、欲爲員必用規、欲爲方必用矩、是規矩乃方員之至、不可以加損者也、若夫五品人倫、人皆有之、但衆人有之而不能由、賢人由之而不能盡、惟聖人生知安行、察之極精、行之極當、乃人倫之至、不可以加損者也

附解 〔翼註〕至字勿作高遠意看、只是的確不可移易之意。觀下文不法堯舜、便慢君賊民、如離了規矩、便不成方員可見。言。外。便見人當法聖意。○〔存疑〕聖人人倫之至。是起下文欲爲君盡君道意。

欲爲君盡君道欲爲臣盡臣道二者皆法堯舜而已矣不以舜之所以事堯事君不敬其君者也不以堯之所以治民治民賊其民者也

法堯舜以盡君臣之道猶用規矩以盡方員之極此孟子所以道性善而稱堯舜也

【本義】人倫莫大於君臣，聖人莫過於堯舜。如欲爲君而盡乎君之道，欲爲臣而盡乎臣之道，二者將何所取法哉？皆法堯舜而已矣。蓋堯舜之爲君爲臣者，道之至也。若爲臣而不以舜之所以事堯者事君，是以庸主待其君，不敬其君者也，臣之道不盡也。爲君而不以堯之所以治民者治民，是以殘忍害其民，賊害其民者也，君之道不盡也。此爲君臣者所以必法堯舜而後可也。

【附解】〔蒙引〕欲爲君盡君道。欲爲臣盡臣道。是二句。不是四句。欲爲君而盡君道者。必法堯。欲爲臣而盡臣道者。必法舜。不宜說要爲君者須盡君道。爲臣者須盡臣道。爲君爲臣。豈都是隨人要底。欲字帶連着盡字讀方是。○〔雙峯饒氏曰〕人倫不說父子夫婦長幼朋友。而獨舉堯舜君臣做人倫樣子者。其意在當時人君。○〔朱子曰〕堯所以治民。舜所以事君。觀二典大槩可見。是事事做得盡。○〔南軒張氏曰〕堯舜盡君臣之道。非有所增益也。無所虧焉耳。○〔困勉録〕不以舜之事堯四句。見不法堯舜。便入慢君賊民一路去。此就是出此入彼意了。故下引孔子云云證之。此以理欲相乘之機警人。而見其當法堯舜。下文極言不仁之禍。則以禍福成敗之機警人。而益見當法堯舜。

孔子曰。道二。仁與不仁而已矣。

法堯舜。則盡君臣之道而仁矣。不法堯舜。則慢君賊民而不仁矣。二端之外。更無他道。出乎此則入乎彼矣。可不謹哉。

本義孔子嘗曰。天下之道、只有二端、仁與不仁而已矣、由此言觀之。堯舜之外。別無君臣之道。不法堯舜。即入於不仁矣。此豈容中立者哉。

附解問不仁何以亦曰道、朱子曰。譬如說有大路。有小路。何疑之有。○慶源輔氏曰。仁與不仁。只是一箇天理與人欲而已。纔出天理便入人欲。豈復更有他道哉。此古之聖賢。所以兢兢業業而不敢不謹也。○蒙引。法堯舜則盡君臣之道而仁矣云云。此是孟子意。不[illegible]意。孔子是泛說。今宜依本文先從孔子泛說。然後以孟子之意綴之。

暴其民甚則身弒國亡。不甚則身危國削。名之曰幽厲。雖孝子慈孫。百世不能改也

幽暗厲虐皆惡謚也、苟得其實。則雖有孝子慈孫愛其祖考之甚者。亦不得廢公義而改之。言不仁之禍必至於此。可懼

之甚也

本義爲君者至不法堯舜而不仁其禍何可言耶不仁而暴其民甚則身弑而國亡不仁而暴其民不甚則亦身危而國削且不但身受其禍而已至於沒身之後定其謚號或以其昏昧不明而名之曰幽或以其殘賊無道而名之曰厲雖孝子慈孫欲爲祖考掩蓋前愆亦有不能更改者矣不仁之禍如此

附解（存疑）上仁不仁並言暴其民甚以下又專就不仁者言○上是舉理欲之防以曉人下是著從欲之戒以警人○名之曰幽厲通管身弑國亡身危國削○（困勉錄）名之曰幽厲還是泛說○（雙峯饒氏）曰改是要改其惡謚

詩云殷鑒不遠在夏后之世此之謂也

詩大雅蕩之篇言商紂之所當鑒者近在夏桀之世而孟子引之又欲後人以幽厲爲鑒也

本義 然則生其後者，可不知所鑒耶？詩云：殷之鑒戒不遠，卽在夏后之世。此正人當以幽厲爲鑒之謂也。夫鑒幽厲之不仁，以法堯舜之仁，乃克盡君道也哉。

附解 〔困勉錄〕本節註中幽厲，則專指周之幽厲。○〔說約〕按：詩朱註蕩爲厲王作也。殷鑒在夏，蓋爲文王歎紂之辭。然周鑒之在殷，亦可知矣。則云殷鑒，實謂周鑒也。正欲厲王鑒紂耳。不然，況引一詩而云又欲後人以幽厲爲鑒，便無謂。

三代之得天下也以仁章

總旨 慶源輔氏曰：上章第言道二，仁與不仁，與桀紂幽厲之事而已。此章又因其意而推及於諸侯、卿大夫、士庶人，不仁之禍皆必至之理也。

孟子曰：三代之得天下也以仁，其失天下也以不仁。

三代，謂夏商周也。禹湯文武以仁得之，桀紂幽厲以不仁失之。

【本義】孟子曰、吾嘗歷觀三代、其始之得天下也、以禹湯文武之仁、其後之失天下也、以桀紂幽厲之不仁、蓋得失之關於仁不仁如此。

國之所以廢興存亡者亦然、

國謂諸侯之國

【本義】不但天下也。國之所以廢興存亡者、其以仁以不仁亦然。

【附解】蒙引、興盛也。不止於存。廢衰也。未至於亡。○（存疑）國之所以廢興存亡亦然。雖止言國、大夫士庶人都該了。

天子不仁不保四海、諸侯不仁不保社稷、卿大夫不仁不保宗廟、士庶人不仁不保四體言必死亡。

本義 是則不仁亦何在而可也。如天子有四海者也，不仁則億兆離心，四海不能保矣，諸侯有社稷者也，不仁則身危國削，社稷不能保矣，卿大夫有宗廟者也，不仁則覆宗滅祀，宗廟不能保矣，士庶人有四體者也，不仁則身罹刑憲，四體不能保矣，不仁之禍如此。

附解 新安陳氏曰，不保四海以下，皆不免於死亡，非特不保四體者爲然。

今惡死亡而樂不仁，是猶惡醉而強酒。

此承上文之意而推言之也。

本義 凡此不能保者，皆死亡之禍也。夫死亡甚可惡，而所以死亡則由於不仁，今惡死亡而乃樂不仁，是猶惡醉而強酒，雖欲免於死亡，豈可得哉，如惡之，莫若爲仁矣。

愛人不親反其仁章

【總旨】〔達說〕此章不是泛言正身之功。特爲治教未臻。徒責望於人者發。○〔困勉錄〕上章專爲不仁者發。此章則爲畧能爲仁者發。所謂相承者如此。

孟子曰：愛人不親反其仁，治人不治反其智，禮人不答反其敬。我愛人而人不親我，則反求諸己，恐我之仁未至也。智、敬放此。

【本義】孟子曰、御人之道在於盡己。如仁者切於愛人，人之被其恩澤者，宜親而附之也。其或人不我親、必我仁有未至耳，則當自反其仁，務使立不獨立，達必俱達焉。智者明於治人，人之受其約束者，宜順其治也。其或人不我治，必吾智有未及耳，則當自反其智，務使知無不明，處無不當焉。有禮者敬人，人之被其交接者，宜報而答之也。其或人不我答，必吾敬有未盡耳。則當自反其敬。務外致其恭。內積其誠焉。

【附解】存疑。立紀綱。行政事。以整理臣民。使人就吾條理。治人也。若夫治人而人不治。必是智識未到。凡紀綱政事。所以治人者。猶有未合天理。當人心處也。故必反其智。

行有不得者。皆反求諸己。其身正而天下歸之。

不得。謂不得其所欲。如不親。不治。不答。是也。反求諸己。謂反其仁。反其智。反其敬也。如此。則其自治益詳。而身無不正矣。天下歸之。極言其效也。

【本義】不特此也。凡處事應物之間。所行之事。或有不能盡得所欲者。皆反求諸己。必每事盡善而後已。則一身之中。視聽言動。好惡取舍。無一不當乎天理。合乎人心。天下皆敬信而歸服之矣。豈有不親。不治。不答者哉。

【附解】雙峯饒氏曰上面三句包括未盡所以下面又說皆當反諸己添個皆字○【蒙引】天下字說得廣○【說統】此亦不重極言其效只見不外一身而可管攝天下深明其不必外求意

詩云永言配命自求多福

解見前篇○亦承上章而言

【本義】大雅之詩有云人能常常思念合乎天理則天心佑助多福自臻此福是自己求之非倖致者其卽身正而天下歸之之謂也如不能正己而但知責人欲天下歸心其可得哉

【附解】雙峯饒氏曰永言配命是常常思量要合理永是無間斷之意○【蒙引】此命字以理言輔氏曰爲治本乎自反多福本乎自求亦太扭捏蓋能自反而天下歸之此便是永言配命而自求多福也引詩以詠贊之耳○【說叢】此重永言不重自求蓋反求之心無期效之心故也

人有恆言章

總旨翼註通章總是迭推其本不重序意本一而已矣大學所謂脩身爲本是也上二本字乃是末中之本特以引起下一本字

孟子曰人有恆言皆曰天下國家天下之本在國國之本在家家之本在身

恆常也雖常言之而未必知其言之有序也故推言之而又以家本乎身也此亦承上章而推言之大學所謂自天子至於庶人壹是皆以脩身爲本爲是故也

本義孟子曰天下之理常寓於恆言不可不察也人有恆言皆曰天下國家然人雖常言之未必知其有序也吾嘗因其

言而推之其言天下而卽繼以國者蓋遠由於近天下之本在國也其言國而卽繼以家者蓋外由於內國之本在家也至於家之本又在於身蓋一身之舉動又遠近內外之所觀型也能脩其身則家國天下可次第舉矣

【附解】劉上玉曰恆言是常言不是恆人之言○雙峯饒氏曰國王畿之內天子所治天下四方諸侯之國天下取則於國國取則於家家取則於身○蒙引家之本在身此又常言之所未及也重在末句○註兩箇推言之不同前一箇推言只謂天下之本在國二句後一箇推言則通指此章連家之本在身也

爲政不難章

【總旨】淺說全章在爲政不難一句截下面不得罪於巨室直到溢乎四海正言其所以不難處或要於不得罪於巨室處截則所以不難處已說盡了到章末便無收繳矣

孟子曰爲政不難不得罪於巨室巨室之所慕一國慕之一國

之所慕天下慕之故沛然德教溢乎四海
巨室世臣大家也得罪謂身不正而取怨怒也麥丘邑人祝
齊桓公曰願主君無得罪於羣臣百姓意蓋如此慕向也心
悅誠服之謂也沛然盛大流行之貌溢充滿也蓋巨室之心
難以力服而國人素所取信今既悅服則國人皆服而吾德
教之所施可以無遠而不至矣此亦承上章而言蓋君子不
患人心之不服而患吾身之不脩吾身既脩則人心之難服
者先服而無一人之不服矣○林氏曰戰國之世諸侯失德
巨室擅權爲患甚矣然或者不脩其本而遽欲勝之則未必

能勝而適以取禍故孟子推本而言惟務脩德以服其心彼旣悅服則吾之德教無所留礙可以及乎天下矣裴度所謂韓洪輿疾討賊承宗斂手削地非朝廷之力能制其死命特以處置得宜能服其心故爾正此類也

本義孟子曰人君欲爲政於天下此固事之至大者然以我觀之自不難也何則爲政固不假於勢力唯在於反己正身而不得罪於巨室耳既不得罪於巨室則巨室皆心悅誠服而慕之矣巨室者人情之所瞻屬也巨室之所慕則一國之人皆心悅誠服而慕之一國之所慕則天下之人皆心悅誠服而慕之由是德教之所施沛然洋溢乎四海而無遠弗屆矣孰有阻之者哉爲政又何難也人君反躬以求之可矣

附解雙峯饒氏曰集註世臣大家是兩項世臣非一代之臣大家是貴臣之家○潛室陳氏曰得罪謂非理致怨所謂不

得罪者謂合正理而不致怨於人非曲法以奉之也○陳伯玉曰德教便是政沛然正是不難處

天下有道章

總旨 淺說此章勉當時諸侯脩德以自强意○說統通章重同天不重順天

孟子曰天下有道小德役大德小賢役大賢天下無道小役大弱役强斯二者天也順天者存逆天者亡

有道之世人皆脩德而位必稱其德之大小天下無道人不脩德則但以力相役而已天者理勢之當然也

本義 孟子曰當觀天下有道人皆脩德而位與德稱諸侯德之小者見役於天子之大德諸侯賢之小者見役於天子之大賢役人者不恃勢而自尊役於人者不畏勢而自服此尚德之時然也若天下無道人不脩德但以力相尚諸侯國之

小者見役於諸侯國之大者諸侯力之弱者見役於諸侯力之强者小不敢以敵大弱不敢以敵强此尚力之時然也夫天下有道德不及人而爲人所役天下無道力不及人而爲人所役斯二者皆理勢之當然天之所在也若能度德量力一聽於理勢之當然乃爲順天順天者必能長存矣否則逆天逆天者豈有不亡乎

附解翼註德以所蘊言賢以其人言小大以土地言强弱以甲兵言○役如朝會征伐聽其政令是也○小德小賢指諸侯大德大賢指天子大小强弱通指諸侯說○問天下無道小役大弱役强亦曰天何也朱子曰到那時不得不然亦是理當如此○翼註順天逆天重在小德小賢與小者弱者一邊

齊景公曰既不能令又不受命是絶物也涕出而女於吳

引此以言小役大弱役强之事也令出令以使人也受命聽命於人也物猶人也女以女與人也吳蠻夷之國也景公羞

與爲昏而畏其强、故涕泣而以女與之、

本義 昔齊景公有言曰、凡人既不能昌大其國、而出令以使人、又不能屈己自下、以聽人之命、是與人睽絶、而失其和好也、於是涕出而以其女出嫁於吳、此小役大弱役强之事也。

附解 因勉錄、出令受命、絶物、俱切邦交上說。〇 慶源輔氏曰、景公之言。宜若可取。然景公之齊。即桓公霸諸侯之齊。雖時勢下衰。苟振起作新之。獨不在我乎。而顧爲是與言。橫涕。孟子姑取其說。以證小役大弱役强之事。其萎薾自棄之罪。未暇議也。

今也小國師大國而恥受命焉、是猶弟子而恥受命於先師也

言小國不脩德以自强。其般樂怠敖。皆若效大國之所爲者。而獨恥受其教命。不可得也。

【本義】今也小國不自脩德皆若師大國般樂怠敖之爲而獨恥受大國之命焉是猶弟子而恥受命於先師也欲不爲之役其可得乎

【附解】【蒙引】先師不是已亡之稱即先生先輩之先○【説統】此不是要他去受命只言徒恥亦無益耳

如恥之莫若師文王師文王大國五年小國七年必爲政於天下矣

此因其愧恥之心而勉以脩德也文王之政布在方策舉而行之所謂師文王也五年七年以其所乘之勢不同爲差蓋天下雖無道然脩德之至則道自我行而大國反爲吾役矣程子曰五年七年聖人度其時則可矣然凡此類學者皆當

思其作爲如何乃有益耳

【本義】誠如恥之則莫若反其師大國者而師文王以脩其德師文王以脩其德則德至可以回天將見國大者所乘之勢稍易大約不過五年國小者所乘之勢稍難亦大約不過七年必然人心奮國勢振而小可大弱可强大國反爲吾役以爲政於天下矣何有受命之恥哉

【附解】〔說統〕激發世主處只在如恥之三字。〔翼註〕師文王且虛仁字在下節。〔摘訓〕都是小國大國乃差大者耳五年七年通是言其速也。〔存疑〕引齊景公順天事也今也小國師大國節是逆天事也如恥之節承上言旣不能順天必當有以回天耳。〔慶源輔氏曰〕註所乘之勢指國之大小而言也

詩云商之孫子其麗不億上帝旣命侯于周服侯服于周天命靡常殷士膚敏祼將于京孔子曰仁不可爲衆也夫國君好仁

天下無敵
詩大雅文王之篇孟子引此詩及孔子之言以言文王之事
麗數也十萬曰億侯維也商士商孫子之臣也膚大也敏達
也祼宗廟之祭以鬱鬯之酒灌地而降神也將助也言商之
孫子衆多其數不但十萬而已上帝旣命周以天下則凡此
商之孫子皆臣服於周矣所以然者以天命不常歸於有德
故也是以商士之膚大而敏達者皆執祼獻之禮助王祭事
於周之京師也孔子因讀此詩而言有仁者則雖有十萬之
衆不能當之故國君好仁則必無敵於天下也不可爲衆猶

所謂難爲兄難爲弟云爾

【本義】吾謂師文王必爲政於天下者，豈無據而言之？大雅文王之詩有云：商之孫子，其數不止於億；上帝既命，周以天下，則凡此商之孫子，維於我周臣服矣。所以然者，以天命靡常，歸於有德故也。天命既已歸周，是以商士之膚大而敏達者，皆執祼獻之禮，助王祭事於周之京師。爲孔子讀此詩而歎之曰：商之孫子，何其衆也！文王能行仁政，雖有衆不能當之，蓋難乎其爲衆矣。夫使爲國君者，皆能以懷保惠鮮之心，行除暴救民之事，念念都在於仁，則惠澤旁敷，風聲遠播，天下之民皆親之如父母，戴之爲元后，雖有强大之國，豈能與之爲敵哉？

【附解】存疑：仁不可爲衆，是孔子釋詩之言，乃承其麗不億句說，國君好仁天下無敵，又放開說，蓋因文王而泛言其理也。

通，作孔子之言。

今也欲無敵於天下而不以仁，是猶執熱而不以濯也。詩云：誰

能執熱逝不以濯

恥受命於大國是欲無敵於天下也乃師大國而不師文王是不以仁也詩大雅桑柔之篇逝語辭也言誰能執持熱物而不以水自濯其手乎○此章言不能自强則聽天所命脩德行仁則天命在我

本義 觀文王之事孔子之言則知國君所以能無敵者以其好仁也今之諸侯恥爲大國所役欲無敵於天下而不師文王以好仁是猶執持熱物而不以水自濯其手也桑柔之詩有云誰能執熱逝不以濯然則誰能無敵於天下而不以仁乎夫亦盡人以俟天

勉爲賢德而可矣

附解 〔翼註〕是猶執熱而不以濯也且畧虛活引詩方見不能無敵○〔說統〕引詩只重誰能二字

不仁者可與言哉章

總旨 說統通章言敗亡之禍皆不仁者
之所自取總是激悚他受言聽諫意

孟子曰不仁者可與言哉安其危而利其菑樂其所以亡者不仁而可與言則何亡國敗家之有

安其危利其菑者不知其爲危菑而反以爲安利也所以亡者謂荒淫暴虐所以致亡之道也不仁之人私欲固蔽失其本心故其顛倒錯亂至於如此所以不可告以忠言而卒至於敗亡也

本義 孟子曰有國家者莫貴於聽言若不仁之人私欲蔽障喪失本心而可與之言哉但見其顛倒迷謬不知危險之可

畏而反據之以爲安不知菑害之可虞而反趨之以爲利不知滅亡之可憂而反恬然處之以爲樂雖告以忠言必不見信有卒至敗亡已耳其不可與言者如此使不仁而可與言則感悟有機危亡尚可挽回又何亡國敗家之有

〔附纂〕存疑菑深於危亡深於菑危險道也將近菑也菑患害也猶未亡也○蒙引此是三件饒氏曰要看樂其所以亡一句大段未是朱子未嘗特解此句

有孺子歌曰滄浪之水清兮可以濯我纓滄浪之水濁兮可以濯我足

滄浪水名纓冠系也

〔本義〕夫不仁之人其致敗亡非諉命於天即歸罪於人而不知皆由於自致也不觀孺子之歌與孔子之言乎昔有孺子歌曰滄浪之水清兮可以濯我之纓滄浪之水濁兮可以濯我之足孺子無心而寄詠如此

附解 翼註 孺子之歌全是無心不可一涉有心語○莫
中江曰玩可以二字蓋水之可而非孺子自可之也

孔子曰小子聽之清斯濯纓濁斯濯足矣自取之也

言水之清濁有以自取之也聖人聲入心通無非至理此類
可見

本義 孔子聞之而謂其弟子曰小子聽之此孺子之歌有至
理也均此水耳均此濯耳惟其清斯以之濯纓惟其濁斯以
之濯足矣貴賤異用非人所爲皆水
之清濁自取之也小子可不知乎

附解 徐徵弦曰孺子只言清可以濯纓濁可以濯足夫子却
找足兩箇斯字便生許多見解這斯字從上可以字生來自
取字又從斯字生來○翼註
自取之也就水說而意自廣

夫人必自侮然後人侮之家必自毀而後人毀之國必自伐而

後人伐之

所謂自取之者。

【本義】由孔子之言觀之。天下之事。孰不由於自取乎。如人之一身。平日不能脩身而自侮焉。然後人從而侮之。是侮雖在人。而實我自取其侮也。一家之中。平日不能齊家而自毀焉。然後人從而毀之。是毀雖在人而實我自取其毀也。一國之內。用人行政。皆失其道。而自可伐焉。然後人從而伐之。是伐雖在人。而實我自取其伐也。可見變不虛生。惟人所召。孔子所謂自取者。蓋如此。

【附解】雙峯饒氏曰。自侮是不自重。這所以召人之侮。○【翼註】身不脩是自侮也。家不齊是自毀也。國不治是自伐也。○【蒙引】此以下孟子之言也。

太甲曰。天作孽。猶可違。自作孽。不可活。此之謂也。

解見前篇○此章言心存則有以審夫得失之幾不存則無以辨於存亡之著禍福之來皆其自取

【本義】商書太甲之篇有曰天降之孽雖似難逃然人能脩德回天猶有可避者若孽是自作災殃立至豈有存活之理乎此卽自侮自毀自伐之謂也有國家者思自取之義而戒自作之孽則必能聽信忠言而無亡國敗家之禍矣

【附解】說統此兩節總發明自取意曰自侮曰自毀曰自伐見世主不得歸其咎於人曰自作孽見世主不得諉其數於天

桀紂之失天下也章

【總旨】新安陳氏曰此章綱領在一仁字仁民之要在所欲與聚所惡勿施能如是則可以謂之好仁而不仁者皆將敺民以歸之其王天下也孰禦○達說此章是以歆動之辭感發當時諸侯之爲仁故主意全在今天下之君有好仁者五句上前三節評論民心歸仁以起其端後二節申明好仁當速以足其意

孟子曰桀紂之失天下也失其民也失其民者失其心也得天下有道得其民斯得天下矣得其民有道得其心斯得民矣得其心有道所欲與之聚之所惡勿施爾也

民之所欲皆爲致之如聚斂然民之所惡則勿施於民鼂錯所謂人情莫不欲壽三王生之而不傷人情莫不欲富三王厚之而不困人情莫不欲安三王扶之而不危人情莫不欲逸三王節其力而不盡此類之謂也

本義 孟子曰天下之得失多故當審其致之之本彼桀紂之有天下而失之也由於百姓離散失其民也失其民者由於人情怨怒失其心也由此而觀可見得天下有道惟得其民斯有人有土而得天下矣得其民有道惟得其心斯近悅遠

來得其民矣至於欲得民之心又有道凡民心有所欲皆與之聚之民心有所惡皆勿以施之我有愛民之實心實政則民得遂其生而樂屬於我矣得心之道不過如是爾也而得民得天下不外是矣

附解　〔翼註〕失天下邊輕引起得天下○〔南軒張氏曰〕所欲與聚非惟壽富安逸之遂其志用舍從違無不合其公願而後爲得也○〔困勉錄〕聚欲勿施惡即仁也王道也須說得醇細勿似專爲得民心而設同於伯王固結民心之術

民之歸仁也猶水之就下獸之走壙也

壙廣野也言民之所以歸乎此以其所欲之在乎此也

本義　夫所欲與聚所惡勿施即所謂仁也由是民之求遂所欲求免所惡者皆翕然歸向猶水之就下獸之走壙一般蓋水性本自順下獸性本自放逸莫之能遏其勢然也

附解　〔說統〕此下三節相連看俱重歸仁意水就下獸走壙是狀其歸仁之勢歸則不待敺而況又有不仁爲之敺者其歸

豈不益速耶

故爲淵敺魚者獺也爲叢敺爵者鸇也爲湯武敺民者桀與紂也

淵深水也獺食魚者也叢茂林也鸇食雀者也言民之所以去此以其所欲在彼而所畏在此也

本義 夫民歸仁之切如此而况有不仁者之迫其後乎故魚本欲淵以畏獺之故益避而趨於淵是爲淵敺魚者獺也爵本欲叢以畏鸇之故益避而趨於叢是爲叢敺爵者鸇也民本欲湯武以畏桀紂之故益避而趨於湯武是爲湯武敺民者桀與紂也甚矣仁之勝不仁也

附解 蒙引此以上皆泛論至下文方說入時事

今天下之君有好仁者則諸侯皆爲之敺矣雖欲無王不可得已

【本義】今天下特無好仁之君耳。設使諸侯之中、有能所欲與聚所惡勿施而好仁者則諸侯之不仁皆爲之敺民而歸之矣民歸則得天下而王矣、雖欲無王、不可得也、

【纂解】南軒張氏曰非利人之爲已敺也特言其理之必然耳

今之欲王者猶七年之病求三年之艾也苟爲不畜終身不得

苟不志於仁終身憂辱以陷於死亡

艾草名所以灸者乾久益善夫病已深而欲求乾久之艾固難卒辦然自今畜之則猶或可及不然則病日益深死日益

迫而艾終不可得矣

本義 好仁固能致王、但今之欲王者、平日富強虐政、積患已深、須是及早悔悟汲汲舉行仁政、以愛養生民、然後人心可收、王業可致、猶七年之病其病根深矣、在乎急求三年之艾以治之也、三年之艾既不畜之於平日、自今畜之則猶或可及、苟不及時畜之、則終身不得而不免於死亡矣、然則爲仁者、平日既無積久之功、今日不可無必爲之志、苟今日不志於仁、則民心日離、國勢日促、終身惟有憂辱相尋、以陷於死亡而已、豈復有能自振拔之理乎

附錄 說統 此言病日已深、當求三年之艾、喻民困已極、君當急於求仁、下四句只反言以見畜之不可不早耳○〔李九我曰〕志字有力、人主若立志專確、仁心便不肯歇息、行仁政便要徹底、民有欲惡、決然處置停妥、匹夫匹婦一或失所、不肯放手、即此便有致王之理

詩云其何能淑、載胥及溺、此之謂也

詩大雅桑柔之篇淑善也載則也胥相也言今之所爲其何能善則相引以陷於亂亡而已

【本義】桑柔之詩有云其何能以自善乎惟相與及於陷溺而已此卽不志仁而陷於死亡之謂也有國家者誠能鑒往日之愆圖將來之善則可以得民而得天下矣豈特免於憂辱已哉

自暴者不可與有言也章

【總旨】困勉錄此章重二自字總註道本固有而人自失之是也

孟子曰自暴者不可與有言也自棄者不可與有爲也言非禮義謂之自暴也吾身不能居仁由義謂之自棄也

暴猶害也非猶毀也自害其身者不知禮義之爲美而非毀

之雖與之言必不見信也自棄其身者猶知仁義之爲美但溺於怠惰自謂必不能行與之有爲必不能勉也程子曰人苟以善自治則無不可移者雖昏愚之至皆可漸磨而進也惟自暴者拒之以不信自棄者絕之以不爲雖聖人與居不能化而入也此所謂下愚之不移也

本義 孟子曰人性本善皆當自勉以求盡其道焉乃世有一等自家暴害自家者不可與有言以相爲導示也有一等自家棄絕自家者不可與有爲以相爲磨勵也如禮義至美乃不知其爲美而言則非毁之則雖與之言彼必乖戾而拒之以不信所謂自暴如此也仁義在身乃謂吾身不能居之由之則雖與之爲彼必因循而絕之以不行所謂自棄如此也此其所以不可與有言有爲也

〔附解〕朱子曰。自暴者。剛惡之所爲。自棄者。柔惡之所爲。○〔蒙引〕自暴自棄兼氣習言。○〔達說〕不可與有言有爲。此二句。是絕之之詞。非斷之之詞。○〔翼註〕禮義猶云道理。是通套字。仁義二字乃實落。故下只申言仁義二字。

仁人之安宅也。義人之正路也。

仁宅已見前篇。義者宜也。乃天理之當行。無人欲之邪曲。故曰正路。

〔本義〕彼自暴自棄之絕於仁義者。豈知仁與義固甚切於人者乎。仁爲天理之公。處乎其中。無一毫人欲之傾危。是人生至安穩之宅也。義爲天理之宜。履乎其中。無一毫人欲之邪曲。是人生至正之路也。

〔附解〕〔達說〕仁人之安宅。與上孟擇術章要說得有辨。蓋上孟安宅。只與危反對便了。此處安宅正路。則自上文言非禮義及吾身不能居仁由義生來。見仁義本至美而無可非。亦自有而必可能。此曠之舍之者。所以爲可哀也。

曠安宅而弗居舍正路而不由哀哉

曠空也由行也○此章言道本固有而人自絕之是可哀也

此聖賢之深戒學者所當猛省也

【本義】夫安宅正路本吾所固有人當終身居之由之而不可須臾離者今乃自暴自棄雖有安宅曠之而弗居雖有正路舍之而弗由顛倒錯亂至此豈不可哀之甚哉

【附解】或問曠其安宅則必放辟邪侈而安其所不可安之居矣舍其正路則必行險僥倖而由其所不可由之塗矣安宅正路人皆有之而自暴自棄以至於此是可哀也○【蒙引】曠安宅而弗居云云兼自暴自棄說

道在爾而求諸遠章

【總旨】說統此爲人之思以道術易天下者發道以本體言事即體道之工夫

孟子曰道在爾而求諸遠事在易而求諸難人人親其親長其長而天下平

親長在人為甚爾親之長之在人為甚易而道初不外是也舍此而他求則遠且難而反失之但人人各親其親各長其長則天下自平矣

【本義】孟子曰率性之謂道道為吾之所固有本在爾也乃以爾者為不足求而求諸遠行道之謂事事為吾之所能行本在易也乃以易者為不足求而求諸難則人之過也不知道不外乎親長之間而親之長之即其事也但人有親人人親其親人有長人人長其長則家皆孝弟俗皆仁義而天下治平矣何必求諸遠且難哉

【附解】雲峯胡氏曰此道字是天理之自然此事字是人為之當然〇〔存疑〕本文道在爾而求諸遠兩句且虛說註親長在

人爲甚爾至反失之數句解在人人親其親長其長內○〔翼註〕人人各親其親各長其長天下皆孝子悌弟道德一風俗同此即是天下平非由此而後可平也

居下位而不獲於上章

【總旨】說統此章以誠身爲主明善是誠身內事首節見動物必本於身之能誠下二節是原其身之當誠而決言誠身之必動物以終首節之意

孟子曰居下位而不獲於上民不可得而治也獲於上有道不信於友弗獲於上矣信於友有道事親弗悅弗信於友矣悅親有道反身不誠不悅於親矣誠身有道不明乎善不誠其身矣

獲於上得其上之信任也誠實也反身不誠反求諸身而其

所以爲善之心有不實也不明乎善不能卽事以窮理無以眞知善之所在也游氏曰欲誠其意先致其知不明乎善不誠乎身矣學至於誠身則安往而不致其極哉以內則順乎親以外則信乎友以上則可以得君以下則可以得民矣

【本義】孟子曰君子以一人之身事上使下交友事親皆當於根本切要處求之且如居下位而欲治其民其道在於獲上茍不獲乎上則無以安其位而行其志民不可得而治也獲於上有道必須賚友信服方可受知於君上若不信於友則名譽不顯上何由知弗獲於上矣信於友有道必須大節無虧方可取信於友若事親弗悅則素行不孚人何由信弗信於友矣悅親有道必出於誠身乃可若反身未能眞實無妄則服勞奉養皆是虛文不悅於親矣夫由獲上信友悅親推之而惟在誠身則誠身要矣然誠身有道又在於明善必眞知善之可爲然後隱微無一毫自欺之意若察識之功未至

則爲善之心不實、身便不誠矣、惟能明善以誠身。則事親爲實孝交友爲實信事君爲實忠治民爲實政一誠立而萬善從之矣。

【附解】或問獲上信友悅親誠身。皆以有道言之。蓋有不由其道以求之者矣。若諂悅苟容以求獲乎上。便客詭隨以求信乎友。阿意曲從以求悅乎親。冥行助長而求以誠其身者。皆是也。所謂誠身。能實踐其所明之善。而有諸身之謂。○反諸身。是反求於心。不誠。是不曾實有此心。如親親以孝。須是實有這孝之心。若外面假爲孝之事。裏面却無孝之心。便是不誠矣。○說統。誠身屬在悅親。是步步遞下的文法。其實各件都本於此。而明善又誠身的工夫。

是故誠者天之道也。思誠者人之道也

誠者、理之在我者皆實而無僞、天道之本然也。思誠者、欲此理之在我者皆實而無僞、人道之當然也。

【本義】夫身之所以當誠何也以此理之在我者本無不實乃天命之初所賦於我天道之本然也但在天固無不誠之理而在人容有不誠之心則用擇執工夫以復其誠者乃人道之當然也此誠身之功不可不勉也

【附解】存疑誠者天之道此天道自在人者言天之道本無不實理之在人者無不實是亦天之道也思誠者人之道是君子誠之爲貴意二句總是言理本實而人之當實也○雲峯胡氏曰此所謂思誠即中庸所謂誠之其工夫皆兼知行而言思誠者脩身之本是脩身以知行爲先明善又爲思誠之本是知行之中又當以知爲先也

至誠而不動者未之有也不誠未有能動者也

至極也楊氏曰動便是驗處若獲乎上信乎友悅於親之類是也○此章述中庸孔子之言見思誠爲脩身之本而明善又爲思誠之本乃子思所聞於曾子而孟子所受乎子思者

亦與大學相表裏。學者宜潛心焉。

【本義】果能自思誠之功。以至於念念皆誠。是謂至誠。誠到至處。自能動物。以之事親而親悅。以之取友而友信。以之事君而君用。以之治民而民從。而猶有不動者。決未之有也。若不誠。則未有能動物者也。人可不思誠哉。

【附解】蒙引。此至誠。是自思誠而至於誠者也。誠能動物。即中庸誠則形至能動變化者一理也。所動。即親友君民也。○【存疑】此條是言思誠之效。以終首節之意。○【困勉錄】末節固是說驗。但其所以說此驗者。則有責成於人之意。是其不容自已也。

伯夷辟紂章

【總旨】說統。此章不爲文王說。是勉諸侯行文王之政。以收天下之人。望重在末節。

孟子曰。伯夷辟紂。居北海之濱。聞文王作。興曰。盍歸乎來。吾聞

西伯善養老者太公辟紂居東海之濱聞文王作興曰盍歸乎來吾聞西伯善養老者

作興皆起也盍何不也西伯卽文王也紂命爲西方諸侯之長得專征伐故稱西伯太公姜姓呂氏名尚文王發政必先鰥寡孤獨庶人之老皆無凍餒故伯夷太公來就其養非求仕也

【演義】孟子曰今天下莫能定於一者只所行不得其政故也試以文王觀之昔商紂毒痡四海播棄老成伯夷辟紂之亂隱居北海之濱及聞文王起爲西伯於是奮然興曰何不歸來乎吾聞西伯發政施仁善養老者我可歸之以就其養矣太公辟紂之亂隱居東海之濱及聞文王起爲西伯於是奮然興曰何不歸來乎吾聞西伯發政施仁善養老者我可歸

之以就

其養矣

附解（翼註）作屬文王。與屬伯夷。

附考（史記齊世家）太公望呂尚者、東海人、其先祖嘗爲四岳、佐禹平水土、甚有功、虞夏之際、封於呂、或封於申、姓姜氏、夏商之時、申呂或封支庶子孫、或爲庶人、尚其後苗裔也、本姓姜氏、從其封姓、故曰呂尚、西伯出獵、遇於渭之陽、曰、自吾先君太公望子久矣、故號之曰太公望、

二老者天下之大老也而歸之是天下之父歸之也天下之父歸之其子焉往

二老、伯夷太公也、大老、言非常人之老者、天下之父、言齒德皆尊、如衆父然、既得其心、則天下之心不能外矣、蕭何所謂

養民致賢以圖天下者其意暗與此合但其意則有公私之辨學者又不可以不察也

【本義】夫伯夷太公齒德俱尊非如常人年老而已乃天下之大老也既曰大老則有以係天下之望就如天下之父一般今皆慕政來歸是天下之父歸之也天下之父已歸爲其子者焉有背其父而他往者乎故二老歸而天下無不歸心矣

【附解】雙峯饒氏曰既有齒又有德故謂之大老○【翼註】齒德不下說齒者凡老之所同德者二老之所獨○既曰天下之大老又曰天下之父以父字代大老字爲下係人望張本也○其子焉往是以二老有以係天下之望而爲天下向背之所憑也○天下之大老一條是言文王之所以爲政於天下處

諸侯有行文王之政者七年之內必爲政於天下矣

七年以小國而言也大國五年在其中矣

【本義】文王能行王政而得天下之歸如此。當今諸侯、有能以文王之所以治岐者治國、凡田里樹畜之敎、鰥寡孤獨之養。悉舉而行之、則人心所戴。天命自歸、不論國之强弱、大約七年之内、必能統一四海、而爲政於天下矣、有圖王之志者。何憚而不師

文王耶。

【附解】【翼註】行文王之政泛説、就包養老在内。

求也爲季氏宰章

【總旨】【翼註】通章以。强。兵。作。主。上二節。即富國之罪。以甚强兵之罪。下一節。即連諸侯辟草萊之刑。以甚善戰之刑也。

孟子曰求也爲季氏宰無能改於其德而賦粟倍他日孔子曰求非我徒也小子鳴鼓而攻之可也

求、孔子弟子冉求、季氏、魯卿、宰、家臣、賦、猶取也、取民之粟倍

於他日也、小子弟子也、鳴鼓而攻之聲其罪而責之也、

本義 孟子曰、昔冉求爲季氏宰、無能匡正其惡德、反爲之設法催科而所賦之粟倍於他日、孔子曰、求之黨惡害民如此、非我徒也、爾小子鳴鼓以聲其罪而責之可也、

附解 說約 孔子之言不重、只引起下節耳。

由此觀之、君不行仁政而富之、皆棄於孔子者也、況於爲之强戰、爭地以戰、殺人盈野、爭城以戰、殺人盈城、此所謂率土地而食人肉、罪不容於死、

林氏曰、富其君者。奪民之財耳。而夫子猶惡之。況爲土地之故而殺人。使其肝腦塗地。則是率土地而食人肉。其罪之大

雖至於死猶不足以容之也

【本義】由孔子責求之言觀之、可見君不行仁政、而爲臣者又爲之聚斂以富之、皆名教之罪人。而見絕於孔子者也。夫富國者奪民之財、未至傷民之命。孔子猶惡之、況於爲君強戰者乎。欲強戰者爭地以戰、則必求得其地而殺人之多至於盈野、爭城以戰、則必求得其城而殺人之多至於盈城。夫爲土地之故、使人肝腦塗地、則是率土地而食人肉、其罪之大、雖至於死猶不足以容之也、

【附解】蒙引 率土地率字。與率獸之率同。小註循由之說、非也。○慶源輔氏曰。其罪之大、雖至於死猶不足以容之言罪大而刑小。如所謂、死有餘辜也。

故善戰者服上刑連諸侯者次之辟草萊任土地者次之

善戰如孫臏吳起之徒、連結諸侯如蘇秦張儀之類、辟開墾

也任土地謂分土授民使任耕稼之責如李悝盡地力商鞅開阡陌之類也

【本義】强戰之罪如此因罪定刑可知所不赦矣故善戰者當服最上極刑以正其賊君殘民之罪至於縱横游説連結諸侯使天下兵連禍結者即次之開闢草萊竭盡地力使天下民窮財盡者又即次之有王者起按法以誅所必然者乃今之諸侯不以爲罪而反以爲功又何怪禍亂相尋而不已也

【附解】説統此節只分兩等兩次之亦次於善戰者耳○問如李悝盡地力不過亦教民而已孟子何以謂任土地者亦次於刑朱子曰只爲他是欲富國不是欲爲民但强占地開墾將去欲爲己物耳皆爲君聚斂之徒也○所謂開者乃破壞剗削之意而非開置建立之名所謂阡陌乃三代井田之舊而非秦之所置矣○存疑此章重在率土地而食人肉上故以善戰爲上刑連結諸侯是游説諸侯使相結約如蘇秦説六國合從以擯秦之類是也連結諸侯亦同歸於戰但不身親

戰伐之事。故較之善戰爲次。辟草萊任土地。是尊主於富國。上則虧壞先王之良法美意。下則浚民之膏血。如秦之商鞅論其罪更大。然此之目下。使人肝腦塗地者。未免有間。故亦次於上刑

存乎人者章

〔總旨〕勿軒熊氏曰。孔子之觀人。是觀乎其内。孟子是觀乎其外。二章互看。君子小人之情狀。不可逃矣。○〔蒙引〕此章重在眸子。

孟子曰。存乎人者莫良於眸子。眸子不能掩其惡。胷中正則眸子瞭焉。胷中不正則眸子眊焉

良善也。眸子目瞳子也。瞭明也。眊者蒙蒙目不明之貌。蓋人與物接之時。其神在目。故胷中正則神精而明。不正則神散

而昏〇

本義孟子曰、存乎人之一身者、五官百體皆具矣、而其最良者莫如眸子、蓋人之善惡生於心心之精神見於目意念一起卽形於瞻觀故眸子不能掩其心之惡也如胸中所存者正則安裕完固其神之見於眸子者必精聚而明白焉若是胸中所存者不正則驚惕掩覆其神之見於眸子者、必渙散而昏瞻焉不能掩其惡如此此其所以良也

[illegible]說約、存乎人二句只就人之一身言若直就最好觀人說未免礙下地步〇〔翼註〕正不正兩項重不正邊方應上不能掩其惡〇〔存疑〕眸子不能掩其惡正是其良處胸中正二句正不能掩其惡也下遂承言眸子不能掩其惡

聽其言也觀其眸子人焉廋哉

廋匿也言亦心之所發故幷此以觀則人之邪正不可匿矣然言猶可以僞爲眸子則有不容僞者

【本義】然則觀人者，豈可徒信其言而已乎。必聽其言以審其言之邪正，又必觀其眸子以驗其目之明眊，則不出乎容貌辭氣之間，而君子小人已可得其槩矣。人卽欲掩匿其情，恐能掩於言而不能掩於眸子，亦安得而終匿哉。

【附解】〔說統〕玩本文也字口氣，則聽言只據現成說，如云以言而參之眸子。則人必無可躲閃處，人焉廋哉。非說人不能掩過，說我如此觀人，定不爲人所掩過了。○〔翼註〕人焉廋哉。廋字，重不善一邊。世無自匿其善之理。

恭者不侮人章

【總旨】〔說統〕此是孟子因世主浮慕恭儉，故借其名以誚之。

孟子曰：恭者不侮人，儉者不奪人。侮奪人之君，惟恐不順焉，惡得爲恭儉？恭儉豈可以聲音笑貌爲哉？

惟恐不順，言恐人之不順已。聲音笑貌，僞爲於外也。

【本義】孟子曰人君美德莫如恭儉然恭儉不可以僞爲蓋實是恭者心存敬謹必不慢視臣下而有所玩侮實是儉者志在簡約必不輕用民財而有所侵奪是不侮不奪乃恭儉之實也今之人君皆知恭儉之爲美但其平日所行皆侮人奪人之事夫侮人之君自恃尊貴其心必驕只要人非禮奉承順着他偺做奪人之君惟務貪得其心必侈只要人曲意逢迎順着他兼并惟恐人不順已不能快其侮奪之心焉惡有侮人奪人而得謂之恭儉者乎是可見實心謙讓然後謂之恭實心撙節然後謂之儉若只在聲音笑貌之間則不過粉飾僞爲而已恭儉美德豈可以聲音笑貌爲哉

【附解】〔翼註〕不侮人如禮賢下士及匹夫勝予之類不奪人在貢賦上若多或概兼臣民亦得○惟恐不順只是侮奪之甚不是欲掩侮奪之迹○聲音是僞爲恭儉之言笑貌是僞爲恭儉之態○〔雲峯胡氏曰〕書曰恭儉惟德無載爾僞不侮不奪者恭儉之實事不以聲音笑貌爲者恭儉之實德有是實德則有是實事無恭儉之實德則聲音笑貌載爾僞耳天理人欲之分誠實虛僞之判也

其亦擴天理而遏人欲與

淳于髡曰章

〔總旨〕〔翼註〕首節借事引起。下二節是正意。歸重道字。○〔困勉錄〕此章禮字只作一經字看。

淳于髡曰：男女授受不親，禮與？孟子曰：禮也。曰：嫂溺，則援之以手乎？曰：嫂溺不援，是豺狼也。男女授受不親，禮也；嫂溺，援之以手者，權也。

淳于姓，髡名，齊之辯士。授，與也。受，取也。古禮男女不親授受，以遠別也。援，救之也。權，稱錘也，稱物輕重而往來以取中者也。權而得中，是乃禮也。

〔本義〕淳于髡因孟子不見諸侯，故設辭以諷曰：吾聞男與女授受不親手者，果古之禮歟？孟子曰：此遠嫌別微之禮也。髡曰設使嫂或溺水生死之際事在倉卒爲之叔者則親援之以手乎抑拘授受之禮而不援也孟子曰嫂叔至親溺水大變於此不救則忍心害理是豺狼之類也夫天下事有常變君子處事有經權男女授受不親禮也所以守其常也嫂溺援之以手權也所以濟其變也若但知有禮而不知有權豈識時通變者哉

【講解】〔說統〕究竟不在問禮只要討出箇權字爲下諷言張本○〔蒙引〕禮是常行之道權是通變時所當行之道○〔朱子曰〕事有緩急理有大小此等處皆須以權稱之

【附考】禮記內則男不言內女不言外非祭非喪不相授器其相授則女授以篚其無篚則皆坐奠之而後取之

曰今天下溺矣夫子之不援何也

言今天下大亂民遭陷溺亦當從權以援之不可守先王之正道也

【本義】髡聞行權之論、因問曰、信如夫子之言、嫂溺則當從權以援以救之、今天下生民憔悴、如溺於水矣、夫子乃不從權以援之何也、毋亦守常而不達變乎。

【附解】翼註、夫子之不援。說者多云病其不見諸侯。看註枉道求合四字最圓活、不專是往見諸侯。

曰、天下溺、援之以道、嫂溺、援之以手、子欲手援天下乎。

言天下溺、惟道可以救之、非若嫂溺可手援也。今子欲援天下、乃欲使我枉道求合、則先失其所以援之之具矣。是欲使我以手援天下乎。○此章言直己守道、所以濟時、枉道徇人、徒爲失己。

【本義】孟子曰、援嫂之溺、與援天下之溺、其具不同。蓋古人所以救世、以有道也、非如救嫂徒以手也。道必自重、然後可以濟人。今子欲援天下、而使我枉道求合、則已先失其援之之具矣。天下非一手可援、子乃欲我徒手以援天下乎。子不知守道、又何可言行權也。

[illegible]解　翼註天下溺二句、重上句看。道字不外仁義。〇困勉錄嫂溺援之以手。亦是道之所在。不可謂嫂溺不須用道、只須援之以手。蓋援天下者以不失己爲道。援嫂者以手援爲道。如髡之所云、則是欲以援嫂者援天下也。故曰子欲手援天下乎。〇說統手援是影語、[illegible]實語。〇存疑孟子所謂權在道之內、髡所認權在道之外。事處其變、常道不可行、於是用而通之、而初不少失乎道。是謂在道之內。事處其變、常道不可行、遂越常道以濟事功。是謂在道之外。

君子之不教子章

總旨　蒙引、此章爲常人之父子言。若父子俱賢、則不須易而教。是不易者其經、而易者其權也。據王氏註及輔氏陳氏之說、則子不肖、雖不可責善、亦須戒之。是不責善而易以教者亦經、而戒之者又權也。是皆補孟子言外意也。

公孫丑曰君子之不教子何也

不親教也

本義 公孫丑問曰、凡人愛子、莫不欲教之以有成、乃君子不親教其子何也、

孟子曰勢不行也教者必以正以正不行繼之以怒繼之以怒則反夷矣夫子教我以正夫子未出於正也則是父子相夷也

父子相夷則惡矣

夷傷也教子者本爲愛其子也繼之以怒則反傷其子矣父既傷其子子之心又責其父曰夫子教我以正道而夫子之身未必自行正道則是子又傷其父也

本義 孟子曰父之於子非不當親教但以事勢論之有所難行故也蓋父欲親教則必於立身行已之間皆教以正道若教之以正而子或不率從則有以拂其教之之意而父必繼之以怒夫教子者本爲愛其子也今以怒繼之則反傷其子矣父既傷其子子之心又責其父曰夫子教我以正而夫子之身未必盡出於正道既不率教且有後言則是子又傷其父也父子相傷則害天性之恩而陷於惡矣如之何其可行耶

附解 翼註 勢不行也見非心不欲教亦非理不當教也此句總括下文

古者易子而教之

易子而教所以全父子之恩而亦不失其爲教

本義 夫親教則勢有所不行不教則情有所不忍古人有見於此故已有子也必易他人而教之是以教行而德成也

附解 翼註 易子而教只重以已子而教之於人不必泥相易意

父子之閒不責善責善則離離則不祥莫大焉

責善朋友之道也○王氏曰父有爭子何也所謂爭者非責善也當不義則爭之而已矣父之於子也如何曰當不義則亦戒之而已矣

本義 所以然者謂何蓋責善乃朋友之道父子之閒貴以恩相浹不相責善責善則父子相夷而情意乖離矣家庭之內以和順為祥乖離則不祥莫大焉此古人所以易子而教也

附解 翼註責善即教以正也離即相夷也不祥即惡也然上節純反說此節重首句正論其理上下二句帶看○南軒張氏曰養恩於父子之際而以責善望之師仁之篤而義之行也

事孰為大章

總旨 新安陳氏曰此章前言守身爲事親之本後言養志爲養親之大○存疑看來此章大旨只重在事親上其言守身特爲事親之本爾故既以事親與守身平說復歸本於守身又舉曾子以爲事親之則是皆爲事親而發也

孟子曰事孰爲大事親爲大守孰爲大守身爲大不失其身而能事其親者吾聞之矣失其身而能事其親者吾未之聞也

守身持守其身使不陷於不義也一失其身則虧體辱親雖日用三牲之養亦不足以爲孝矣

本義 孟子曰凡人有所敬承而不敢違謂之事事孰爲大事親爲大蓋聚百順以奉二人非細故也有所保持而不敢失謂之守守孰爲大守身爲大蓋合萬善以歸一己此宏圖也夫親者身之自出身者親之所生則事親尤資於守身也誠能以道自守不失其身則全受全歸而能事其親者吾聞之矣若失其身不守則虧體辱親而能事其親者吾未之聞也

事親者可不
自守身始乎
講解（翼註）事字非行事之事乃承事之事。不失其身先足爲親之榮而親心慰矣又加奉養了道斯盡。一失其身則先足以爲親之辱而親心不慰無論奉養厚薄皆是不能事親者如此以親心立說與下養志相關。（新安陳氏曰）初言事親爲大守身爲大二者分開平說繼言不失身則能事親二貫爲一分重輕說不失其身即是守身能守身方能事親此與前章悅親在於誠身同意。（蒙引）註虧體辱親自是兩意如云身體髮膚受之父母不敢毀傷父母全而生之子全而歸之此不虧其體之謂也如云將爲善思貽父母令名必果將爲不善思貽父母羞辱必不果此不辱其親之謂也
孰不爲事事親事之本也孰不爲守守身守之本也
事親孝則忠可移於君順可移於長身正則家齊國治而天下平

〔本義〕事親何以爲大也〇事君事長何者不謂之事然非事之本也惟能事其親則移以事君可以作忠移以事長可以眙順皆事親爲之端也非事之本而何守身何以爲大也〇守國守官何者不謂之守然非守之本也惟能守其身則以守家國而齊治之效成以守天下而均平之化應皆守身爲之始也非守之本而何惟其爲本所以見其爲大也

[illegible]〔翼註〕本守與大守有辨大是一件最重本是諸件皆自此一件而生〇〔新安陳氏曰〕事之本守之本照應首四句分二者平說惟其爲本所以見其爲大

曾子養曾晳必有酒肉將徹必請所與問有餘必曰有曾晳死曾元養曾子必有酒肉將徹不請所與問有餘曰亡矣將以復進也此所謂養口體者也若曾子則可謂養志也

此承上文事親言之曾晳名點曾子父也曾元曾子子也曾

子養其父每食必有酒肉食畢將徹去必請於父曰此餘者與誰或父問此物尚有餘否必曰有恐親意更欲與人也曾元不請所與雖有言無其意將以復進於親不欲其與人也。此但能養父母之口體而已曾子則能承順父母之志而不忍傷之也。

【本義】親身爲事守之大如此。則守身以事親之道當何如。觀之曾子可見矣。曾子養其親曾晳每食必有酒肉及將徹必請命於父以此餘者與誰或父問有餘必曰有恐親意更欲與人也曾晳死曾元養曾子每食亦必有酒肉及將徹則不請父所與設親問有餘則曰亡矣其意將以復進於親不欲以與人也。此所謂甘旨爲供特以養親之口體者也若曾子必請所與以迎親志於未形之先。而又必應曰有以承親志於已形之後真可謂能養其志而不忍傷者也

【附解】〔說叢〕引曾元一段。只欲引出養口體以形養志。貶曾元意不重。○〔存疑〕養志要不專在於飲食。凡繼志述事之類皆是。舉飲食以示例爾。○〔翼註〕養志兼親志未形而曲以探之。親志既形而曲以體之。○〔慶源輔氏曰〕養父母之口體者其事淺。承順父母之心志者其思深。夫子之於父母。其體同氣。至親至密。故事之者當先意承事。必能聽於無聲。視於無形。然後爲至。若必待其言而後從。固已不可。况於先立其意以拂其親之欲。惟口體是養。而不恤其心志之虧乎。○〔蒙引〕曾子養曾皙一條。其旨歸在事親若曾子者可也。不必言皆守身說。蓋事親本於能守身。此義上段發之已盡矣。不復用贅矣。故下言事親事之本也。守身守之本也。再不用以守身與事親交言之。此段特舉曾子之養志以示人子事親之法。蓋養志實事親之大綱要也。

事親若曾子者可也。

言當如曾子之養志。不可如曾元但養口體。程子曰。子之身

所能爲者皆所當爲無過分之事也故事親若曾子可謂至矣而孟子止曰可也豈以曾子之孝爲有餘哉

【本義】夫養志則其精神意念常與親志流通其至微也而惟曾子爲能之然則凡事親者必如曾子之養志方可稱孝也人可不知所法乎

【附解】淺說可也許之辭程子說可也意在言外

人不足與適也章

【總旨】說統此章論相體當從第一義做起人適政間不可謂不忠但救之於末流不若從本原做工夫則用人行政皆舉之矣首二句便覷着格君心說故曰不足言所重不在此規諫上一正君而國定正見定國工夫全在正君上與上文兩不足相呼應

孟子曰人不足與適也政不足閒也惟大人爲能格君心之非君仁莫不仁君義莫不義君正莫不正一正君而國定矣

趙氏曰適過也閒非也格正也徐氏曰格者物之所取正也書曰格其非心愚謂閒字上亦當有與字言人君用人之非不足過謫行政之失不足非閒惟有大人之德則能格其君心之不正以歸於正而國無不治矣大人者大德之人正已而物正者也○程子曰天下之治亂繫乎人君之仁與不仁耳心之非卽害於政不待乎發之於外也昔者孟子三見齊王而不言事門人疑之孟子曰我先攻其邪心心旣正而後

天下之事可從而理也夫政事之失用人之非知者能更之直者能諫之然非心存焉則事事而更之後復有其事將不勝其更矣人人而去之後復用其人將不勝其去矣是以輔相之職必在乎格君心之非然後無所不正而欲格君心之非者非有大人之德則亦莫之能也

【本義】孟子曰今之論治者率以用人行政爲急忠智之士見人君於此二者一有過失卽從而適之閒之適之亦是也而抑知人不足與適也閒之亦是也抑知政不足閒也蓋人君用人行政之非其原皆由於其心之非也惟盛德大人已無不正其事君也至誠以感乎之納牖以開導之使君之非心潛消默沮而不自知以歸於仁義之正君心仁則用人行政皆無私而莫不仁君心義則用人行政皆得宜而莫不義君心仁義而正則用人行政皆莫不盡仁盡義而歸於正大人

一以仁義正其君則人得而天下治政修而天下和而國自無不定矣何勞屑屑然事事而更之人人而去之哉

【附解】〔存疑〕人所以不足與適政所以不足與閒以本原都在心上本原不正末流能正得幾多故不若姑置末流只就本原上理會格君心之非正在本原上理會而非有大人之德亦莫之能也故曰惟大人爲能格君心之非大人格君心之非正已而物正者也莫不仁莫不義指用人行政說正只是仁義○朱子曰大人格君心之非此是精神意氣自有感格處然亦須有箇開導的道理不但默默而已伊川解遇主於巷云至誠以感動之盡力以扶持之明禮義以致其知杜蔽惑以誠其意正此意也○〔困勉錄〕一正君專承上君正說而國定矣則承上莫不正而推開說

有不虞之譽章

【總旨】〔存疑〕孟子說此兩句是欲人於毀譽上斟酌不可一槩信之也

孟子曰有不虞之譽有求全之毀

虞度也呂氏曰行不足以致譽而偶得譽是謂不虞之譽求免於毁而反致毁是謂求全之毁言毁譽之言未必皆實脩己者不可以是遽爲憂喜觀人者不可以是輕爲進退

【本義】孟子曰人之是非固出於衆論然毁譽之言亦有不可憑者如有善於己人從而譽之此其常也乃有本無可稱而濫叨美譽是爲不虞之譽有不善於己人從而毁之此其常也乃有期爲完人而不免詆毁是爲求全之毁然則脩己者但當自盡而觀人者不可不務責實也

【附解】說叢二有字大有感慨見人情意料之外更有如此不可知者○【翼註】此毁譽字不必依論語作過情看只在不虞求全上見得不實觀註未必皆實可見亦有實者

人之易其言也章

總旨 困勉錄此章爲易言者發見人當致謹於言何必待責而始悔耶一說謂爲喜其無責者發蓋彼方以無責爲得計而孰知其大不幸也一說謂爲惡人之責者發後二說只可作餘意

孟子曰人之易其言也無責耳矣

人之所以輕易其言者以其未遭失言之責故耳蓋常人之情無所懲於前則無所警於後非以爲君子之學必俟有責而後不敢易其言也然此豈亦有爲而言之與

本義 孟子曰人之言語乃一身之樞機最所當慎者也然有出言輕易失口於人或於人之善惡妄有褒貶或於事之得失輕爲論斷遂至僨事失人與戎召辱者此是爲何只因其未遭失言之責而無所懲創故也如以失言之故見責於人則必當自加儆省而不敢輕出諸口矣豈至易言若此哉

附解 慶源輔氏曰謹言語自是君子之庸行何待於有責而後然

人之患在好爲人師章

總論 說統此不是論人爲師只是戒人自滿患字生於好字

孟子曰人之患在好爲人師

王勉曰學問有餘人資於已不得已而應之可也若好爲人師則自足而不復有進矣此人之大患也

本義 孟子曰人之爲學莫貴於自脩莫病於自足人而爲人師此以其有餘而及人也若少有所得便侈然好爲人師則自足之念勝必不能虛以受益而不復有進矣豈非人之大患乎

附解 雲峯胡氏曰通上章兩人字爲泛然之衆人而言也○新安陳氏曰不得已者不自知其有餘無意於爲人師而人

自師之。好云者自見其有餘。有意於爲人師。而人未必心悅誠服以師之。○〔尤西川曰〕誨人不倦是愛人之心。好爲人師。是上人之心。

樂正子從於子敖之齊章

〔總旨〕蒙引此章孟子之意只是責其見遲。而實則非責其見遲也下章之言。特未發耳故曰姑以此責之

樂正子從於子敖之齊

子敖、王驩字、

〔本義〕孟子弟子樂正子、偶從齊之嬖臣子敖之齊

樂正子見孟子孟子曰子亦來見我乎曰先生何爲出此言也

曰子來幾日矣曰昔者曰昔者則我出此言也不亦宜乎曰舍

館未定曰子聞之也舍館定然後求見長者乎

昔者前日也館客舍也王驩孟子所不與言者則其人可知矣樂正子乃從之行其失身之罪大矣又不早見長者則其罪又有甚者焉故孟子姑以此責之

【大意】時孟子在齊樂正子來見孟子因責之曰吾以子來齊不我見也今亦來見我乎正子不知而驚問曰先生何爲出此言也孟子姑詰之曰子來齊幾日矣對曰昔者方至蓋明其未久也孟子姑責之曰既是昔者其來已久矣則我出此言也不亦宜乎正子自解曰舍館未定故也又姑責之曰子曾聞爲弟子者來自遠方必待舍館既定然後來見長者乎是何於舍館急而於長者緩乎

【附解】〔說統〕玩亦來見我口氣言外若含別有所爲而來意○子聞之也至長者乎作一句讀言急於求安緩於求道○〔翼〕

註失身之罪最大註乃云又不早見長者則其罪又有甚焉何也蓋言罪上加罪也非不早見之罪更大於失身

曰克有罪

陳氏曰樂正子固不能無罪矣然其勇於受責如此非好善而篤信之其能若是乎世有强辯飾非聞諫愈甚者又樂正子之罪人也

本義 樂正子爽然自失曰克來見之遲誠有罪矣其勇於受責如此

附解 蒙引其勇於受責固可取然猶未悟其從於子敖之非也所以有待於下章之言

孟子謂樂正子曰章

總旨 南軒張氏曰觀此二章則知君子之處己不可以不嚴而所與不可不謹也

孟子謂樂正子曰子之從於子敖來徒餔啜也我不意子學古之道而以餔啜也

徒但也餔食也啜飲也言其不擇所從但求食耳此乃正其罪而切責之

大義　孟子因正子終未悟從子敖之非乃明責之曰君子貴乎守身重道子之從於子敖來何所資益蓋徒以餔啜計也我不意子學古人之道而以餔啜之故妄從人也豈非所見者小而所失者大乎子滋罪矣

附解　翼註餔啜指道路所需者○趙氏曰樂正子能勇於受責然後孟子正其罪而切責之所謂可與言而後與之言也

不孝有三章

總旨　翼註此章專爲舜而發上節引起下節非泛論事理而以舜爲証也

孟子曰不孝有三無後爲大

趙氏曰於禮有不孝者三事謂阿意曲從陷親不義一也家貧親老不爲祿仕二也不娶無子絶先祖祀三也三者之中無後爲大

集義 孟子曰禮凡人不孝之罪有三一是阿意曲從陷親不義一是家貧親老不爲祿仕一是不娶無子絶先祖祀然就三者較之不孝其親者止於不能成親不爲祿仕者止於不能養親若無後則父母之宗祀無主矣其爲不孝孰大於是

附解 蒙引不孝有三皆是正路上差了脚步者與世俗所謂不孝者五不同此章之言義之精者也蓋不遂其親孝也阿意曲從陷親不義則不孝矣自重難進敬身爲大孝也家貧親老不爲祿仕則不孝矣或不得乎親或家貧之甚而不急於娶孝也然不娶無子絶先祖祀則不孝矣

舜不告而娶爲無後也君子以爲猶告也

舜告焉則不得娶而終於無後矣告者禮也不告者權也猶告言與告同也蓋權而得中則不離於正矣○范氏曰天下之道有正有權正者萬世之常權者一時之用常道人皆可守權非體道者不能用也蓋權出於不得已者也若父非瞽瞍子非大舜而欲不告而娶則天下之罪人也

【本義】知無後爲不孝之大即可以觀舜孝矣舜當日不告於父母而娶堯之二女原其用心恐告則不得娶爲無後也蓋告而後娶禮之經也不告而娶禮之權也君子以爲舜之不告猶夫告也同歸於孝而已

【附解】蒙引君子以爲猶告也此句務要究其實蓋告而娶孝也不告而娶以無絶其先祖祀亦同歸於孝也故曰君子以

爲猶告故曰
權不離正

仁之實章

【總旨】朱氏公遷曰此章言仁義之實爲道之根本而智禮樂皆在其中故悉言之使人於斯二者知所勉也○朱子曰此一段緊要在五箇實字上○雲峯胡氏曰前兩實字是就人本心上說下三實字是就工夫上說○雙峯饒氏曰此章有經緯仁義是經智禮樂是緯

孟子曰仁之實事親是也義之實從兄是也

仁主於愛而愛莫切於事親義主於敬而敬莫先於從兄故仁義之道其用至廣而其實不越於事親從兄之閒蓋良心之發最爲切近而精實者有子以孝弟爲爲仁之本其意亦

猶此也

【本義】孟子曰天下之道惟仁與義而已故仁之爲道其用至廣凡所當愛者無不愛也然是愛心之發最爲切近而精實者惟在於事親能事親則仁民愛物特從此而推廣之耳是事親爲仁之實也義之道其用亦至廣凡所當敬者無不敬也然是敬心之發最爲切近而精實者惟在於從兄能從兄則敬長尊賢特從此而推廣之耳是從兄爲義之實也可見天下之道皆原於孝弟矣

【附錄】朱子曰實字有對名而言者謂名實之實有對理而言者謂事實之實有對華而言者謂華實之實今這實字正是華實之實仁之實本只是事親推廣之愛人利物無非是仁義之實本只是從兄推廣之弟長忠君無非是義事親從兄便是仁義之實推廣出去者乃是仁義之華采○蒙引往常俱以用字對實字看不知事親從兄本亦用也但用中之實者則在事親從兄○困勉錄論語孝弟爲仁之本仁字與此章仁字俱是偏言之仁然論語總以孝弟屬仁而此則以事

親屬仁以從兄屬義者蓋合言之則二者皆是仁分言之則一屬仁一屬義

智之實知斯二者弗去是也禮之實節文斯二者是也樂之實樂斯二者樂則生矣生則惡可已也惡可已則不知足之蹈之手之舞之

斯二者指事親從兄而言知而弗去則見之明而守之固矣節文謂品節文章樂則生矣謂和順從容無所勉強事親從兄之意油然自生如草木之有生意也既有生意則其暢茂條達自有不可遏者所謂惡可已也其又盛則至於手舞足蹈而不自知矣○此章言事親從兄良心眞切天下之道皆

原於此。然必知之明而守之固。然後節之密而樂之深也。

【本義】然無智禮樂。又何以全是孝弟哉。故智之實則在於孝弟之道。知之明而不差其正路。守之固而不失其初心是也。禮之實則在於孝弟之道。節其過而歸之大中。文其不及而底於至善是也。樂之實則從容乎孝弟之天。無事乎勉强之力而至於樂也。樂則生意油然。不待擴之而自充矣。生則日新月盛。躍欲遏之有不能也。由是熟而愈熟。盛而又盛。心與道而相忘。身與道而俱化。足之蹈之。一孝弟之形見。有不知其誰之所爲也。手之舞之。一孝弟之動盪。有不知其誰之所使也。其樂之之深也。又何如哉。盡孝弟而至於是。則道之大本以立。而其用寧有窮乎。

【附解】慶源輔氏曰。知旣明。則自然弗去。如人知水火之不可蹈。則自然不蹈也。人旣知親之當愛。兄之當敬。孰肯舍其親而不愛。舍其兄而不敬者。其有不愛不敬。皆蓋其智爲物昏。而知之不明。非智矣。事親自有事親之節文。從兄亦然。粗言之。如溫凊定省。徐行後長之類。各有品節文理。便是禮之實。不知手舞足蹈。此聖人之作樂。所以必有舞也。樂之之意至於充盛之極。則不假言說。心意自然形見。血脈自然動盪。手舞足蹈。皆自然而然。不待心使之然。故不自知也。○〔蒙引〕節文只是中無過不及。俗云恰好處。○〔摘訓〕樂之實樂字不是聲音之樂。此處只以他事與孝弟論華實。原不曾比到音樂上言樂。別樣事爲樂之華。樂斯二者爲樂之實。○〔李衷一曰〕樂斯二者。不是用此心去樂孝弟。孝弟行來無勉強。有自然樂地耳。○〔蒙引〕惡可已。卽生生不已也。○〔存疑〕手舞足蹈不必說。如作樂者之舞蹈。只脚輕手快便是。○〔說統〕生是萌動之意。惡可已。是充長之意。舞蹈不知。是形神俱化之意。○〔困勉錄〕樂則生矣以下數句。俱有節次。故每句須重下。截玩註自見。

天下大悅而將歸己章

總旨〔翼註〕上節言舜輕天下。而重事親。下節言其善事親。而因以化天下。

孟子曰。天下大悅而將歸己。視天下悅而歸己。猶草芥也。惟舜

爲然不得乎親不可以爲人不順乎親不可以爲子

言舜視天下之歸己如草芥而惟欲得其親而順之也得者曲爲承順以得其心之悅而已順則有以諭之於道心與之一而未始有違尤人所難也爲人蓋泛言之爲子則愈密矣

【本義】孟子曰世人每以勢分而役情聖人恆從性分以立極如天下之大皆欣然喜悅將歸服於我戴以爲君此富貴之極人亦孰不欲之也顧乃視天下悅而歸己猶草芥之輕而毫不動心也惟舜爲然蓋舜之心但知有親也其心以爲人生而不能曲意承順得親歡心則人道有虧便不可以爲人人子而不能先意承志順親於道則子道有歉便不可以爲子此則兢兢負罪引慝之不暇又何他爲

【附解】（因勉錄）天下悅而歸本文亦只就勢遇之隆說○（說統）首三句只懸空說下方指出舜來○（雙峯饒氏曰）順親者子

所爲合乎道。父母所爲合乎道。彼此無違逆之謂。非順從之順也。○〔朱子曰〕人字只大綱說。子字却說得重。固有人承順顏色。看父母做事。不問是非。一向不逆其志。這是得親之心。然猶是淺事。惟順乎親。則親之心皆順乎理。必如此而後可以爲子。此所以爲尤難也。○〔說約〕不得乎親。不可以爲人。不順乎親。不可以爲子。此舜負罪引慝之心也。舜之心如此。所以能盡事親之道云云。○〔蒙引〕註曲爲承順與諭親於道。乃所以得順之故。

舜盡事親之道而瞽瞍厎豫。瞽瞍厎豫而天下化。瞽瞍厎豫而天下之爲父子者定。此之謂大孝。

瞽瞍舜父名。厎致也。豫悅樂也。瞽瞍至頑。嘗欲殺舜。至是而厎豫焉。書所謂不格姦亦允若是也。蓋舜至此而有以順乎親矣。是以天下之爲子者。知天下無不可事之親。顧吾所以事之者未若舜耳於是莫不勉而爲孝至於其親亦底豫焉則天下之爲父者亦莫不慈所謂化也子孝父慈各止其所而無不安其位之意所謂定也爲法於天下可傳於後世非止一身一家之孝而已此所以爲大孝也○李氏曰舜之所以能使瞽瞍底豫者盡事親之道共爲子職不見父母之非而已昔羅仲素語此云只爲天下無不是底父母了翁聞而善之曰唯如此而後天下之爲父子者定彼臣弑其君子弑其父者常始於見其有不是處耳

本義 夫舜之心如此是以孜孜汲汲只要盡事親之道凡所以曲爲承順與所以諭之於道者無毫髮之不盡焉而瞽瞍

至是、亦感其誠意、而至於喜悅、則是有以順乎親矣、夫以瞽瞍之頑而底豫、於是天下之爲子者、知無不可事之親、莫不勉而爲孝、天下之爲父者、因其子之孝、亦皆興於慈、而舉天下皆化矣、子化於孝、則子止其所、而天下之爲子者定、父化爲慈、則父止其所、而天下之爲父者定、是舜不以一身一家爲孝、而直合天下後世以爲孝、此之謂大孝、非舜其孰能之、

【附錄】翼註、盡事親之道而瞽瞍底豫、不可以得親順親作柱、蓋得親之事淺、未可以言盡道與底豫也、故註只云順親。

【存疑】舜盡事親之道而瞽瞍底豫、上是子孝、下是父慈也、天下化裏兼有子孝父慈、天下定只就天下化上看出、

離婁章句下

凡三十三章

舜生於諸馮章

【總旨】朱氏公遷曰、此以道統言、論語末篇之首章、孟子末篇之末章、皆是此意、但彼則主乎道統而言、故歷敘其相傳之

緒。此則主乎聖人而言。故舉其相去之最遠者以爲例。見其無不同也。

孟子曰舜生於諸馮遷於負夏卒於鳴條東夷之人也

諸馮負夏鳴條皆地名在東方夷服之地

【本義】孟子曰。世統於道。道統於聖。嘗考古帝舜。其始生於諸馮。既而遷於負夏。其後卒於鳴條。是乃東夷之人也。

【闡發】問舜卒於鳴條。則湯與桀戰之地也。而竹書有南巡不反。禮記有葬於蒼梧之說何耶。朱子曰。孟子之言必有所據。二書駁雜。恐難盡信。然無他考驗。闕之可也。○趙氏曰。諸馮在冀州之分。負夏春秋時衛地。鳴條在安邑之西。○說統。由生而遷而卒。該盡一生履歷。○說約通義。仁山金氏曰。東夷西夷。俗言東邊西邊。

文王生於岐周卒於畢郢西夷之人也

岐周岐山下周舊邑近畎夷畢郢近豐鎬今有文王墓

本義　又嘗考文王、其始生於岐周、其後卒於畢郢、是乃西夷之人也

附解　新安陳氏曰、畢在鎬東、非楚都之郢。

地之相去也、千有餘里、世之相後也、千有餘歲、得志行乎中國若合符節

得志行乎中國、謂舜爲天子、文王爲方伯、得行其道於天下也、符節以玉爲之、篆刻文字而中分之、彼此各藏其半、有故則左右相合以爲信也、若合符節、言其同也

本義　夫舜與文、由東至西、其地之相去也、千有餘里、可謂遠矣、自虞至周、其世代之相後也、千有餘歲、可謂久矣、宜其所行之道有不同也。然舜得志爲天子、文得志爲西伯、其所以行乎中國者、此心此理、若合符節、何其同也。

【附解】說統後字卽去字之意不必泥○【蒙引】中國二字集註只訓作天下或謂對東夷西夷說非也○【朱子曰】古人所爲恰與我相合只此便是至善前乎千百世之已往後乎千百世之未來只是此箇道理○凡符節右留君所左以與其人有故則君以其右合其左以爲信也○【蒙引】問符節一物乎分爲二物乎曰一物也何以証曰註曰符節以玉爲之云云可見是一物兼周禮所謂玉節角節虎節人節龍節璽節旌節周禮惟門關用符節此符節則以竹爲之○【存疑】不是得志行乎中國同是其行乎中國者同也古今異時彼此殊勢舜文所行之事安得盡同然隨事各當其理這便是同也

【附考】周禮地官掌節掌守邦節而辨其用以輔王命守邦國者用玉節守都鄙者用角節凡邦國之使節山國用虎節土國用人節澤國用龍節皆金也以英蕩輔之門關用符節貨賄用璽節道路用旌節【註】英蕩竹也以竹爲函加以畫飾而盛其節也

先聖後聖其揆一也

揆度也其揆一者言度之而其道無不同也○范氏曰言聖人之生雖有先後遠近之不同然其道則一也

本義 由此以推可見前乎千百世之聖人後乎千百世之聖人雖其迹不盡同然其聖聖心極所在其揆度事理者一也孰有不如舜文之合符節者哉

附解 說統按白文其字屬聖人身上註乃云度之而道無不同只是解揆的字義若云人去揆度其字似說不去詳味其揆一也猶云其軌一也當以活字作死字看指聖人心極協於人之揆度者言○新安陳氏曰先後以時言遠近以地言道之同以此心此理言○存疑得志行乎中國就舜文說先聖後聖其揆一又是因舜文槩說古今聖人或謂專說舜文固不是或謂除舜文說古今聖人亦不是

子產聽鄭國之政章

總旨或問子產之才之學於先王之政雖有所未盡然其於橋梁之脩蓋有餘力而其惠之及人亦有大於乘輿之濟者矣意者此時偶有故而未就又不忍乎冬涉之艱而為是爾然暴其小惠以悅於人人亦悅而稱之孟子慮夫後之為政者或又悅而效之則其流必將有廢公道以市私恩違正理而干虛譽者故極語而深譏之以警其微亦拔本塞源之意也

子產聽鄭國之政以其乘輿濟人於溱洧

子產鄭大夫公孫僑也溱洧二水名也子產見人有徒涉此水者以其所乘之車載而渡之

本義昔子產聽鄭國之政則可以無不為也顧乃以其乘輿濟人於溱洧

附解存疑據事直書而貶之意自見矣此書法也

孟子曰惠而不知爲政

惠謂私恩小利政則有公平正大之體綱紀法度之施焉

【集義】孟子即以其一事而譏之曰治貴識體乘輿濟人是行小惠而不知有爲政之道也

【附辨】慶源輔氏曰惟其恩之出於私故其利之及者小又曰體以理言本也施以事言用也○蒙引惠字便是譏了不到不知爲政處方是譏故註云惠謂私恩小利○存疑此句是一章大旨下皆明此意

歲十一月徒杠成十二月輿梁成民未病涉也

杠方橋也徒杠可通徒行者梁亦橋也輿梁可通車輿者周十一月夏九月也周十二月夏十月也夏令曰十月成梁蓋農功已畢可用民力又時將寒沍水有橋梁則民不患於徒

涉亦王政之一事也。

【本義】試以王政言之、每歲十一月、農功甫畢、民力可用也、則徒杠可通人行者、此時已成焉、十二月農功俱畢、民力可盡用也、則輿梁可通車行者、又已成焉、先事豫圖、及時爲備、民未有病於徒涉者也

【[illegible]】雙峯饒氏曰、民未病涉、要就未字上看。〇〔困勉錄〕註云時將寒冱。水有橋梁。則民不患於徒涉。此亦其甚者言耳非謂本文民未病涉。只是不病於冬涉也。〇〔朱子曰〕先王之政。細大具舉。而無事不合民心。順天理。故其公平正大之體綱紀法度之施。雖纖悉之間。亦無遺憾如此。〇〔存疑〕民未病涉。言不用乘輿濟人。行辟人可也。言不必乘輿濟人。焉得人人而濟之。及每人而悅之。言乘輿不能盡濟人。意有三段。

【附考】夏令曰、九月除道、十月成梁、營室之中、土功其始、

君子平其政行辟人可也焉得人人而濟之

辟辟除也如周禮閽人爲之辟之辟言能平其政則出行之際辟除行人使之避己亦不爲過況國中之水當涉者衆豈能悉以乘輿濟之哉

【[illegible]】即不病涉一事推之可見爲政之君子能爲國家體行先王之政正紀綱明法度使細大之務無不平治則患之所及亦已廣矣出入之際雖辟除行人使之避己亦上下之分宜然可爲也焉得曲意行私而以所乘之輿人人而濟之乎

【附解】翼註平字是極其平安之意凡當行當止當重當輕斟酌停安如權衡稱物而無不平也○存疑上條雖是先王之政却是就橋梁一事說君子平其政則無所不該橋梁一事亦在其內○蒙引行辟人可也以出行言是承子產因出行而以乘輿濟人説故朱子曰與乘輿濟人正相反也

【附考】周禮天官閽人掌王宫之中門之禁凡外内命夫命婦出入則爲之闢閽人主晨昏啓閉闢闢開左右行者

故爲政者每人而悅之日亦不足矣。

言每人皆欲致私恩以悅其意則人多日少亦不足於用矣。

諸葛武侯嘗言治世以大德不以小惠得孟子之意矣。

本義 惟不得人人而濟之。故爲政者。但當挈其要務其大。以盡爲政之道若必欲每人而求其悅恐人多日少不能以有限之力應無已之求其勢亦至於不足矣豈爲政之道哉

附錄 蒙引每人而悅之。亦。不專。指。濟。渉。一。事。○說統曰亦不足即日日悅之亦難周徧之意。不是說一日之內也。

孟子告齊宣王曰章

總旨 翼註通章重。君。之。施。一。邊。只是儆人君使厚待其臣若忠臣之自處又當別論

孟子告齊宣王曰君之視臣如手足則臣視君如腹心君之視

臣如犬馬則臣視君如國人君之視臣如土芥則臣視君如寇讎

孔氏曰、宣王之遇臣下恩禮衰薄至於昔者所進今日不知其亡則其於羣臣可謂邈然無敬矣故孟子告之以此手足腹心相待一體恩義之至也如犬馬則輕賤之然猶有豢養之恩焉國人猶言路人言無怨無德也土芥則踐踏之而已矣斬艾之而已矣其賤惡之又甚矣寇讎之報不亦宜乎

【本義】孟子告齊宣王曰、君臣各有當盡道理然下之報上亦視上之所待何如、如君之視臣如手足倚之爲用愛之恐傷則臣視君如腹心亦相依爲命而同其休戚矣明良相遇之盛如此、不然者、君之視臣如犬馬、而奔走之豢養之、則臣視

君如路人而情日疏矣尚可望以腹心之報乎甚至君之視臣如土芥踐踏之斬艾之則臣視君如寇讎而避之恐不遠矣豈但如國人而已乎報施之相稱如此王可惕然省矣

附解〔冀註〕視如手足愛惜之任用之也視如腹心推戴之捍衛之也如寇讎謂幸其災而樂其禍○〔慶源輔氏曰〕此說特爲宣王發所謂有爲之言也

王曰禮爲舊君有服何如斯可爲服矣

儀禮曰以道去君而未絶者服齊衰三月王疑孟子之言太甚故以此禮爲問

本義 王疑孟子之言太甚故援禮問曰夫臣於見在之君待之如此若舊君則其恩已絶而禮尚爲其君有服不知舊君何如視之而其臣斯爲之服矣

附解 困勉錄集註所引儀禮。據儀禮註。乃是指已放而未去者。於出疆三年語頗未合。集註蓋引以爲例耳。非本文正解也。若檀弓所稱爲舊君反服者。乃指去國之臣言。而儀禮固不載也。

曰諫行言聽膏澤下於民有故而去則君使人導之出疆又先於其所往去三年不反然後收其田里此之謂三有禮焉如此則爲之服矣

導之出疆、防剽掠也、先於其所往、稱道其賢欲其收用之也、三年而後收其田祿里居、前此猶望其歸也。

本義 孟子曰、所謂舊君有服者、非無謂也。臣當在國時、有過則諫、君必行之、有善則言、君必聽之、由是弊革利興、膏澤得下於民、及或有他故而去、則君使人引導之出疆、以盡防衛之道、又先於所往之國、稱道其賢、以爲其祿仕之地、至去三年之久而不反然後收其田祿里居以示其拳拳屬望之意夫既導其出又稱其賢又望其歸此之謂三有禮焉如此則手足之誼重而臣亦不忘腹心之報而必爲之服矣

附解 雙峯饒氏曰諫是閉邪言是陳善○問諫行言聽如何又有故而去曰諫行言聽是平日如此亦有偶然議論不合而去○翼註諫行則弊革言聽則利興故膏澤下於民○蒙引田所賦之祿入也里所居之第宅也故曰田祿里居○此之謂三有禮焉導之出疆一也先於其所往二也三年然後收其田里三也不連諫行言聽說自是去後三有禮然如此云云適結諫行言聽以下不只帶三有禮也

今也爲臣諫則不行言則不聽膏澤不下於民有故而去則君搏執之又極之於其所往去之日遂收其田里此之謂寇讎寇讎何服之有

極窮也窮之於其所往之國如晉錮欒盈也○潘興嗣曰孟子告齊王之言猶孔子對定公之意也而其言有迹不若孔子之渾然也蓋聖賢之别如此楊氏曰君臣以義合者也故孟子爲齊王深言報施之道使知爲君者不可不以禮遇其臣耳若君子之自處則豈處其薄乎孟子曰王庶幾改之予日望之君子之言蓋如此

本義 今也爲臣者君待之則不然其在國也諫則君不行言則君不聽上下不交而經綸莫展膏澤不下於民至有故而去則君搏執之不使出疆又窮極之於其所往絶其仕進之路方去之日遂收其田里不復望其歸如此刻薄寡恩不惟犬馬其臣且土芥其臣故爲臣者亦以寇讎視之既爲寇讎恩義已絶又何服之有哉

附解徐儆弦曰諫行言聽宜無可去之理然亦或有故而去義也諫不行言不聽宜無可留之理然亦必待有故而去情也

無罪而殺士章

總旨南軒張氏曰非特士大夫當知見幾而作之意抑將使有國者聞之悚然不可以失士大夫之心也

孟子曰無罪而殺士則大夫可以去無罪而戮民則士可以徙

言君子當見幾而作禍已迫則不能去矣

本義孟子曰君子去就當見幾也如士本無罪而爲君者乘一時之怒而殺之則殺士即殺大夫之漸也大夫此時宜奉身而去民本無罪而爲君者用一時之法而輕戮之則戮民即戮士之漸也士此時宜遠徙以避蓋一失此幾將有欲去而不能者矣

附解慶源輔氏曰可以者在時宜爲可也失此幾則有欲去而不能者矣

君仁莫不仁章

總旨慶源輔氏曰上篇言人臣當以正君爲急此章言人君當以正己爲先亦大學其幾如此之說也

孟子曰君仁莫不仁君義莫不義

張氏曰此章重出然上篇主言人臣當以正君爲急此章直戒人君義亦小異耳

本義孟子曰君身爲萬化之原如人君處事一出於慈祥而無刻薄是自處以仁也由是百官萬民奉行德意莫敢不興於仁矣人君處事皆歸於正大而無偏陂是自處以義也由是百官萬民遵守成式莫敢不興於義矣夫一國化爲仁義而其端始於君身爲人上者可不以正身爲本哉

附解 困勉錄 按上章莫不仁義就君心說此章則君仁君義就君身說而莫不仁義主民感化說

非禮之禮章

總講 雙峯饒氏曰此章緊要在大人弗爲上大人對小人言○說統 正是可與權處

孟子曰非禮之禮非義之義大人弗爲

察理不精故有二者之蔽大人則隨事而順理因時而處宜豈爲是哉

本義 孟子曰道以至是爲歸學以析非爲要如禮未合於中正即非禮也然其名又與做禮是爲非禮之禮義未得於變化即非義也然其名又與做義是爲非義之義徇名執迹人皆爲之惟盛德之大人乎日審察既極精明體行又極純熟則隨事順理因時處宜歷萬變而不膠於其迹豈爲是非禮之禮非義之義哉此所以立古今禮義之則也

【附解】張子曰非禮之禮非義之義但非時中者皆是也時中之宜甚大須精義入神始得觀其會通行其典禮此方是眞義理也行其典禮而不達會通則有非時中者矣○（湖南講非禮之禮非義之義雖說箇非禮非義畢竟是禮義與似是而非的不同以大人對看乃是小禮小義大人者大而化之已造到聖人大賢地位他的識見大作用大故小禮小義在賢人君子所必爲者大人却弗爲）（翼註）註特事不分貼禮義所重在察理精上

中也養不中章

【總旨】（困勉錄）此章本爲父兄知教而子弟不賢因而棄之者說若未嘗知教與夫教以難堪反激成其過者此又是一種非此章所指

孟子曰中也養不中才也養不才故人樂有賢父兄也如中也棄不中才也棄不才則賢不肖之相去其閒不能以寸

無過不及之謂中足以有爲之謂才養謂涵育薰陶俟其自化也賢謂中而才者也樂有賢父兄者樂其終能成已也爲父兄者若以子弟之不賢遂遽絕之而不能教則吾亦過中而不才矣其相去之閒能幾何哉

本義 孟子曰人之氣質不齊中才者少不中才者多如以我之中也而養子弟之不中抑其過引其不及從容涵養使之自至於中而後已以我之才也而養子弟之不才開其昏傲其惰優游漸漬使之自成其才而後已故人樂有賢父兄之終能成我也若見子弟之不中不才則嚴加督責以求其速成及見其難成遽舍之而不教是棄之而已則教之無方養之無術父兄之賢與子弟之不肖相去幾何哉爲父兄者愼不可輕棄其子弟矣

附解 東陽許氏曰中以德言才以能言○南軒張氏曰養之云者如天地涵育萬物其雨露之所濡風雷之所振和氣之

薰陶寧有間斷乎哉故物以生遂焉父兄養子弟之道亦當如是也寬裕以容之義理以漸之忠信以成之開其明以祛其惑引之以其方而使之自喻夫豈歲月之功哉彼雖不中不才涵育之久豈無有萌焉如其有萌養道益可施矣○〔徐儆弦曰〕樂字正從養字來○〔蒙引〕註俟其自化意重中也養不中才也養不才正爲子弟資質遲鈍志氣昏惰不前父兄多有不能耐煩忍待之意故養字要看得與棄字相反對始得

人有不爲也章

〔總旨〕李厚庵曰此節正意大要是擇之明則守之固守之固則發之果

孟子曰人有不爲也而後可以有爲

程子曰有不爲知所擇也惟能有不爲是以可以有爲無所不爲者安能有所爲邪

本義 孟子曰、天下之事、有當爲者、有不當爲者、人必能審擇焉於不當爲者、斷然有所不爲也、然後於當爲者、可以毅然有爲、而隨所往而皆歸於正矣、爲豈苟焉者哉、

附解 朱子曰、横渠先生云、不爲不爲不仁、則可以爲仁、不爲不義、則可以爲義、○〔雙峯饒氏曰〕凡人既不肯爲惡、則必勇於爲善、上面是有守、下面是有爲、先有守而後有爲、○〔達說〕程註知所擇非以決擇正解不爲意、蓋有不爲操守定也、是他胷中決擇明、乃能如此、故云然、

言人之不善章

總旨 新安陳氏曰、隱惡、忠厚之道、亦遠害之道也、大舜隱惡而揚善、夫子言誰毀誰譽、下文但言如有所譽而不言毀、可見矣、若當官而行、有奸慝、當言又不可顧後患而緘默也、

孟子曰、言人之不善、當如後患何、

此亦有爲而言

本義 孟子曰人有過失當隱而不宜若闘人不善喜談樂道攻發陰私不惟非忠厚之道亦取禍之道也其如後患何哉

附解 （程氏復心曰）如字訓奈○問所謂後患者謂得罪於其人耶抑恐其亦言己之不善耶（朱子曰）是皆有之

仲尼不爲已甚者章

總旨 （說統）此舉至聖以示則專爲過高者發藥

孟子曰仲尼不爲已甚者

已猶太也楊氏曰言聖人所爲本分之外不加毫末非孟子眞知孔子不能以是稱之

本義 孟子曰聖莫過於仲尼宜其有高世絕俗之行矣然其生平所爲皆事理之至當本分之當爲者初不求奇取異驚

世駭俗而爲已甚之事也、爲已甚、甚則是求加於本分之外而不合乎義理之中矣、豈足爲聖人哉

附解 或問所謂本分者、事理之至當非苟然而已也。學者且深察之、一有小差則流而入於鄉原之亂德矣○南軒張氏曰、夫子非不欲爲已甚、自不至已甚也。何也、聖人範圍天地而不過、泛應曲當不過、其則其不爲已甚者、聖人因天則之所存也。世徒見夫子答陽貨見南子等爲不爲已甚、獨不思靈公問陳則遂行、季桓子受女樂則不脫冕而行、爲魯司寇七日而誅少正卯、聞陳恒弒君則沐浴而請討、此謂之已甚可乎、不深求聖人之權度、徒竊語之近似以文其奸、此賊仁義之甚者也。

大人者章

總旨 徐儆弦曰、此是大人精義之學。

孟子曰、大人者言不必信、行不必果、惟義所在。

必猶期也大人言行不先期於信果但義之所在則必從之卒亦未嘗不信果也○尹氏曰主於義則信果在其中矣主於信果則未必合義王勉曰若不合於義而不信不果則妄人爾

【求錄】孟子曰凡人言行但當隨事順應不可先有成心且如言貴於信使不擇是非而必期於信則拘泥而不通矣行貴於果使不量可否而必期於果則固執而不化矣惟大人理極其精而心無偏主其言也不先期必於信其行也不先期必於果但惟義之所在耳義所當言則從而言之而自無不信之言也義所當行則從而行之而自無不果之行也與道爲一不著安排此大人之言行所以爲天下法也

【附解】說統信果無病病在兩必字無必心便是惟義所在無兩層意○〔蒙引〕合當信果處便是義大人言行主於義不主

於信果蓋主於信果則有所泥而不必合於義矣雖然大人於言之合義者無不信行之合義者無不果此則不可不知

大人者不失其赤子之心者也章

【總旨】說總指出初心以示人只是要人保任之意

孟子曰大人者不失其赤子之心者也

大人之心通達萬變赤子之心則純一無僞而已然大人之所以爲大人正以其不爲物誘而有以全其純一無僞之本然是以擴而充之則無所不知無所不能而極其大也

【本義】孟子曰大人者盛德大業非人之所能及殊不知大人之所以爲大人者正以其不失其赤子之心者也蓋赤子之心純是天理自物感之後而純一之心失矣大人內不蔽於私欲外不奪於物誘時時刻刻保此純一無僞之心而後無

所不知無所不能也。欲爲大人
者可勿保全此赤子之心哉

附解 朱子曰大人無所不知無所不能。赤子無所知無所能。此二句正相拗如何蓋無所不知無所不能却是不失其無所知無所能底做出。赤子之心純一無僞而大人之心亦純一無僞。但赤子是無知無能底純一無僞大人是有知有能底純一無僞〇大人事事理會得只是無許多巧僞曲折便是赤子之心

養生者不足以當大事章

通旨 新安陳氏曰孟子此言。非謂養生爲輕。但以常變從容急遽校之。則送死比養生爲尤重大耳。

孟子曰養生者不足以當大事惟送死可以當大事

事生固當愛敬然亦人道之常耳至於送死則人道之大變孝子之事親舍是無以用其力矣故尤以爲大事而必誠必

信不使少有後日之悔也

【本義】孟子曰人子於親生事死葬固無不當自盡然奉養猶子道之常今日不及明日可補尚不足以當大事惟至送死乃事親盡頭處設使一有未至悔將何及此其可以當大事而不可苟者也爲人子者其知必誠必信之道哉

【附解】蒙引養生不足以當大事蓋以人情言則暇豫而有措以事勢言則雖失而可贖惟送死可以當大事者以人情言則倉皇而顛沛以事勢言則其悔不可追

【附考】禮記檀弓上子思曰喪三日而殯凡附於身者必誠必信勿之有悔焉耳矣三月而葬凡附於棺者必誠必信勿之有悔焉耳矣

君子深造之以道章

【總旨】蒙引此章自得固重深造以道尤重蓋自得全要深造以道也

孟子曰君子深造之以道欲其自得之也自得之則居之安居之安則資之深資之深則取之左右逢其原故君子欲其自得之也

造詣也深造之者進而不已之意道則其進爲之方也資猶藉也左右身之兩旁言至近而非一處也逢猶值也原本也水之來處也言君子務於深造而必以其道者欲其有所持循以俟夫默識心通自然而得之於己也自得於己則所以處之者安固而不搖處之安固則所藉者深遠而無盡所藉者深則日用之間取之至近無所往而不值其所資之本也

○程子曰學不言而自得者乃自得也有安排布置者皆非自得也然必潛心積慮優游厭飫於其閒然後可以有得若急迫求之則是私己而已終不足以得之也

本義 孟子曰義理有無窮之趣爲學有一定之方君子之於學也格物致知必有事焉而不急其功進取力行必循序焉而不躐其等深造以道如此正欲其有所持循無所迫逐眞積力久之餘一旦豁然而貫通向見其萬者今則會而爲一力到功深之後一旦超然而領悟向見其異者今則合而爲同自然而得之於己也夫理以强探力取而得者則心與理不相浹洽居之未必安也惟其自然而得之則心與理熟萬變不可得而搖理與心一外物不可得而奪居之自極其安居之不安者則此理或有時而出入未可資之以爲用也惟其居之安則心源靜深足以用之而不窮理本牢固足以取之而不竭資之也自極其深資之不深者則中有不足隨所往未必皆有所値也惟其資之深則何所不有將見事感於

外。理應於內。事當如此。則有此理以應之。事當如彼。則有彼理以應之。或左或右、隨其所往、無不值其所資之本也。學惟至於自得。則其妙有如此。故君子之學必深造以道、而欲其自得之也。

【附解】〔朱子曰〕道是進爲之方。此是趙岐之說。蓋循此進進不已。便是深造之。猶言以造方。法去。深造之也。以道是工夫。深造之是做工夫。如博學審問慎思明辨篤行之次序。即是造道之方法。若人爲學。依次序便是以道。不依次序便是不以道。○能以道而爲之不已。造之愈深。則自然而得之。○〔蒙引〕深造是勿忘。以道則有勿助在矣。○君子深造之以道。五箇之字。同、是、指、此、理、也。○居安資深逢原。非可謂自得之功效也。蓋自。得便。是功。效。更無。自得之效。○資之深。是。未接物之時。取之左右逢其原。則。正當應接之時。○〔存疑〕資之深。言所藉者深遠無窮盡也。所藉爲何。藉之。以應物也。所藉者深。言道理在胸中。充足有餘。足以備吾應物之用。足以爲吾資藉。取之不窮。用之不竭。是所藉者深遠無窮盡也。○原不外乎所資。道理在胸中。足爲吾資藉應用。這便是原。及我要應用。這道理便在這裏。便是逢其原。蓋原是那本來底物。逢其原。

是攏着那本來底物○〔困勉錄〕看來原字還只是萬物各有一原之原未是萬物統體一原之原其所以能左右逢原者則由於統體一原也陳伯玉謂逢原二字不必偏重極是

博學而詳說之章

〔總旨〕慶源輔氏曰承上章言博學詳說則是深造之意反說約則是自得之事○〔蒙引〕此章要把博字詳字對約字看人都說重在反說約上恐謂博學而詳說之更重

孟子曰博學而詳說之將以反說約也

言所以博學於文而詳說其理者非欲以誇多而鬬靡也欲其融會貫通有以反而說到至約之地耳蓋承上章之意而言學非欲其徒博而亦不可以徑約也

【本義】孟子曰、天下之理。不求之於博。則識見不能旁通。不反之於約。則工夫無所歸宿。善爲學者、凡天地民物之賾、詩書六藝之文、無不旁搜遠覽。久於所學之理、逐一講究。辨晰詳明以說之。此豈徒誇多而鬬靡哉。蓋正欲融會貫通。由支派而窮其本、由節目而得其要領。反而說到吾心至約之地耳。使不博則約無所施。則博學而詳說之。其容已哉

【附解】〔蒙引〕學就誦習言。說就講明言。○〔慶源輔氏曰〕集註所謂文。謂詩書六藝之文。理。謂詩書六藝所載許多道理也。○〔程子曰〕博是多識多聞多見之謂。約只是使人知要也。○〔朱子曰〕約自博中來。通貫處便是約。不是通貫了又去裏面尋討箇約。○〔潛室陳氏曰〕不博則約無所施。學到約後許多博處方有受用。○〔摘訓〕理本約。先博了仍回到約上來。故曰反。○〔新安陳氏曰〕此所謂博學與孔子所謂博學於文同。所謂反說約。與孔子所謂約之以禮不同。蓋約禮以行言。反說約以知言也。

以善服人章

總旨　蒙引此章蓋爲當時國君而言曰服人曰養人此人字亦指其下等人言非必指百姓○慶源輔氏曰以力服人以德服人以事言也其不同易見以善服人以善養人以心言也其不同則難見也孟子之言至此愈密矣

孟子曰以善服人者未有能服人者也以善養人然後能服天下天下不心服而王者未之有也

服人者欲以取勝於人養人者欲其同歸於善蓋心之公私小異而人之嚮背頓殊學者於此不可以不審也

本義　孟子曰有國者皆當爲善然其善有不同如以己之善去勝人使人屈服於我者此不是誠心爲善未有能使人心服者也惟是以其所自盡之善養人使人同歸於善此則以涵成萬物爲心以兼善天下爲度然後不必有意服人而自能服乎天下若天下有不中心誠服而能成王業者未之有也

附解朱子曰以善服人者惟恐人之進於善如張華對武帝恐吳人更立令主則江南不可取之類是也以善養人者惟恐人不入於善如湯於葛遺之牛羊又使人往爲之耕是也○說統末二句言王天下者必須得天下心服而後可若天下不心服而乃能致王者未之有也此以善服人亦未嘗不服只是不心服能服不能服何要點入心字見必須以善養人切不可以善服人也

言無實不祥章

總旨說統此章示○此爲蔽賢者警上句引起下句若字指有國者信讒之戒言不指人

孟子曰言無實不祥不祥之實蔽賢者當之

或曰天下之言無有實不祥者惟蔽賢爲不祥之實或曰言而無實者不祥故蔽賢爲不祥之實二說不同未知孰是疑或有闕文焉

本義 孟子曰，人之言無有實不祥者，不祥之實，惟讒阻忠良而蔽賢者之言足以當之。甚矣蔽賢之爲禍大而罪重也，聽言者可不知所遠哉！

附解 南軒張氏曰：蔽賢出於娼疾之私。方其欲蔽賢也，私意横起，不祥之氣固已充溢於中矣。天生斯賢以爲人也，蔽賢之人妨賢病國，不祥孰甚焉。

徐子曰章 此指出有本二字，要學者務實。意通俱就水說，只末二句點出正意。不便于是之取下補人有寔行意。孔子言不舍晝夜，明道體之不已，是發天理之本然；孟子之言不舍晝夜，喻人爲學之不已，是言人事之當然。

總旨 慶源輔氏曰：此章指意都結在後兩句上，故集註只以虛名實行爲言，而引林氏、鄒氏之説以明之。蓋孟子之意，專欲救徐子躐等干譽之病耳，孔子之稱水固不專在此也。然由是觀之，雖一物具一理，亦隨人所取如何爾，理固無盡也。

○翼註：在可立而待也截以上，通就水說；末二句方就人說，不必於是之取爾之下補出人有實行。

徐子曰：仲尼亟稱於水，曰：水哉水哉！何取於水也？

亟數也水哉水哉歎美之辭

本義 徐子問孟子曰嘗聞仲尼每觀於水而數稱之曰水哉水哉若有深契於心而不覺其屢形於贊歎者不知何取於水而亟稱之也

孟子曰原泉混混不舍晝夜盈科而後進放乎四海有本者如是是之取爾

原泉有原之水也混混湧出之貌不舍晝夜言常出不竭也盈滿也科坎也言其進以漸也放至也言水有原本不已而漸進以至於海如人有實行則亦不已而漸進以至於極也

本義 孟子曰子欲知水之可取盍觀所謂原泉乎原泉之勢混混然湧出晝如是夜亦如是無止息也及其遇坎而止則

盈滿於此而後漸進於彼無壅滯也由是進而不已則沛然莫禦必至於四海而歸宿焉此何以能如是也蓋有原之水其蓄聚者深故能常出而不竭其發生者遠故能漸進而不窮有本者固如是也仲尼取之不以是乎

附解 〔蒙引〕原泉固是有本者然且放輕讀漫露出此意至有本者如是方好叮嚀着實說至下文苟爲無本便是承此有本者說出○〔困勉錄〕不舍晝夜三句以出之不窮進之有漸會之有歸分看○〔新安陳氏曰〕有本者如是孟子自以此句承接上意有本者指原泉如是指混混至放乎四海是之取爾答徐子何取於水也之問本文只是說水註如人有實行以下因結語故聲聞過情君子恥之二句推出孟子借水以箴規徐子之意而與下節註如人無實行而暴得聲譽不能長久也相對言之○〔困勉錄〕下節無本與原泉相反七八月雨集與不舍晝夜相反溝澮皆盈與盈科相反涸可立待與放四海相反

苟爲無本七八月之閒雨集溝澮皆盈其涸也可立而待也故

聲聞過情君子恥之

集聚也澮田間水道也涸乾也如人無實行而暴得虛譽不能長久也聲聞名譽也情實也恥者恥其無實而將不繼也

林氏曰徐子之爲人必有躐等干譽之病故孟子以是答之

○鄒氏曰孔子之稱水其旨微矣孟子獨取此者自徐子之所急者言之也孔子嘗以聞達告子張矣達者有本之謂也聞則無本之謂也然則學者其可以不務本乎

本義 苟爲無本之水而非原泉也當七八月之閒驟然雨集溝澮皆盈既與不舍漸進者異矣及雨止水退則溝澮之乾涸可立而待也又與放乎四海者異矣水之無本者固如此觀於水而君子之爲學可類推矣故人能反身脩德使養深

而蓄厚然後實大聲宏而名譽隨之如道德本無足稱而聲譽反過其實則一時雖能掩飾日久必然敗露君子所以深恥之而必務本也。

附解 新安陳氏曰水無原本人無實行之譬也溝澮皆盈而涸可立待暴得虚譽而不能長久之譬也○朱子曰所謂聲聞過情這箇大段務外更就中間言之如爲善無眞實懇惻之意爲學而勉强苟且徇人皆是不實就此反躬思量方得

人之所以異於禽獸者幾希章 此章直貫到予私淑諸人也住蓋歷叙道統之傳而終以自任之意

總旨 說統 歷叙古今道統而先以幾希開端此章語意全要人下存幾希底工夫把舜來做箇存底樣子

孟子曰人之所以異於禽獸者幾希庶民去之君子存之

幾希少也庶衆也人物之生同得天地之理以爲性同得天地之氣以爲形其不同者獨人於其閒得形氣之正而能有

以全其性爲少異耳。雖曰少異，然人物之所以分實在於此。衆人不知此而去之，則名雖爲人而實無以異於禽獸；君子知此而存之，是以戰兢惕厲而卒能有以全其所受之正也。

【大義】孟子曰：人與禽獸，其類固異矣，然究其所以異者，豈甚遠哉？不過於均稟同賦之中，惟人得形氣之正，此心虛靈，而能全其性；禽獸得形氣之偏，此心蔽塞而不能全其性。是人之所以異於禽獸者，只在此幾希耳。即此幾希所在，正人所當存而不可去者。庶民惟不知所以異在於幾希也，而怠惰放逸，以失其所性之全，是去其異於禽獸者也，則實無以異於禽獸矣。君子惟知所以異在於幾希也，而戰兢惕厲，以全其所受之正，是存其異於禽獸者也，故不惟異於禽獸，而且卓越乎庶民矣。

【附解】朱子曰：人與萬物都一般者，理也；所以不同者，心也。人心虛靈，包得許多道理過，無有不通。雖間有氣稟昏底，亦可克治使之明萬物之心便包許多道理不過雖其間有稟得氣稍正者亦止有一兩路明如禽獸中有父子相愛雌雄有別之類只有一兩路明其他道理便都不通便推不去人之心便虛明便推得去就大本論之其理則一纔稟於氣便有不同○〔蒙引〕觀註人物之所以分實在於此則知孟子所謂幾希者其旨甚重而非輕之曰幾希也○存是存其所以異於禽獸之道理今自謂能存只是存其與禽獸同者耳飢食渴飲之類皆其與禽獸同者也○〔新安陳氏曰〕集註知之一字示人以存之之關戰兢惕厲四字授人以存之之法○〔蒙引〕註君子知此而存之是以戰兢惕厲云云正是存之之功不是存之了方戰兢惕厲

舜明於庶物察於人倫由仁義行非行仁義也

物事物也明則有以識其理也人倫說見前篇察則有以盡其理之詳也物理固非度外而人倫尤切於身故其知之有

詳略之異在舜則皆生而知之也由仁義行非行仁義則仁義已根於心而所行皆從此出非以仁義爲美而後勉强行之所謂安而行之也此則聖人之事不待存之而無不存矣○尹氏曰存之者君子也存者聖人也君子所存存天理也由仁義行存者能之

本義 稽之上古其自然存心而開君子之統者其舜乎幾希之理散之爲庶物秩之爲人倫而貫徹於倫物中者爲仁義舜則生而知之自明於庶物之理而處置極精自察於人倫之道而經綸各當安而行之其慈祥惻怛從心上發出來隨所行而無非仁其裁制區畫從心上運出來隨所行而無非義非以仁義爲美而有心以行仁義也此舜所以開萬世心學之傳乎

【附解】翼註庶物是事物非禽獸草木仁義即貫徹倫物者○【達說】倫物者幾希之散見也仁義者幾希之統體也○南軒張氏曰行仁義猶與爲二物由仁義行則如目視耳聽手持足履身與理一而非二也○【蒙引】由仁義行仁義以在心者言由此而行出來也○【朱子曰】明物察倫由仁義行三句以學言之則有序猶格物致知而後意誠心正也自聖人言之則生知安行不可以先後言也

禹惡旨酒章

【總旨】說統道統之傳在心不在事通章歷敘羣聖事特各舉其切要者以見其心耳非謂其事盡於此也其中發出憂勤惕厲存存不已之心來方見得保全幾希之理

孟子曰禹惡旨酒而好善言

戰國策曰儀狄作酒禹飲而甘之曰後世必有以酒亡其國

者遂疏儀狄而絕旨酒書曰禹拜昌言

本義 孟子承上章而言曰繼舜之後者禹也以禹一二事言之於旨酒則惡焉惟恐欲之或熾也於善言則好焉惟恐理之或遺也禹之憂勤惕厲如此

附解 說統虞廷儆戒不過人心惟危道心惟微幾語惡旨酒過絕之嚴是峻人心之隄防好善言延訪之勤是開道心之扃鑰○蒙引此雖二事所該甚廣

湯執中立賢無方

執謂守而不失中者無過不及之名方猶類也立賢無方惟賢則立之於位不問其類也

本義 繼禹之後者湯也以湯一二事言之其行政也惟執其所謂中者而不失焉不敢過不敢不及蓋不欲萬幾之或差

也其用人也惟賢則立之於位不問其類焉蓋念天位維艱與賢共理惟恐失天下賢人之心也湯之憂勤惕厲如此

【附解】雙峯饒氏曰未應事以前未發之中如何執得須是事到面前方始量度何處是過何處是不及方可執而用之若先執定這中待事物來便是執一是子莫執中了○蒙引執中以處事言立賢以用人言二句關涉亦甚廣大

文王視民如傷望道而未之見

民已安矣而視之猶若有傷道已至矣而望之猶若未見聖人之愛民深而求道切如此不自滿足終日乾乾之心也

【本義】繼禹湯之後者文武也以文王一二事言之其治人也惠鮮懷保民已安矣而視之猶若有傷必欲一民無不得所而始慰也其脩己也緝熙敬止道已至矣而望之猶若未見必欲無一理不造其極而始愜也文王之憂勤惕厲如此

【附解】李東一曰如傷或做如已傷之說看來還是常若有傷更形容得視民意出○蒙引耕者九一至必先四者是文王

視民如傷處。〇〔朱子曰〕不顯亦臨。無射亦保。是文王望道如未見之事。〇望道而未之見與上視民如傷爲對孟子之意曰、文王保民之至而視之猶如傷體道之極而望之猶未見其純而不已如是

武王不泄邇不忘遠

泄狎也。邇者人所易狎而不泄。遠者人所易忘而不忘。德之盛仁之至也。

〔本義〕以武王一二事言之。邇者易於泄也。武王則心思縝密而不泄、如侍御必擇正士、戸牖皆有箴銘、謹之至也。遠者易於忘也。武王則志慮周詳而不忘、如建侯樹屏所必飭燕翼貽謀所必豫、慮之周也。武王之憂勤惕厲如此

〔附解〕朱子曰泄邇忘遠此通人與事而言。泄字兼有親狎忽畧之意。〇〔雙峯饒氏曰〕德之盛言不泄邇。仁之至言不忘遠。〇〔存疑〕以人言若侍御僕從之在左右者邇也。賢人之在側陋及親賢之藩屏於外者遠也。以事言如日用間起居飲食

隨身而在邇也如民生休戚國家利害或在千里之外耳目所不及見或在數十年之後事機之未露者遠也

周公思兼三王以施四事其有不合者仰而思之夜以繼日幸而得之坐以待旦

三王禹也湯也文武也四事上四條之事也時異勢殊故其事或有所不合思而得之則其理初不異矣坐以待旦急於行也○此承上章言舜因歷敘羣聖以繼之而各舉其一事以見其憂勤惕厲之意蓋天理之所以常存而人心之所以不死也○程子曰孟子所稱各因其一事而言非謂武王不能執中立賢湯却泄邇忘遠也人謂各舉其盛亦非也聖人

亦無不盛。

本義 承文武者周公也。周公之事何如。周公則監夏監殷、覲揚文武思兼三代之王、以施其四朝所行之事、其事或有時勢殊隔、而不合者、則仰而思之、每至夜以繼日、以求必得至於思極而遇幸而得其理之合矣、則又即欲見之行事、而坐以待旦焉。周公之憂勤惕厲如此。夫由三王以至周公事不一、而心則一。此幾希之理所以克存、而道統所以不墜歟。

時解 說統 思兼三王以施四事、乃一串意。○本文四事只指定上四條、於言外推廣則可。○蒙引 其有不合者、正指四事如禹惡旨酒、是時去上古朴略之風猶近、而絕之至周公時人文已盛、祭祀賓客安得絕酒。是惡旨酒有不合者矣。在禹時所謂善言、在周公有行不得者矣。在湯時所謂中、在周公時又不爲中矣。湯之立賢無方、周人大抵親賢並用、亦其時勢有不得不然者。時乎當勞也、如佚道使民、時乎當威也、以生道殺民、亦不得拘於文王之視民如傷。其事果善矣、自信而不疑、理果當也、決行而無滯、亦不必拘於望道而未之見耳。邇者固不宜泄、亦有可親者、遠者固不宜忘、亦有可略者。

○〔陸實甫曰〕思不是空空懸想便有斟酌變通在内○〔南軒張氏曰〕不合者思而未得也未得之思之惟恐未得既得之行之惟恐不及也凡井田封建取士建官禮樂刑政雖起於上世而莫備於周是皆周公心思之所經緯本諸三王而達之者也周公之心

此章發明至矣

王者之迹熄而詩亡章

蒙引以政教號令爲王者之迹者以其見于行事故謂之迹也熄者止而不能復行也

總旨 〔說統〕此章敘孔子作春秋以繼羣聖之統歎繫在末句義字上

孟子曰王者之迹熄而詩亡詩亡然後春秋作

王者之迹熄謂平王東遷而政教號令不及於天下也詩亡謂黍離降爲國風而雅亡也春秋魯史記之名孔子因而筆削之始於魯隱公之元年實平王之四十九年也

【本義】孟子曰羣聖之道莫備於孔子孔子之事莫著於春秋春秋何爲而作也蓋成周盛時禮樂征伐自天子出故雅詩作於上及平王東遷政令不及於諸侯王者之迹熄而雅詩亡矣詩亡則上下凌夷名分倒置而世道之亂人心之變有不可言者孔子憂之然後春秋一書因而作焉於以定天下之邪正爲百王之大法也

【附解】〔翼註〕迹字是實迹對空名看周室東遷王者徒建空名於公侯之上而政教號令不及於天下實迹已熄〇〔四書脉〕詩亡乃謂雅詩不復作非前之雅詩亡也〇〔潛室陳氏曰〕雅詩多是王者朝會燕饗樂章或是公卿大臣規諫獻納之所作東遷以後朝廷既無制作公卿又無獻納故雅詩遂亡獨有民俗歌謠其體制音節與列國之風同故止可謂之王風非聖人能降之也〇〔說統〕緊要在王者之迹熄一句上王迹是春秋的骨子詩亡只見得王迹熄不把詩與王迹並重曰春秋作者非魯國原有之春秋乃孔子所筆削而以隱公元年爲始之春秋也然此節只推明作春秋之故其所以存王迹處則在末節義字上〇詩以志王迹之盛春秋以維王迹之衰

晉之乘楚之檮杌魯之春秋一也

乘義未詳、趙氏以爲興於田賦乘馬之事、或曰取記載當時行事而名之也。檮杌、惡獸名、古者因以爲凶人之號、取記惡垂戒之意也。春秋者、記事者必表年以首事、年有四時、故錯舉以爲所記之名也。古者列國皆有史官、掌記時事、此三者皆其所記册書之名也。

本義 然是春秋之作、非孔子創之也。當時列國皆有史書記事、如晉國之乘、楚國之檮杌、魯國之春秋、名各不同、而其爲史一也、是春秋原魯史也。

附解 蒙引、本文正義、是以檮杌爲凶人、非以爲惡獸。○晉之乘一條、言其與列國之史同、其事則齊桓晉文一條、言其與

列國之史異蓋未經聖筆之前同爲列國記事之書也巳經聖筆之後遂爲王者經世之典也

其事則齊桓晉文其文則史孔子曰其義則丘竊取之矣

春秋之事五霸迭興而桓文爲盛史史官也竊取者謙辭也公羊傳作其辭則丘有罪焉爾意亦如此蓋言斷之在已所謂筆則筆削則削游夏不能贊一辭者也尹氏曰言孔子作春秋亦以史之文載當時之事也而其義則定天下之邪正爲百王之大法○此又承上章歷敘羣聖因以孔子之事繼之而孔子之事莫大於春秋故特言之

本義 惟春秋同爲列國之史故其所載之事多是齊桓晉文征伐會盟之事其文猶是史官編年紀月之詞其中功罪賞

罰不容假借之大義則未之明言不足以爲勸戒也孔子曰其義則丘嘗竊取而裁定之矣蓋審天下之功罪定一王之賞罰收既喪之權還之天子使王迹雖熄而不熄詩雖亡而不亡其所係豈不大哉孔子之憂勤惕厲如此

【附解】〔存疑〕春秋始終之事皆五霸迭興主之此獨稱桓文舉其最盛者言也三其字皆指春秋文即記事之文義即其文之義○〔淺說〕其文則史二句意輕只是起下文耳○〔蒙引〕竊取者謙詞也不必依蔡氏謂夫子有德無位故自以爲竊取○〔鄒二泉曰〕天下有王者則此義著爲王者之迹而播爲詩歌天下無王者則此義寄於伯圖而聖人因定爲筆削

君子之澤章

【總旨】〔說統〕此孟子自任之意也

孟子曰君子之澤五世而斬小人之澤五世而斬

澤猶言流風餘韻也父子相繼爲一世三十年亦爲一世斬

絕也。大約君子小人之澤，五世而絕也。楊氏曰：四世而緦服之窮也。五世袒免，殺同姓也。六世親屬竭矣。服窮則遺澤寖微，故五世而斬。

【本義】孟子曰：人之德業在當時，而其遺於後世者謂之澤。故有位之君子，其澤之所遺，大約相傳至五世而後絕。無位之小人，其澤之所遺，亦大約相傳至五世而後絕。此理勢之必然也。若在五世之內，則其澤固未亡也。

【附解】四書脉：君子小人，俱指人之賢者，但以有位無位別言之耳。○蒙引：父子相繼爲一世，三十年亦爲一世。此蓋以父子相繼者言。○大註引楊氏曰：四世而緦服之窮也。五世袒免，殺同姓也。六世親屬竭矣。此非是正解五世而斬之義，乃是以服制亦至五世而斬，以証君子小人之澤五世而斬也。○問：孔子之澤雖萬世不斬，何爲概以五世？曰：孟子此語主去聖人之世若此其未遠上說，故槩以五世而斬之義，見於孔子猶在五世之內也。

予未得爲孔子徒也予私淑諸人也

私猶竊也淑善也李氏以爲方言是也人謂子思之徒也自孔子卒至孟子遊梁時方百四十餘年而孟子已老然則孟子之生去孔子未百年也故孟子言予雖未得親受業於孔子之門然聖人之澤尚存猶有能傳其學者故我得聞孔子之道於人而私竊以善其身蓋推尊孔子而自謙之辭也○此又承上三章歷敘舜禹至於周孔而以是終之其辭雖謙然其所以自任之重亦有不得而辭者矣

本義 予去孔子之時猶在五世之內雖不得親受業於孔子之門而爲之徒也然遺澤尚存猶有能傳其學者故予得私

聞孔子之道於人、以善其身也、敢不願學以求進於君子之林哉此孟子之憂勤惕厲以繼孔子而存之者如此

附解雙峯饒氏曰私淑諸人者我私取之以善其身令人或把作教者說謂以此私淑他人非矣○徐儆弦曰孔子言竊取則不敢當作者之聖孟子曰私淑則不敢當述者之明

可以取章

總旨南軒張氏曰取與死生之義有灼然易判者有在可否之間者在可否之間非義精者莫能擇也蓋其幾間不容髮一或有偏則失之矣是以君子貴存養於平時而復研幾於審處也

孟子曰可以取可以無取取傷廉可以與可以無與與傷惠可以死可以無死死傷勇

先言可以者略見而自許之辭也後言可以無者深察而自

疑之辭也。過取固害於廉，然過與亦反害其惠，過死亦反害其勇，蓋過猶不及之意也。林氏曰：公西華受五秉之粟，是傷廉也；冉子與之，是傷惠也；子路之死於衛，是傷勇也。

本義 子曰：天下之理，中而已矣。失之不及，固有害也；失之太過，獨無害乎？夫不苟取之謂廉，彼其禮物之饋，初見若可取矣，猶未審也，及再思之，其實不當取焉，既不當取，則執而勿取可也，乃不能自斷而竟取之，是謂苟取，而有害於廉矣。以物與人之謂惠，彼其將有所與，初見若可與矣，猶未審也，及再思之，其實不當與焉，既不當與，則執而勿與可也，乃不能自決而竟與之，雖曰惠，而非惠之正也，則亦反害其惠矣。不愛其死之謂勇，彼其變故之來，初見若可死矣，猶未審也，及再思之，其實不當死焉，既不當死，則執而勿死可也，乃不勝其忿而竟死之，雖曰勇，而非勇之正也，則亦反害其勇矣。夫過取固傷廉也，至於過與反傷惠，過死反傷勇，可見天下之事惟中爲貴，而失之過者，猶失之不及也。人可不擇其中而

守之也

附解或問過取之傷廉過於此而侵奪於彼者也過與之傷惠過死之傷勇過於此而反病乎此者也蓋奪乎彼者其失爲易見而病乎此者其失爲難知故孟子舉傷廉以例二者是亦過猶不及之意耳

逢蒙學射於羿章

總旨東陽許氏曰此章專爲交友發羿不能取友而殺身孺子能擇交而免禍

逢蒙學射於羿盡羿之道思天下惟羿爲愈己於是殺羿孟子曰是亦羿有罪焉公明儀曰宜若無罪焉曰薄乎云爾惡得無罪

羿有窮后羿也逢蒙羿之家衆也羿善射篡夏自立後爲家

衆所殺愈猶勝也薄言其罪差薄耳

本義 昔逢蒙學射於羿而盡得羿善射之道乃思天下惟羿爲愈已於是殺羿以專其名孟子因論此事曰逢蒙以弟子而害師罪固不容誅矣乃羿以射教人反致殺身之禍是亦有罪焉昔公明儀曰羿爲逢蒙所殺罪在逢蒙羿宜若無罪焉夫公明儀所謂宜若者正謂羿罪特差薄於逢蒙耳羿惡得爲無罪乎

附解 四書脉盡羿之道以射道言○達說是亦羿有罪焉包有自取意但未可用去下引公明儀不是引他說無罪正要辯他說有罪宜若二字極斟酌薄乎二句皆是發明公明儀宜若二字不然曰字云爾字說不去矣

鄭人使子濯孺子侵衛衛使庾公之斯追之子濯孺子曰今日我疾作不可以執弓吾死矣夫問其僕曰追我者誰也其僕曰庾公之斯也曰吾生矣其僕曰庾公之斯衛之善射者也夫子

曰吾生何謂也曰庾公之斯學射於尹公之他尹公之他學射於我夫尹公之他端人也其取友必端矣庾公之斯至曰夫子何爲不執弓曰今日我疾作不可以執弓曰小人學射於尹公之他尹公之他學射於夫子我不忍以夫子之道反害夫子雖然今日之事君事也我不敢廢抽矢扣輪去其金發乘矢而後反

之語助也僕御也尹公他亦衛人也端正也孺子以尹公正人知其取友必正故度庾公必不害己小人庾公自稱也金鏃也扣輪出鏃令不害人乃以射也乘矢四矢也孟子言使

羿如子濯孺子得尹公他而教之則必無逢蒙之禍矣羿篡弒之賊蒙乃逆儔庾斯雖全私恩亦廢公義其事皆無足論者孟子蓋特以取友而言耳

本義 何以見羿之有罪也試以子濯孺子之事觀之昔鄭人使其將子濯孺子潛師侵衛見勢不利而遂遁衛使其將庾公之斯追之孺子曰今日不幸我疾作不可以執弓其何以禦追兵吾死矣夫因問其僕曰追我者誰人也其僕曰是庾公之斯也孺子喜曰若是此人吾得生矣其僕曰庾公之斯是衛之善射者也夫子既遇疾作乃不畏其射反曰吾生何謂也孺子曰我非爲彼不能射只以情度之可保其不傷我耳蓋庾公之斯原學射於尹公之他尹公之他又原學射於我夫尹公之他其平日立心制行乃端正之人也既爲端人則以類相從其所取之友亦必端正可知矣安有端人而肯背本邀功者哉此所以自諒吾生也及庾公之斯至果然問曰夫子何爲不執弓孺子曰今日我疾作不可以執弓以實

告也庚公因自敘曰向者小人學射於尹公之他尹公之他學射於夫子是小人之善射皆夫子授受之道也我不忍卽以夫子之道反害夫子雖然今日來追之事乃君所命之事也我不敢以私恩廢公義於是抽矢扣於車輪去其金鏃使不傷人虛發四矢而後反是孺子以取友而免禍如此向使羿之教射亦如孺子則所交無非正人何至於殺身哉此羿之所以不能無罪也

【備解】〔蒙引〕謂之侵者將以攻人也而乃承云衞使庾公之斯追之何也蓋是子濯侵衞見勢未利而遂遁故衞追之或謂迎擊者非也○〔四書脉〕今日我疾作二句是以己而料其死問其僕至吾生矣是以人而料其生庾公之斯至必端矣是因友以觀友孺子料人之明也夫子何爲至末是因師以及師庾斯報德之厚也端人泛就立心制行之正言道卽善射之道○〔蒙引〕乘矢古人一乘用四馬故謂四矢爲乘○〔說統〕此是罪羿斷案重在孺子上然孟子亦只取其不背師耳未可謂合於義

西子蒙不潔章

總旨 慶源輔氏曰上節戒人喪其本有之善○下節勉人以改過自新深玩尹氏之言令人惕然而懼聳然而作○新安陳氏曰此章似詩六義中之比○

孟子曰西子蒙不潔則人皆掩鼻而過之

西子美婦人蒙猶冒也不潔汙穢之物也掩鼻惡其臭也

本義 孟子曰善惡雖有一定之質○然其變化之機○又在人之自處何如耳○如西子本美人也若使被以汙穢之物則人皆掩鼻而過之○不見其爲美也

雖有惡人齊戒沐浴則可以祀上帝

惡人醜貌者也○尹氏曰此章戒人之喪善而勉人以自新

也

本義雖有醜惡之人苟齊戒沐浴而致其潔則可以祀上帝貌雖惡何嫌哉可見人之德行本善者當自保而勿喪其善有惡者宜自新而勿安於惡也

天下之言性也章

總旨〔存疑〕通章大意是說理本自然而智者當順其自然也故程子謂專爲智而發首節言理本自然二節言人當順其自然末節言順自然之不難也

孟子曰天下之言性也則故而已矣故者以利爲本

性者人物所得以生之理也故者其已然之跡若所謂天下之故者也利猶順也語其自然之勢也言事物之理雖若無

形而難知然其發見之巳然則必有迹而易見故天下之言性者但言其故而理自明猶所謂善言天者必有驗於人也然其所謂故者又必本其自然之勢如人之善水之下非有所矯揉造作而然者也若人之爲惡水之在山則非自然之故矣

【本義】孟子曰、學莫大於明性、性自是箇難言的物事、以其無形也、然從無形而感發形見爲巳然之迹、乃可得而言、是謂之故、天下之言性也、只就故言之而巳矣、然同是故而有害逆而爲巳然之迹、有順利而爲巳然之迹、害逆其變也、順利其初也、故所謂故者又以自然順利爲本、本之順利以言故、乃爲性之故、因其故以驗性、乃可見其性、此天下之言性必以此、若其故之逆、亦不足以言性矣、

附解〔朱子曰〕性自是箇難言底物事。惟惻隱羞惡之類。却是已發見者。乃可得而言。此即性之故也。只看這箇便見得性。故集註下箇跡字。若四端則無不順利。若殘忍之非仁。無恥之非義。不遜之非禮。昏惑之非智。即故之不利者也。○〔存疑〕此節雖先說故。後說利。却歸重在利上。總是利之故也。○〔蒙引〕不可以言性一節。遂爲智者之事。蓋首一節是論理之自然。下二節方是言人能順其自然之理。乃爲智也。若言謂性以故利爲本。亦是智。則下文是就處事上說智。而此章之智分言行矣。俱是牽扭。

所惡於智者。爲其鑿也。如智者若禹之行水也。則無惡於智矣。禹之行水也。行其所無事也。如智者亦行其所無事。則智亦大矣。

天下之理。本皆利順。小智之人。務爲穿鑿。所以失之。禹之行

水則因其自然之勢而導之未嘗以私智穿鑿而有所事是以水得其潤下之性而不爲害也

本義 惟以利爲本所以吾性中有智之德本出於自然者也而所惡於智者爲其務穿鑿而不順利也如智者之處事若大禹之行水也則智適還其自然無所惡於智矣蓋禹之行水也雖有疏瀹決排之勞要皆因地勢而通之順水勢而導之初不築隄設障以私意造作於其間行其所無事也此禹之智所以爲大也如智者於日用事物之閒亦循理之自然而行其所無事則智之大亦將與禹並稱矣尚何惡於智哉

附解 雲峯胡氏曰孟子本欲言智而必先言性者智五性之一也言智而先言性猶言水而先言水之原也鑿字與利字相反利者天理之自然鑿者人爲之使然言性而必本諸天理之自然者所以言智而深惡夫人爲之使然者也○蒙引所惡於智者與下文兩箇如智者皆指當時之所謂智者言畢竟是小智也○存疑言禹之行水是舉聖人之智以示法

非譬喻也蓋行水是天下一大事禹之行水是古今一大智故舉以爲行智者則例○翼註如智者亦行其所無事況就應事接物言○蒙引此節似言利然利即故之利也下節似言故然故即其利者也決不可依新安之說强分故與利○達說此節言可順而不可鑿最重下文不必鑿特立論之餘意耳故總註不及末節

天之高也星辰之遠也苟求其故千歲之日至可坐而致也

天雖高星辰雖遠然求其巳然之跡則其運有常雖千歲之久其日至之度可坐而得況於事物之近若因其故而求之豈有不得其理者而何以穿鑿爲哉必言日至者造歷者以上古十一月甲子朔夜半冬至爲歷元也○程子曰此章專爲智而發愚謂事物之理莫非自然順而循之則爲大智若

用小智而鑿以自私則害於性而反爲不智程子之言可謂深得此章之旨矣

【本義】智以無事爲大可見智不當鑿矣況又不必鑿者乎即以治曆言之試觀天之在上至高也星辰之麗於天其去下至遠也若至難窺測矣然天之運行有常度星辰之次舍有定位所謂故之自然者也治曆者苟求其天與星辰之故雖由今而上千歲之久其日至之度而爲造曆之元者可坐而致而不苦於步算之難矣況事物之近因其故而求之豈有不得其理者哉不鑿之智斯爲順性之智矣

【附解】存疑天之高星辰之遠是舉至難以明至易也此所謂故即順利之故也○朱子曰千歲之日至謂冬至之日也麰麥之日至謂夏至之日也○蒙引千歲之日至是既往者○淺說千歲亦大槩言其久耶上古日至豈止千歲耶○新安陳氏曰夜半即甲子時歲月日時皆甲子爲曆元蓋以建寅月爲歲首算之則是癸亥歲十一月以建子爲一歲之最初

算之則甲子歲之氣候已始
於此矣故云歲歲亦甲子也

公行子有子之喪章

【總旨】朱子曰孟子鄙王驩而不與言固是然朝禮既然則當
時雖不鄙之亦不得與之言矣鄙王驩於出弔處已見此章
意則以朝廷之禮爲重
時事不同理各有當

公行子有子之喪右師往弔入門有進而與右師言者有就右
師之位而與右師言者

公行子、齊大夫、右師、王驩也、

【本義】齊大夫公行子有人子之喪、右師王驩往弔、方其入門
之時有進右師來就已位而與右師言者有往就右師之位
而與右
師言者

【附解】袁了凡曰、有子之喪、不是喪了乃有子職之喪耳。禮、父母死、赴於君、君弔之。○蒙引、有進而與右師言者、非已進也、進右師也。○翼註、上句是右師未就位時、下句是右師已就位時。

【附考】孫疏、古者天子之卿、尊者謂之太師、卑者謂之少師。諸侯之卿、尊者謂之左師、卑者謂之右師。

孟子不與右師言、右師不悅曰、諸君子皆與驩言、孟子獨不與驩言、是簡驩也。

簡、略也。

【本義】孟子由未就位及已就位、始終皆不與右師言。右師不悅曰、諸君子皆與驩言、孟子獨不與驩言、是有意簡驩也。

孟子聞之曰、禮、朝廷不歷位而相與言、不踰階而相揖也。我欲行禮、子敖以我爲簡、不亦異乎。

是時齊卿大夫以君命弔各有位次若周禮凡有爵者之喪禮則職喪涖其禁令序其事故云朝廷也歷更涉也位他人之位也右師未就位而進與之言則右師歷己之位矣右師已就位而就與之言則己歷右師之位矣孟子右師之位又不同階孟子不敢失此禮故不與右師言也

本義　孟子聞之曰禮凡人臣在朝廷之上有各人站立之位次不得更歷而相與言有衆人排列之班行不得踰越而相揖也今之來弔君命所在卽朝廷所在也我欲行不歷位不踰階之禮而子敖乃以我爲簡不亦可怪之甚乎

附解　存疑位與階不同位是本身站立位次階是朝官序列班行階有許多人位只已一人故有同階而異位者○蒙引不踰階而相揖也兼言揖者與言者必與揖也揖而後言者也此兩句亦禮之成文也

君子所以異於人者章

總旨 說統存心二字是一篇骨子存心不可見尤於三自反處見之而憂之一字正是發明君子憂的念頭君子所以異於人者以此

孟子曰君子所以異於人者以其存心也君子以仁存心以禮存心

以仁禮存心言以是存於心而不忘也

本義 孟子曰均是人也而君子獨異夫君子所以異於人者以其存心不同也何以存心君子則以惻隱之仁存心以辭讓之禮存心而無頃刻或離此皆非他人所能而君子能之是其所以異也

附解 朱子曰這箇存心與存其心養其性不同只是處心與人不同耳○達說仁禮在用上看非以此爲存於心下方施

於用○說約禮字卯應照敬人意說○存疑以仁存心二句是總腦下文三自反正是說仁禮存心處觀後註存心不苟一句可見

仁者愛人有禮者敬人

此仁禮之施

本義 君子以仁禮存心者何如凡仁者必能愛人有禮者必能敬人蓋因心以為施固如此

附解 淺說註施字是對驗字說不是對存字說○存疑仁者愛人至敬人者人恆敬之愚意四句一氣緊緊說下是欲起下文三自反意且未重

愛人者人恆愛之敬人者人恆敬之

此仁禮之驗

【本義】且愛人者、則人亦恒愛之、敬人者、則人亦恒敬之、又隨物以爲驗者如此。【附解】新安陳氏曰、我感而人應、可驗我之得人、不應可驗我之失、驗字已含下文必不仁必無禮之意矣○【達說】註仁禮之驗、因人省己、故謂之驗、非效驗也。

有人於此、其待我以横逆、則君子必自反也、我必不仁也、必無禮也、此物奚宜至哉

横逆謂强暴不順理也、物事也、

【本義】然報施固有其常、而事變容出意外、設或有人於此、不惟不相愛敬也、而反加我以暴横悖逆之事、君子必自反曰、天下未有無因而至前者、我必不仁而不愛人也、我必無禮而不敬人也、不然、此横逆之物、何爲至我前哉。【附解】雙峯饒氏曰、集註云、强暴不順理、順理是順箇文理、横是横來、逆是倒來、皆是不順箇文理○【新安陳氏曰】横逆者

愛敬之反

其自反而仁矣自反而有禮矣其横逆由是也君子必自反也

我必不忠

忠者盡己之謂我必不忠恐所以愛敬人者有所不盡其心也

本義 君子於横逆之來因其不親而益致其愛已自反而仁矣因其不荅而益致其敬已自反而有禮矣宜足以感化乎人矣乃其横逆由是而不改於前也君子必自反也以爲我之愛敬者必有所不盡其心而不忠也

附解 新安陳氏曰忠非出於仁禮之外仁禮無一毫之不盡其心即忠也○慶源輔氏曰理無窮盡人有作輟一息不存一物不體便是不盡其心○四書脉三自反不是欲免横逆而然正是存存不懈也

自反而忠矣其横逆由是也君子曰此亦妄人也已矣如此則與禽獸奚擇哉於禽獸又何難焉

奚擇何異也又何難焉言不足與之校也。

【本義】其自反而忠矣其人之横逆亦由是也君子且曰此人仁不能感禮不能動是亦一妄誕之人已矣人既妄誕則名雖爲人而實與禽獸何別哉我見同類之人而陷於禽獸爲之哀痛且不暇又何必以其横逆之來而留難於心耶吾惟求盡吾之仁禮而已。

【附解】〔四書脉〕仁禮人之真心不可以仁禮感故曰妄人○〔説統〕妄人三句非置不校也不忍校也自脩之意原不住手○〔蒙引〕又何難焉言不爲之横於胸中也○〔達説〕仁者愛人五節勿以愛人敬人爲仁禮施於常三自反爲仁禮施於變作兩項平看語意乃是一節深一節以形容君子之存心耳

是故君子有終身之憂無一朝之患也乃若所憂則有之舜人也我亦人也舜爲法於天下可傳於後世我由未免爲鄉人也是則可憂也憂之如何如舜而已矣若夫君子所患則亡矣非仁無爲也非禮無行也如有一朝之患則君子不患矣

鄉人鄉里之常人也君子存心不苟故無後憂

【本義】由是觀之是故君子有終身不解之憂而無一朝驟至之患也乃若所憂則有所以用其憂者在焉以爲立人之極者無過於舜舜人也我亦人也舜盡仁禮而爲法於天下可傳於後世我之仁禮未盡猶未免爲鄉里之常人也是則可憂也憂之如何亦惟反己自脩求其如舜而已矣一日不如舜一日之憂未已也故曰君子有終身之憂也若夫一朝之患在君子則無矣何也蓋其以仁存心而非仁無爲也以禮存心而非禮無行也宜乎得人之愛敬而無一朝之患也設

若橫逆卒然來加而有一朝之患、在君子亦知自反而已、置之妄人而已、處之泰然、略不少動其心而爲之戚戚也、故曰君子無一朝之患也。

附解翼註是故二字。從上文看出之詞。○蒙引終身二字。要得分明。以仁禮存諸心。則無一息之或忘矣。或待我以橫逆。旣自反其仁禮矣。猶未也。又自反而忠。可見此心常存。念念不忘。時時照管。惟恐一毫之不自盡。處豈非終身之憂而何。○無一朝之患也。一朝。卒然之意。言其近小也。○憂由內出。患自外至。○存疑註君子存心不苟。是解君子有終身之憂。故無後憂。是解無一朝之患。○說統終身之憂二句。是總括上五條之意。不是又進一步的工夫。○達說有終身之憂極重。無一朝之患。特帶言之耳。○或問法者人倫而已。他聖人者。因其常而處之不失。未足以見人道之盡也。惟舜極其變而不失其常。是以人道之盡於此見焉。故特擧舜爲言耳。

禹稷當平世章

【總旨】〔困勉錄〕此章只是以時中言。幸與惜意亦不重。〔存疑〕此章同道本就事上說。集註屢提心來解者。心道之所從出也。聖賢之心同。皆中無私主。故能隨所寓而盡其道。

禹稷當平世、三過其門而不入、孔子賢之。

事見前篇。

【本義】昔禹稷當堯舜有道之平世、治水教稼、三過其家門而不入。孔子賢之、爲其勞於民事也。

【附解】〔四書脉〕平世以君明臣良言。不重氣化言。〔困勉錄〕雙舉禹稷、禹三過其門、稷是帶說。此太拘。焉知稷當年無此事。〔新安陳氏曰〕賢其用世而憂民之憂。

顔子當亂世、居於陋巷、一簞食、一瓢飲、人不堪其憂、顔子不改其樂、孔子賢之。

本義 顔子當春秋無道之亂世、居於陋巷之中、一簞食、一瓢飲、人不堪其憂、顔子獨不改其樂、孔子賢之、爲其篤於修己也。

附解 四書脉 此以退處言。不重安貧意。新安陳氏曰、賢其避世而樂己之樂。存疑 二孔子賢之。是記事者因孟子禹稷顔回同道之言、先置此。亦猶惠而不知爲政。先置子産聽鄭國二句一般。

孟子曰、禹稷顔回同道。

聖賢之道。進則救民。退則脩己。其心一而已矣。

本義 孟子從而斷之曰、禹稷顔回、其出處不同矣、而孔子皆賢之者、豈無謂哉。蓋以其道無不同也。

附解 存疑 道者事理之當然也。禹稷之救民。是其道當救民。顔子之脩己。是其道當脩己。所以爲同道也。

禹思天下有溺者由己溺之也稷思天下有飢者由己飢之也

是以如是其急也

禹稷身任其職故以爲己責而救之急也

【本義】何以見禹稷顔回同道以禹稷之所處言之禹任司空之職以治水爲己責思天下有溺於水者由己溺之也稷任農官之職以教稼爲己責思天下有阻於飢者由己飢之也惟身任其責如此是以心殷救民如是其急也若顔子則不任其職亦何不自樂於簞瓢陋巷乎

【附解】翼註兩箇思字須跟身爲司空身爲農官來○四書脈由己二字至在責任上說○蒙引惟身任其責如此是以如是其急也要說得是以二字分明莫把上文就說出急於救民之意

禹稷顔子易地則皆然

聖賢之心無所偏倚隨感而應各盡其道故使禹稷居顔子

之地。則亦能樂顏子之樂。使顏子居禹稷之任。亦能憂禹稷之憂也。

【本義】是則禹稷顏子之不同者、地爲之也。使禹稷處顏子之地、固能樂顏子之樂、使顏子處禹稷之地、亦必能憂禹稷之憂、惟其易地皆然。此所以謂之同道也。

【附解】新安陳氏曰、禹稷有官守。故曰任。顏子居陋巷。故曰地。○袁了凡曰、易地皆然、語意不重禹稷能爲顏子、只重顏子能爲禹稷。○蒙引意亦盡於此。下文只是譬喻。

今有同室之人鬭者、救之、雖被髮纓冠而救之、可也。

不暇束髮而結纓往救、言急也、以喻禹稷。

【本義】試取而譬之。今有同室之人鬭者、自當救之、雖被髮纓冠而救之可也、何也、蓋其地甚近、則其情甚急也。禹稷之救

民何以異於是

附解新安陳氏曰遇沐不暇束髮冒冠於所被髮上結纓而往救

鄉鄰有鬭者被髮纓冠而往救之則惑也雖閉戶可也

喻顏子也○此章言聖賢心無不同事則所遭或異然處之各當其理是乃所以爲同也尹氏曰當其可之謂時前聖後聖其心一也故所遇皆盡善

本義至於鄉鄰之人有鬭者亦被髮纓冠而往救之則不達於理矣雖閉戶不出可也何也蓋其地少踈則其情少緩也顏子之倚已何以異於是此禹稷顏回之道無不同而孔子所以皆賢之也

附解摘訓被髮纓冠及閉戶皆甚之之辭故各下一雖字可字

匡章通國皆稱不孝焉章

【總旨】〔存疑〕此章五段一節言匡章無五不孝三節言不得父之故四節言其亦有罪五節言其雖有罪却能自責罰據此皆未見其可絶之狀但見其有可哀之情然則孟子與之遊又從而禮貌之未爲過也

公都子曰匡章通國皆稱不孝焉夫子與之遊又從而禮貌之敢問何也

匡章齊人通國盡一國之人也禮貌敬之也

【本義】公都子曰匡章之爲人也通齊國皆稱其不孝焉通國論之公者不孝罪之大者若在所當絶矣夫子乃與之遊又從而禮貌以敬之敢問何也

【附解】〔蒙引〕曰匡章又曰章子者蓋匡是姓章子是字章子猶仲子之類

孟子曰世俗所謂不孝者五惰其四支不顧父母之養一不孝也博弈好飲酒不顧父母之養二不孝也好貨財私妻子不顧父母之養三不孝也從耳目之欲以爲父母戮四不孝也好勇鬬很以危父母五不孝也章子有一於是乎

戮羞辱也很忿戾也

本義 孟子曰子何以通國之言而遂謂章子爲不孝哉夫世俗所謂不孝者有五惰其四支怠棄子職不能顧父母之養此知有身而不知有親一不孝也爲博爲弈又好飲酒以自流蕩不暇顧父母之養此知有交遊而不知有親二不孝也貪好貨財私昵妻子不肯顧父母之養此知有室家而不知有親三不孝也縱肆其耳目聲色之欲身居下流以貽父母羞此虧體而辱親不但失養而已四不孝也逞血氣之私好勇鬬很以危父母此忘身以及親又不但辱之而已五不孝

也。今卽章子素行觀
之果有一於是乎

【附解】新安陳氏曰五不
孝之序從輕漸說至重

夫章子、子父責善而不相遇也。

遇合也。相責以善而不相合。故爲父所逐也。

【本義】夫章子無不孝之事。而被不孝之名。亦非無因而致然
也。蓋章子嘗以善道責望於父。其所以見忤於父而被逐者
惟其責善而
不相合耳

【附解】雙峯饒氏曰先說子父責善。是
言子責父之善。下說父子是泛言

責善、朋友之道也。父子責善、賊恩之大者。

賊害也。朋友當相責以善。父子行之。則害天性之恩也。

本義 責善原朋友之道也若父子以責善之道行之必至相夷而傷天性是爲賊恩之大者章子徒知責善而不顧賊恩此其罪之不容辭也

夫章子豈不欲有夫妻子母之屬哉爲得罪於父不得近出妻屏子終身不養焉其設心以爲不若是則罪之大者是則章子已矣

言章子非不欲身有夫妻之配子有子母之屬但爲身不得近於父故不敢受妻子之養以自責罰其心以爲不如此則其罪益大也○此章之旨於衆所惡而必察焉可以見聖賢至公至仁之心矣楊氏曰章子之行孟子非取之也特哀其

志而不與之絕耳。

【本義】然責善不相遇之後、章子未嘗不自知其罪也。彼身有夫妻之配、其子有子母之屬、章子豈不欲有此、只因得罪爲父所逐而不得近父以奉養之、故逐出其妻、屏斥其子、終身不受妻子之養焉、原其設心以爲不能幾諫回親既有罪矣乃又不若是出妻屏子而安受妻子之養、豈非罪之愈大乎。夫其設心如此、是始焉責善於親、既非有世俗不孝之實、繼焉引咎於己、則又有人子怨慕之誠。是則章子之所爲而已矣、我所以與之遊而禮貌之者、亦何過哉。

【附解】蒙引 子有子母之屬、此子謂匡章之子、此母即匡章之妻。其設心以爲不若是是則罪之大者云云、蓋章子亦自知其有罪也。但在章子之自責則如此、在他人則猶當矜其志而略其罪也。○存疑 是則章子已矣。是指上文、意言此乃章子之所爲也已矣。無他之辭。○雙峯饒氏曰 章子通國稱其不孝、仲子通國稱其廉、孟子於此二人、所謂衆惡之必察焉、衆好之必察焉。○新安陳氏曰 不徇衆見、至公也。不輕與絕、至仁也。

曾子居武城章

總旨 淺說 此章當與禹稷顏回章並看。
○說統 上兩節。只敘事。末一節。斷案。

曾子居武城有越寇或曰寇至盍去諸曰無寓人於我室毀傷其薪木寇退則曰脩我牆屋我將反寇退曾子反左右曰待先生如此其忠且敬也寇至則先去以爲民望寇退則反殆於不可沈猶行曰是非汝所知也昔沈猶有負芻之禍從先生者七十人未有與焉

武城曾邑名盍何不也左右曾子之門人也忠敬言武城之大夫事曾子忠誠恭敬也爲民望言使民望而效之沈猶行

弟子姓名也言曾子嘗舍於沈猶氏時有負芻者作亂來攻沈猶氏曾子率其弟子去之不與其難言師賓不與臣同

本義昔曾子居武城以設教適有越人入寇或告曾子曰寇且至何不去而避之曾子從其言但語守舍者曰無使人寓居於我室毀傷其室中之薪木及鬪寇退又先語守舍者曰脩葺我之牆屋我將反而居之寇退曾子遂還武城當時門人私議曰武城大夫之待先生內盡其誠外盡其禮如此其忠且敬也乃寇至則先去以爲民之觀望寇退則反患難之際漠不相關厚施薄報或者不可乎弟子有沈猶行獨喻其意乃解之曰先生之去反良有深義非汝等所知也昔先生曾舍於沈猶氏與今日居武城相同時有負芻者作亂與今日越寇相同當時從者七十人夫子皆引而去未有與其難者觀昔日之處沈猶氏則知今日之處武城矣是曾子之去難如此

附解蒙引曰無寓人於我室此語其守舍之人也寇退則曰脩我牆屋亦即語其守舍之人也左右云云此門人私議之

辭。非對曾子言也。故曾子無言。沈猶行亦門人也。乃以其所見解之云。○昔沈猶有負芻之禍。不必說沈猶行。或偶同姓。亦未可知也。○〔翼〕

〔註〕愆在心。敬在貌。

子思居於衛有齊寇或曰寇至盍去諸子思曰如伋去君誰與守

言所以不去之意如此。

【本義】昔子思仕於衛國、適有齊人入寇、或告子思曰、寇且至、何不去而避之、子思曰、食人之食者、當憂人之憂、今國方有難、與君共守者伋也、如伋舍而去之、保身之計得矣。君誰與共守此人民社稷也、是子思之守難如此。

【附解】〔說統〕居武城。是居鄉。居於衛。是居官。兩句便不同。與當平世當亂世一樣。當亘人因地殊之意。○此二節只敘事。勿用一語斷其是非。其微意却露在先生字君字上。

孟子曰曾子子思同道曾子師也父兄也子思臣也微也曾子子思易地則皆然

微猶賤也尹氏曰或遠害或死難其事不同者所處之地不同也君子之心不繫於利害惟其是而已故易地則皆能爲之○孔氏曰古之聖賢言行不同事業亦異而其道未始不同也學者知此則因所遇而應之若權衡之稱物低昂屢變而不害其爲同也

本義 孟子從而斷之曰曾子子思其事若不同矣然揆之於道則無不同何也蓋曾子之在武城則賓師之位也師道之尊等於父兄彼武城之人皆子弟耳豈有父兄而輕徇子弟之難者乎若子思之於衞則已委贄爲臣矣以臣事君其分

甚微豈有臣子而不急君父之難者乎。是各有所處之地也。使曾子處子思之地則必不避患以自全使子思處曾子之地則必不捐軀以赴難易地皆然此所以爲同道也。

【附解】説統父兄只當一尊字。對下微字看。〇【翼註】師則有父兄之尊臣則處微賤之分下二項承上二項説〇【慶源輔氏曰】子思雖無死難之事然寇至不去有死難之理

儲子曰王使人瞯夫子章

【總旨】【翼註】此全是覘吾道過高非發其眞僞意

儲子曰王使人瞯夫子果有以異於人乎孟子曰何以異於人哉堯舜與人同耳

儲子齊人也瞯竊視也聖人亦人耳豈有異於人哉

本義 孟子初至齊國。王使人窺看孟子。齊人有儲子者因問曰。人皆稱夫子有異於人。王近使人私瞯夫子。果有以異於人乎。孟子曰。我何以異於人哉。豈但於我。卽堯舜之聖亦與人同。此形同此性耳。夫堯舜且與人同。况我豈有以異於人乎。則固無待於疑。而亦不必於瞯矣。

附解 〔翼註〕所瞯在日用動靜上。果有異於人乎。連上句讀。屬齊王瞯之之意。說非儲子自問也。○〔摘訓〕末句正見我何以異於人處。○〔新安陳氏曰〕堯舜與人同之說。與人皆可以爲堯舜之說。實相表裏。但其意包涵而未盡。使儲子再問。難孟子必傾倒盡發之矣。

齊人有一妻一妾而處室者章

總旨 勉齋黃氏曰。此章形容苟賤之態。殊可賤惡。然流俗滔滔。務爲卑諂。無所不至。搖尾乞憐。自少至老。無一念不在是。未得則愁憂窮蹙。志氣薾然。自視不勝其小。既苟得則志得意滿。驕親戚。傲閭里。哆然自視不勝其大。可賤甚於乞墦而莫之覺也。學者深明義利之辨。充吾羞惡之心。而養吾剛大之氣。然後知孟子此言誠末俗之箴砭也。○南軒張氏曰意孟子在齊適見此事以爲與世之求富貴者無異。故載之。

齊人有一妻一妾而處室者。其良人出則必饜酒肉而後反。其妻問所與飲食者。則盡富貴也。其妻告其妾曰。良人出則必饜酒肉而後反。問其與飲食者。盡富貴也。而未嘗有顯者來。吾將瞯良人之所之也。蚤起。施從良人之所之。徧國中無與立談者。卒之東郭墦閒之祭者。乞其餘不足。又顧而之他。此其爲饜足之道也。其妻歸告其妾曰。良人者所仰望而終身也。今若此。與其妾訕其良人。而相泣於中庭。而良人未之知也。施施從外來

驕其妻妾

章首當有孟子曰字，闕文也。良人，夫也。饜，飽也。顯者，富貴人也。施，邪施而行，不使良人知也。墦，塜也。顧，望也。訕，怨詈也。施施，喜悅自得之貌。

本義　齊人有一妻一妾而處室者，其人每出，則必饜酒肉而後反。其妻問所與飲食者，則曰盡富貴人也。其妻疑之，而告其妾曰：良人出則必饜酒肉而後反，及問其與飲食者，盡富貴也。夫富貴皆顯者也，既飲食之，則相交際，宜其有往必有來矣，乃但見良人往也，而未嘗見顯者來，其迹可疑，吾將私瞯其所之也。於是蚤起，乘其夫出之時，從旁隨行，竊窺其所往，但見徧國中無有與之並立而交談者。立談無人，則富貴之與，其無可知。然猶未悉其飲食所從來也，及其卒也，乃之東郭墦間之祭者，乞其祭餘而飲食之；其欲未足，又顧而之他所。此其所以爲饜足之道也。其妻歸，告其妾曰：良人者，我等所仰望以終身者也今其所爲若此我與若將何望乎因與其妾訕詈其良人而相泣於中庭而良人尚未知也乃施施然自得從外歸來而矜驕其妻妾焉

附辨 〔達說〕前之告其妾者疑夫之所爲也後之告其妾者悲夫之所爲也○〔翼註〕驕字意輕○上節引起下節

由君子觀之則人之所以求富貴利達者其妻妾不羞也而不相泣者幾希矣

孟子言自君子而觀今之求富貴者皆若此人耳使其妻妾見之不羞而泣者少矣言可羞之甚也○趙氏曰言今之求富貴者皆以枉曲之道昏夜乞哀以求之而以驕人於白日與斯人何以異哉

本義 當今之世。富貴利達之人。意得志滿。誇耀於時。此人自視固不知辱。即常人視之。亦惟見其榮也。然由有道之君子觀之。則人之所以求富貴利達。其情其態。大有不堪言者。特其妻妾未之見耳。使其妻妾見之。有不以爲可羞而不至於相泣者幾希矣。豈不可恥之甚哉。

此人之立身。當以齊人爲鑒也。

附録 翼註。君子觀之之字。指富貴利達之人。須先將此一流埋伏在前。然後說到君子方順。○人之所以求富貴利達者重在一求字。見其可羞。趨註云。昏夜乞哀。驕人白日。則是以求與驕並言。故在圈外。

隔八相生之圖

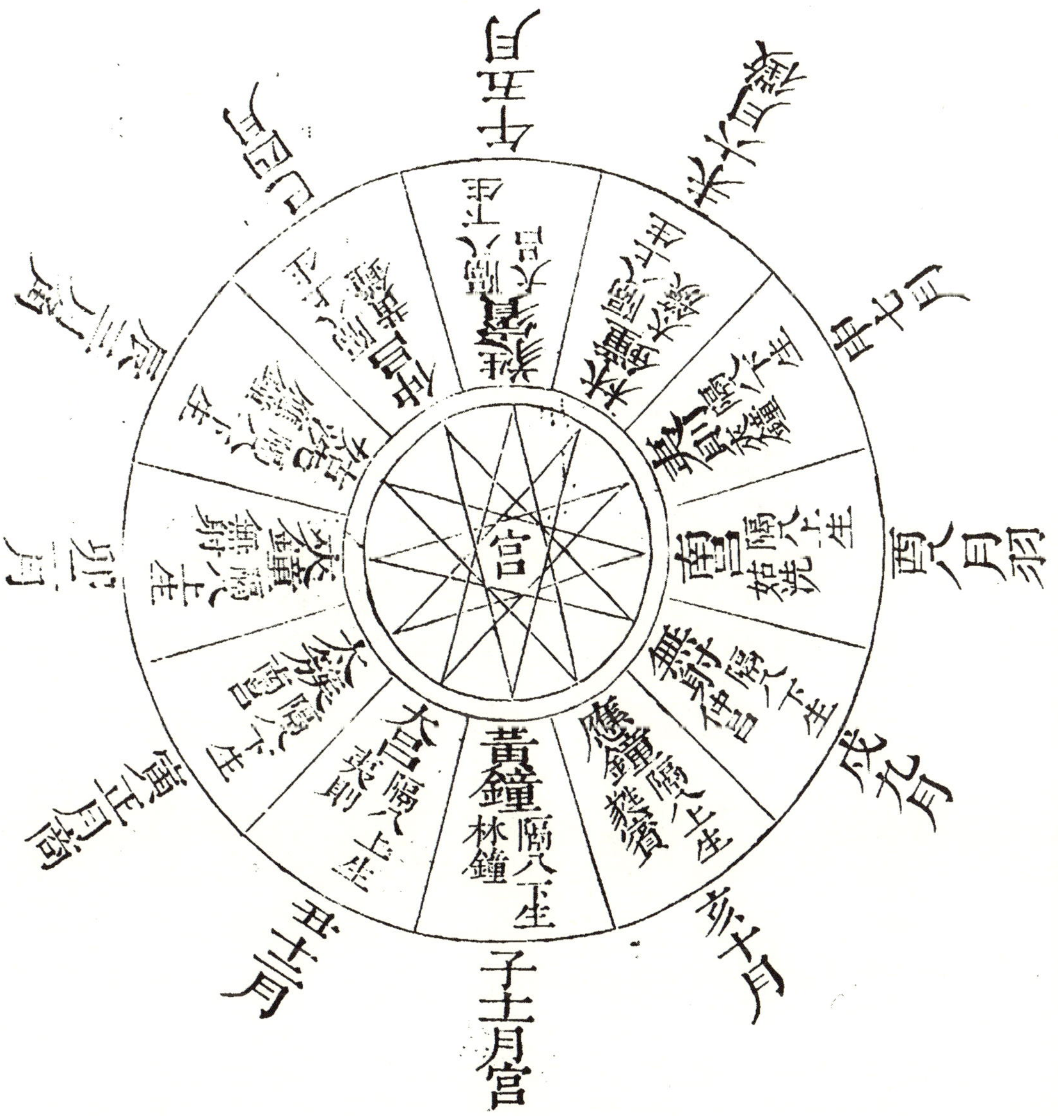

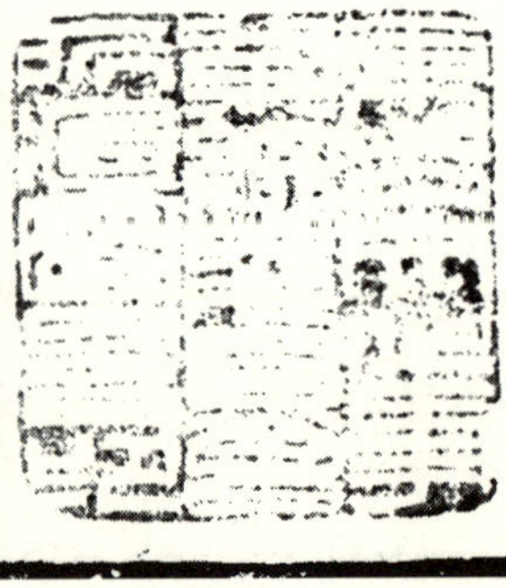

四書講義尊聞錄卷之十八

萬章章句上

凡九章

萬章問曰舜往于田章

總旨 翼註通章以怨慕二字作主次節辨其怨已而非怨親三節四節極言其怨慕末節斷其爲大孝也

萬章問曰舜往于田號泣于旻天何爲其號泣也孟子曰怨慕也

舜往于田耕歷山時也仁覆閔下謂之旻天號泣于旻天呼天而泣也事見虞書大禹謨篇怨慕怨己之不得其親而思

慕也。

【本義】萬章問曰、嘗聞舜耕歷山時。以事親也。每往于田、便號泣而呼旻天、不識舜於父母之間、有何故而號泣也、孟子曰、人情有所抑鬱未遂則怨、有所懷念不舍則慕、舜當日不得乎親、怨慕之切、是以呼天號泣、以明其不得已之心也。

【附解】說統、怨者、戚戚然如有所歉。慕者、皇皇然如有所求、此二字包盡一章之旨。然此處且莫說明是怨、已故萬章誤以爲怨親。○【困勉錄】慕而不得則怨、怨而求得則仍慕、二意當兼用。○【存疑】思慕是思慕乎親、必欲得之。不是思慕欲得親

萬章曰、父母愛之、喜而不忘、父母惡之、勞而不怨、然則舜怨乎、曰、長息問於公明高曰、舜往于田、則吾既得聞命矣、號泣于旻天于父母、則吾不知也。公明高曰、是非爾所知也。夫公明高以孝子之心、爲不若是恝、我竭力耕田、共爲子職而已矣。父母之

不我愛於我何哉

長息、公明高弟子。公明高、曾子弟子。于父母、亦書辭、言呼父母而泣也。恝、無愁之貌。於我何哉、自責不知己有何罪耳、非怨父母也。楊氏曰、非孟子深知舜之心、不能爲此言。蓋舜惟恐不順於父母、未嘗自以爲孝也。若自以爲孝、則非孝矣。

本義 萬章不悟怨慕之旨、又問曰、吾聞人子事親、見父母愛之則喜、得親心而不忘、父母惡之、雖至於勞而不怨、然則舜之號泣、猶不免怨其親乎。曰非也、昔長息問於公明高曰、舜往于田、則吾既得聞命於夫子矣、若號泣而呼旻天、又呼父母、則吾不知其何心也。公明高曰、是聖人至孝之心、非爾所能知也。吾推公明高之意、以孝子之心、每欲得乎親、既不得乎親、必不若是恝然而無愁、其心以爲我竭力耕田、不過供子職之常而已、此外未盡道者甚多、今父母之不我愛、必我於子職猶未盡而有罪以致之也。但不知我罪何在耳，求其故而不得，此所以呼天呼父母而號泣也。公明高之意蓋如此。然則我所謂怨慕者，蓋怨己之不得乎親而思慕耳，豈怨父母哉。

附解 四書脈 父母愛之四句，重不怨句。○翼註 然則舜怨乎，疑其怨親。長息則吾不知也，亦是疑其怨親。○孝子實指舜說。○我竭力耕田二句，言子職無窮，竭力耕田只其一端，但可塞責，未足慰心。須說得淺，方見孝子之心。

帝使其子九男二女、百官牛羊倉廩備，以事舜於畎畝之中。天下之士多就之者，帝將胥天下而遷之焉。為不順於父母，如窮人無所歸。

帝，堯也。史記云：二女妻之，以觀其內；九男事之，以觀其外。又言一年所居成聚，二年成邑，三年成都，是天下之士就之也。

胥相視也遷之移以與之也如窮人之無所歸言其怨慕迫切之甚也。

本義 舜之怨慕。非但躬耕歷山之時爲然也。當四岳咸薦之初帝堯使其子九男事之於外二女妻之於内凡百官有司之使令牛羊倉廩之供奉莫不備具以事舜於畎畝之中其際遇之非常如此。且天下之士翕然向慕多歸附而就之者其人心之歸服如此。帝知其德之可以禪帝位也將欲與之相視天下而遂遷以與之焉其帝心之簡在又如此常情於此宜何如其樂者而舜只爲不得順於父母之故戚戚皇皇如窮人之無所依歸而不勝怨慕迫切之甚也已

附解 說約。九男二女。語意亦重事之蓋張其說以起如窮人無歸耳若日觀之便無氣力○雙峯饒氏曰百官只是百司如後世典籤涓人之類○劉上玉曰事舜畎畝之中非事於歷山耕田處也舜自徵庸已在位爲其自畎畝來故云如舜發於畎畝之中意○蒙引胥相視也謂與之共視乎天下而遂移以與之也○雲峯胡氏曰如窮人無所歸六字最形容

得舜之情不得以自達身不得以自安心不得以自釋其爲怨慕迫切之甚可知〇〔蒙引〕帝使其子至事舜畎畝之中一也天下之士多就之二也帝將胥天下而遷之三也此三段作一類看正下文所謂人悅之好色富貴者

天下之士悅之人之所欲也而不足以解憂好色人之所欲妻帝之二女而不足以解憂富人之所欲富有天下而不足以解憂貴人之所欲貴爲天子而不足以解憂人悅之好色富貴無足以解憂者惟順於父母可以解憂

孟子推舜之心如此以解上文之意極天下之欲不足以解憂而惟順於父母可以解憂孟子眞知舜之心哉

【本義】如窮人無歸舜心之憂甚矣其如何以解之哉夫天下之士悅之人情之所欲也而不足以解舜之憂好色人情之

所欲也帝妻以二女而不足以解舜之憂富人情之所欲舜之富有天下而不足以解憂貴人情之所欲舜之貴爲天子而不足以解憂人悅之好色富貴舉無足以解憂者舜之憂原不爲是而爲不順於父母也則亦惟順於父母諭親於道而得其懽心然後可以解其窮人之憂耳舜之怨慕之專何如矣

附解 王麟州曰說怨猶有怨親可疑憂則別無可諉故拈憂以替怨字○慶源輔氏曰上文是說舜之實事此又孟子推述舜之心以解上文之意言舜之心事實有如此者耳○翼註人悅之好色富貴無足以解憂者已見得舜終身慕父母了○末節不過因此贊其爲大孝耳○

人少則慕父母知好色則慕少艾有妻子則慕妻子仕則慕君不得於君則熱中大孝終身慕父母五十而慕者予於大舜見之矣

言常人之情因物有遷惟聖人爲能不失其本心也艾美好也楚辭戰國策所謂幼艾義與此同不得失意也熱中躁急心熱也言五十者舜攝政時年五十也五十而慕則其終身慕可知矣○此章言舜不以得衆人之所欲爲已樂而以不順乎親之心爲已憂非聖人之盡性其孰能之

【本義】舜之怨慕如此其孝豈常人所能及哉大凡人生少時嗜好未開其良知良能止知思慕父母此純一無僞之心不爲他念所奪乃天性之本然也及稍長而知好色即移其慕父母之心於少艾而此心爲情欲所誘矣既壯而有妻子即移其慕父母之心於妻子而此心爲室家所累矣出而求仕即移其慕父母之心而慕君倘不得於君則躁急熱中不能自抑而此心又溺於功名得失之際矣夫人情因物有遷如此惟大孝之人自少至老終身只慕父母其孩提愛親之本

心始終如一，情欲不能爲之牽，窮達不能爲之變也。若此者其誰乎？彼年至五十而猶慕者，予於大舜見之矣。葢舜自徵庸之後，年已五十，而愛慕其親猶如一日，然則舜其大孝也與！

附解　翼註　人孝則慕父母，此是良心。五十而慕，即是大人者不失其赤子之心。○四書脈　大孝終身慕父母，何且泛言，勿指舜。○說約　按集註，五十而慕，則其終身慕可知矣。葢言此後已無可移之者。○達說　此節賛其異於衆人如此，而其始之非怨親益明矣。要之孟子許多說話，只發明初答怨慕二字之意。○慶源輔氏曰：心纔有一毫物欲之累，而於其親有一毫之不順，則於吾固有之性便有不盡處。能盡其性，則能不失其本心，而爲人倫之至也。

萬章問曰詩云娶妻如之何章

總旨　翼註　通章總是遭人倫之變而不失天理之常意。前二節以父母爲主，後二節以傲象爲主。前面不得娶者，變也，而處之以權；後面謀殺兄者，變也，而處之以誠。權與經合，誠與明合，所以爲聖人。

萬章問曰詩云娶妻如之何必告父母信斯言也宜莫如舜舜之不告而娶何也孟子曰告則不得娶男女居室人之大倫也如告則廢人之大倫以懟父母是以不告也

詩齊國風南山之篇也信誠也誠如此詩之言也懟讎怨也舜父頑母嚚常欲害舜告則不聽其娶是廢人之大倫以讎怨於父母也

本義 萬章問曰詩云娶妻當如之何必告父母而後敢娶信如此詩之言也則盡人子之禮者宜莫如舜矣舜乃不告父母而娶帝之二女與詩言相背此何說也孟子曰告而後娶婚禮之常而舜之所處人倫之變也告則爲父母所阻而不得娶矣夫男女居室上以承祖考之統下以行嗣續之傳乃人之大倫也如告則不得娶而廢人之大倫惟徒取怨於父

母耳。是以寧不告也。不告則得娶而不至廢大倫矣。此聖人行權處變之道。不可以常理拘者也。

附解 蒙引以懟父母謂取懟怨於父母也。東陽以爲既廢大倫則雖子未免有懟怨父母之心。謬矣。

萬章曰。舜之不告而娶則吾既得聞命矣。帝之妻舜而不告何也。曰。帝亦知告焉則不得妻也。

以女爲人妻曰妻。程子曰。堯妻舜而不告者。以君治之而已。如今之官府治民之私者亦多。

本義 章又問曰。舜不告而娶。則吾既得聞命矣。帝以女妻舜而亦不令舜告其父母。是何意也。孟子曰。欲妻其子。宜通言於其父。帝堯豈不知此。但舜之親既有害舜之心。則妻以二女。必其心所不欲也。使帝告而後妻。瞽瞍雖不敢以臣而抗君。將必以父而制子。此時舜既不敢逆親之命。堯亦不能强舜之從也。故但以君治之。不必問其親之知與不知耳。此所

以不告而妻也亦豈可以常禮槩律之哉

附解　說統瞍之不可告。就是帝亦曉得帝不患瞍之逆已之命只是恐舜不敢逆親之意不若大家相安於無言反是兩全底道理委曲以爲舜地古聖人成人之孝有如此○程竹山曰瞍之令不行於君而得行於子舜之孝必從乎父而不從乎君故告則不得妻在舜不在瞽瞍也

○翼註舜不告是主堯不告是賓勿平說

萬章曰父母使舜完廩捐階瞽瞍焚廩使浚井出從而揜之象曰謨蓋都君咸我績牛羊父母倉廩父母干戈朕琴朕弤朕二嫂使治朕棲象往入舜宫舜在牀琴象曰鬱陶思君爾忸怩舜曰惟兹臣庶汝其于予治不識舜不知象之將殺已與曰奚而不知也象憂亦憂象喜亦喜

完治也捐去也階梯也揜蓋也按史記曰使舜上塗廩瞽瞍從下縱火焚廩舜乃以兩笠自捍而下去得不死後又使舜穿井舜穿井爲匿空旁出舜既入深瞽瞍與象共下土實井舜從匿空中出去卽其事也象舜異母弟也謨謀也蓋蓋井也舜所居三年成都故謂之都君咸皆也績功也舜既入井象不知舜已出欲以殺舜爲已功也干盾也戈戟也琴舜所彈五弦琴也弤琱弓也象欲以舜之牛羊倉廩與父母而自取此物也二嫂堯二女也棲牀也象欲使爲已妻也象往舜宮欲分取所有見舜生在牀彈琴蓋既出卽潛歸其宮也鬱

陶思之甚而氣不得伸也、象言已思君之甚、故來見耳、忸怩、
慚色也、臣庶謂其百官也、象素憎舜、不至其宮、故舜見其來
而喜、使之治其臣庶也、孟子言舜非不知其將殺已、但見其
憂則憂、見其喜則喜、兄弟之情自有所不能已耳、萬章所言
其有無不可知、然舜之心則孟子有以知之矣、他亦不足辯
也、程子曰、象憂亦憂、象喜亦喜、人情天理、於是爲至

大義 章又問曰、舜處父母之變、固子道所難、乃其處兄弟間亦有非常情可測者、聞舜之父母聽象之言、每設計害舜、一日使舜完治倉廩、待其上屋、瞽瞍徹去階梯、縱火焚之、時舜已先下、幸得不死、又使舜浚穿其井、舜已別出、瞍未之知、乃從而下土以揜之、象以爲舜已斃井中、乃自誇於父母曰、設此謀以揜蓋都君者、皆我之功、凡都君所有、父母當與我共

之如牛羊則歸父母倉廩則歸父母如干戈則歸朕琴與弨則歸朕二嫂使治朕棲象於是往入舜宫以分取之不意舜先至宫在牀鼓琴象既見舜無詞可解乃飾詞曰我因思君之甚氣結而不得伸故來見耳然眞情發見不覺有忸怩之色焉舜乃喜而謂之曰惟茲臣庶我一人不能獨理汝其代予治之舜之言如此當是時不識舜不知象之將殺己與孟子曰舜豈有不知者哉蓋聖人愛弟之情根於天性見象之憂則已亦惻然而憂見象之喜則已亦欣然而喜休戚相通有非形骸之所能隔者是以象喜爲思君之言而舜亦喜爲臣庶子治之語也又奚計其他哉

附解 仁山金氏曰完廩已下而瞍焚之浚井已出而瞍揜之蓋舜之事親小杖則受大杖則走不使父母有殺子之惡也○〔翼註〕舜在牀琴重象見舜尚生說予治只是照管意淺淺看○〔四書脈〕鬱陶思君是臨時撰出愛兄之言以掩入宫之罪而色自忸怩終不容僞也○〔南軒張氏曰象之憂疾舜而謀害之也舜亦憂者憂己何以使象至此也象之喜者彼云思君而以喜來舜固不逆其詐亦從而爲之喜也○〔翼註〕象憂二句寬說泛就平日休戚相關意言勿以謨蓋爲憂鬱陶

為喜講完二句方找出鬱陶之言是象之喜舜臣庶之治是舜之喜象歸重喜邊與下文僞喜相應○西山真氏曰世儒疑堯在上二女嬪虞象無敢殺舜之理不知孟子但論舜之心使其有是處之不過如此豈必真有是哉

曰然則舜僞喜者與曰否昔者有饋生魚於鄭子產子產使校人畜之池校人烹之反命曰始舍之圉圉焉少則洋洋焉攸然而逝子產曰得其所哉得其所哉校人出曰孰謂子產智予既烹而食之曰得其所哉得其所哉故君子可欺以其方難罔以非其道彼以愛兄之道來故誠信而喜之奚僞焉

校人主池沼小吏也圉圉困而未舒之貌洋洋則稍縱矣攸然而逝者自得而遠去也方亦道也罔蒙蔽也欺以其方謂

誣之以理之所有罔以非其道謂昧之以理之所無象以愛兄之道來所謂欺之以其方也舜本不知其僞故實喜之何僞之有○此章又言舜遭人倫之變而不失天理之常也

【本義】章又問曰舜既知象之將殺己乃見其來而喜之或者僞喜而非出於誠心者歟孟子曰謂喜爲僞者否也觀子產處校人之事可知矣昔者有人以生魚饋鄭子產子產使校人畜之於池校人私烹之乃飾詞反命曰方魚始舍於池中圉圉焉困頓而未舒少頃則洋洋焉放縱遂悠然入水而逝子產信其言而歎之曰魚得其所哉魚得其所哉校人出乃曰孰謂子產智予既烹魚而食之矣尚信予言曰得其所哉得其所哉明於料事者當不如是矣由此觀之非校人智而子產愚也校人所飾者常有之情而子產所據者可信之理故君子雖明無不察而或誣於理之所有則亦間爲所欺雖未嘗逆詐而或昧於理之所無則必不爲所罔象執鬱陶思君之言而以愛兄之道來此正理之所有舜實心信而喜之

此正可欺以其方也夫何僞之有哉

附解 陳伯玉曰悠然而逝非魚水相忘乃急避網釣之狀雖恐復失所也若果魚水相忘何不緩游而速逝耶○蒙引故君子可欺以其方泛說而子產事在其中○達說君子二句重可欺以其方上難罔句是帶說○馮君常曰象雖非愛兄之弟也而弟原有愛兄之理彼以愛兄之道來是非以象來乃以弟來矣天下無眞情而有眞道理此要看出聖人一種眞切念頭有觸感而應之妙○蒙引不要將信字帶誠字信字與喜字相連謂眞實信之喜之也

象曰以殺舜爲事章

總旨 困勉錄 此章只照吳註爲是但欲常常一段又是說仁處兩意錯綜說

萬章問曰象日以殺舜爲事立爲天子則放之何也孟子曰封之也或曰放焉

放猶置也置之於此使不得去也萬章疑舜何不誅之孟子言舜實封之而或者誤以爲放也

【參義】萬章問曰象日以殺舜爲事此法所不容舜既立爲天子即明正其罪亦不爲過乃僅止於放逐何其輕也孟子曰舜當日實封之也或者不知乃因其迹而以爲放焉耳夫放之且不忍爲況有重於放者乎

【附解】〔折衷〕萬章方疑其放爲罪之輕而不知其并放亦傳之誤

萬章曰舜流共工于幽州放驩兜于崇山殺三苗于三危殛鯀于羽山四罪而天下咸服誅不仁也象至不仁封之有庳有庳之人奚罪焉仁人固如是乎在他人則誅之在弟則封之曰仁人之於弟也不藏怒焉不宿怨焉親愛之而已矣親之欲其貴

也愛之欲其富也封之有庳富貴之也身爲天子弟爲匹夫可謂親愛之乎

流徙也共工官名驩兜人名二人比周相與爲黨三苗國名負固不服殺殺其君也殛誅也鯀禹父名方命圮族治水無功皆不仁之人也幽州崇山三危羽山有庳皆地名也或曰今道州鼻亭卽有庳之地也未知是否萬章疑舜不當封象使彼有庳之民無罪而遭象之虐非仁人之心也藏怒謂藏匿其怒宿怨謂留蓄其怨

本義 萬章又問曰聖人不以私情害公法。當舜之時若共工驩兜三苗伯鯀天下所謂四凶也舜於共工則流之於幽州於驩兜則放之於崇山，於三苗則殺之於三危，於伯鯀則誅之於羽山，罪此四人而天下莫不悅服，蓋以其所誅者皆不仁也。今象至不仁矣，乃封於有庳，使之治民，有庳之民何罪而受此荼毒，仁人固如是乎？在他人之不仁則誅之以除其害，在弟之不仁則封之以貽其害乎？孟子曰：弟與他人原不同，仁人之於弟也，雖可怒而不怒，無怒之可藏於心焉，雖可怨而不怨，無怨之可宿於心焉，惟有親愛之而已矣。親之則必欲其貴，使勢分不隔，有以遂其親之之心也；愛之則必欲其富，使實惠流通，有以遂其愛之之心也。今舜封象於有庳，富有一國，貴爲諸侯，正所以致親愛之意也。若使身爲天子而弟爲匹夫，則兄弟之間一富一貧，一貴一賤，勢分遠而情義疎，是豈親愛其弟者乎？舜之封象，正仁人之用心也。

【附解】【蒙引】殺三苗當依書作竄三苗，蓋三苗卒死於此，故孟子曰殺也。鯀之殛，初亦只是貶逐而禁錮之，此曰殛誅也，其致一也。程子遺書云：殛死猶言貶死耳。○四罪而天下咸服，罪是活字，猶云四誅也。○【翼註】誅不仁也，要見除民害意，方與有庳之民奚罪焉相對。○【蒙引】仁人固如是乎一句，帶下不帶上，所謂在他人則誅之，在弟則封之，是謂如是者也。○

不藏怒焉二句直是無怨無怒不可謂雖有怒而不藏其怒雖有怨而不宿其怨也○四書脈仁人之於弟也六句且泛說以下方明言舜處弟之厚○翼註貴則勢位不隔見親近意富則所享不薄見愛厚意故親之欲其貴二句分屬如此

敢問或曰放者何謂也曰象不得有為於其國天子使吏治其國而納其貢稅焉故謂之放豈得暴彼民哉雖然欲常常而見之故源源而來不及貢以政接于有庳此之謂也

孟子言象雖封為有庳之君然不得治其國天子使吏代之治而納其所收之貢稅於象有似於放故或者以為放也蓋象至不仁處之如此則既不失吾親愛之心而彼亦不得虐有庳之民也源源若水之相繼也來謂來朝覲也不及貢以

政接于有庳謂不待及諸侯朝貢之期而以政事接見有庳之君蓋古書之辭而孟子引以證源源而來之意見其親愛之無已如此也○吳氏曰言聖人不以公義廢私恩亦不以私恩害公義舜之於象仁之至義之盡也

本義　章又問曰如夫子之言則舜之封象明矣乃或人不謂之封只謂之放何謂也孟子曰舜封象於有庳國所以富之貴之然未嘗任以政事而不得有爲於其國惟使吏代治其國而納其貢稅於象自其實言之固封也自其不得有爲言之則有似於放故或者誤謂之放也蓋象至不仁處之如此則既不失吾親愛之心而象亦豈得暴虐彼有庳之民哉汝謂有庳之民奚罪焉其疑可釋矣雖然舜之使吏治其國固使象不得暴其民而其意尤有在也蓋舜念弟之切欲常常而見之故不煩以民事不限於常期使得源源而來可以不時相接耳古書有云舜不待諸侯朝貢之期而以政事接見

有庳之君正此源源而來之謂也何其親愛之無已耶此可見聖人仁之至矣

【附解】〔存疑〕雖然又是一轉語不及貢以政接于有庳不及貢以政相連下凡諸侯朝貢於天子皆有政事朝於京師則述其所受之職朝於方岳則有正時月同律度量衡許多事不及貢以政接于有庳言不待及諸侯朝貢之期以政事接見有庳之君常得無事頻見也○〔達說〕故謂之放此正答或曰放者之問豈得暴彼民哉又足其意以釋有庳之人奚罪之疑重處在雖然一轉下原歸到親愛其弟上○〔朱子曰〕封之有庳富貴之是不以公義廢私恩所以爲仁之至使吏治其國納貢職而不得肆暴是不以私恩害公義所以爲義之盡

咸丘蒙問曰章

【總旨】〔說統〕此章首節下半段辯無臣君之理重堯老舜攝一句下三節辯無臣父之理重以天下養四句上是據事而斷其誣下是原心而斷其妄蓋曰攝則堯還爲天子舜只代他行事安得謂之臣君既尊之養之則瞽瞍之分尤隆於舜安

得謂之臣父

咸丘蒙問曰語云盛德之士君不得而臣父不得而子舜南面而立堯帥諸侯北面而朝之瞽瞍亦北面而朝之舜見瞽瞍其容有蹙孔子曰於斯時也天下殆哉岌岌乎不識此語誠然乎哉孟子曰否此非君子之言齊東野人之語也堯老而舜攝也堯典曰二十有八載放勳乃徂落百姓如喪考妣三年四海遏密八音孔子曰天無二日民無二王舜既爲天子矣又帥天下諸侯以爲堯三年喪是二天子矣

咸丘蒙孟子弟子語者古語也蹙顰蹙不自安也岌岌不安

貌也言人倫乖亂天下將危也齊東齊國之東鄙也孟子言堯但老不治事而舜攝天子之事耳堯在時舜未嘗卽天子位堯何由北面而朝乎又引書及孔子之言以明之堯典虞書篇名今此文乃見於舜典蓋古書二篇或合爲一耳言舜攝位二十八年而堯死也徂升也落降也人死則魂升而魄降故古者謂死爲徂落遏止也密靜也八音金石絲竹匏土革木樂器之音也

本義 咸丘蒙問曰古語有云盛德之士德雖過於君亦當尊其君不得以君而爲臣德雖過於父亦當尊其父不得以父而爲子夫何舜卽天子位南面而立堯本君也率天下諸侯北面而朝之是臣其君矣瞽瞍本父也亦北面而朝之是臣

其父矣。此時舜雖安於堯。而不能不動心於父。望見瞽瞍朝已。其容有蹙然不自安者。孔子有感而歎曰。於斯時也。君失其爲君。父失其爲父。天下岌岌乎其危哉。蒙所聞如此。不識此語果有其事否也。孟子曰。否。無是理也。此非君子明理之言。乃齊東野人目不覩禮義。耳不聞訓典者之語也。蓋當時堯老倦勤。舜只代攝天子之事耳。堯典曰。舜攝位二十有八載。放勳乃徂落。畿內百姓哀慕迫切。如喪考妣三年。至於四海之民。雖無服。亦皆斷絕八音。不作樂焉。是以孔子嘗云。天無二日。並照之理。民無二王。並治之事。據孔子之言。而斷堯典所載之事。可見堯崩之後。舜始即天子位也。若舜既爲天子矣。乃堯終之後。而舜又率天下諸侯。以爲堯服三年喪。則堯一天子。舜又一天子。是一時而二天子矣。於民無二王之義何在乎。

附解〔四書脈〕自盛德之士。至岌岌乎。雖說是古語。但只是據其所聞如此。非眞古語也。○〔翼註〕堯老舜攝。如代之主祭。代之主事之類。○〔說統〕堯老句。已斷盡。非臣其君了。○〔困勉錄〕堯典以下。只是證上句。○〔雙峯饒氏曰〕百姓是畿內百姓。○

淺說三年連上讀。○蒙引此都就無臣堯說。惟此事有證佐在，而其無臣父之理。亦可幷見矣。咸丘蒙猶未喻，故又有下文之疑。

咸丘蒙曰舜之不臣堯則吾既得聞命矣詩云普天之下莫非王土率土之濱莫非王臣而舜既爲天子矣敢問瞽瞍之非臣如何曰是詩也非是之謂也勞於王事而不得養父母也曰此莫非王事我獨賢勞也故說詩者不以文害辭不以辭害志以意逆志是爲得之如以辭而已矣雲漢之詩曰周餘黎民靡有孑遺信斯言也是周無遺民也

不臣堯不以堯爲臣使北面而朝也詩小雅北山之篇也普

徧也率循也此詩今毛氏序云役使不均已勞於王事而不得養其父母焉其詩下文亦云大夫不均我從事獨賢乃作詩者自言天下皆王臣何爲獨使我以賢才而勞苦乎非謂天子可臣其父也文字也辭語也逆迎也雲漢大雅篇名也孑獨立之貌遺脫也言說詩之法不可以一字而害一句之義不可以一句而害設辭之志當以己意迎取作者之志乃可得之若但以其辭而已則如雲漢所言是周之民眞無遺種矣惟以意逆之則知作詩者之志在於憂旱而非眞無遺民也

【本義】丘蒙猶未喻，故又問曰：舜無臣堯之事，吾既得聞命矣。若不臣瞽瞍，則尚有可疑者。詩云：普天之下，莫非王土；率土之濱而居者，莫非王之臣。舜既爲天子矣，則瞽瞍亦王臣中之一人耳，乃獨不謂之臣，此何說耶？孟子曰：是詩也，非天子可臣其父之謂也，乃當時行役大夫爲王事所迫，不得歸養其父母而作也。詩之意若曰：今此莫非王土之事，凡居王土而爲王臣，當均任之，何獨以我爲賢而勞之也？是莫非王臣，乃詩人之辭，而行役失養，則詩人之志。詞所以言志，而志爲要矣。故凡解說詩者，不可以一字之文而害一句之詞，又不可以一句之詞而害作詩之志，惟是虛心平氣，以我之意迎取作者之志，或於言之中探討，或於言之外推求，乃可得古人之心於千載之下矣。若但泥其辭而不求其意，則如雲漢之詩曰：周家所餘之黎民，至此無復有孑遺。信斯言也，是周民眞無遺類也。惟以意逆之，則知雲漢爲憂旱之故，而甚其詞也。奈何泥莫非王臣之詞，而疑天子可臣其父乎。

【附解】〔翼註〕文是一字，辭是一句，重在不可害志上。〇〔蒙引〕志與意不同，志者詩人之志也，意者讀詩者之用意也。所謂意會者也○朱子曰逆是前去追逆之意將自家意思去前面等候詩人之志來如等人來相似今日等不來明日又等須等得來方得今人却是硬捉他來便不是逆志所謂逆者其至否遲速不敢自必而聽於彼也○徐渭川曰以意逆志謂或置身於異代以俯仰其景槪或移事於今日而想像其情懷或於言之中探討其所已述或於言之外推廣其所未發乃是一段真精神默相迎處○說統勞於王事三句是原作詩之志說詩者四句是示以說詩之法如以辭五句是又示以泥詩之病○折衷此節只是解詩舜不臣父意尙在下節

孝子之至莫大乎尊親尊親之至莫大乎以天下養爲天子父尊之至也以天下養養之至也詩曰永言孝思孝思維則此之謂也

言瞽瞍既爲天子之父則當享天下之養此舜之所以爲尊

親養親之至也豈有使之北面而朝之理乎詩大雅下武之篇言人能長言孝思而不忘則可以爲天下法則也

本義 且子謂舜之臣父者以舜爲天子也豈知舜爲天子正所以成其至孝者乎夫孝子之於親也心雖無窮而分則有限故竭力以事其親者亦可言孝然未可謂之至也孝子之至則莫大乎尊崇其親爲有邦家以顯其親者亦可爲尊然未可謂之至也尊親之至則莫大乎以天下養焉今舜既爲天子而尊瞽瞍爲天子之父尊之至也富有四海而養瞽瞍以天下之養養之至也尊養並至此舜之孝所以爲至而可爲天下後世人子所取法者也詩曰人能永言孝思而不忘則可以爲天下之法則此正舜尊親養親之至之謂也豈有臣父之理哉

附解 說統孝子之至一句提起看是通節之綱尊養二字是目○雙峯饒氏曰尊親養親雖是二事然尊與養相須養之至乃所以尊之也○翼註孝子之至四句泛說爲天子父四句就瞽瞍說○陳伯玉曰引下武以明舜非臣父耳不必贅

永言話頭亦不必靠著武王。達說後面孝思句正與首句相應。此之謂也言下武之詩即舜爲天子以成其尊養之孝之謂也。慶源輔氏曰上節言讀詩之法以破咸丘蒙之惑此又言尊親養親之至以見舜無使父朝己之理

書曰祗載見瞽瞍夔夔齊栗瞽瞍亦允若是爲父不得而子也

書大禹謨篇也祗敬也載事也夔夔齊栗敬謹恐懼之貌允信也若順也言舜敬事瞽瞍往而見之敬謹如此瞽瞍亦信而順之也孟子引此而言瞽瞍不能以不善及其子而反見化於其子則是所謂父不得而子者而非如咸丘蒙之說也

本義 夫舜固無臣父之事矣而所謂父不得而子者亦有說也書曰舜敬事瞽瞍往而見之夔夔然齊莊戰栗而敬謹之至由是積誠所感瞽瞍亦信而順也即書所言可見瞽瞍不能以不善及其子而反見化於其子是所謂父不得而子也

豈如子所說之意哉

【附解】四書脈祇載以常時言見瞽瞍夔夔齊栗以見時言○【翼註】此發古語本意以見臣父之謬

堯以天下與舜章

【總旨】【翼註】通章以天字爲主而究言天之所以爲天者則民心而已故末二節歸到民上○【朱氏公遷曰】此章天字以主宰言

萬章曰堯以天下與舜有諸孟子曰否天子不能以天下與人

天下者天下之天下非一人之私有故也

【本義】萬章問曰人相傳堯當日以天下與舜果有此事否乎孟子曰否無此理也蓋天下雖統於天子而實天下人之天下凡爲天子者不能以一己之私而以天下與人豈堯獨能與舜哉

附解蒙引此所答非所問意也萬章所問只是下章不傳子之意耳孟子不直告以事之有無但言其無此理

然則舜有天下也孰與之曰天與之

萬章問而孟子答也

本義萬章曰堯旣不能以天下與舜然則舜之有天下也果孰與之乎孟子曰天與之也蓋天者至大而無外至公而無私也故能以天下與舜而堯特順乎天耳

附解說約當時以傳子爲德衰傳賢爲盛事子噲子之之事所出來也孟子直斷爲無此理而兩處皆歸之於天至究所以天與之者則又以人歸爲之本此等議論杜奸雄窺竊之心堅仁賢策勵之志皆關千古不但評論往事爲有判決矣

天與之者諄諄然命之乎

萬章問也諄諄詳語之貌

本義 萬章曰帝王傳位必有叮嚀誥誡之言乃見其爲與今舜有天下爲天所與則天亦諄諄然命之乎

附解 翼註天非諄諄之命章豈不知此乃究天與爲何據也

曰否天不言以行與事示之而已矣

行之於身謂之行措諸天下謂之事言但因舜之行事而示以與之之意耳

本義 孟子曰否天豈有言以命人哉但因其行之出乎身與事之措諸天下者示以與之之意於不言之表耳

附解 蒙引體之於身謂之行措之躬行謂之事若以下文觀之主祭治事皆事也然莫不自身出行固在其中矣所謂出乎身而加乎民也○說統示字正對命字看以言授爲命以意授爲示

曰以行與事示之者如之何曰天子能薦人於天不能使天與

之天下諸侯能薦人於天子不能使天子與之諸侯大夫能薦人於諸侯不能使諸侯與之大夫昔者堯薦舜於天而天受之暴之於民而民受之故曰天不言以行與事示之而已矣

暴顯也言下能薦人於上不能令上必用之舜爲天人所受是因舜之行與事而示之以與之之意也

本義 萬章曰所謂以行與事示之者必有可見之迹矣不知如之何其示之也孟子曰欲知天之命舜但觀舜之得天可知矣蓋天子能薦人於天然天意之從違未可知也不能使天必與之天下猶之諸侯能薦人於天子不能使天子必與之諸侯大夫能薦人於諸侯不能使諸侯必與之大夫家國且然況天位之重乎昔者堯以舜之德可居天位使之攝行大事以致薦舉之意然不能必天之受也乃其行事合於天而天即受之以舜之德可治夫民使之歷試諸艱以示其暴

揚之意然亦不能必民之受也乃其行事合於民而民即受之夫薦舜於天暴舜於民此行與事所在也至於天受之民受之則天之所以示舜而非堯所能使矣故曰天不言以行與事示之而已矣

附解說統以諸侯大夫薦人爲言特以形出天子其所不能處即天也天受罔天民受亦是天○蒙引堯薦舜於天而天受之其中有行有事暴之於民而民受之其中亦有行有事○天如使之主祭其誠敬之心屬行其所以處夫祭祀之品物度數則屬事如使之主事其所以爲之主宰本根之地者屬行○若夫紀綱文章謹權審量之類則屬事也○慶源輔氏曰上只言天此又并民而言者天民一理天實以民爲視聽也

曰敢問薦之於天而天受之暴之於民而民受之如何曰使之主祭而百神享之是天受之使之主事而事治百姓安之是民受之也天與之人與之故曰天子不能以天下與人

本義 萬章曰敢問薦之於天而天受之暴之於民而民受之如何孟子曰堯使舜主祭是薦之於天也誠無不格而百神皆歆其祀而享之非天受之乎堯使舜主事是暴之於民也事無不治而百姓皆被其化而安之非民受之乎天受之卽天與之也民受之卽人與之也天人交與皆天意所在帝堯不得而與焉故曰天子不能以天下與人

附解 朱子曰問百神享之曰只陰陽和風雨時便是百神享之○存疑使之主祭而百神享之卽書類於上帝禋於六宗望於山川徧於羣神之事也使之主事而事治百姓安之愼徽五典五典克從納於百揆百揆時敘賓於四門四門穆穆之類是也○說統主祭主事正舜行事所在而所以神享民安者正天所示與之之實也

舜相堯二十有八載非人之所能爲也天也堯崩三年之喪畢舜避堯之子於南河之南天下諸侯朝覲者不之堯之子而之舜訟獄者不之堯之子而之舜謳歌者不謳歌堯之子而謳歌

舜故曰天也夫然後之中國踐天子位焉而居堯之宮逼堯之子是篡也非天與也

南河在冀州之南其南即豫州也訟獄謂獄不決而訟之也

本義 然不但百神享其祭百姓安其治爲足以見天之所與也觀舜之相堯至二十有八載其歷年之多而施澤於民者最久此非人力所能爲天實爲之也是天與之意見於爲相之時如此至於堯崩之後三年之喪畢舜以爲有堯子丹朱在避居於南河之南若不敢當堯之禪而退居以聽天下或天下思堯德而歸其子也乃天下之諸侯朝覲者不朝見堯之子而皆來朝見於舜訟獄者不赴愬堯之子而皆來赴愬於舜謳歌功德者不謳歌堯之子而皆來謳歌於舜人心翕然來歸有莫知其所以然者故曰天與之也舜見天意如此夫然後自南河之中國而踐天子位焉向使乘堯之崩而竟居堯之宮逼迫堯之子則是篡位也豈得爲天與乎是天與之意決於爲帝之日又如此

【附解】【翼註】二十有八載重在施澤久上下文朝覲訟獄謳歌之咸歸正根於此○【蒙引】謳歌舜非至舜面前謳歌也只是朝野間詠歌舜之德耳○故曰天也此天字非是應上文非人之所能爲也天也乃是應舜有天下也就與之曰天與之○【存疑】使之主祭一節是言舜之得天也故堯二十有八載三句又是言其所以得天處堯崩以下又即舜爲人心所歸以見其得天也

泰誓曰天視自我民視天聽自我民聽此之謂也

自從也天無形其視聽皆從於民之視聽民之歸舜如此則天與之可知矣

【本義】何以見人心之歸舜而爲天與耶泰誓曰天無視也其視皆從民之視天無聽也其聽皆從民之聽民心之所在即天意之所在民心之所歸即天意之所歸也斯言也即吾所謂舜爲人所歸即爲天所與之謂也知舜之天下出於天與

故曰天子不能以天下與人也

附解 達說以民歸爲天與其說似渺茫而難信故引證泰誓而申決之全要見得民歸爲天與乃鑿鑿可據之理

人有言至於禹而德衰章

總旨 翼註 此章以禹益爲主而堯舜傳賢與仲尼伊周不有天下皆客也天與賢四句乃一章之大指昔者至吾君之子也只敘事而未斷制丹朱之不肖節承上斷其爲天意也此則正意已畢而下四節仲尼有德無薦而不有天下伊周雖有德有薦而遇繼世之賢君亦不有天下皆是餘意末節總結上文正與天與賢四句相應

萬章問曰人有言至於禹而德衰不傳於賢而傳於子有諸孟子曰否不然也天與賢則與賢天與子則與子昔者舜薦禹於天十有七年舜崩三年之喪畢禹避舜之子於陽城天下之民

從之若堯崩之後不從堯之子而從舜也禹薦益於天七年禹崩三年之喪畢益避禹之子於箕山之陰朝覲訟獄者不之益而之啓曰吾君之子也謳歌者不謳歌益而謳歌啓曰吾君之子也

陽城箕山之陰皆嵩山下深谷中可藏處啓禹之子也楊氏曰此語孟子必有所受然不可考矣但云天與賢則與賢天與子則與子可以見堯舜禹之心皆無一毫私意也

【本義】萬章問曰人有言堯舜盛德故能公天下以傳賢至於禹而其德稍衰不傳於賢而傳於子有諸禹之德果衰乎孟子曰否決無是事此言大不然也與賢與子但看天意何如若使天意欲屬之賢則從而與賢不能違天而與子也若使

天意欲屬之子則從而與子不能違天而與賢也何以見與賢與子之皆天也昔者舜薦禹於天任之爲相十有七年舜之心固欲與賢也及舜崩三年之喪畢禹避舜之子於陽城乃天下之朝覲訟獄謳歌者皆不從商均而從禹亦若堯崩之後不從堯之子而從舜也民心之歸禹如此若禹益之時則不同矣禹亦薦益於天任之爲相七年禹之心亦欲與賢也及禹崩三年之喪畢益避禹之子於箕山之陰但見朝覲訟獄者不之益而之啓曰此吾君之子也謳歌者不謳歌益而謳歌啓曰此吾君之子也民心之歸啓如此

附解　四書脈　天與賢二句重與子一邊。○翼註　二則字主聖人承天說然亦不著力觀下文啓之定位乃在禹既崩之後可見。○吾君之子主克肖意說。○存疑　昔者舜薦禹於天至吾君之子也是說禹與堯舜皆欲與賢但堯舜與賢而民從禹與賢而民不從以見禹未嘗欲與子也不言堯薦舜於天者已見在前爾。○蒙引　天與賢二句與上章天子不能以天下與人一句皆是據理之極致言之一章之大旨也昔者舜薦禹於天至不從堯之子而從舜也是言與賢之事禹薦益於天至吾君之子也是言與子之事其下條丹朱之不肖至施澤於民久是言天所以與賢者也啓賢能敬承繼禹之道至施澤於民未久是言天所以與子者也〔困勉錄〕自昔者舜薦禹於天至下節施澤於民未久皆不當露天字

丹朱之不肖舜之子亦不肖舜之相堯禹之相舜也歷年多施澤於民久啓賢能敬承繼禹之道益之相禹也歷年少施澤於民未久舜禹益相去久遠其子之賢不肖皆天也非人之所能爲也莫之爲而爲者天也莫之致而至者命也

堯舜之子皆不肖而舜禹之爲相久此堯舜之子所以不有天下而舜禹有天下也禹之子賢而益相不久此啓所以有天下而益不有天下也然此皆非人力所爲而自爲非人力

所致而自至者蓋以理言之謂之天自人言之謂之命其實則一而已

本義　夫民之從舜禹而不從益者其故何哉蓋堯之子丹朱其德不克肖堯舜之子商均其德亦不克肖舜已不足繫民心矣而舜之相堯二十有八年禹之相舜十有七年歷年多施澤於民久以相之賢而遇子之不肖此民所以不從堯舜之子而從舜禹也若啓之賢能以敬德承繼禹之道已足繫民心矣而況益之相禹不過七年歷年少施澤於民未久以子之賢而又遇相之不久此民所以不從益而從禹之子也夫均之爲相而益之相不久異於舜禹之相久均之爲子而禹之子賢異於堯舜之子不肖此皆天也非人之所能爲也蓋凡事在人莫之作爲而予奪去就有自然之理而不可測者天也在人莫之名致而窮通得喪有一定之數而不可移者命也可見從賢從子皆出於天命此所謂天與賢則與賢天與子則與子而非禹之有意於傳子也

附解 翼註兩不肖只不如堯舜便是匆太說壞啓賢少斷能敬承繼就是賢只重敬上帝王相傳心法只是箇敬○四書脈舜禹益二句總括上來作過文○翼註莫之爲二句又推開泛說爲是作爲致是招致○慶源輔氏曰天則天理之本體命則天理之命於人者○說統通節當重在子之賢不肖邊爲相帶說子賢則爲相者不論久近皆無得天下之理故下四節專以繼世明禹益之事而不及爲相也

匹夫而有天下者德必若舜禹而又有天子薦之者故仲尼不有天下

孟子因禹益之事歷舉此下兩條以推明之言仲尼之德雖無愧於舜禹而無天子薦之者故不有天下

本義 益不有天下固由於天而自古聖人不有天下者非獨一益爲然也凡起匹夫之微而有天下者德必若舜禹而又

有天子如堯如舜以薦之者故大聖如仲尼其德雖無愧於舜禹然而上無堯舜之薦則終不有天下

附解陳伯玉曰匹夫不分有位無位俱是舜禹爲相時亦匹夫也對天子言之耳○達說昔者舜薦禹於天兩節是言禹傳子不傳賢一出於天匹夫四節則言自古傳子不傳賢者非獨一禹以推明之然曰推明只是旁意其正答萬章問專在首二節此節畧輕只引起下節意

繼世以有天下天之所廢必若桀紂者也故益伊尹周公不有天下

繼世而有天下者其先世皆有大功德於民故必有大惡如桀紂則天乃廢之如啓及太甲成王雖不及益伊尹周公之賢聖但能嗣守先業則天亦不廢之故益伊尹周公雖有舜

禹之德而亦不有天下

本義 若夫有德有薦而亦不有天下者何也蓋天欲與一匹夫則必奪一繼世故凡繼世以有天下其祖宗之功德未泯則天心之眷顧未衰若天之所廢必大惡如桀紂者也苟不至如桀紂則天亦不輕廢之况其賢者乎故益與伊尹周公雖有舜禹之德又有天子之薦而遇嗣君賢亦終不有天下

附解 翼註 天之所廢必若桀紂者也重在苟能嗣業即不輕廢意因先世有功德故報之也

伊尹相湯以王於天下湯崩太丁未立外丙二年仲壬四年太甲顛覆湯之典刑伊尹放之於桐三年太甲悔過自怨自艾於桐處仁遷義三年以聽伊尹之訓己也復歸于亳

此承上文言伊尹不有天下之事趙氏曰太丁湯之太子未

立而死外丙立二年仲壬立四年皆太丁弟也太甲太丁子也程子曰古人謂歲爲年湯崩時外丙方二歲仲壬方四歲惟太甲差長故立之也二説未知孰是顛覆壞亂也典刑常法也桐湯墓所在艾治也説文云芟草也蓋斬絶自新之意亳湯所都也

本義以伊尹不有天下之事言之伊尹相湯伐桀以王天下其功業盛矣宜其有天下也及湯崩之後長子太丁未立而死外丙立二年仲壬立四年皆早歿不久於其位於是立大丁之子太甲太甲顛覆湯之典刑伊尹於是因諒陰之制而放之於桐宫三年欲其顧乃祖之墓而興思也太甲乃翻然悔悟自怨以懲其既往自艾以治其將來居桐之日遂能去不仁而處於仁去不義而遷於義三年之間惟聽伊尹之訓已也伊尹乃復自桐宫而迎歸於亳焉此伊尹所以不有天

下亦由太甲能嗣先業也知伊尹則知益矣

【附解】陳伯玉曰相湯以王於天下說尹有舜禹之德也○蒙引伊尹放之於桐者蓋藉天子諒陰百官聽於冢宰之義非顯然放之也自怨自艾句絕於桐連下讀○翼註自怨是追咎已往自艾是脩治方來○說叢處仁以存心言遷義以處事言○說統此及下節不過申明繼世以有天下一條意

周公之不有天下猶益之於夏伊尹之於殷也

此復言周公所以不有天下之意

【本義】周公之不有天下者蓋其値成王之賢猶益之於夏有啓伊尹之於殷有太甲故也知周公則愈知益矣以此觀之則有天下與不有天下固皆天也

【附解】唐士雅曰伊尹述其事而周公言其意此虛實相生法且伊尹二節本借客形主而猶益之於夏又借主形客可見

文之變幻處

孔子曰唐虞禪夏后殷周繼其義一也

禪授也或禪或繼皆天命也聖人豈有私意於其間哉○尹氏曰孔子曰唐虞禪夏后殷周繼其義一也孟子曰天與賢則與賢天與子則與子知前聖之心者無如孔子繼孔子者孟子而已矣

【本義】孔子有言曰唐虞禪以天下傳賢夏后殷周繼以天下傳子迹雖不同其爲無私之義則一也皆以奉天命而已矣觀乎此言則知禹之繼無異堯舜之禪也又何疑於傳子而謂之德衰哉

【附解】吳省庵曰其義一也義字本天來蓋天命與賢是義所當禪也堯舜非私於賢也天命與子是義所當繼也夏后殷

周非私於子也。〇蒙引註皆天命也加一奉字爲長下有聖人豈有私意於其間一句無私意於其間便是奉天命矣〇達說此引孔子之言以明禪繼之義與上與賢與子句相應禪繼須抑揚重繼邊繼合於禪可見繼之心不殊於禪之心也。

伊尹以割烹要湯章

總旨翼註通章樂堯舜之道一句是頭腦況辱己以正天下乎一句是歸結聖人之行以下乃是餘波而末節復證伐夏救民之事可見重在正天下也

萬章問曰人有言伊尹以割烹要湯有諸

要求也按史記伊尹欲行道以致君而無由乃爲有莘氏之媵臣負鼎俎以滋味說湯致於王道蓋戰國時有爲此說者

本義　萬章問曰：人有言伊尹未遇，欲見湯而無由，因爲湯妃有莘氏之媵臣，執割烹之役以要湯。果有此事乎？

附解　慶源輔氏曰：戰國之時，人不知有理義之學，汲汲然志於功名事業，以求富貴利達，摧己辱身，有所不顧，故設爲此等議論，上以誣聖賢，下以便一己之私耳。新安陳氏曰：湯妃，有莘氏女也，所以有隨嫁從臣，負鼎俎，蓋庖人之類。

孟子曰：否，不然。伊尹耕於有莘之野，而樂堯舜之道焉。非其義也，非其道也，祿之以天下，弗顧也；繫馬千駟，弗視也。非其義也，非其道也，一介不以與人，一介不以取諸人。

莘，國名。樂堯舜之道者，誦其詩，讀其書，而欣慕愛樂之也。駟，四匹也。介與草芥之芥同。言其辭受取與，無大無細，一以道義而不苟也。

本義 孟子曰、否、決無是事、此言大不然也、伊尹未仕之先、躬耕於有莘之野、其心所欣慕而愛樂者、則在堯舜之道焉、所樂既在堯舜、則凡辭受取與、必揆之堯舜之道義、設使非其義也、非其道也、不但不爲小利所動、即祿以天下之富、弗顧也、繫馬千駟之多、弗視也、非其義也、非其道也、不但大者不肯苟且、即一介不以與人而傷惠、一介不以取諸人而傷廉、其律己之嚴、自耕莘時而已然矣。

附解 說統 樂不是空空想慕、直恁沈酣屬饜意思、不肯一息放下、若非眞樂、便有厭苦之意、豈肯以此上致君、下澤民、徹始徹終、都是這箇物事。○新安陳氏曰、詩如康衢之謠、舜皐之歌之類、書如二典三謨是也。○存疑 道即理也、在物爲理、處物爲義、道是體、義是用。○蒙引 天下弗顧、千駟弗視、舉其至大者言、一介不取與、舉其至小者言。○存疑 此條即其窮居之所守、以見其無割烹之事也、祿之以天下四句、要只是樂堯舜之道內事。

湯使人以幣聘之、囂囂然曰、我何以湯之聘幣爲哉、我豈若處

畎畝之中由是以樂堯舜之道哉。囂囂無欲自得之貌

本義 伊尹窮居。一無所苟。故其出而用世。尤不肯輕。當時湯聞其賢。使人執幣帛以將之。乃抱道自高。囂囂然曰。我人出處。審乎已。何用湯之聘幣爲哉。我豈若獨處於畎畝之中。誦詩讀書。由是以樂堯舜之道而自得哉。此非欲終於畎畝也。不敢輕出以褻堯舜之道也。

附解 慶源輔氏曰。伊尹以堯舜之道自樂。故常無欲而自得。○〔蒙引〕囂囂然曰云云者。以觀湯意之處否也。若論伊尹堯舜君民之心。則自畎畝中誦詩讀書以樂其道時。便已惘然於懷矣。○〔困勉錄〕觀湯誠否。正所以重始進也。

湯三使往聘之既而幡然改曰與我處畎畝之中由是以樂堯舜之道吾豈若使是君爲堯舜之君哉吾豈若使是民爲堯舜

之民哉吾豈若於吾身親見之哉
幡然變動之貌於吾身親見之言於我之身親見其道之行
不徒誦說嚮慕之而已也

【本義】湯三使往聘之尹見道之可行也既而幡然改其前言曰吾人出處又關於世與我終處畎畝之中由是以樂堯舜之道吾豈若以其道致君使是君爲堯舜之君哉吾豈若以其道澤民使是民爲堯舜之民哉吾豈若致君澤民使堯舜之道於吾身親見之於今日也哉湯之聘有不可終辭者矣

【附解】四書脈幡然亦不是感湯聘之殷蓋度湯之必可爲堯舜而已之道必可行於湯也○說約前節豈若內重外輕之別後節豈若空言實事之別○存疑吾豈若於吾身親見之頂上二句說使君爲堯舜之君民爲堯舜之民便是吾身親見其道之行也

天之生此民也使先知覺後知使先覺覺後覺也予天民之先覺者也予將以斯道覺斯民也非予覺之而誰也

此亦伊尹之言也知謂識其事之所當然覺謂悟其理之所以然覺後知後覺如呼寐者而使之寤也言天使者天理當然若使之也程子曰予天民之先覺謂我乃天生此民中盡得民道而先覺者也既爲先覺之民豈可不覺其未覺者及彼之覺亦非分我所有以予之也皆彼自有此理我但能覺之而已

本義吾所以欲應聘者度之君度之民而實度之天也天之生此民也知覺同具而先後難齊天欲使先知此事者啓迪

夫後知之人先覺此理者啓迪夫後覺之人使之同歸於知覺也天所望於先知先覺如此予於天所生民之中幸而爲先覺者也豈容負天之意而不以覺民之責承乎天哉予將以斯堯舜之道出而覺斯民也若使非予覺之則迷者益深而悟者亦何賴誰爲予受其責哉我今日有不得不出者以此

【附解】朱子曰程子云知是知此事覺是覺此理如事親當孝事兄當弟事也其所以當孝所以當弟理也○中央兩箇覺字皆訓喚醒是我喚醒他○〔淺說〕性善雖無不同而知覺則有先後○〔說統〕斯道即堯舜之道也上以君民分言此單言覺民者蓋爲君以覺之也正使民爲堯舜之民處而使君爲堯舜之意即在此覺民事業中○〔達說〕予將以斯道覺斯民全不敢負上天負託之意一節俱重天意發揮乃是本旨○〔翼註〕此與上節俱是一時之言

思天下之民匹夫匹婦有不被堯舜之澤者若己推而內之溝中其自任以天下之重如此故就湯而說之以伐夏救民

書曰昔先正保衡作我先王曰予弗克俾厥后爲堯舜其心愧恥若撻于市一夫不獲則曰時予之辜孟子之言蓋取諸此是時夏桀無道暴虐其民故欲使湯伐夏以救之徐氏曰伊尹樂堯舜之道堯舜揖遜而伊尹說湯以伐夏者時之不同義則一也

本義即尹之言以推其心尹思天下之民皆吾一體必皆遂生復性各得其所而後已之分盡使匹夫匹婦有不被堯舜之澤者由已不能以道濟之即若已推而納之溝中一般其情不能安義不容諉以一身而自任天下之重如此惟其重於自任是以急於救民時見夏桀無道民不被堯舜之澤者多矣故就湯而說之以伐夏救民焉正欲使斯民皆被堯舜之澤而在已無負先覺之任也

附解說統就天下中舉出匹夫匹婦見一民亦所矜憐直是萬物一體之心真切篤志如此○達說其自任以天下之重言其身任世道真切如此不是言其所任之大○天下五句是因其言而推其心故就湯二句是因其心而實其事總爲下辱己以正天下一句張本

吾未聞枉己而正人者也況辱己以正天下者乎聖人之行不同也或遠或近或去或不去歸潔其身而已矣

辱己甚於枉己正天下難於正人若伊尹以割烹要湯辱己甚矣何以正天下乎遠謂隱遁也近謂仕近君也言聖人之行雖不必同然其要歸在潔其身而已伊尹豈肯以割烹要湯哉

本義伐夏救民伊之所以正天下也割烹要湯辱己甚矣吾未聞枉其在己而能正人者也況辱己則不止於枉己而正天下又不止於正人乎即尹之能正天下而其不辱己可信矣大凡古來聖人之行固不同也或遠而遁於山林或近而居於君側或不屑就而去或不屑去而不去迹雖各異要其歸則遠而去者固不肯苟同於流俗即近而不去者亦不肯輕變其生平總歸於潔其身而已矣尹固聖人也豈有辱身之行哉

附解達說吾豈若兩節是伊尹欲正天下之言思天下之民五句是推伊尹欲正天下之心而伐夏救民則其正天下之事也故緊承正天下斷之況辱己以正天下謂辱己必不能正天下也意實言正天下必不辱己也蓋因伊尹能正天下而推其決無辱己耳○存疑遠近以未仕而方仕者言去不去以既仕而去就者言○說統聖人之行數句見自古聖人無有不潔身者何獨於尹而疑之專重近與不去上○存疑自湯使人以幣聘之至況辱己以正天下是舉伊尹從湯之始末以闢其無割烹要湯之事也

吾聞其以堯舜之道要湯未聞以割烹也

林氏曰以堯舜之道要湯者非實以是要之也道在此而湯之聘自來耳猶子貢言夫子之求之異乎人之求之也愚謂此語亦猶前章所論父不得而子之意

本義 即如人言所謂要湯者吾聞其耕莘時惟樂堯舜之道道在尹而湯不得不求之是以堯舜之道要湯未聞以割烹也

附解 新安陳氏曰承其要湯之語而正之謂伊尹所以要湯在堯舜之道而非割烹也其實伊尹未嘗要求於湯如夫子之求之與父不得而子語脈相似故集註引以爲証

伊訓曰天誅造攻自牧宮朕載自亳

伊訓商書篇名孟子引以證伐夏救民之事也今書牧宮作鳴條造載皆始也伊尹言始攻桀無道由我始其事於亳也

【本義】使尹有割烹要湯之事則必不能成伐夏救民之功矣然伐夏救民之事固非無徵也伊訓載伊尹自言曰湯奉天誅始攻桀於牧宮由我相湯始其事於亳都也觀書所言理明義正自任之重如此辱己要君者而能爲此乎割烹之說何其敢於誣聖人也

【附解】慶源輔氏曰此伊尹所自言於此可見任重之意則其不肯枉道自汙以要君必矣

或謂孔子於衛主癰疽章

【總旨】蒙引此一章孟子亦折萬章之疑凡三節第一節即孔子之不主彌子而安於義命見其無主癰疽之理第二節即孔子之當阨難時猶擇所主而見其在齊衛無事時決無主癰疽之理第三節承上言君子小人各從其類既是孔子必

不主癰疽。既主癰疽。便不足爲爲孔子所以盡上二節之意也。

萬章問曰或謂孔子於衛主癰疽於齊主侍人瘠環有諸乎孟子曰否不然也。好事者爲之也

主、謂舍於其家以之爲主人也、癰疽、瘍醫也、侍人、奄人也、瘠姓環名、皆時君所近狎之人也、好事、謂喜造言生事之人也、

【本義】萬章問曰或謂孔子至衛主於衛君近狎之人爲癰疽者至齊則主於齊君近狎之人爲侍人瘠環者果有此事乎孟子曰否並無是事此言大不然也乃好事之人欲誣聖人以便己私故爲此說也

【附解】說統孔子主癰疽侍人蓋謂其主之以求進也。

於衛主顏讎由彌子之妻與子路之妻兄弟也彌子謂子路曰

孔子主我衛卿可得也子路以告孔子曰有命孔子進以禮退以義得之不得曰有命而主癰疽與侍人瘠環是無義無命也顔讎由衛之賢大夫也史記作顔濁鄒彌子衛靈公幸臣彌子瑕也徐氏曰禮主於辭遜故進以禮義主於斷制故退以義難進而易退者也在我者有禮義而已得之不得則有命存焉

本義 吾聞孔子於衛主於賢大夫顔讎由之家彼時衛幸臣彌子瑕者其妻與子路之妻兄弟也彌子因謂子路曰孔子若舍讎由而主我則我爲先容於衛君衛卿之位可立致也子路述其言以告孔子孔子曰衛卿之得有命存焉非彼所能爲也吾何必主於是夫孔子平日凡有進也必從容遜順而以禮不易於進也凡有退也必果斷剛決而以義不難於退

也。禮義在我者也。吾惟盡其在我者而已。至於爵位之得與不得則曰有命。孔子之爲孔子。蓋如此。若主癰疽與侍人瘠環則是義之當退而不以義退是無義也。命之不得而不受命焉。是無命也。而謂孔子爲之乎

附錄　翼註　子路以告者。子路亦非欲附勢。只因孔子志在行道。或亦從權如往公山之類耳。○朱子曰。聖人以義處命。本不待斷以命也。所以曰有命。對彌子瑕言之也。○南軒張氏曰。聖人非擇禮義而爲進退。聖人之進退無非禮義。禮義之所在。固命之所在也。此所謂義命之合一者也。○摘訓　進以禮。三句。是因上文有命二字而申言之。進退與得不得禮義與命。當各開說。不專指衛卿言了。蓋進退固決之於己。而得失則付之於命。惟知盡其在我者而不取。必於天也。蒙引存疑把下三句作推原說。未是。○翼註　前有命專主衛卿之得言。後有命。泛指爵祿之得不得言。○蒙引　上言禮義下只言義者。蓋此處只消用義字。非是言義以該禮也。

孔子不悅於魯衛。遭宋桓司馬將要而殺之。微服而過宋。是時

孔子當阨主司城貞子爲陳侯周臣

不悅不樂居其國也桓司馬宋大夫向魋也司城貞子亦宋大夫之賢者也陳侯名周按史記孔子爲魯司寇齊人饋女樂以間之孔子遂行適衛月餘去衛適宋司馬魋欲殺孔子孔子去至陳主於司城貞子孟子言孔子雖當阨難然猶擇所主況在齊衛無事之時豈有主癰疽侍人之事乎

本義　且孔子不特無事之時不苟所主也又觀孔子不悅居於魯衛去而適宋遭宋司馬桓魋將要而殺之孔子遂微服而過宋以至陳國是時孔子正當阨難之際宜不暇擇人而主矣而猶且主於宋司城貞子時爲陳侯周之臣者況在齊衛無事之時豈有主癰疽侍人瘠環之事乎

【附解】〔翼註〕不悅於魯衛。指女樂驂乘二事。去魯適衛。去衛因適宋。〇〔說統〕微服。正是聖人達權處。亦正聖人安命處。若悻悻自逞。便非順受。〇孔子當阨何最重。〇〔新安倪氏曰〕宋以武公諱。改司空爲司城。〇〔鄒二泉曰〕司城、宋大夫。註却云孔子去至陳。主於司城貞子。蓋貞子。時爲陳侯周臣也。

吾聞觀近臣以其所爲主觀遠臣以其所主若孔子主癰疽與侍人瘠環何以爲孔子

近臣、在朝之臣。遠臣、遠方來仕者。君子小人、各從其類。故觀其所爲主。與其所主者。而其人可知。

【本義】夫孔子於衛主顏讎由。於陳主司城貞子。由此觀之。可見君子小人。各從其類。故吾聞之。觀近臣之爲何如人。必觀其爲遠人之主。或君子與。或小人與。而近臣可知矣。欲觀遠臣之爲何如人。必觀其所主之人。或君子與。或小人與。而遠臣可知矣。夫孔子何如人也。所主必其類也。若主於癰疽瘠環。何足爲孔子。若是孔子。孔子必不主於癰疽瘠環矣。又何疑哉。

〔附解〕〔翼註〕所爲主。即遠臣所主。即近臣也。○〔陸實甫曰〕註中類字最妙。以觀近臣之法推之。則知癰疽侍人必不爲孔子所主。以觀遠臣之法推之。則知孔子必不主癰疽侍人。

或曰百里奚自鬻於秦養牲者章

〔總旨〕〔說統〕此章議論。都是無中生有。敘置斷案。只在百里奚不諫一句。從不諫上看出智來。又從智上推出賢來。層層翻駁。總以明其無食牛干主之事。

萬章問曰。或曰。百里奚自鬻於秦養牲者五羊之皮食牛以要秦穆公。信乎。孟子曰。否。不然。好事者爲之也。

百里奚虞之賢臣。人言其自賣於秦養牲者之家得五羊之

皮、而爲之食牛、因以干秦穆公也、

本義 萬章問曰、人有言百里奚欲致君而無由、乃自賣於秦養牲者之家、得五羊之皮、爲之食牛、因以干穆公、使穆公知其賢而用之、信有諸乎、孟子曰、否、並無是事、此言大不然也、乃好事之人、欲借古人以自掩其汙辱之行、故爲此說也、

附解 蒙引、以要秦穆公。謂以五羊之皮去使用以入秦穆公也。

百里奚虞人也、晉人以垂棘之璧與屈產之乘假道於虞以伐虢、宮之奇諫、百里奚不諫、

虞、虢、皆國名、垂棘之璧、垂棘之地所出之璧也、屈產之乘、屈地所生之良馬也、乘、四匹也、晉欲伐虢、道經於虞、故以此物借道、其實欲并取虞、宮之奇亦虞之賢臣、諫虞公令勿許、虞

公不用、遂爲晉所滅、百里奚知其不可諫、故不諫而去之秦、

本義 欲知奚食牛干主之誣。曷即其出處之大致觀之乎。嘗聞之、百里奚本虞國之人也、當其在虞、何嘗知有秦、只因晉人聽荀息之計伐虢、恐道經於虞、爲虞所阻、乃以垂棘所出之璧、玉與屈地所產之良馬、賂虞假道以伐虢、實欲先取虢而併取虞也、是時虞臣宮之奇以道不可假、進諫虞公、虞公不聽、百里奚因而不諫、

附解 〔說統〕宮之奇諫。何亦。是爲百里奚出脫。宮奇之諫而不行。然後百里奚可以不諫也。敘列假道一段、總見虞人黷貨復諫、以見奚之不諫爲智。○〔存疑〕此條先說百里奚之出處、然後即其事而斷之。○〔說約〕註云奚知其不可諫及去之秦、是透下文語、此處勿露。

附考 〔左傳〕僖公二年、晉荀息請以屈產之乘、與垂棘之璧、假道於虞以伐虢、公曰、是吾寶也、對曰、若得道於虞、猶外府也、乃使荀息假道於虞、虞公許之、且請先伐虢、宮之奇諫不聽、遂起師、夏、晉里克荀息帥師會虞師伐虢、滅下陽、五年、晉侯

復假道於虞以伐虢宮之奇諫曰虢虞之表也虢亡虞必從之晉不可啓寇不可翫一之為甚其可再乎諺所謂輔車相依脣亡齒寒者其虞虢之謂也公曰晉吾宗也豈害我哉對曰太伯虞仲太王之昭也太伯不從是以不嗣虢仲虢叔王季之穆也為文王卿士勳在王室藏於盟府將虢是滅何愛於虞且虞能親於桓莊乎其愛之也桓莊之族何罪而以為戮不惟偪乎親以寵偪猶尚害之況以國乎公曰吾享祀豐潔神必據我對曰臣聞之鬼神非人實親惟德是依故周書曰皇天無親惟德是輔又曰黍稷非馨明德惟馨又曰民不易物惟德繄物如是則非德民不和神不享矣神所馮依將在德矣若晉取虞而明德以薦馨香神其吐之乎弗聽許晉使宮之奇以其族行曰虞不臘矣在此行也晉不更舉矣十二月晉滅虢館於虞

遂襲虞滅之執虞公

知虞公之不可諫而去之秦年已七十矣曾不知以食牛干秦穆公之為汙也可謂智乎不可諫而不諫可謂不智乎知虞公

之將亡而先去之不可謂不智也時舉於秦知穆公之可與有行也而相之可謂不智乎相秦而顯其君於天下可傳於後世不賢而能之乎自鬻以成其君鄉黨自好者不爲而謂賢者爲之乎

自好自愛其身之人也孟子言百里奚之智如此必知食牛以干主之爲汙其賢又如此必不肯自鬻以成其君也然此事當孟子時已無所據孟子直以事理反覆推之而知其必不然耳○范氏曰古之聖賢未遇之時鄙賤之事不恥爲之如百里奚爲人養牛無足怪也惟是人君不致敬盡禮則不

可得而見豈有先自汙辱以要其君哉莊周曰百里奚爵祿不入於心故飯牛而牛肥使穆公忘其賤而與之政亦可謂知百里奚矣伊尹百里奚之事皆聖賢出處之大節故孟子不得不辯尹氏曰當時好事者之論大率類此蓋以其不正之心度聖賢也

本義 夫奚之不諫非不能諫也虞公不可諫也知虞公之不可諫而因去之秦當其時年已七十矣是其歷練老成非少年不更事者比乃曾不知以食牛干秦穆公之爲汙也尚可謂之智乎不智則必不能知語默之宜奚知虞公之不可諫遂止而不諫當默而默非有見幾之明者不能豈可謂不智乎不智則必不能知去就之分奚知虞公之將亡非惟不諫而又先去之可行則行非有保身之哲者不能不可謂不智也不智則必不能知廢興之機當其去虞而舉於秦知穆公

之可與有爲也。遂委質以相從、可仕則仕。非有擇主之明者不能、豈可謂之不智。矣乎。其智如此、必知食牛干主之爲汙矣。且奚非獨智而已、其相秦也取威定伯、顯其君於天下、而餘休遺烈、且可傳諸後世、不賢而能之乎。則其爲賢也決矣。旣是賢者、必能自重。若自鬻其身以成就其君之業、卽鄉黨閒稍稍自愛者、亦不肯爲、而謂賢如奚者而肯爲此事乎。人言之誣斷可知矣。

附解 翼註 知虞公之不可諫。知字不重。困勉錄 不可諫而不諫、三段平看。淺說 智以所知言、賢以所爲言。四書脈 三置晉君、一救荆禍、并國二十、拓地千里、是顯君之賢。歷康景悼孝、皆憑藉先世之威、是傳後之賢。干是求用於始、進之初、成是成就於旣用之後。說統 此節前四段、以首段爲主。下三段反覆以明其意、相秦二段以下段爲主、上一段引起以存其案。

萬章章句下

凡九章

伯夷目不視惡色章

總旨雲峯胡氏曰此章之旨集註偏全二字盡之○說統通章以孔子爲主前歷敘羣聖而斷其異歸重聖之時上後明孔子之所以異又歸重智字上

孟子曰伯夷目不視惡色耳不聽惡聲非其君不事非其民不使治則進亂則退橫政之所出橫民之所止不忍居也思與鄉人處如以朝衣朝冠坐於塗炭也當紂之時居北海之濱以待天下之清也故聞伯夷之風者頑夫廉懦夫有立志

橫謂不循法度頑者無知覺廉者有分辨懦柔弱也餘並見

前篇

本義 孟子曰聖人之德本無不盛而其制行則各不同古有伯夷者其持己也目不視非禮之惡色耳不聽非禮之惡聲其處世也擇君而事非其可事之君不事擇民而使非其可使之民不使世治則進而效用於世世亂則退而獨善其身其於橫政所出之朝橫民所止之地不忍一朝居也不特橫政橫民所在不忍居其心卽思與鄉人同立亦如以朝衣朝冠坐於塗炭若將浼己也當紂之時正汚濁之世也於是避居北海之濱以待天下之清而後出此其志操蓋廉而立志人也故後世之人聞伯夷之遺風者雖頑鈍無知之夫皆化而有廉辨懦弱無守之夫皆化而有特立之志而莫不興起焉矣其孤介既足守己而流風又足感人伯夷之行蓋如此

附解 蒙引聲色說得廣自其己身動爲處言也○非其君不事二句以己對人言治則進二句以處時言垂下句橫政之所出三句以所在言○翼註橫政三句是居常與鄉人處三句是處暫有別○蒙引當紂之時三句總證上文之意目所

接者。大抵皆是惡色。耳所接者大抵皆是惡聲。君非其君。民非其民。有亂而無治。觀於其朝大抵皆横政之所出也。觀於其野。皆横民之所止也。○〔說統〕頑者貪昧無覺。以知言儒者委靡不振。以守言。○〔蒙引〕此節自曰不視惡色以下一節密一節。

伊尹曰何事非君何使非民治亦進亂亦進曰天之生斯民也使先知覺後知使先覺覺後覺予天民之先覺者也予將以此道覺此民也思天下之民匹夫匹婦有不與被堯舜之澤者若已推而内之溝中其自任以天下之重也

何事非君言所事即君。何使非民言所使即民。無不可事之君無不可使之民也。餘見前篇本義古有伊尹者、嘗曰、苟可事即是吾君、何所事而非君乎、苟可使即是吾民、何所使而非民乎、其言如此、故遇治世固進而仕、遇亂世、亦進而仕、其一於進而不退者、為何○其意若曰、天之生斯民也、將使先知者啓迪後知、先覺者啓發後覺、予今幸而為天民之先覺者也、予將舉此道以覺當世之民、而不容諉其責也、由其言以推其心○思天下之民但有匹夫匹婦不與被堯舜之澤者、就如已推而納之溝中、有不能一日自安者矣○是其舉宇宙之大○兆庶之衆○無一民一物○不在其擔當負荷之中○其自任以天下之重如此、此伊尹之行也○

附解〔達說〕何事非君、猶云那處君不可事○見得一事是君○即使之為堯舜之君意也○何使非民○亦即是使民為堯舜之民意○總是見他自任○〔蒙引〕何事非君二句○述其言也○治亦進○亂亦進○承其言而狀其行也○曰天之生斯民以下○皆是言其自任以天下之重○此其所以治亦進○亂亦進者也○

柳下惠不羞汙君不辭小官進不隱賢必以其道遺佚而不怨

阨窮而不憫與鄉人處由由然不忍去也爾爲爾我爲我雖袒裼裸裎於我側爾焉能浼我哉故聞柳下惠之風者鄙夫寬薄夫敦

鄙狹陋也敦厚也餘見前篇

本義 古有柳下惠者雖遇汙君亦事之而不以爲羞雖與小官亦爲之而不以爲卑其進而事汙君爲小官也不肯韜晦以蔽己之賢必期直道以行己之志雖人遺佚之而不以爲怨雖身處阨窮而畧無所憫其事上者然也至於與鄉人處和光同俗由由然與之偕而不忍去也其平日常自言曰爾自爲爾我自爲我雖袒裼裸裎於我之側亦爾之無禮耳安能浼於我哉此所以不忍去也其處衆者然也柳下惠之與物無忤如此蓋寬大敦厚人也故後世之人聞柳下惠之遺風者雖鄙狹之夫亦化而有寬大之量雖刻薄之夫亦化而有敦厚之情而莫不與起者矣無所異於己而有所化於人

柳下惠之行蓋如此

附解〔翼註〕首六句是事上之和次六句是處衆之和鄙寬以量言薄敦以情言鄙字他處只訓陋此對寬言故訓狹陋是不能容人之意〇〔折衷〕爾爲爾四句述其言正見其所以不忍去之意〇〔說統〕此由立朝說到居鄉上總之是不分爾我不懼世浼之意此正惠之寬處敦處

孔子之去齊接淅而行去魯曰遲遲吾行也去父母國之道也可以速而速可以久而久可以處而處可以仕而仕孔子也

接猶承也淅漬米水也漬米將炊而欲去之速故以手承水取米而行不及炊也舉此一端以見其久速仕止各當其可也或曰孔子去魯不稅冕而行豈得爲遲楊氏曰孔子欲去

之意久矣不欲苟去故遲遲其行也膰肉不至則可以微罪行矣故不稅冕而行非速也

【本義】若孔子則又不同當景公不能用而去齊也則炊飯未熟遂承水取米而行至定公受女樂不朝而去魯也則曰遲遲吾行也夫孔子遲遲者爲去父母國之道情義不容恝然與他國不同也即此觀之可見孔子之生平凡其去而或速也非失之急迫可以速而速留而或久也非失之濡滯可以久而久或處也非以隱爲高可以處而處或仕也非以位爲榮可以仕而仕

此孔子之行也

【附解】【蒙引】遲遲吾行也蓋因子路趨行曰夫子可以行矣故夫子言此以曉之非在路上遲遲也遲遲其行正待微罪而後行也○去父母國之道也孟子解辭與去他國之道也相對爲類註舉此一端兼去齊去魯或泥註專指去齊大謬○

【存疑】處仕是一去一不去久速都在去上○徐岩泉曰四可字時也四而字因時也合看方見聖心神化莫測處然此處

凡未可露時字○袁了凡曰敘述三聖語無低昂至論孔孔子處未獨以孔子也三字煞之便含三聖不可語此意

孟子曰伯夷聖之清者也伊尹聖之任者也柳下惠聖之和者也孔子聖之時者也

張子曰無所雜者清之極無所異者和之極勉而清非聖人之清勉而和非聖人之和所謂聖者不勉不思而至焉者也孔氏曰任者以天下爲已責也愚謂孔子仕止久速各當其可蓋兼三子之所以聖者而時出之非如三子之可以一德名也或疑伊尹出處合乎孔子而不得爲聖之時何也程子曰終是任底意思在

本義 孟子因斷之曰，夫夷、尹、下惠與孔子，其行事自然造極如此，皆古聖人也。然自我觀之，聖亦不同。伯夷節高天下，無一些點污，是聖人中之清者也。伊尹身荷天下，無一些退諉，是聖人中之任者也。柳下惠量容天下，無一些岸異，是聖人中之和者也。若孔子推移變化，措之咸宜，如元氣自然之運，此聖人中之時者也。

附解 〈翼註〉四聖字俱是造其極而無所勉之意。註中無所雜者四句，前二句是言造其極，後二句是言無所勉。○此聖字兼知行言，與下聖字單以行言不同。○時字根聖人心裏說，此心全體太極而時出不窮，非如他處時字只以所遇言。觀上文清任和三字皆是聖人之德可見。○〈四書脈〉註云，兼三子之所以聖者而時出之，此處且勿用到，集大成句方言兼總意。○〈說統〉上文只是敘事，至此方斷其聖有不同。然清任和時四字從聖字分別出來，倒轉便非。

孔子之謂集大成。集大成也者，金聲而玉振之也。金聲也者，始條理也；玉振之也者，終條理也。始條理者，智之事也；終條理者，

聖之事也

此言孔子集三聖之事而爲一大聖之事猶作樂者集衆音之小成而爲一大成也成者樂之一終書所謂簫韶九成是也金鐘屬聲宣也如聲罪致討之聲玉磬也振收也如振河海而不洩之振始始之也終終之也條理猶言脈絡指衆音而言也智者知之所及聖者德之所就也蓋樂有八音金石絲竹匏土革木若獨奏一音則其一音自爲始終而爲一小成猶三子之所知偏於一而其所就亦偏於一也八音之中金石爲重故特爲衆音之綱紀又金始震而玉終詘然也故

並奏八音則於其未作而先擊鎛鐘以宣其聲俟其既闋而後擊特磬以收其韻宣以始之收以終之二者之間脈絡貫通無所不備則合衆小成而爲一大成猶孔子之知無不盡而德無不全也金聲玉振始終條理疑古樂經之言故兒寛云惟天子建中和之極兼總條貫金聲而玉振之亦此意也

【本義】夫清任和爲聖之偏而時則聖之全全者盛德渾備合羣聖於一身孔子之謂集大成而非小成比蓋樂有八音若獨奏一音則一音自爲起落是爲小成集大成也者當衆音未起之時則擊鎛鐘以宣其聲俟衆音既闋之時則擊特磬以收其韻金聲而玉振之也金石二音何以能集衆音之大成蓋金不鳴則衆音無由而始自鎛鐘一擊然後衆音翕然而作是金聲也者所以開衆樂之端而爲之始條理者也玉不振則衆音無由而終惟特磬一擊於是衆音詘然而止是

玉振之也者所以收衆音之節而爲之終條理者也始終之間脈絡貫通無所不備此樂之所爲集大成也因是而知始條理者即孔子之知無不盡智之事也蓋孔子智由天縱凡淸任和之理條分縷析無一理之不精是智以啓聖之始與金以開樂之先者一也終條理者即孔子之德無不全聖之事也蓋孔子德本性成凡淸任和之事經緯錯綜無一事之不當是聖以要智之終與玉以收樂之止者一也智聖兼全此孔子所以爲集大成也彼三子者不過衆音之小成耳豈能比德於

孔子哉

附解 盧未人曰孔子集大成只就時上見之蓋變易運用隨時迭出則萬善衆理統會全備自其出之而無不宜謂之時自其兼之而無不備謂之集○困勉錄依註則孔子集大成句即就樂上說非影借事也○朱子曰金聲有洪殺始震終細玉聲則始終如一扣之其聲詘然而止○問始終條理曰如今樂之始作先撞鐘是金聲之也樂終擊磬是玉振之也始終如此而中間乃大合樂六律五聲八音一齊莫不備舉孟子以此譬孔子如伯夷聖之淸伊尹聖之任柳下惠聖之

和都如樂器有一件相似是金聲底從頭到尾只是金聲是玉聲底從頭到尾只是玉聲○始終條理本是一件事但是上一截爲始下一截爲終○蒙引小成之始終只在其一音之内大成之始終則通八音而言始於金而終於石也○存疑八音各有條理欲並奏八音必先擊鎛鐘引起他然後衆音隨之而起是以一鐘而引起衆音故曰始條理衆音旣作臨了擊一聲特磬衆音由是而俱止是以一磬而收煞衆音故曰終條理先明諸心知所往然後力行以求至是知所以引起這行猶作樂擊鐘以引起衆音也故以始條理爲智之事聖以地言造其極之名也力行所知而造其極這便是結果成就地位猶作樂臨了擊磬以收煞衆音也故以終條理爲聖之事○翼註智字要見全覺意聖字要見全體意方與三子一偏之聖相照○蒙引註知之所及謂知之所到處也德之所就謂行之結果成就也智與聖是知行之已成名目知與行却是用工名目○張侗初曰集大成也者六句是說樂之集大成始條理者四句是說孔子之集大成○東陽許氏曰此一節以樂比孔子知之至行之極條理即八音聲振始終皆是動用字惟其知之至故能始萬物惟其行之極故

能終萬事是爲聖智兩全

智譬則巧也聖譬則力也由射於百步之外也其至爾力也其中非爾力也

此復以射之巧力發明聖智二字之義見孔子巧力俱全而聖智兼備三子則力有餘而巧不足是以一節雖至於聖而智不足以及乎時中也○此章言三子之行各極其一偏孔子之道兼全於衆理所以偏者由其蔽於始是以缺於終所以全者由其知之至是以行之盡三子猶春夏秋冬之各一其時孔子則太和元氣之流行於四時也

本義 孔子之聖智。吾得其全。而又得其所以全矣。試取而譬之。孔子之智。神明內蘊。與機巧中藏者相似、譬則巧也、孔子之聖、造詣純至。與强力遠到者相似、譬則力也、聖人之道、必知之眞、然後行之至、必有定見。然後有定力、猶夫射於百步之外、其發矢而至乎的者、乃爾射者之力也、其發矢而中乎的者、非爾射者之力也、是得心應手之巧也、夫射之能中者、不專在於力、而在於巧、則孔子所以爲聖之全、不專於聖、而實由於智矣、彼三子力有餘而巧不足。此所以倚於一偏。而難以語時中之聖也。

附解 說約 由射之由。與猶通。已說譬而又云由者。上文射字未出也。○四書鏡 由射句當先講聖由於智方得。○問其至爾力。其中非爾力。還是三子只有力無智否。朱子曰。不是無智。知處偏。故至處亦偏。如孔子則箭箭中紅心。三子則每人各中一邊。○蒙引 此一條。亦主孔子言。蓋此聖智。卽上文之聖智。若以上文聖智亦兼三子。則三子亦安得有始終條理。特一音自爲始終。與本文始終自不同也。故斷通主孔子說。而三子之不得爲全者。自見於言外。○存疑 上節是說孔子

之兼全衆理此節是推孔子之所以兼全衆理處○劉上玉曰上節聖智平說此節智譬二句亦仍是平說到其至二句方說聖出於智耳

北宮錡問曰周室班爵祿也章

總旨 艾千子曰此章論班爵祿之制天子權輕自是周之末世事與周初定制意不甚相涉○困勉錄錫爵詔祿皆自天子出天子二字固重然亦不必專主尊天子說通章惟重公天下之利嚴天下之防二意○翼註天子一位至五等是班爵之制通於天下君一位至六等是班爵之制施於國中天子之制節是班祿之制施於天下天子之卿五節是班祿之制施於國中天子之卿一節則施於天子之國中下三節則施於諸侯之國中末節輕看因庶人之祿而帶言之耳

北宮錡問曰周室班爵祿也如之何

北宮姓錡名衛人班列也

【本義】北宮錡問曰爵祿之制莫備於成周周室之班爵祿敢問其制如之何

孟子曰其詳不可得聞也諸侯惡其害已也而皆去其籍然而軻也嘗聞其略也

當時諸侯兼并僭竊故惡周制妨害已之所爲也

【本義】孟子曰周初之制甚詳今已不可得而聞也蓋制度之詳載在典籍自諸侯放恣僭竊名號者以卑而擬尊兼并土地者以大而吞小反厭惡先王之制以爲不便於已之所爲遂滅去其籍是以無所考而知也雖然文獻之遺猶有存者軻也亦嘗於殘篇故老之傳而得聞其大略也

【附纂解】蒙引兼并則於班祿之制有妨僭竊則於班爵之制有妨然兼并必僭竊二者勢實相因○說統然而軻也二句要看得關係蓋諸侯之敢於去籍也其意不惟無王而已并欲滅其迹以杜天下之口也然而學古之儒傳聞之下猶能得

其大槩典籍雖滅清議猶存。正可以維持一綫於不墜矣

天子一位公一位侯一位伯一位子男同一位凡五等也君一位卿一位大夫一位上士一位中士一位下士一位凡六等

此班爵之制也五等通於天下六等施於國中

本義 試以班爵之畧言之爵之通於天下者天子之貴自爲一位尊無二上矣然非天子一人所能獨理也自天子而下有公一位公之下有侯一位侯之下有伯一位伯之下有子與男同一位凡五等也爵之施於國中者天子君於王畿諸侯君於列國各自爲一位矣然亦非君一身所能獨理也自君而下有卿一位卿之下有大夫一位大夫之下有上士一位中士一位下士一位凡六等此班爵之大略也

附解 趙氏德曰疏父天母地而爲之子者天子也爵位盛大以無爲爲德者公也斥堠於外以君人爲德者侯也足以長

人者伯也其德足以養人者子也男任也任安也而其德足以安人者男也出命足以正衆者君也知進退而其道上達者卿也知足以帥人者大夫也才足以事人者士也○說統天子一位君一位俱提起○蒙引位猶言級也子男同一位猶即中員外皆五品但有正從○存疑五等通於天下專自爲君者言上自天子下至子男附庸皆是爲君者六等通於國中合君臣而言自天子之國下至附庸皆有君卿大夫上士中士下士也○蒙引註云六等施於國中兼王朝與侯國言觀下天子之卿一段可見不必以無公爲泥蓋公在五等之列矣

天子之制地方千里公侯皆方百里伯七十里子男五十里凡四等不能五十里不達於天子附於諸侯曰附庸

此以下班祿之制也不能猶不足也小國之地不足五十里者不能自達於天子因大國以姓名通謂之附庸若春秋邾

儀父之類是也

【本義】以班祿之略言之。祿之施於天下者。天子食賦於畿內其制地方廣千里蓋天子爵爲至尊。故其地至廣也。公侯以下則皆食賦於列國故公侯之地方廣百里其田賦之入視天子而殺矣伯之地方廣七十里其田賦之入又視諸侯而殺矣子男之地方廣五十里其田賦之入視伯而又殺矣凡有此四等此外又有地不足五十里之數者凡遇朝覲聘問不能自達於天子但附於大國之諸侯以治民之功通於天子者曰附庸則其爵愈卑而其祿愈薄矣

【講解】說統天子之制地方千里提起看居重馭輕强幹弱枝。亦是尊無二上之義。○蒙引地方千里言其地方有千里也方字帶下非謂地方也。觀下公侯皆方百里文意自見。○南軒張氏曰所謂方千里者先儒以謂王畿方千里積百同九百萬夫之地是也。蓋方千里則爲方百里者百爲田百萬井九百萬夫之地受田者八百萬夫百倍諸侯之國夫如是而後可以爲天子都畿鎮撫天下而卿大夫元士之采地皆有所容焉。故公侯之方百里。伯七十里。子男五十里者。皆以其

田言之也。獨以其田言之。則地雖有廣狹之不齊。山林川澤之相間。而制田之多寡則自若也。王制謂山陵林麓川澤溝瀆城郭宮室塗巷三分去一者。則傳者之失矣。○【翼註】周禮民功曰庸。附庸者。蓋以治民之功附達於天子。如諸侯之述職也。

天子之卿受地視侯。大夫受地視伯。元士受地視子男。

視。比也。徐氏曰。王畿之內亦制都鄙受地也。元士上士也。

【講義】祿之班於王國者。王畿之內。天子以一人宰治於上。而有卿大夫士分治於下。其效忠宣力。本與外臣均勞。而地近職親。比之外臣尤重。故王朝之卿。所受采地比於大國之侯。侯百里。卿亦百里也。大夫所受之地。比於次國之伯。伯七十里。大夫亦七十里也。元士所受之地。比於小國之子男。子男五十里。元士亦五十里也。蓋諸侯入則為王朝之卿士。卿士出則為列國之諸侯。其分本相等。故其受祿不得不同耳。

【附解】趙氏曰食采邑於畿內祿之多少以外諸侯爲差不言中下士視附庸也○【存疑】天子之卿以下所受之地皆在王畿千里之內者○【說統】此節大抵是尊天子而重王畿意

【附考】孫疏上公九命侯伯七命子男五命王之三公八命其卿六命其大夫四命鄭玄云王之上士三命上士即元士也

大國地方百里君十卿祿卿祿四大夫大夫倍上士上士倍中士中士倍下士下士與庶人在官者同祿祿足以代其耕也

十十倍之也四四倍之也倍加一倍也徐氏曰大國君田三萬二千畝其入可食二千八百八十人卿田三千二百畝可食二百八十八人大夫田八百畝可食七十二人上士田四百畝可食三十六人中士田二百畝可食十八人下士與庶

人在官者田百畝可食九人至五人庶人在官府史胥徒也
愚按君以下所食之祿皆助法之公田藉農夫之力以耕而收其租士之無田與庶人在官者則但受祿於官如田之入而已

本義 祿之班於列國者公侯之國爲大國其地方百里提封十萬凡君卿大夫士及庶人在官者其祿皆取諸此焉君享一國之奉爲田三萬二千畝比之卿祿蓋加十倍之多卿田三千二百畝較之於君才是十分之一而實四倍於大夫大夫之田八百畝較之於卿才是四分之一而實加倍於上士上士之田四百畝其祿則倍於中上中士之田二百畝其祿則倍於下士下士與庶人在官者其祿相等皆得食百畝之入焉蓋下士庶人身不能自耕因給之以祿使足以代其耕而已

【附解】詹氏道傳曰：大國地方百里者，開方法，爲方十里者百，爲田當九百萬畝，所謂提封萬井也。○朱子曰：君十卿祿者，猶今之俸祿，蓋君所自得爲私用者；至於貢賦賓客朝覲祭享交聘往來，又別有財儲爲公用。○說統：身不能自耕而準之以祿，必使其足以代耕而後可，足以字當味，見先王體恤意。○淺說：祿足以代其耕，兼下士與庶人在官者末一節只以庶人在官者言，而不及下士者，想下士之祿無五等，只等上農夫耳。○蒙引注：大國君田三萬二千畝，其人可食云云。按此當以百畝食九人起數推加上去。○此所謂田皆指助法之公田而言，除起外八區。

【附考】孫疏：王制大國三卿，皆命於天子；次國三卿，二卿命於天子，一卿命於其君；小國二卿，皆命於其君。皆下大夫五人，上士二十七人。○周禮：天官冢宰，太宰卿一人，小宰中大夫一人，府六人，史十有二人，胥十有二人，徒百有二十人。府治藏，史掌書，胥徒民服徭役者。

次國地方七十里，君十卿祿，卿祿三大夫，大夫倍上士，上士倍中士，中士倍下士，下士與庶人在官者同祿，祿足以代其耕也。

三謂三倍之也。徐氏曰：次國君田二萬四千畝，可食二千一百六十人；卿田二千四百畝，可食二百十六人。

【本義】伯爲次國，其地方七十里，較之百里之地狹矣。而國中之有卿大夫及在官之庶人，則與大國一也。故其因田制賦，君之祿亦十倍於卿，得田二萬四千畝。卿之祿則止三倍於大夫，大夫得田二千四百畝。至於大夫，則一倍於上士，上士而得田八百畝。上士則一倍於中士，中士而得田四百畝。中士則一倍於下士，下士而得田二百畝。下士與庶人在官者，皆得以食百畝之入，使足以代其耕，則與大國之制無不同矣。次國班祿之制蓋如此。

【附錄】詹氏道傳曰：次國地方七十里者，以開方計之，爲方十里者四十有九，爲方一里者四千九百，爲田四百四十一萬畝。

小國地方五十里君十卿祿卿祿二大夫大夫倍上士上士倍中士中士倍下士下士與庶人在官者同祿祿足以代其耕也二即倍也徐氏曰小國君田一萬六千畝可食千四百四十人卿田一千六百畝可食百四十四人

本義 子男爲小國其地方五十里較之七十里之地又狹矣而國中之有卿大夫士與庶人之在官者亦與次國一也故其國田制賦君之祿亦十倍於卿卿得田一萬六千畝卿之祿則止二倍於大夫大夫得田一千六百畝至於大夫則一倍於上士而得八百畝上士則一倍於中士而得四百畝中士則一倍於下士而得二百畝下士與庶人在官者皆得以食百畝之入使足以代其耕則亦與次國之制無不同矣小國班祿之制又如此

附解 詹氏道傳曰小國地方五十里開方計之爲十里者二十有五方一里者二千五百爲田二百二十五萬畝○趙氏

曰由卿而上三等之國與由大夫而下三等之國同者蓋卿
而上其祿寖厚苟不爲之殺則地之所出不足以供大夫而
下其祿寖薄苟爲之殺則
臣之所養不能自給也
耕者之所獲一夫百畝百畝之糞上農夫食九人上次食八人
中食七人中次食六人下食五人庶人在官者其祿以是爲差
獲得也一夫一婦佃田百畝加之以糞糞多而力勤者爲上
農其所收可供九人其次用力不齊故有此五等庶人在官
者其受祿不同亦有此五等也○愚按此章之說與周禮王
制不同蓋不可考闕之可也程子曰孟子之時去先王未遠
載籍未經秦火然而班爵祿之制已不聞其詳今之禮書皆

掇拾於煨燼之餘而多出於漢儒一時之傅會奈何欲盡信而句為之解乎然則其事固不可一一追復矣

【本義】然庶人在官之祿亦豈盡同於下士而無所差等哉祿足代耕吾以耕者之所獲言之每夫受田百畝百畝之田必加以糞糞多而力勤者是為上農夫計其所獲可以食九人稍次於上農者其所獲可食八人中等農夫其所獲僅可食七人中次農夫其所獲僅可食六人若下等農夫其所獲不過能食五人而已人事之勤惰不齊而收入之多寡隨異大約有此五等若庶人在官者事有煩簡力有勞逸其受祿之數即照農夫以為差等事之煩者食以上農夫之食其食以次遞減事最減者亦不失下農夫之食焉所謂祿足代耕者又如此夫列爵有尊卑而中外殊其制班祿有多寡而上下異其規此吾所聞之大畧也

【附解】存疑農之五等以力之勤惰而分官祿五等以事之煩簡而分○四書脈末節發明祿足代耕之義只因上說同祿

而未明說同祿之中有不同祿處故又說此一節○〔困勉錄〕按所謂同祿之中有不同者蓋庶人在官雖云與下士同祿然下士之祿無差而庶人在官之祿有差此其不同也非指九人至五人之不同也○〔新安倪氏曰〕周禮一書劉歆以爲河間獻王得之李氏女子劉歆以前世無傳習之者朱子謂周禮底是南軒嘗謂當以孟子爲正朱子恐非定說以周書武城分土惟三證之周禮之說恐不可信若王制則漢文帝使博士諸生剌六經中而作將以與王者之制度成於漢儒之手宜其有與他說不合者又按朱子謂嘗疑周禮一書方是起草未曾得行蔡九峯亦曰周禮首末未備周公未成之書也竊意此說爲是然則冬官之闕蓋其所未嘗筆者歟

〔附考〕周禮地官草人掌土化之灋以物地相其宜而爲之種凡糞種騂剛用牛赤緹用羊墳壤用麋渴澤用鹿鹹潟用貆勃壤用狐埴壚用豕彊檃用蕡輕爂用犬○〔何氏曰〕天下之地土不同化之之法或用牛羊等皆焚其骨爲灰以清種蕡則燒麻爲灰以漬種也

敢問友章

【總旨】【說統】此章論交友之道只是一箇友德而不可挾本文友其德也一語是通章大綱而末節把尊賢貴貴並言正見得尊賢之義同於貴貴則貴之不可挾明矣孟獻費惠晉平帝堯正以古之不挾貴者立個尊賢的樣子不必分優劣

【翼註】賢即德也

萬章問曰敢問友孟子曰不挾長不挾貴不挾兄弟而友友也者友其德也不可以有挾也

挾者兼有而恃之之稱

【本義】萬章問曰敢問交朋友之道孟子曰交友之道無他只在去其自恃之念而已如已雖長也不可挾其年齒而與人友已雖貴也不可挾其貴介而與人友已之兄弟雖盛也不可挾其兄弟之勢而與人友蓋以友也者特因其人之德而

友之以爲吾進德之資也、若一有挾之心、則取友之意不誠、而有德者亦不肯與之友矣、故不可以有挾也、

附解 慶源輔氏曰、兼夫有與恃二者之意。方謂之挾、但有之而不恃、則未謂之挾也。○四書脈 長以齒言、貴以位言、兄弟以勢言。○說統 挾不是挾以驕人、只一念自負能下賢之意、便是挾。○新安陳氏曰、三者之中、挾貴尤常情所易犯、下文四節皆不挾貴者、但有小大之差耳。

孟獻子、百乘之家也、有友五人焉、樂正裘、牧仲、其三人、則予忘之矣、獻子之與此五人者友也、無獻子之家者也、此五人者、亦有獻子之家、則不與之友矣、

孟獻子、魯之賢大夫仲孫蔑也、張子曰、獻子忘其勢、五人者忘人之勢、不資其勢而利其有、然後能忘人之勢、若五人者

有獻子之家。則反爲獻子之所賤矣。

【本義】然能無所挾、固難。能不挾貴、尤難。試歷言古之不挾貴而能盡友道者。魯有世卿孟獻子者、百乘之家也、可謂貴矣。當其時有友五人焉、曰樂正裘、曰牧仲、其餘三人、則予偶忘其姓名矣。獻子與此五人友也、豈漫然與之友哉、正以此五人者、能以德自重、不動心於勢利、其心中全無獻子之家者也、此獻子所以友之也。假使此五人者、其心亦有獻子之家、則獻子方且鄙之、豈肯與之爲友乎、不挾貴而友。徵於百乘之家者有如此。

【附解】存疑。無獻子之家。視獻子之家如無有也。猶云目中無人意。有獻子之家者。把獻子之家來當事而慕羨之也。○摘訓。忘我之貴。則與之友。不忘我之貴。則不與之友。這正見獻子不挾貴處。○蒙引。此條不必以獻子之忘勢與五人忘人之勢相對說。當主獻子不挾貴說。蓋獻子所重五人者在於忘人之勢。此正所謂友其德也。則獻子之不挾其勢彰彰矣。

非惟百乘之家爲然也。雖小國之君亦有之。費惠公曰。吾於子

思則師之矣吾於顏般則友之矣王順長息則事我者也
惠公費邑之君也師所尊也友所敬也事我者所使也

本義 然不但百乘之家爲然也雖小國之君亦有不挾貴者焉費惠公嘗曰尊賢之禮不可一槩而施吾於子思則師事之以其德足以型我也吾於顏般則友資之以其德足以切磋我也至於王順長息其才僅可供我之使令則事我者也豈敢混於師友之列乎觀惠公之言其不挾貴而友。徵之小國之君者又如此。

附解 存疑 或師或友言無所挾也王順長息句是帶說蓋引費惠公成語耳。○說統 惠公不敢躋王順長息於師友之列正是尊子思顏班處。此句不重。却要與他幹旋

非惟小國之君爲然也雖大國之君亦有之晉平公之於亥唐也入云則入坐云則坐食云則食雖疏食菜羹未嘗不飽蓋不

敢不飽也然終於此而已矣弗與共天位也弗與治天職也弗與食天祿也士之尊賢者也非王公之尊賢也

亥唐晉賢人也平公造之唐言入公乃入言坐乃坐言食乃食也疏食糲飯也不敢不飽敬賢者之命也○范氏曰位曰天位職曰天職祿曰天祿言天所以待賢人使治天民非人君所得專者也

述義 然又不但小國之君爲然也雖大國之君亦有不挾貴者焉晉平公之於亥唐也嘗慕其賢而造其廬執禮甚恭受命惟謹當其至門唐命之入則入及其既入唐命之坐則坐方其進食也唐命之食則食其所食者雖疏食菜羹之至薄未嘗不飽蓋敬唐之命不敢不飽也夫以起居飲食一惟賢者之命是從可謂曲盡尊賢之禮矣然此特儀文之末耳惜

乎其終於此而已矣、天位以官有德、而公不與之共焉、天職以任有德、而公不與之治焉、天祿以養有德、而公不與之食焉、其所以尊之者、不過造詣承順之間、此乃士人無爵土者之尊賢也、非王公操用人之權者之尊賢也、然平公雖未盡尊賢之道、而已曲盡尊賢之禮、其視世之負其位不肯下交者、固有間矣。不挾貴而友、微之大國之君者、又如此。

附解 翼註 然終於此而已、以下亦不甚重、引平公、還是取其不挾意。但微致不滿意耳。

舜尚見帝、帝館甥于貳室、亦饗舜、迭爲賓主、是天子而友匹夫也、

尚、上也、舜上而見於帝堯也、館、舍也、禮、妻父曰外舅、謂我舅者、吾謂之甥、堯以女妻舜、故謂之甥、貳室、副宮也、堯舍舜於副宮、而就饗其食、

本義 進而上之。則又有堯之於舜者。昔舜自歷山上而見帝。帝妻之二女。以舜爲甥館於貳室。亦嘗就其館而饗舜之食。其館舜也。是舜固爲賓而堯爲主。其饗舜也。是堯若爲賓而舜爲主。夫更迭爲賓主如此。是堯以天子而友舜匹夫之德也。此眞不挾之至也。

附解 蒙引 此節不可以爲此正是承上文言王公之尊賢處。蓋堯之於舜。固能與共天位。治天職。食天祿。然孟子此節本意。只在無所挾。上故曰是天子而友匹夫也。上文所以著箇非王公之尊賢者。蓋不如此。此則平公之於亥唐。其尊賢爲極矣。又孰知其爲有所未至者耶。

用下敬上謂之貴貴。用上敬下謂之尊賢。貴貴尊賢。其義一也。

貴貴尊賢。皆事之宜者。然當時但知貴貴而不知尊賢。故孟子曰其義一也。○此言朋友人倫之一。所以輔仁。故以天子

友匹夫而不爲詘以匹夫友天子而不爲僭此堯舜所以爲人倫之至而孟子言必稱之也

【本義】歷觀古人之不挾貴如此夫豈不合於義而爲之哉大抵天下有分位所以崇體有道德所以輔仁以下而敬上位之所在也謂之貴貴以上而敬下德之所在也謂之尊賢其事若有不同然貴當貴而貴之固爲事之宜賢當尊而尊之亦爲事之宜其義一也世之人但知貴貴而不知尊賢亦昧於義之所在矣

【附解】蒙引用上敬下不必謂用上之禮以敬下只謂以上敬下也○通章是用上敬下止是尊賢其言用下敬上而貴貴者主意在其義一也○總註單舉以天子友匹夫者舉重以見輕也

敢問交際何心也章

【總旨】蒙引此章之言萬章始終以爲當卻孟子始終以爲可受蓋仲尼不爲已甚之學而其義之精則在於夫謂非其有

而取之者盜也充類至義之精也一條○〔翼註〕前五節詳言交際不必卻而以孔子爲準下因孔子仕魯而詳言其委曲以行道之意亦以見餽可受也

萬章問曰敢問交際何心也孟子曰恭也

際接也交際謂人以禮儀幣帛相交接也

〔本義〕萬章見孟子不仕人國而猶受其交際故問曰敢問人之以禮儀幣帛相交際者果何心也孟子曰人有恭敬之心存於中而後假幣帛之儀將於外交際之禮其心主於恭而已

〔附解〕達說交際何心之問便道是未必好心孟子曰恭也便道是一團好心此雖開端之詞便已各露大意○〔說統〕交際即暗指諸侯說恭以致餽者言下不恭以卻餽者言

曰卻之卻之爲不恭何哉曰尊者賜之曰其所取之者義乎不

義乎而後受之、以是爲不恭、故弗卻也。
卻、不受而還之也。再言之、未詳。萬章疑交際之間、有所卻者、
人便以爲不恭、何哉。孟子言尊者之賜、而心竊計其所以得
此物者、未知合義與否、必其合義、然後可受、不然、則卻之矣。
所以卻之爲不恭也。

本義 萬章曰、交際固所以將敬、而辭讓亦所以明禮、乃有卻
之卻之而不受者、人便以爲不恭、何哉。孟子曰、凡人之處餽、
未有無故而卻者、如尊者有賜於我、而我心私自忖度曰、此
所賜之物、必是取於人者、不知其果合於義乎、抑不合於義
乎、必所取合義而後可受、如其非義、則卻之矣。夫尊者以恭
而賜我、我乃逆計其非義而卻之、是乃鄙其物而輕其人、傲
慢莫大焉。此卻之爲不恭也。惟以此爲不恭、
故寧受之而不敢卻、以卑承尊之禮宜然也。

附解劉上玉曰卻之卻之卻之堅也○說統何哉語氣承恭字來此是疑其當卻意○摘訓曰其所取之者曰字乃心竊計之之意與下節以心卻之曰曰字一樣以是爲不恭乃君子當尊者有賜之時自家見得這卻爲不恭也○存疑而後受之下含箇卻意故曰以是爲不恭註不然則卻之正補其意

曰請無以辭卻之以心卻之曰其取諸民之不義也而以他辭無受不可乎曰其交也以道其接也以禮斯孔子受之矣

萬章以爲彼既得之不義則其餽不可受但無以言辭間而卻之直以心度其不義而託於他辭以卻之如此可否邪交以道如餽贐聞戒周其飢餓之類接以禮謂辭命恭敬之節孔子受之如受陽貨烝豚之類也

【本義】萬章又曰、尊者之賜、固不可卻。而不義之物。終不可受。於此而求善處之術。請無以言辭顯然卻之、以心隱然卻之。心中竊計曰、此物乃不義而取諸民者。無可受之理、而外姑托他詞以無受、則在我既無不義之汙、在彼亦難加不恭之罪、不亦可乎、孟子曰、交際之禮、亦何必已甚、但觀今日其交也以道、而非出於無名。其接也以禮、而不失之苟簡。斯孔子亦受之矣、何以卻爲哉、

【附解】存疑。交接只一般。道是大綱。禮是節文。道如義以爲質之義。禮如禮以行之之禮。亦有合道而不合禮者。此道與禮之分也。○【說統】引孔子作證。只是申明上節不須卻之意。不必以不當卻不必卻分疏。

萬章曰、今有禦人於國門之外者、其交也以道、其餽也以禮、斯可受禦與、曰、不可、康誥曰、殺越人于貨、閔不畏死、凡民罔不譈、是不待敎而誅者也、殷受夏、周受殷、所不辭也、於今爲烈、如之何

其受之

禦止也止人而殺之且奪其貨也國門之外無人之處也萬章以爲苟不問其物之所從來而但觀其交接之禮則設有禦人者用其禦得之貨以禮餽我則可受之乎康誥周書篇名越顛越也今書閔作暋無凡民二字譈怨也言殺人而顛越之因取其貨閔然不知畏死凡民無不怨之孟子言此乃不待教戒而當即誅者也如何而可受之乎殷受至爲烈十四字語意不倫李氏以爲此必有斷簡或闕文者近之而愚意其直爲衍字耳然不可考姑闕之可也

本義　萬章又問曰、若不問所從來、而但觀其交際。設令有人於國門之外、截人而殺之、且奪其貨者、乃其交我亦以道、餽我亦以禮、斯可不問其所從來、而受其禦人所得之物歟。孟子曰、禦人之貨、固不可受。康誥有曰、殺人而顛越之、因取其所有之貨、閔然不知畏死、此等人、凡民無不譈怨。由書言觀之。可見禦人之盜、乃王法之所不容、是不待教戒而即當誅之者也。夫此誅禦之法、殷以受夏、周以受殷、三代相承、不待辭說細鞫、至今其法。猶顯然。明烈。如之其可受乎。

附解　說統引禦以爲例、只爲下文諸侯猶禦句埋脚、亦可受禦句是倒跌語、不是疑詞。○翼註衍文十四字。趙氏說以辭字應教字、以閔字應康誥字、亦細。

曰、今之諸侯取之於民也、猶禦也。苟善其禮際矣、斯君子受之。敢問何說也。曰、子以爲有王者作、將比今之諸侯而誅之乎。其教之不改而後誅之乎。夫謂非其有而取之者盜也、充類至義

之盡也孔子之仕於魯也魯人獵較孔子亦獵較獵較猶可而況受其賜乎

、、比連也言今諸侯之取於民固多不義然有王者起必不連合而盡誅之必教之不改而後誅之則其與禦人之盜不待教而誅者不同矣夫禦人於國門之外與非其有而取之二者固皆不義之類然必禦人乃爲眞盜其謂非有而取爲盜者乃推其類至於義之至精至密之處而極言之耳非便以爲眞盜也然則今之諸侯雖曰取非其有而豈可遽以同於禦人之盜也哉又引孔子之事以明世俗所尚猶或可從況受其賜、何爲不可乎。獵較未詳、趙氏以爲田獵相較奪禽獸以祭、孔子不違、所以小同於俗也、張氏以爲獵而較所獲之多少也、二說未知孰是。

本義 萬章又問曰、禦固不可受矣、今之諸侯、其取之於民也、横暴不義、亦猶夫禦也、苟善其禮以相交、斯君子受之、敢問何說也。孟子曰、今之諸侯取民、固多不義、比之於盜、則亦太甚矣。試以王者之法論之、子以爲有王者起、而脩明法度、將連合今之諸侯而盡誅之乎、抑先施教令、不改而後誅之乎。若教之不改而後誅之、則與禦人之盜不待教而誅者、固有間矣。且以理論之、義固一毫不可苟者也、今以取非其有而謂之盜者、是充不義之類至於義之極精極微之盡頭處而極言之、所以稍涉不義而即加以盜名也、豈可遽同於禦人之盜哉。夫諸侯異於禦人之盜、則諸侯之餽亦異於禦得之貨矣、何疑於君子之受賜乎。昔者孔子之仕於魯國也、魯人之俗、每當祭祀時、必相與田獵、較奪禽獸以供祭品、孔

子亦從其俗、而聽其獵較焉、夫獵較乃取物之不以禮者、尙
猶可從、而況諸侯之賜、交以道、接以禮、何不可受之有乎
附解〔說統〕猶禦數語是章發問本意指諸侯暴征橫斂說○
〔存疑〕予以爲有王者作三句是就法度上辨其非眞盜夫謂
非其有二句是就義理上辨其非眞盜○〔說統〕法與義雖是
二項却相承說言以法而例論之固未同於盜以義而極言
之方似於盜若從常論之畢竟諸侯不是盜也○非其有而
取之者二句指定諸侯言○〔譚梁生曰〕孔子亦獵較非孔子
身在田獵角逐中謂孔子爲乘田時職其事而不禁革其俗
○〔四書脈〕講獵較須見是取物不以禮者方與受賜有關若
但云同俗
覺不切

曰然則孔子之仕也非事道與曰事道也事道奚獵較也曰孔
子先簿正祭器不以四方之食供簿正曰奚不去也曰爲之兆
也兆足以行矣而不行而後去是以未嘗有所終三年淹也

此因孔子事而反覆辯論也事道者以行道爲事也事道奚獵較也萬章問也先簿正祭器未詳徐氏曰先以簿書正其祭器使有定數而不以四方難繼之物實之夫器有常數實有常品則其本正矣彼獵較者將久而自廢矣未知是否也兆猶卜之兆蓋事之端也孔子所以不去者亦欲小試行道之端以示於人使知吾道之果可行也若其端旣可行而人不能遂行之然後不得已而必去之蓋其去雖不輕而亦未嘗不決是以未嘗終三年留於一國也

本義章又曰君子之仕將以行道爲事也今孔子之仕如此毋乃不以行道爲事歟孟子曰孔子身任斯道之責其仕固

以行道爲事也、章曰、既以行道爲事、則獵較者非道中之事、宜在所革者也。奈何反從俗而爲之乎。孟子曰孔子於從俗之中、自有變俗之用。蓋魯人之獵較以祭者、因祭無定器實無常品也。孔子先立簿書以正其祭器、使器中所實之物只是常品、不以四方難得之物供其簿之所正者、則獵較者知異物無用、其俗將不禁而自廢矣。此孔子所以暫同於俗而不違、安可謂非事道乎。章曰孔子欲變俗而爲是委曲之圖、則行道之志不遂矣、何爲不去乎。孟子曰聖人非難於去也、但欲行道於天下、而輒舉其小者更張之、是使人疑畏而道終難行矣。孔子所以不去者、蓋欲小試行道之端以示於人、使人知聖道之果可行也。若其端既可行矣、而人不能遂行之、然後決意以去、是以未嘗終三年留於一國也。其去留不苟如此、何莫非事道之心歟。

附解　說統　非事道與句。根上文獵較生來。且渾渾說。○翼註　先簿正祭器。器如太廟籩豆各十二。羣廟籩豆各八之類。是使器有常數也。不以四方供簿正。是使寔有常品也。實字即籩實豆實之實。○摘訓　四方之食。即獵較之物。供簿正。指器言。

謂簿書所正之祭器也○存疑爲之兆在先簿正祭器外蓋聖人欲試行道之端以示人於獵較一事且姑借之而陰爲之圖先簿正祭器正是陰爲之圖更有試行道之端在若前所云是也此聖人作用之妙處○四書脈兆足以行而不行非是不能行其兆蓋兆既行則知吾道有可行而又不能大行其道則是知而不能行而人終不足以有爲故不得已而去之速也未嘗終三年淹是又因魯事而槩其所仕之國不輕留也○說統先簿正以下俱是說孔子委曲以事道之事爲之兆也五句只重不可行而不爲悻悻意不重決去意

孔子有見行可之仕有際可之仕有公養之仕於季桓子見行可之仕也於衛靈公際可之仕也於衛孝公公養之仕也

見行可見其道之可行也際可接遇以禮也公養國君養賢之禮也季桓子魯卿季孫斯也衛靈公衛侯元也孝公春秋

史記皆無之疑出公輒也因孔子仕魯而言其仕有此三者故於魯則兆足以行矣而不行然後去而於衞之事則又受其交際問餽而不卻之一驗也○尹氏曰不聞孟子之義則自好者爲於陵仲子而已聖賢辭受進退惟義所在愚按此章文義多不可曉不必强爲之說

本義 且孔子事道之心不特於仕魯見之也吾嘗歷觀其仕進之跡大槩有三有見其道之可行而委身以仕者次之有因其君能接遇以禮而仕者次之有因其君能脩養賢之典而仕者於何考之其仕於魯也於季桓子執國政之時而孔子爲司寇攝相於魯者乃見行可之仕也其仕於衞靈公者乃際可之仕也其仕於衞孝公者乃公養之仕也夫孔子在當時若是乎委曲以行道則君子於交際之間何必爲已甚哉

附解〔達說〕謂之見行可者。謂其道略有可行。即便仕了。不必求全責備。○〔翼註〕際可公養俱是萬一其道之行。俱是事道。○〔困勉錄〕按行可際可公養不可說得太好。若說得太好。便與下桓子靈公孝公不對。鍼須說得有分寸。○問孔子仕於定公而言於桓子。何也。〔朱子曰〕當時季氏執國柄。孔子相魯皆由桓子。○〔困勉錄〕此節是歷舉孔子生平仕進之跡。以結上文之意。見行可應上仕魯。際可公養應上交際。見行可是賓。際可公養是主。三句合看。又有一層委曲一層之意

仕非爲貧也章

總旨〔蒙引〕此章。蓋。爲。當。時。有。爲。貧。而。苟。祿。者。發。○〔存疑〕首節言爲貧而仕。中三節言其所宜居。末節則明其意也。抱關擊柝只是上辭尊居卑意。說孔子是舉其人以實之也

孟子曰。仕非爲貧也。而有時乎爲貧。娶妻非爲養也。而有時乎爲養。

仕本爲行道而亦有家貧親老或道與時違而但爲祿仕者如娶妻本爲繼嗣而亦有爲不能親操井臼而欲資其餽養者

本義孟子曰君子之仕也係於君民國家之大非徒爲貧之故欲借資夫升斗之祿也而有時乎志違遇否不得已而爲貧亦猶人之娶妻非徒爲養之故也而有時乎不得已而爲養

附解〔存疑〕仕非爲貧也而有時乎爲貧見爲貧非其常也○〔劉上玉曰〕註仕本爲行道行道二字宜虛含以在末節故也○〔新安陳氏曰〕下二句不過管上二句所以下文不復言此

爲貧者辭尊居卑辭富居貧

貧富謂祿之厚薄蓋仕不爲道已非出處之正故其所居但

當如此

【本義】夫爲貧而仕既非得已之情則擇官而處宜安退讓之分奚可昧於所居哉要當辭爵之尊而居於卑辭祿之厚而居於薄官卑則職事易稱祿薄則分願稍安爲貧而仕者其自處之道當如是也

【附解】翼註辭富居貧此貧字與上貧字異上是家貧此是祿薄

辭尊居卑辭富居貧惡乎宜乎抱關擊柝

柝夜行所擊木也蓋爲貧者雖不主於行道而亦不可以苟祿故惟抱關擊柝之吏位卑祿薄其職易稱爲所宜居也李氏曰道不行矣爲貧而仕者此其律令也若不能然則是貪位慕祿而已矣

【本義】辭尊而居卑，辭富而居貧，果以何者爲分之所宜居乎？惟守關之吏，以擊柝爲職者，其位既卑，而事不難於理，其祿甚薄，而食不浮於人，此爲貧而仕者所宜居也。

【附解】翼註：惡乎宜乎句，是卑貧中又要擇所宜居，抱關擊柝亦不限定爲此官，只是舉例之辭。○蒙引：抱關擊柝只是一事，古人爲關以禦暴，而關之守莫重於夜柝。○此要見其職易稱之意，下文會計當而已矣、牛羊茁壯長而已矣，而已矣字正見其職之易稱也。

孔子嘗爲委吏矣，曰：會計當而已矣。嘗爲乘田矣，曰：牛羊茁壯長而已矣。

此孔子之爲貧而仕者也。委吏，主委積之吏也。乘田，主苑囿芻牧之吏也。茁，肥貌。言以孔子大聖，而嘗爲賤官不以爲辱

者所謂爲貧而仕官卑祿薄而職易稱也

【本義】不觀之孔子乎昔孔子嘗爲貧而仕時亦嘗爲主委積倉廩之吏矣意蓋曰委吏所司者錢穀之事耳吾惟於出納之間料量惟平而會計當焉吾職盡矣又嘗爲苑囿之吏主畜之芻牧矣意蓋曰乘田所司者芻牧之事耳吾惟於牛羊之畜孳息蕃盛而茁壯長焉吾職盡矣此孔子爲貧而仕惟取其職之易稱如此然則抱關擊柝豈非辭尊富而居卑貧者之所宜也哉

【附解】【說統】兩曰字是孟子度其意而言之○【四書脈】會是總計計是分計○【蒙引】長謂生息滋蕃言肥壯而且長益也○【達說】要看稱職與行道所以異處蓋我大小隨在皆可以自盡道必大行須事成康濟乃謂行道故委吏乘田職已盡而道不行

位卑而言高罪也立乎人之本朝而道不行恥也

以出位爲罪則無行道之責以廢道爲恥則非竊祿之官此爲貧者之所以必辭尊富而寧處貧賤也○尹氏曰言爲貧者不可以居尊居尊者必欲以行道

本義 爲貧而仕所以必辭尊富而居卑貧者非無故也小臣之與大臣其責任固自不同耳蓋職卑者分亦微使身在卑位本無行道之責而乃高談濶論上與人主爭是非下與國家謀理亂則位之所在不可言而妄言難免越職之罪也若夫爵尊者任自重使身立乎人之本朝既非竊祿之官而乃曠職怠事上無以輔益君德下無以康濟民生則道之所在可行而不能行亦有素餐之恥也夫出位爲可罪則卑貧固易稱之官道不行爲可恥則尊富非苟祿之地此爲貧而仕者所以當辭尊富居卑貧而以孔子爲法也

附解 莊忠甫曰位卑而言高者心雖自信無他而不能解於僭越之議故無隱愧而有明罪立本朝而不行道者術雖可

[illegible]以保位而不能逃乎衾影之慚故無人誅而有私恥○〔蒙引〕立乎人之本朝而道不行恥也亦正爲爲貧而仕者發或者不察見註云以廢道爲恥則非竊祿之官遂認與上文作對仗者非也○〔困勉錄〕蒙引言不當與上文作對仗者謂不當與上文數節作對仗也若對位卑而言高罪也看則仍當作對仗矣○〔說約〕首節云仕非爲貧則是爲道矣故以不行爲恥又云有時爲貧則是不爲道矣故以居卑爲宜到底只是明此意○〔蒙引〕註此爲貧者之所以必辭尊富而寧處貧賤也所以

二字重

士之不託諸侯章

〔總旨〕〔困勉錄〕此章總是言士之所以自待與君之所以待士不必分某節爲士之自待某節爲君之待士或就士之自待言而君之待士者在其中或就君之待士言而士之所以自待者亦在其中矣○問末節似不見得士自待之意曰士之自待正當以舜爲極若區區餽送有道固非士之所志也

萬章曰士之不託諸侯何也孟子曰不敢也諸侯失國而後託於諸侯禮也士之託於諸侯非禮也

託寄也謂不仕而食其祿也古者諸侯出奔他國食其廩餼謂之寄公士無爵土不得比諸侯不仕而食祿則非禮也

本義 萬章問於孟子曰賢非后不食士當未仕時雖寄身於諸侯而食其祿似不為過乃不肯寄食於諸侯者果何謂也孟子答曰士之不託諸侯非其心之不欲乃分之所不敢也蓋諸侯本有爵土之封不幸失國出奔託身他國他國之君待之以寄公之祿歲有常廩此乃諸侯之禮也若士本無爵土乃寄寓於諸侯不仕而食其祿是以匹夫而擬邦君之尊犯分而非禮矣此所以不敢也

附考 禮記郊特牲諸侯不臣寓公故古者寓公不繼世

萬章曰君餽之粟則受之乎曰受之受之何義也曰君之於氓也固周之

周救也視其空乏則周卹之無常數君待民之禮也

【本義】章又問曰士之不託諸侯固矣若國君餽之以粟則受之否乎孟子曰君餽粟於士士固當受之也章又問曰士於諸侯既不敢以寄食而餽粟則又可受敢問何義也孟子曰君之於民也分若相懸情關一體固有賑恤之義焉士而未仕無異於編氓則君之餽士是亦周之之意也如之何不受乎

【附解】蒙引此節言可受餽以餽無常數故也

曰周之則受賜之則不受何也曰不敢也曰敢問其不敢何也

曰抱關擊柝者皆有常職以食於上無常職而賜於上者以爲

不恭也

賜謂予之祿有常數君所以待臣之禮也

【本義】章又問曰周曰周與賜皆出於君乃士於所周之粟則受於所賜之祿則不受此何謂也孟子曰亦分有所不敢也章曰敢問其不敢受賜何謂也孟子曰人臣受職任事雖抱關擊柝皆有所守之常職自當有所賜之常祿以食於上此人臣之分也若士無常職而受所賜之常祿是以庶人而上同於在位之臣不恭孰甚焉士之以禮自處當如此

【附解】〔摘訓〕抱關擊柝舉卑以該尊也○上不敢是不敢當君禮有士無士之分也此不敢是不敢當臣禮有職無職之分也雖只一事而所指各不同然無常職而賜於上即所謂士之託於諸侯以爲不恭即所謂非禮前尚含蓄此則明言不敢之所以然矣○〔蒙引〕此節言不可受祿以祿則有常數也

曰君餽之則受之不識可常繼乎曰繆公之於子思也亟問亟

餽鼎肉子思不悅於卒也摽使者出諸大門之外北面稽首再拜而不受曰今而後知君之犬馬畜伋蓋自是臺無餽也悅賢不能舉又不能養也可謂悅賢乎

亟數也鼎肉熟肉也卒末也摽麾也數以君命來餽當拜受之非養賢之禮故不悅而於其末後復來餽時麾使者出拜而辭之犬馬畜伋言不以人禮待己也臺賤官主使令者蓋繆公愧悟自此不復令臺來致餽也舉用也能養者未必能用況又不能養乎

本義 萬章又問曰士不敢受君之賜獨君餽之則受然不識所餽者可常常繼續乎孟子曰君之餽士固不可不繼亦顧

其所以繼之者何如耳。昔魯繆公之於子思也，數使人問侯以通其意，且數饋鼎肉以致其養。子思有所不悅於心，因於其末後來饋之時，麾使者出於大門之外，北面稽首再拜而不受，乃言曰：始吾以君致饋於伋，待伋甚厚也，今而後知君之於伋，食之而非愛，但以畜犬馬者畜之而已。繆公聞言悔悟，從此不敢復遣臺官而致饋也。夫人君悅賢之道，固貴於能養，尤貴於能舉。今繆公悅子思之賢，既不能舉而用之，始則亟問亟饋，終遂絕而不饋，又不能曲盡誠意以養之也，可謂悅賢乎？此可見饋可常繼，而繼必以禮也。

〔附解〕劉上玉曰：子思不悅，自是爲使已拜受之勞。然此處且含糊說去，方有下節子思以爲鼎肉使已僕僕爾亟拜也句地。○〔四書脈〕摽使只是不納於內，非遂去之謂。○〔說統〕問：子思摽使不受，何以必於卒也？焦漪園曰：前此還望繆公之悔悟。卒之一字，可見聖賢發之不暴處。稽首再拜，終是何等氣象。○〔翼註〕臺無饋，雖是悔悟，却又并廢其禮。○〔困勉錄〕又不能養也，內兼亟饋、無饋兩意。○陳伯玉曰：悅賢不能舉數句，意且虛說，下二節纔說明。

曰敢問國君欲養君子如何斯可謂養矣曰以君命將之再拜稽首而受其後廩人繼粟庖人繼肉不以君命將之子思以爲鼎肉使已僕僕爾亟拜也非養君子之道也

初以君命來餽則當拜受其後有司各以其職繼續所無不以君命來餽不使賢者有亟拜之勞也僕僕煩猥貌

【本義】章又問曰不餽旣不可而常餽又不可敢問國君欲養君子必如何斯可謂之養乎孟子曰國君養賢始而不將之以君命則爲簡禮故當始餽之時於凡粟肉之賜必遣人以君命將之使道其禮意之誠而賢者敬君之命再拜稽首而受此始餽之禮宜然也自後則但命有司供其匱乏使廩人繼之以粟庖人繼之以肉不復以君命將之使免拜賜之勞此繼餽之禮宜然也繆公昧於此禮數以君命致餽子思意以爲鼎肉之微而使已僕僕然拜賜之不暇非養君子之道

也此所以摽使者於門外而不肯受其餽也知子思所以不受繆公之餽則知國君養賢之道矣

附解 說統 初以君命將之所以重賢後不以君命將之不敢勞賢子思三句是推當時郤餽之意以見所以爲養賢之道

蒙引 廩人繼粟庖人繼肉或問如此則有常數矣曰非也雖云繼肉終喚作餽不喚作常祿

堯之於舜也使其子九男事之二女女焉百官牛羊倉廩備以養舜於畎畝之中後舉而加諸上位故曰王公之尊賢者也

能養能舉悅賢之至也惟堯舜爲能盡之而後世之所當法也

本義 然所貴乎國君之悅賢者豈徒曰養之已乎必若堯之於舜也使其子九男事之且二女女焉凡百官牛羊倉廩無一不備以養舜於畎畝之中後乃舉而加諸高位此能養能舉所以謂之王公之尊賢也豈但繼粟繼肉徒飾問餽之文

而已哉

附解 蒙引 加上位謂上相之位非天子之位○達說繆公兩節不重貶繆公之非只因繆公以示養賢之則末節亦不重贊帝堯之盛只因堯以示悅賢之極

敢問不見諸侯章

總旨 徐徹玆曰此章以禮義二字作骨首節指出禮字次節指出義字後義路禮門正與正面相應通章皆言不可往名而結尾以孔子往名之事提出官職二字正發明士不可名之意

萬章曰敢問不見諸侯何義也孟子曰在國曰市井之臣在野曰草莽之臣皆謂庶人庶人不傳質爲臣不敢見於諸侯禮也傳通也質者士執雉庶人執鶩相見以自通者也國內莫非

君臣但未仕者與執贄在位之臣不同故不敢見也。

大全萬章問曰敢問士亦諸侯之臣而不見諸侯何義也孟子曰士生諸侯之國其在國都者曰市井之臣其在田野者曰草莽之臣皆謂庶人夫庶人亦君之臣也但未通質爲臣與已仕而在位者不同故不敢見於諸侯蓋以德自重而其志不可屈以道自居而其身不可辱此禮之所在也

附解四書脈不見諸侯兼未召不求見既召不往見○新安陳氏曰市井草莽之臣與詩率土莫非王臣同未仕之臣也傳質爲臣乃已仕之臣也○蒙引皆謂庶人庶人即士也以位而言曰庶人故往役義也以德而言曰士故往見不義也此士字與下文士以旂以士之招招庶人士字不同蓋此士字是未仕者彼二士字是已仕有位者乃上中下士之士也故朱註云士謂已仕者

萬章曰庶人召之役則往役君欲見之召之則不往見之何也

曰往役義也往見不義也

往役者庶人之職不往見者士之禮

本義章又問曰士以庶人自處則當惟君命是從矣乃國君召庶人而役之庶人則往役君欲見士而召之士則不肯往見何也孟子曰凡此皆準之義庶人以賤承貴法當給役故往役則得其分之宜而爲義也庶人非臣也不當見君故往見則失其分之宜而爲不義也所以不往見也

附解存疑上曰庶人不往見諸侯乃守已之禮下當曰往見非禮爲是乃曰往見不義者何也不守禮而往見便是不義也失禮故不義不義緣無禮而生也下文俱是明往見不義之意

且君之欲見之也何爲也哉曰爲其多聞也爲其賢也曰爲其多聞也則天子不召師而況諸侯乎爲其賢也則吾未聞欲見

賢而召之也
本義 吾且問子君之欲見士也何爲也哉章曰爲其多聞而
能知道也爲其賢而能體道也君以是欲見之也孟子曰如
爲其多聞也則將資之以考道問業是可師矣雖天子不召
師而況諸侯乎如爲其賢也則將資之以興道致治當就見
矣吾未聞欲見
賢而召之也
附解 蒙引 爲其多聞也以所知言爲其賢也以所行言下文
以德則子事我者也德又兼多聞與賢言○說統 多聞與賢
共在一人身上說○蒙引 此節所以明上文往見不義也之
意又自此以下五節皆所以申明此一節意也○南軒張氏
曰在我則當守庶人之分
在君則當隆事師之禮
繆公亟見於子思曰古千乘之國以友士何如子思不悅曰古
之人有言曰事之云乎豈曰友之云乎子思之不悅也豈不曰

以位則子君也我臣也何敢與君友也以德則子事我者也奚可以與我友千乘之君求與之友而不可得也而況可召與

孟子引子思之言而釋之以明不可召之意

【本義】昔者魯繆公知子思之賢而數見之因問子思曰古有千乘之國乃下友於士何如繆公此言分明有自矜之意於是子思艴然不悅曰吾聞古之人有言曰國君之於賢者當尊之以師道事之云乎豈但如君所言平等納交友之云乎吾想子思不悅之意豈不以爲以爵位言則子尊而爲君我卑而爲臣勢分懸絕何敢與君友也若以道德言則我繫師表之望子當以師道事我者也奚可與我平交而爲友乎由子思之言推之可見千乘之君求與爲士者友而不可得也而況可召之使往見歟

【附解】說統事之云乎二句不可通作古人之言蓋謂古人只說箇事之豈曾說箇友之所以闢一友字豈不曰以下是孟

子推子思之意重在以德上。千乘以下。是就上文斷之。已放開說。曰況可召與。則是回顧召之則不往見之處。勿粘子思繆公看。

齊景公田招虞人以旌不至將殺之志士不忘在溝壑勇士不忘喪其元孔子奚取焉取非其招不往也

說見前篇、

【本義】又嘗觀昔者齊景公田、使人以旌招虞人、虞人不至景公怒將殺之、孔子贊美曰志士固窮不忘死在溝壑勇士輕生不忘喪其元首、若虞人者足以當之矣夫孔子奚取於虞人而美之如是耶、蓋旌本非招虞人之物、招非其物、雖死不往孔子所以取之也、

【附解】【存疑】引繆公之事。言賢者不可召。引景公之事言賢者不可赴召。皆以明往見不義之意也。

曰敢問招虞人何以曰以皮冠庶人以旃士以旂大夫以旌

皮冠田獵之冠也事見春秋傳然則皮冠者虞人之所有事也故以是招之庶人未仕之臣通帛曰旃士謂已仕者交龍為旂析羽而注於旂干之首曰旌

【大義】章又問曰敢問招虞人當用何物孟子曰虞人以田獵為職則招虞人者當以皮冠從其所有事也若庶人未仕者則招之以通帛之旃蓋有取於朴素之質士已仕在位者則招之以交龍之旂蓋有取於變化之象然皆不敢用旌惟大夫方用旌招之蓋以大夫羽儀朝宁有文明之德故招之以旌以明其不同於士庶也景公乃以招虞人此虞人所以雖死而不敢應其招耳

【附解】蒙引依左傳則所謂招庶人以旃士以旂大夫以旌者皆是田獵時招但傳云弓以招士此云士以旂不同耳○說

統通節以虞人爲主備言之以明旌之不可槪用

以大夫之招招虞人，虞人死不敢往。以士之招招庶人，庶人豈敢往哉？況乎以不賢人之招招賢人乎？

欲見而召之，是不賢人之招也。以士之招招庶人，則不敢往；以不賢人之招招賢人，則不可往矣。

本義　景公以旌招虞人，是以招大夫者招虞人也，而虞人守死不敢往。以此推之，若以招士之旂而招庶人，庶人又豈敢不安其分而往應其召哉？夫旌之與旂，貴者之招也。以貴者之招招賤者，在賤者猶以爲招非其物而不敢往，況夫欲見賢而召之，是以不賢人之招招賢人也，賢人其可往乎？

附解　蒙引：自「繆公亟見於子思」至「而況可召與」，是卽子思之言而見士之不可往見諸侯也。自「景公田」至「況乎以不賢人

之招招賢人乎。即虞人之事。而見士之不可往見諸侯也。招賢

〔翼註〕兩段引証。歸重而況可召與況乎以不賢人之招招賢人乎二句。餘俱輕看。〇〔困勉錄〕註以不敢往不可往爲說。此亦是分言之耳。若合言之。則不可往。即不敢往也。

欲見賢人而不以其道。猶欲其入而閉之門也。夫義路也。禮門也。惟君子能由是路。出入是門也。詩云。周道如底。其直如矢。君子所履。小人所視。

詩小雅大東之篇。底與砥同。礪石也。言其平也。矢言其直也。視。視以爲法也。引此以明上文能由是路之義。

〔本義〕故國君欲見賢人。近則就而見之。遠則以幣聘之。必以其道也。若不以其道而欲召見之。彼豈肯往見哉。猶欲其入而閉之門也。彼惡得而入哉。何則。義以制事。坦然爲蕩平之道。是人所共由之路也。禮以治躬。截然爲中正之閑。是人所

當出入之門也惟君子見之明守之定能由是路以往而出入是門之中也大東之詩有云周道之平如砥其直又如矢在上之君子所爲率履在下之小人所爲視傚正君子能由是路之証也而出入是門因可知矣夫君子動必以禮義如此豈肯往見諸侯哉此欲見賢者之所以不可召也

附解 說統所謂道即禮義是也引詩只重君子所履句發明上文唯君子三字 蒙引 夫義路也禮門也自君子而言不必以見賢上言 存疑 義與禮何分别此理爲人所宜行是義行之而有節文無過不及是禮以義以爲質禮以行之來參看頗覺明白 翼註 義禮四句泛說不專主出處然出處尤其大者 困勉錄 引詩註以爲專証能由是路之意不及禮者蓋舉此以見彼也與畏天之威一例

萬章曰孔子君命召不俟駕而行然則孔子非與曰孔子當仕有官職而以其官召之也

孔子方仕而任職君以其官名召之故不俟駕而行徐氏曰、

孔子孟子易地則皆然○此章言不見諸侯之義最爲詳悉

更合陳代公孫丑所問者而觀之其說乃盡

本義 萬章曰賢者既不可召之使往見奈何孔子聞君命召則不俟駕車而行然則孔子非與孟子曰孔子所以不待駕者孔子當仕位有官職之事而君以其官召之安得不趨應也士則不傳贄爲臣而無官職之寄也惡可召歟

附解 摘訓當仕有官職則非若市井之臣非若草莽之臣矣以其官召之則非以其多聞而召之非以其賢而召之矣○焦漪園曰禮義無定體亦無定用爲士時則以不赴召爲禮義居官時則又以赴召爲禮義也

孟子謂萬章曰章

總旨 牛春宇曰此章言友善之量宜廣由鄉國而及天下由今而進於古總見善量無窮愈進愈見不足故章內未足二

四書□□錄

字是關鍵。○【蒙引】此章
之言槩似主成德者言。

孟子謂萬章曰：一鄉之善士斯友一鄉之善士，一國之善士斯友一國之善士，天下之善士斯友天下之善士。

言已之善蓋於一鄉，然後能盡友一鄉之善士。推而至於一國天下皆然。隨其高下以爲廣狹也。

【本義】孟子謂萬章曰，有進善之資方能好人之善，有容善之地方能取人之善。故善蓋於一鄉而爲一鄉之善士，斯能盡友一鄉中之善士；善蓋於一國而爲一國之善士，斯能盡友一國中之善士；善蓋於天下而爲天下之善士，斯能盡友天下之善士。隨其所處之高
下，而爲所友之廣狹也。

【附解】【紹聞編】上善士以本身言，下善士以同類言。要看得活。非謂必善蓋一鄉後方可取友，亦言若無蓋一鄉之識見器

量則無以盡友其人耳○説統三斯字不可作嘗字看又不可作彼自來友我蓋友字還是我去友彼○新安陳氏曰廣狹有異勢而善無異理雖千萬人同此心此理也惟善蓋一鄉始能友一鄉之善士不然則吾所取之友必有所偏或有所遺不能盡得而友之矣一國之善士即一鄉之善士中其善不止蓋一鄉而足以蓋一國者也推而至於天下皆如此友也者友其善也善之所在聲應氣求自有天然不容不合者而非可以勉强合也

以友天下之善士爲未足又尚論古之人頌其詩讀其書不知其人可乎是以論其世也是尚友也

尚上同言進而上也頌誦通論其世論其當世行事之迹也言旣觀其言而不可以不知其爲人之實是以又考其行也

夫能友天下之善士其所友衆矣猶以爲未足又進而取於

古人是能進其取友之道而非止爲一世之士矣

【本義】夫友天下之善士所友亦云廣矣猶以爲未足又進而尚論古之人焉尚論古之人如何古之人言見於詩者則誦而詠之古之人言載於書者則讀而求之然徒觀其言而不知其爲人之實可乎是以又論其當世行事之迹如何庶知其爲人之實而不徒徇其言也如此是能進其尚友之道而非止爲一世之士矣蓋其取善無窮而進善亦無窮也

【附解】【蒙引】又尚論古之人兼下文誦其詩讀其書誦其詩讀其書觀其言也論其世考其行也○詩指賦詠而言書指文辭而言如禹謨伊訓之類是書皆以爲言也○【說統】論世亦在詩書頌讀上審究只是教他於頌讀時加一段揣摩工夫不離詩書又不泥詩書○【翼註】觀言考行不平觀本文不知其人可乎一句側重考行爲是○【南軒張氏曰】自友一鄉之善士至於上論古之人每進而愈上也所見者愈大則所取愈廣矣

齊宣王問卿章

總旨說統此固是論爲卿之道。然提出不聽二字。正所以寒驕主之膽

齊宣王問卿孟子曰王何卿之問也王曰卿不同乎曰不同有貴戚之卿有異姓之卿王曰請問貴戚之卿曰君有大過則諫反覆之而不聽則易位

大過、謂足以亡其國者、易位、易君之位、更立親戚之賢者、蓋與君有親親之恩。無可去之義。以宗廟爲重。不忍坐視其亡。故不得已而至於此也。

本義齊宣王問爲卿之道、孟子曰、王之所問者、果何等卿也、王曰、卿有不同乎、孟子曰、卿之列爵雖同、而其分則異、有同姓而爲貴戚之卿、有疏遠而爲異姓之卿。王曰、請問貴戚之卿何如、孟子曰、所謂貴戚之卿者、與君有親親之恩、幸而君

無大過。與國同休。同其願也。設或君德不脩、有大過彰聞於外、則當正言以規諫之、然不以一諫塞責也、必至再至三、反覆匡救、務期悔悟而後已、使或執迷而不肯聽、忠言既無可入之機、此身又無可去之義、安忍坐視其亂而不爲之處、則當易置君位、更擇宗族之賢者立之、庶以扶社稷於將危、全宗祀於未墜、此親臣義同休戚達權救變之道當然也。所謂貴戚之卿、蓋如此。

附解〔說統〕反覆所以明忠。易位所以存祀。總爲宗社之計。○〔朱子曰〕孟子所謂易位者、言其理當如是耳。世或疑此言有以起篡奪之禍者、則孟子豈不嘗曰有伊尹之志則可、無伊尹之志則篡也。○〔新安陳氏曰〕古人所謂親戚、並指天屬之親。

王勃然變乎色

勃然、變色貌、

本義王聞易位之説疑其言之太過不覺勃然變乎色

曰王勿異也王問臣臣不敢不以正對

孟子言也

本義孟子乃正言以安之曰王勿異臣言也王既問臣臣不敢有所避諱而不以正對

王色定然後請問異姓之卿曰君有過則諫反覆之而不聽則去

君臣義合不合則去○此章言大臣之義親疏不同守經行權各有其分貴戚之卿小過非不諫也然必大過而不聽乃可易位異姓之卿大過非不諫也雖小過而不聽已可去矣

然三仁貴戚不能行之於紂而霍光異姓乃能行之於昌邑此又委任權力之不同不可以執一論也

【本義】王色定然後請問異姓之卿何如孟子曰異姓之卿與貴戚之卿稍異其引君於道非必有大過而後諫也君有過而少違於道則必諫然不以一諫塞責也必再三開導以庶幾其一改如或執迷不聽上無受善之誠斯下無可留之義安能戀戀爵位而久居其國乎則有見幾而作浩然長往而已所謂異姓之卿蓋如此夫卿雖有不同然一以宗社為重一以正君為急其忠愛之心固無二也人君誠能體親賢之意以思自立於無過則可以貽宗社永固之休成君臣始終之美矣

【附解】西山真氏曰反覆二字最宜深體前世人臣固有見君之過失姑一言以塞責者曰吾亦嘗諫之云耳諫而不從非吾責也此其用心既欲苟且爵位又欲壓塞公言張華之所以見屈於張林不能自免也必反覆而諫諫而不從則去此

人臣之正法。孟子之言。胡可易哉。〇存疑曰易位曰去。都是就遭變上說。蓋就義理之所極言也。〇翼註貴戚之卿以宗社爲重。君爲輕。故行權。異姓之卿以道爲重。位爲輕。故守經。

四書講義尊聞録卷之十八終

四書講義尊聞錄卷之十九

告子章句上

凡二十章

告子曰性猶杞柳也章

翼註：告子論性，病在爲字，故孟子緊從爲字生出戕賊字以折之，而告子之說窮矣。

告子曰：「性猶杞柳也，義猶桮棬也。以人性爲仁義，猶以杞柳爲桮棬。」

性者，人生所稟之天理也。杞柳，柜柳。桮棬，屈木所爲，若巵、匜之屬。告子言人性本無仁義，必待矯揉而後成，如荀子性惡之說也。

本義 告子有疑於孟子性善之說。因辯之曰。今之言性者、必言仁義矣。自我觀之、人之生而有性也。其知覺運動、不過塊然一物。猶杞柳之質也。人之行事而有仁義也。其舉動措施、皆非出於自然。猶桮棬之器也。人性本無仁義之名、而強以之爲仁義。猶杞柳本無桮棬之形、而強以之爲桮棬也。皆人力使然。一而已矣。

附解 說統 性猶杞柳二句、虛。至下二句、方可見人性本無仁義意。且其言性、亦即後章生之謂性是也。不可用降衷秉彝等語。○存疑 義猶桮棬、只是一義字該了。仁字不是脫漏。○朱子曰 告子只是認氣爲性。見得性有不善、須拗他方善。○魯齋王氏曰 註釋性字、指性之全體而言。不是解告子所言之性。○蒙引 註矯揉。矯者、矯曲而使之直。揉者、揉直而使之曲。

附考 荀子 性惡篇、人之性惡。其善者僞也。

孟子曰子能順杞柳之性而以爲桮棬乎將戕賊杞柳而後以爲桮棬也如將戕賊杞柳而以爲桮棬則亦將戕賊人以爲仁義與。率天下之人而禍仁義者。必子之言夫。

言如此則天下之人皆以仁義爲害性。而不肯爲。是因子之言而爲仁義之禍也。

【講義】孟子辯之曰杞柳桮棬何可以比人性吾且問子子能順杞柳之性而自然以爲桮棬乎必將斬伐之屈抑之戕賊杞柳之本然而後可以爲桮棬也如將戕賊杞柳而後以爲桮棬則亦將戕賊人之性而後可以爲仁義與戕賊可施於杞柳而不可施於人性明矣子乃謂仁義出於人爲此言一出人皆謂性中本無仁義殆將棄仁義而不肯爲是率天下之人而爲仁義之禍者必自子之言始也其害可勝言哉。

【總解】翼註子能二句。非兩問之辭。乃是言子豈能如彼。必將如此也。是決詞。○慶源輔氏曰。不言戕賊人之性。而言戕賊人者。人之所以爲人者性也。○雙峯饒氏曰。禍仁義與楊墨充塞仁義相似。○達說此段雖未言性善。然謂之不可戕賊則性善亦隱然在言外矣。

性猶湍水章

【總旨】蒙引。告子之言。以性無定體。可善亦可惡。孟子之言。以性有定體。有善而無惡。其曰人無有不善。此章之要指也。

告子曰。性猶湍水也。決諸東方則東流。決諸西方則西流。人性之無分於善不善也。猶水之無分於東西也。

湍、波流潆回之貌也、告子因前說而小變之。近於楊子善惡混之說。

【本義】告子以性爲惡。因有杞柳之喻。聞孟子之言。乃小變其說曰。人性謂之爲惡。固不可謂之純然爲善。亦不可看來性無定體。猶之湍聚之水、瀠洄旋轉、本無定向、決而引之於東、則流於東、決而引之於西、則流於西、人性無分於善不善、顧人所習何如、猶湍水之無分於東西、顧人所決何如耳、告子之言如此。是以性爲無善無不善也。

【疏解】蒙引註波流瀠洄。謂水勢旋轉、未有所之也。故曰決東則東。決西則西。○慶源輔氏曰告子本以氣爲性。此說亦然。故曰因前說。但前說以性爲惡。必矯揉而後可爲善。而此說則以性爲本無善惡。但可以爲善。可以爲惡耳。此其爲小變也。○朱子曰告子以善惡皆性之所無。而生於習。楊子以善惡皆性之所有、而成於脩、亦有小異、故曰近。

【附考】楊子修身篇人之性也善惡混、脩其善則爲善人、脩其惡則爲惡人、氣也者、所適善惡之馬歟、

孟子曰水信無分於東西無分於上下乎人性之善也猶水之就下也人無有不善水無有不下

言水誠不分東西矣然豈不分上下乎性即天理未有不善者也

[本義]孟子曰水之流信無分於東西矣然豈無分於上下乎蓋衆流之所歸皆地勢之最下所以決諸東方則東流者必東方之地勢爲最下也所以決諸西方則西流者必西方之地勢爲最下也彼人性之本然善也猶水性之本然就下也蓋人性必善初無有不善者有不善則非人之性矣水流必下初無有不下者有不下則非水之性矣

[附解][說統]孟子以上下字換他東西字便明○[蒙引]人無有不善據本然之性言總註所謂順之而無不善順字因下文反字意照出此句且莫用順字○[翼註]無有不三字是決詞不重同意○[達說]人性之善四句口氣相連語意却歸重人無有不善二句上二句只渾淪說箇性善下二句則決斷其詞而信其爲必善也

今夫水搏而躍之可使過顙激而行之可使在山是豈水之性

哉其勢則然也人之可使爲不善其性亦猶是也

摶擊也躍跳也顙額也水之過額在山皆不就下也然其本性未嘗不就下但爲摶擊所使而逆其性耳○此章言性本善故順之而無不善本無惡故反之而後爲惡非本無定體而可以無所不爲也

【本義】然水無有不下而亦有不下者何哉今夫水人以手摶而躍之可使上過乎顙激而行之可使上至乎山過額在山則不就下矣是豈水之本性哉其迫於摶激之勢則然也人之可使爲不善其性爲人所逆亦猶水之爲摶激所使也豈可因人之爲不善而遂謂人性無定體乎

【聯解】【蒙引】既曰人無有不善而又曰今夫云云者以天下自有惡者一脚須着如此解破○【說統】水之過額在山由於摶

激來則水之無有不下也明矣爲不善而出於使
可見天下卽有爲不善之人決無有不善之性

生之謂性章

總旨 朱子曰此章乃告子迷謬之本根孟子開示之要切蓋知覺運動者形氣之所爲仁義禮智者天命之所賦學者於此正當審其偏正全闕而求知所以自貴於物不可以有生之同反自陷於禽獸而不自知已性之大全也

告子曰生之謂性

生指人物之所以知覺運動者而言告子論性前後四章語雖不同然其大指不外乎此與近世佛氏所謂作用是性者畧相似

本義 告子前以杞柳湍水喻性而其說皆窮於是自述其本意曰凡吾所謂性者不求之於外而求之於人之身其有生

之初。爲知覺。爲運動。這便是性。生外豈別有所謂性哉。

【[illegible]解】〔雙峯饒氏曰〕生活也。總言之。都是精神。分言之。則知覺屬心。運動屬身。○〔蒙引〕生指人物之所以知覺運動而言。依大文講可。且未露出人物字。以起下文。○〔存疑〕生不是人物之知覺運動。乃人物所以知覺運動也。○〔朱子曰〕生之謂氣。生之理。之謂性。○〔或問〕子以告子論性數章。皆本乎生之謂性之一言。何也。曰。性之爲說。吾旣詳言之矣。告子不知理之爲性。乃卽人之身而指其能知覺運動者。以當之。所謂生者是也。始而見其但能知覺運動。而非有善惡之分。又以孟子爲未喩。己之意也。則又於此章。極其立論之本意而索言之。至於孟子折之。則其說又窮而終不悟其非也。其以食色爲言。蓋猶生之云爾。而公都子之所引。又湍水之餘論也。以是考之。凡告子之論性。其不外乎生之一字明矣。

孟子曰。生之謂性也。猶白之謂白與。曰。然。白羽之白也。猶白雪之白。白雪之白。猶白玉之白與。曰。然。

白之謂白猶言凡物之白者同謂之白更無差别也白羽以下孟子再問而告子曰然則是謂凡有生者同是一性矣

【大義】孟子因詰之曰汝謂生之謂性也猶凡物之白者同謂之白更無差别與告子曰然孟子猶恐其意未明而説未定故復申之曰白之謂白者如白羽之白卽猶白雪之白白雪之白卽猶白玉之白與告子曰然告子之言如此是徒泥其色之同而不思其質之異固亦甚矣

【附錄】翼註白之謂白是凡物之白者同謂之白則羽雪玉已該在内了孟子恐告子遁詞故再問以實之○新安陳氏曰白羽至輕之白與白雪不堅之白白玉堅潤之白質本不同○達説白羽及白雪白玉各二字連珠不必以上白字作稱許看

然則犬之性猶牛之性牛之性猶人之性與

孟子又言若果如此則犬牛與人皆有知覺皆能運動其性皆無以異矣於是告子自知其說之非而不能對也○愚按性者人之所得於天之理也生者人之所得於天之氣也性形而上者也氣形而下者也人物之生莫不有是性亦莫不有是氣然以氣言之則知覺運動人與物若不異也以理言之則仁義禮智之稟豈物之所得而全哉此人之性所以無不善而爲萬物之靈也告子不知性之爲理而以所謂氣者當之是以杞柳湍水之喻食色無善無不善之說縱橫繆戾紛紜舛錯而此章之誤乃其本根所以然者蓋徒知知覺運

動之蠢然者人與物同而不知仁義禮智之粹然者人與物異也孟子以是折之其義精矣

【講義】孟子因而折之曰若果如此則是凡有生者同是一性矣犬有知覺運動牛亦有知覺運動犬之性何異於牛之性牛有知覺運動人亦有知覺運動牛之性何異於人之性與人爲萬物之靈而貴於萬物者汝爲犬牛與人之性同乎不同乎同人類於犬牛可乎不可乎告子於此若以爲不同則生之謂性人與物實無不同也若以爲同則人物不分貴賤無別於言若有不順焉故理屈詞窮之不能對也

【附解】達說然則二字緊接上文來○蒙引犬之性猶牛之性此語只是牽過一步以起下句觀大註犬牛與人不暇區別犬牛之不同處可見○雲峯胡氏曰大學中庸首章或問皆以爲人物之生理同而氣異而此則以爲氣同而理異何也朱子嘗曰論萬物之一原則理同而氣異觀萬物之異體則氣猶相近而理絕不同氣之異者粹駁之不齊理之異者

偏全之或異也嘗因是而推之蓋自大本大原上說大化流行賦予萬物何嘗分人與物此理之同也但人得其氣之正且通者物得氣之偏且塞者此氣之異也人物既得此氣以生則人能知覺運動物亦能知覺運動此又其氣之同也然人得其氣之全故於理亦全物得其氣之偏故於理亦偏則人與物又不能不異矣理同而氣異是從人物有生之初說氣同而理異是從人物有生之後說朱子之說精矣

食色性也章

總旨 困勉錄吳因之云此章是論仁義不是論性愚謂論仁義正所以論性

告子曰食色性也仁内也非外也義外也非内也

告子以人之知覺運動者爲性故言人之甘食悅色者卽其性故仁愛之心生於内而事物之宜由乎外學者但當用力

於仁而不必求合於義也

【本義】告子以知覺運動者爲性，故於此又曰：性非有他也，人之甘食悅色者卽其性也。夫既以食色爲性，則愛食色之心生於內，而食色可愛之宜由乎外。以此推之，凡心之愛皆曰仁，而仁皆在內也，非在外也。仁既在內，則但當力於仁矣。凡物之宜皆曰義，而義皆在外也，非在內也。義既在外，則不必求合於義也。

【輯釋】慶源輔氏曰：人之甘食者，知其食之美而甘之也；悅色者，知其色之美而悅之也。知卽知覺也，甘與悅卽運動也。○雲峯胡氏曰：告子所謂仁內義外者，皆自食色說來。以食色爲性，言性既粗，故言仁義亦粗。甘食悅色，是自家心裏愛那食色，愛便屬仁，便是仁愛之心生於內。至若食色却有可愛者、有不可愛者，則是事物之宜由乎外也。○【蒙引】語類亦以食色入仁義說。看大註一故字，但不可局限如此說。如下文所謂吾弟則愛之、長楚人之長，都說得仁內義外意，須活看。雲峯之說亦是，但欠活。食色特知覺運動之兩端。○仁者，心之德、愛之理，而告子只以心之愛爲仁，德字、理字都無了。此

正是以生爲性一類義者心之制事之宜而告子只以事之宜爲義心之制都無了蓋事物之宜雖若在外而事物之所以不得其宜則不在外也

孟子曰何以謂仁內義外也曰彼長而我長之非有長於我也猶彼白而我白之從其白於外也故謂之外也

我長之我以彼爲長也我白之我以彼爲白也

講義 夫告子以食色爲性即前章生之謂性之意也孟子既辯之矣故此不復贅其言仁雖非而言在內則是矣故亦在所畧特義外之說不得不辯故反詰之曰子何以謂仁在內而義獨在外而不在內乎告子曰彼有人焉其年長也我乃從而長之曰彼誠爲長也因其長在彼而不在我也譬猶彼有人焉其色白也我乃從而白之曰彼誠爲白也蓋從其白於外而不在我也故謂義在外也

附解〔四書脈〕何以謂仁在內而義獨在外○重闢義外邊○〔翼註〕我長之且只說以彼爲長勿露敬字直至長人之長方可露敬字○故謂之外也指義言遙承上長長非近接白白也○〔存疑〕告子只是就長上認義却不就長之上認故以爲在外

曰異於白馬之白也無以異於白人之白也不識長馬之長也無以異於長人之長與且謂長者義乎長之者義乎

張氏曰上異於二字疑衍李氏曰或有闕文焉愚按白馬白人所謂彼白而我白之也長馬長人所謂彼長而我長之也白馬白人不異而長馬長人不同是乃所謂義也義不在彼之長而在我長之之心則義之非外明矣

【本義】孟子曰、彼長而我長之。豈眞如彼白而我白之乎。今試言之。人有白者、馬亦有白者。白馬之白、與白人之白、皆不過以彼爲白耳、固無異也、不識長馬之長也、果無以異於長人之長與、吾之長馬之長、特以彼爲長耳、至於長人之長、必有恭敬之心。而與長馬不同也。卽此長人不同長馬而有恭敬之心、是乃所謂義也。且汝所謂義者、果安在乎。人在於彼而年長於我、是謂長者。因人之長而有恭敬之心、是謂長之者。不知汝以長者爲義乎、抑以長之者爲義乎。如以長者爲義、則義誠在外矣。如以長之者、爲義、則義之非外也明矣。

【附解】朱子曰、彼白而我白之。言彼是白馬。我道這是白馬。如着白衣服底人、我道這人是著白。言之則一。若長馬長人則不同。長馬則是口頭道箇老大底馬。若長人則是誠敬之心。發自於中、推誠而敬之。所以謂內也。○【達說】白馬二句甚輕。只起下。○【困勉錄】白馬四句、是闢其以白喻長之非、以白喻長所以爲非者、蓋白馬白人無異、而長馬長人則必區別於人與馬之際。其權度悉由中出、便可見義之非外。所以以白喻長之爲非也。須發得此意透、蓋闢其以白喻長之非、卽是闕其意外之非也。○四書鏡且謂二句兩乎字須實斷義之非外。○達說通節口氣順遞說下而存疑諸書作兩段意可怪。

曰吾弟則愛之秦人之弟則不愛也是以我爲悅者也故謂之內長楚人之長亦長吾之長是以長爲悅者也故謂之外也

言愛主於我故仁在內敬主於長故義在外

本義告子又變其說曰吾弟則愛之秦人之弟則不愛也是愛主於我之心也我心所愛者則自然愛之我心所不愛者安能强我使愛之乎故謂仁在內也長楚人之長亦長吾之長是敬主於人之長也凡遇長者皆在所敬也未必盡出吾之本心也故謂義在外也

附解存疑此條是再伸義外之說必帶仁內說是欲因以闕義之在外耳○告子總在長上認而遺長之一邊

曰耆秦人之炙無以異於耆吾炙夫物則亦有然者也然則耆炙亦有外與

言長之耆之皆出於心也林氏曰告子以食色爲性故因其所明者而通之○自篇首至此四章告子之辯屢屈而屢變其說以求勝卒不聞其能自反而有所疑也此正其所謂不得於言勿求於心者所以卒於鹵莽而不得其正也

【本義】孟子曰長楚人之長亦長吾之長人固有然者者秦人之炙亦耆吾炙夫物則亦有然者也炙固在外矣然則耆炙亦在外歟炙在外而耆之則在內長在外而長之則在內義不在外明矣義既非外則仁益非外仁義非外則性固善而食色不可爲性矣

附解 翼註 物字指炙然字指嗜之同○蒙引 就長楚人之長與長我之長亦自有差等此可見義之在內處但孟子姑即其所明者而通之且不及此

孟季子問公都子曰章

總旨 達說 此章行吾敬吾字極重孟季子兩執已見只是要破壞吾字孟子公都子各伸其說只是要闡明吾字蓋說箇在吾則義內說箇在人則義外論義大關鍵正在此○困勉錄 下文因時制宜之義雖重然亦歸到吾字上蓋謂因時制宜亦是吾也所謂皆由中出也

孟季子問公都子曰何以謂義內也

孟季子、孟仲子之弟也、蓋聞孟子之言而未達、故私論之、

本義 孟季子聞孟子義內之說而未達故問公都子曰人皆曰義外而不知夫子何以謂義內也

曰行吾敬故謂之內也

所敬之人雖在外然知其當敬而行吾心之敬以敬之則不在外也

本義 公都子曰義主於敬所敬之人雖在外然知其當敬而行吾心之敬以敬之是敬由心生故謂之內也

附解 蒙引此即上章義不在彼之長而在我長之之心之意蓋當時彼長而我長之之說公都子與季子皆熟聞之故公都子亦即就敬長一端以發孟子之意

鄉人長於伯兄一歲則誰敬曰敬兄酌則誰先曰先酌鄉人所敬在此所長在彼果在外非由內也

伯長也酌酌酒也此皆季子問公都子答而季子又言如此

則敬長之心、果不由中出也、

【大義】孟季子又問設若鄉人長於伯兄一歲、則誰敬、公都子曰敬兄、蓋敬以親疏爲厚薄、況鄉人之長於吾兄者不多也、季子又問曰酌則誰先、公都子曰先酌鄉人、蓋酌以年齒爲先後、況鄉人又爲外賓也、季子曰所敬既在伯兄、當酌之時所長又在鄉人、如此則敬長之心、皆不得以自主、惟因在人之長而爲之轉移、義果在外、非由內也、

【翼解】蒙引所敬在此、庸敬也、所長在彼、亦斯須之敬也、不可太泥敬與長之別、故註總曰敬長之心。○【達說】此與下節俱把鄉人伯兄並言、然辯難激切處、都在鄉人一邊、所敬在此二句、及敬叔父則敬二句、俱要相連貫下看、不可平。○【困勉錄】告子之意、是謂敬因人觸發、而非吾得主張、季子之意、則謂敬因人轉移、而非吾得主張、畧不同、

公都子不能答、以告孟子、孟子曰、敬叔父乎、敬弟乎、彼將曰敬叔父、曰弟爲尸、則誰敬、彼將曰敬弟、子曰惡在其敬叔父也、彼將

曰在位故也子亦曰在位故也庸敬在兄斯須之敬在鄉人尸祭祀所主以象神雖子弟爲之然敬之當如祖考也在位弟在尸位鄉人在賓客之位也庸常也斯須暫時也言因時制宜皆由中出也

【參義】公都子屈於其辯而不能答乃述其言以告孟子孟子敎之曰敬長之心本在於內而季子以爲在外即如所言亦何難辯之有子試問彼弟與叔父皆至親也將敬叔父乎敬弟乎吾知弟雖親不可加於叔父彼將答曰敬叔父子又問之曰弟爲尸以象祖考則將誰敬乎吾知叔父雖尊必不可加於尸彼將答曰敬弟子又問之曰既曰敬弟則叔父不得伸其尊矣安在其爲敬叔父也彼將答曰我所謂敬弟者以弟在尸位故也子便可曰前所謂先酌鄉人者以鄉人在賓客之位故也蓋兄在家庭之間無時而不敬是庸敬在兄也就如叔父有常尊一般鄉人在酌酒之時有時而當敬是斯

須之敬在鄉人也、既如弟在尸位暫時崇奉一般、因時制宜。通變之權。皆由中出。義之在內明矣。〔附解〕〔達説〕公都子行吾敬之言雖已得其意。然至於不能答。畢竟是認吾字不透。○〔存疑〕庸敬在兄二句。是解所敬在此二句。言所敬在此者。常時之敬在兄也。所長在彼者。暫時之敬在鄉人也。○〔困勉錄〕此處所謂因時制宜者。只是制其當敬不當敬之宜。不是制其敬之輕重之宜。○時當庸敬而庸敬。時當暫敬而暫敬。皆憑心上裁制。故由中出。

季子聞之曰。敬叔父則敬。敬弟則敬。果在外。非由內也。公都子曰。冬日則飲湯。夏日則飲水。然則飲食亦在外也。

此亦上章耆炙之意。○范氏曰。二章問答。大指畧同。皆反覆譬喻。以曉當世。使明仁義之在內。則知人之性善。而皆可以爲堯舜矣。

【本義】季子聞孟子之言、心猶未悟、又向公都子辯曰、敬之所施誠如夫子之言、當其尊在叔父則敬心由叔父而生、而因致敬於叔父、及弟在尸位、則敬心由尸而生、而因致敬於弟、以其所在因用其敬、義果在外、非由內出也。季子之言如此。此即執上文所敬在此所長在彼之説也。公都子乃以易見者曉之曰、子以敬爲在外、何不觀飲食之事乎。冬日可飲湯也、則從而飲湯、夏日可飲水也、則從而飲水。湯水之宜、因時而變易、正如當敬叔父則敬、當敬弟則敬、致敬之節、因人而化裁也。令子謂敬在外而不在內、然則飲食之宜亦在於物、而不由於我也、不知湯與水雖在外、而所以斟酌冬夏之宜而可飲則飲者、皆由心而生也。叔父與弟雖在外、而所以斟酌常暫之宜、可敬則敬者、亦皆由心而生也、義可謂在外哉。於是季子理屈詞窮、不能復有所辯矣。

【附解】徐玄扈曰、長楚之説、就同者言外、則孟子亦以嗜之同者言內、鄉人伯兄之説、就異者言外、則公都子亦以飲之異者言內。○（存疑）要知季子總是就長上認、而遺長之一節爾。

性無善無不善也章

總旨　李衷一曰、通章只情性才三字。惻隱四端是情。仁義禮智是性。情之能運夫性曰思曰求是才。詩之則字彜字德字是性。好是情。能好是懿德是才。孔穎達曰、性情才三者合而言之。則一物也。分而言之。則有三名。○翼註　此章重在因情以驗性。上才字對情字不過

公都子曰、告子曰、性無善無不善也。

此亦生之謂性、食色性也之意。近世蘇氏胡氏之說蓋如此。

本義　公都子問孟子曰、吾觀天下之言性者不一矣。告子則曰人性渾然中藏、止能知覺運動而已。本無所謂善而不可以善名、亦無所謂不善而不可以不善名。此一說也。

附辨　翼註　此言性之渾淪。○新安陳氏曰、只認能知覺運動甘食悅色者即爲性。而任意爲之。無所謂善惡

或曰、性可以爲善、可以爲不善、是故文武興則民好善、幽厲興則民好暴。

此卽湍水之説也。

[illegible]或又曰、人性本無定體、可以使爲善、可以使爲不善、是故文武在上、率民以善、則民皆翕然而從於善、非其性之本善、習俗使然也、幽厲在上、率民以暴、則民皆翕然而從於暴、非其性之本惡、亦習俗使然也、此又一説也。

【翼註】○此言性之無定。

或曰、有性善、有性不善、是故以堯爲君而有象、以瞽瞍爲父而有舜、以紂爲兄之子、且以爲君、而有微子啓、王子比干。

韓子性有三品之説蓋如此。○按此文則微子、比干皆紂之叔

父而書稱微子爲商王元子疑此或有誤字

〔本義〕或又曰性有一等生來是善有一等生來是不善是故以堯之聖爲君而有象之凶傲是象之性本惡而堯不能改也以瞽瞍之頑爲父而有舜之聖子以紂之惡爲兄之子且以爲君而有微子啓與王子比干之賢是舜與微子比干之性本善而瞍與紂不能累也此又一說也

〔附解〕〔翼註〕此言性之有定〇〔蒙引〕三說俱以明不可專謂性善以破孟子之說也

今曰性善然則彼皆非與

〔本義〕由諸說觀之或言善惡皆性所無或言善惡皆性所有未有以性爲善者今夫子獨曰性善然則諸家之說皆無一言之當與

〔附解〕〔家訓〕公都子見性未透雖聞孟子性善之說而不能無搖惑於衆論故即意三說之非而不敢必其非即信孟子之

是。而未能領其是。能無辯乎。非冀衆論有是處而反疑孟子也。講此二句全要斟酌

孟子曰。乃若其情。則可以爲善矣。乃所謂善也

乃若發語辭。情者性之動也。人之情本但可以爲善而不可以爲惡。則性之本善可知矣

【本義】孟子曰。吾謂性善。夫豈無所驗哉。蓋性藴於中。無形而難知。情發於外。有迹而易見。乃若人之情感物而動。自然發見者。則皆可以爲善矣。情既善。則性之本善可知矣。此吾所以謂性爲至善也

【講辯】困勉録。乃若二字。要見孟子一段確有證據光景。不是勉強爭一證。○蒙引。其字指人言。○則可以爲善矣。此善字說情。乃所謂善也。說性。○此以爲字只如謂之相似。與中庸不可以爲道之以爲字同。○北溪陳氏曰。在心裏未發動底爲性。事物觸著。便發動出來底是情。這動底只是就性中發出來。不是别物。情之中節是從本性發來。便是善。其不中節

是感物欲而動不從本性發來便有不善○〔新安陳氏曰〕性渾然全體在中未發無形象可見動而爲情方可見耳因其情之善而知其性之本善蓋溯流而知其源也此乃若其情至乃所謂善也已包下文惻隱之心至我固有之也之意下文乃盡發此意耳

若夫爲不善非才之罪也

才猶材質人之能也人有是性則有是才性既善則才亦善人之爲不善乃物欲陷溺而然非其才之罪也

〔通義〕夫無不善之性宜無爲不善之人矣而亦有爲不善者何哉或者歸罪於才殊不知才本無不善若夫爲不善者乃物欲之累有以陷溺而然非才之罪也知才之善則知情之善知情之善則知性之善而三說者乃致疑於善惡之間其說不亦謬乎

附解 朱子曰性之本體理而已情則性之動而有爲才則性之具而能爲者也性無形象聲臭之可形容也故以二者言之誠知二者之本善則性之善必矣○雙峯饒氏曰孟子是指那好底才說如仁之能愛其親義之能敬其兄所謂良能是也○困勉錄才與材之別大全朱子說不甚分明大抵謂以義理而兼形體說者是才其專就形體說者是材

惻隱之心人皆有之羞惡之心人皆有之恭敬之心人皆有之是非之心人皆有之惻隱之心仁也羞惡之心義也恭敬之心禮也是非之心智也仁義禮智非由外鑠我也我固有之也弗思耳矣故曰求則得之舍則失之或相倍蓰而無算者不能盡其才者也

恭者敬之發於外者也敬者恭之主於中者也鑠以火銷金

之名自外以至內也算數也言四者之心人所固有但人自不思而求之耳所以善惡相去之遠由不思不求而不能擴充以盡其才也前篇言是四者爲仁義禮智之端而此不言端者彼欲其擴而充之此直因用以著其本體故言有不同耳

本義 吾謂卽情之善可以驗性之善者蓋以人有此性則有此情同此情則同此善故遇可傷可痛之事則惻隱之心人皆有之遇可愧可惛之事則羞惡之心人皆有之以之交際往來則恭敬之心人皆有之以之辨别可否則是非之心人皆有之此情之可以爲善也而實根之於性惻隱之心可驗吾性之有仁也羞惡之心可驗吾性之有義也恭敬之心可驗吾性之有禮也是非之心可驗吾性之有智也然此仁義禮智非從外面鑠入乃吾固有之天性也惟其爲固有之理

所以發而爲才。無有不可以爲善者。但人自不思而反求之於己耳故曰思而求之便得此仁義禮智之善弗思而舍之便失此仁義禮智之善惟舍之而失故卒歸於惡而與善相去之遠或至倍蓰而無算者由人不思不求不能因善端之發而擴充之以盡其才也豈才之罪也哉。

【附解】朱子曰其未發也。性雖寂然不動。而其中自有條理自有間架。不是儱侗都無一物。所以外邊纔感中間便應如赤子入井之事感。則仁之理便應而惻隱之心於是乎形於過廟朝之事感。則禮之理便應而恭敬之心於是乎形蓋由其中間衆理渾具各各分明故外邊所遇隨感而應所以四端之發各有面貌之不同是以孟子析而爲四以示學者使知渾然全體之中而粲然有條若此。○慶源輔氏曰仁義禮智性也惻隱至是非性之動而爲情也皆謂之心心統性情者也。○翼註 鑠字要體自外至內意言四者雖因情始見非緣情後見非如火之鑠金自外而入也二句一反一正。○存疑 弗思耳矣思字帶箇求字求則得之求字帶箇思字此云然者省文也集註得此意故曰人自不思而求之上文非才之罪。解物欲陷溺弗思弗求裏。何處見得物欲陷溺。但曰弗思弗求便是陷溺於物欲而失之者若未失不消言思求看來說弗思上當補陷溺於物欲意。○［蒙引］思以心言求以用力言。○［翼註］或相倍蓰句主舍則失之去求則得之者之遠言下句方接得。○問不能盡其才［朱子曰］才是能去恁地做底性本好發於情也只是好到得動用去做也只是好不能盡其才是發得畧好便自阻隔了不順他道理做去若盡惻隱之才。則必當至於博施濟衆盡羞惡之才則必當至於一介不取予。祿之天下弗顧千駟弗視這是本來自合恁地滔滔做去止緣人爲私意阻隔多是有些發動後便遏折了。○［存疑］不能盡其才者不思不求而擴充其善端也但不可謂不能盡其思求之才。當改云思求便是用其才處。○［蒙引］惻隱之心人皆有之四句。是解乃若其情則可以爲善。惻隱之心仁也四句是解乃所謂善也仁義禮智非由外鑠我也以下。是解若夫爲不善非才之罪也。

詩曰天生蒸民有物有則民之秉夷好是懿德孔子曰爲此詩

者其知道乎故有物必有則民之秉夷也故好是懿德

詩大雅蒸民之篇蒸詩作烝衆也物事也則法也夷詩作彝常也懿美也有物必有法如有耳目則有聰明之德有父子則有慈孝之心是民所秉執之常性也故人之情無不好此懿德者以此觀之則人性之善可見而公都子所問之三說皆不辯而自明矣○程子曰性卽理也理則堯舜至於塗人一也才禀於氣氣有淸濁禀其淸者爲賢禀其濁者爲愚學而知之則氣無淸濁皆可至於善而復性之本湯武身之是也孔子所言下愚不移者則自暴自棄之人也又曰論性不

論氣不備論氣不論性不明二之則不是張子曰形而後有氣質之性善反之則天地之性存焉故氣質之性君子有弗性者焉愚按程子此說才字與孟子本文小異蓋孟子專指其發於性者言之故以爲才無不善程子兼指其稟於氣者言之則人之才固有昏明强弱之不同矣張子所謂氣質之性是也二說雖殊各有所當然以事理考之程子爲密蓋氣質所稟雖有不善而不害性之本善性雖本善而不可以無省察矯揉之功學者所當深玩也

本義 即情善以驗性善此非我之私言也蓋嘗徵諸詩與孔子之言矣大雅蒸民之詩有曰天生烝民有物有則此乃民

所執之常性無不好是懿美之德夫物之與則幾已判於精粗秉夷好德心已分於寂感而詩顧合言之者必有深義於其間矣孔子讀其詞而因昇其旨也乃贊之曰性情之道未易知也爲此詩者其知性情之道乎○故天之生人與之氣以成形而有物焉則必與之理以成性而有則焉未有物具而則不具者矣惟其民之秉彝也受中於天地分之所以一定而不移命之所以常存而不息故理義之悅自由中以達於外蓋達諸天下而同有則亦達諸天下而同好也通乎古今而皆具則亦通乎古今而皆悅也寧復有不好是懿德者乎爲此詩者信乎其知道也以此觀之則情之可爲善而人性之善可見其爲不善者果非才之罪矣

附解 說統引詩處提出一天字卽天命之謂性之說併性善源頭指出○蒸民便是聖凡無兩樣○翼註物以形言則以形中之理言○蔡氏曰所謂懿德卽所謂物之則也其曰好是者卽指上文秉彝而言天命之所賦者謂之則人生之所秉者謂之彝存於心而有所得者謂之德實一而已○蒙引引詩四句故好是懿德一句最重此句正是其情之可以爲

善處緣此就見得人心之善也即上文之意○〔困勉錄〕此處集註所謂聰明之德慈孝之心似俱當於性上説也○〔新安陳氏曰〕於好字上見得是情集註此情字與上文乃若其情相應○〔蒙引〕程子曰性即理也指心中之理也○〔讀書錄註〕論性不論氣不備言孟子論性善固得性之本原然不論氣則不知有清濁昏明之異故不備論氣不論性不明言告子以知覺運動之氣爲性而不知性之善故不明○〔朱子曰〕論天地之性則專指理而言論氣質之性則以理與氣雜而言之氣質之性即此理墮在氣質之中耳非別有一性也○〔雙峯饒氏曰〕人未生以前不喚做性既生以後方喚做性纔喚做性便滚在氣質中所以有善有不善此氣質之性也然性之本然惟有善而已就氣質中指那本然者説是則天地之性也若不分做兩箇性説則性之與氣鶻突無分曉若不合做一箇性説認做兩件物事去了故程子曰二之則不是○〔蒙引〕註形而後有氣質之性者謂性安頓在氣質隨氣質之清濁而爲等級也善反之則天地之性存焉者謂始初天地之性雖爲氣質所濁但經克治則初性復還也弗性謂弗謂之性○〔存疑〕才之善本於理才之善不善由於氣理雖善不

能不害於氣。氣雖有不善。理之善者未嘗亡。孟子言才。自理言也。程子言才自氣言也。自理言之。才固本善。特害於物欲然人固有生來便不善者。孟子未之及也。自氣言之。人之才雖有昏明强弱之不同。然其理之本善者。未嘗不在。於孟子之言固未礙也。此程子所以爲密。而孟子爲疎也與。○〔蒙引〕註人之才固有昏明强弱之不同。昏明以知言。强弱以行言。

富歲子弟多賴章

〔總旨〕〔蒙引〕此章正爲性善而發。蓋孟子言性善。雖公都子之徒。不能無疑。則後世之信其説者寡矣。故孟子於此反覆譬喻而極言之。以曉當世之人也。○〔翼註〕首節非天之降才爾殊也一句是主。下面同類同嗜同聽同美同然。皆自非殊字生出。首節是綱。次二節即物類之同以見人類之同。後五節即小體之同以見大體之同。通章以心字作主。

孟子曰富歲子弟多賴凶歲子弟多暴非天之降才爾殊也其所以陷溺其心者然也

富歲豐年也賴藉也豐年衣食饒足故有所賴藉而爲善凶年衣食不足故有以陷溺其心而爲暴

本義孟子又明性善曰人性本有善而無惡常情每因物而易遷試觀豐稔之歲人家子弟雖未必盡爲善然多所賴藉而爲善凶荒之歲人家子弟雖未必盡爲惡然多至暴棄而爲不善夫子弟一也而凶歲多暴獨異於富歲之多賴者非天之降才厚於彼而薄於此如是其殊異也良由凶年衣食不足有以陷溺其本心故如是也

附解翼註多暴處容說註衣食不足貼在陷溺其心內看來多賴亦不可說明只以賴字當善字說如人暴橫者謂之無賴或云無藉即此賴字意○困勉錄多暴即是非僻之心生不必說到事爲而後爲暴也○蒙引多賴多暴多字有斟酌此兩句重在下一句故下文云非天之降才爾殊也云云○存疑才與心如何分性是心之理才是心之能心盛貯這性才心溺則性失不能發之才矣是心溺則才喪而爲暴非天降才之殊而爲暴也○然字指爲暴陷溺其心之心即下文

同然乎理
義之心。

今夫麰麥播種而耰之其地同樹之時又同浡然而生至於日至之時皆熟矣雖有不同則地有肥磽雨露之養人事之不齊也

麰大麥也耰覆種也日至之時謂當成熟之期也磽瘠薄也

吾謂人性之同。觀諸物理而自見。今夫麰麥之爲物播種而又覆蓋之其地同也乘時而樹藝之其時同也及其浡然而生由苗而秀以至於日至之時則不先不後而成熟之期又同矣蓋同一麰麥則同一發生同一發生則同一成熟固物性之自然者也雖其間收穫多寡小有不同亦不過土壤有肥瘠雨露有厚薄人事有勤惰之不齊耳而麰麥之性則何嘗有不同者哉。

〔□解〕韻會徐氏曰。布種後。以耰摩田。使土之開處復合曰覆種。○〔翼註〕其地同。只言均是種麥之地。若說地利同。便礙下肥磽。○〔存疑〕日至之時。是氣候到該熟之時。猶言時日到爾○〔摘訓〕麰麥六句。只重皆熟句。不可作三同平看。○〔存疑〕雖有不同。指所獲多寡言。○〔困勉錄〕地有肥磽三句。三平看。每句內皆有不齊意。然不必以末句不齊二字總承也。○〔說統〕究竟說不同處。正要發明他同處。○〔新安陳氏曰〕此以譬降才同而養其心與陷溺其心有不同也。

故凡同類者。舉相似也。何獨至於人而疑之。聖人與我同類者聖人亦人耳。其性之善。無不同也。

〔本義〕即麰麥觀之。可見凡天下物之同類者。其性未有不相似者也。何獨至於人而乃疑其不相似乎。雖聖人爲人之至。亦不過均得天地之氣以成形。而與我同類者。其性之善無不同也。

〔□解〕〔存疑〕故凡同類。須放開說。不止麰麥。聖人與我同類。這裏就舍其才相似意。○〔翼註〕同類以形言。相似以性言。聖人與我同類。就形說。而含性意。

故龍子曰不知足而爲屨我知其不爲蕢也屨之相似天下之足同也

蕢草器也、不知人足之大小而爲之屨、雖未必適中。然必似足形不至成蕢也。

【大義】惟其人類之同。故龍子嘗有言曰、織屨者不知人足之大小任意而爲之屨、雖未必適中然我知決不至失其形而爲蕢也、龍子所云不爲蕢者、正以屨之相似由天下之足同故也

【附解】【翼註】故字承聖人與我同類來。【存疑】龍子之言只是引起下文於義無取。觀總結只云口耳目可見。【蒙引】屨之相似天下之足同也。此二句孟子承龍子之言而釋之者。而自此以下三條皆孟子之言也。

口之於味有同耆也易牙先得我口之所耆者也如使口之於味也其性與人殊若犬馬之與我不同類也則天下何耆皆從易牙之於味也至於味天下期於易牙是天下之口相似也

易牙古之知味者言易牙所調之味則天下皆以爲美也

本義　豈惟足爲然哉。口之於味。亦有同嗜也。雖易牙最爲知味。亦不過於衆口之中、先得我之所嗜也。如使易牙口之於味也、其嗜好之性與人殊、若犬馬之與我不同類也。則易牙所調之味、宜易牙嗜之、未必人人嗜之矣。何天下所嗜、皆從易牙所調之味也。至於味、天下皆期必於易牙、不是嗜味之性不殊、而天下之口相似也。

附辨　新安陳氏曰易牙齊桓公臣、能辨淄澠二水味、此先得我口之所嗜。已爲下文先得我心之所同然者張本矣。○翼註如使口之於味也四句。是反言以見其同。宜一氣讀下。

惟耳亦然。至於聲。天下期於師曠。是天下之耳相似也。

師曠。能審音者也。言師曠所和之音。則天下皆以爲美也。

本義　不但口相似也。惟耳亦然。今觀耳之於聲。舉天下無有不期於師曠者。至於聲。天下皆期必於師曠。是聽德之聽不殊。而天下之耳相似也。

惟目亦然。至於子都。天下莫不知其姣也。不知子都之姣者。無目者也。

子都。古之美人也。姣。好也。

本義　不但耳相似也。惟目亦然。古之言美色者。莫過於子都。天下無不知其容色之姣好者。若於子都而不知其姣好。則必瞽目之人耳。是天下之有目者。舉相似也。

【附解】四書脈子都、郎鄭大夫公孫闕

故曰口之於味也有同耆焉耳之於聲也有同聽焉目之於色也有同美焉至於心獨無所同然乎心之所同然者何也謂理也義也聖人先得我心之所同然耳故理義之悅我心猶芻豢之悅我口

然猶可也草食曰芻牛羊是也穀食曰豢犬豕是也程子曰在物爲理處物爲義體用之謂也孟子言人心無不悅理義者但聖人則先知先覺乎此耳非有以異於人也程子又曰理義之悅我心猶芻豢之悅我口此語親切有味須實體察

得理義之悅心眞猶芻豢之悅口始得

【本義】惟其舉相似如此。故曰、凡口之於味也、人有同嗜焉、凡耳之於聲也人有同聽焉。凡目之於色也人有同美焉。夫口耳目乃形氣之粗者、尙皆有同然之性如此。至於心爲衆體之宰、獨無以一人之心合衆人之心、所同以爲然者乎、心之所同然者何也、謂吾心所固有、而卽物而存之理也、謂吾心所固有、而處物咸宜之義也。理卽心之體、義卽心之用、未有人心而無此理義、則未有不以理義爲然者矣。彼聖人不過先覺乎理義、而先得我心之所同然者耳。何嘗加於我性之外哉。故理義之悅我心、知之而必好、好之而必樂、猶芻豢之悅我口、味之而必嗜、嗜之而必飽也。天下無不悅芻豢之口、則天下豈有不悅理義之心。此聖人所以與我同類、彼爲暴者、亦自喪其同然之美耳、豈才之罪也哉。

【附解】翼註、故曰六句、乃孟子收上文語、點醒同字、以起心之同然意。先字對陷溺之後言、非是聖人先得此理義、而人後得之也。降才原無先後也。故理義故字緊頂上來、非重悅之深。只重悅之同。上此二句皆要見得自有而自悅之、非在外者。〇〔朱子曰〕理是此物上便有此理。義是於此物上自家處置合如此便是義。〇〔困勉錄〕故理義之悅我心二句當重兩我字。蓋理義悅心。在聖人固如此也。而在我心亦如此。是即所謂同然也。不必在言外見同然意。

牛山之木嘗美矣章

總旨〔翼註〕通章即山木以著人心失養之害。而申言其係於養。未引言人心之難養。以見其當養也〇〔雙峯饒氏曰〕此章緊要在三箇存字。首節存乎人者。是說此心本來存。次說夜氣不足以存。是說衆人不能存此心。終說操則存。是教人用力以存此心。

孟子曰牛山之木嘗美矣以其郊於大國也斧斤伐之可以爲美乎是其日夜之所息雨露之所潤非無萌櫱之生焉牛羊又從而牧之是以若彼濯濯也人見其濯濯也以爲未嘗有材焉

此豈山之性也哉

牛山齊之東南山也邑外謂之郊言牛山之木前此固嘗美矣今爲大國之郊伐之者衆故失其美耳息生長也日夜之所息謂氣化流行未嘗間斷故日夜之間凡物皆有所生長也萌芽也蘖芽之旁出者也濯濯光潔之貌材材木也言山木雖伐猶有萌蘖而牛羊又從而害之是以至於光潔而無草木也

【本義】孟子曰人心本自有天理之良而善端每戕於物欲之害觀之山木可知矣齊有牛山其林木茂盛昔嘗見其美矣但以其隣於大國之郊斧斤之斬伐者衆而山木之盛者遂失其常尚能如昔日之美乎然其根株之未盡拔者日夜之

所生息、雨露之所浸潤、潛滋暗長、豈無萌蘖之發焉、使此萌蘖無害。則林木或可復生。而牛羊又從而踐踏之、於是併此萌蘖之生、亦不得遂爲長養之性而牛山之上遂濯濯然光潔、更無材木之可觀矣人止見今日之牛山濯濯也、以爲昔日之牛山原未嘗有材木之生、此豈山之本性哉

附解　梁無知曰、以其郊於大國句。最宜着眼。正斧斤牛羊所自來也。○〔翼註〕日夜所息以氣化言。○〔淺說〕雨露所潤潤卽潤其所息也。○以山木例人心各有兩層意、未伐而保之、巳伐而復之。是也。○〔新安陳氏曰〕此全是引起以譬喻下一節

雖存乎人者、豈無仁義之心哉其所以放其良心者亦猶斧斤之於木也旦旦而伐之可以爲美乎其日夜之所息平旦之氣其好惡與人相近也者幾希則其旦晝之所爲有梏亡之矣梏之反覆則其夜氣不足以存夜氣不足以存則其違禽獸不遠

矣人見其禽獸也而以爲未嘗有才焉者是豈人之情也哉

良心者本然之善心卽所謂仁義之心也平旦之氣謂未與

物接之時淸明之氣也好惡與人相近言得人心之所同然

也幾希不多也梏械也反覆展轉也言人之良心雖已放失

然其日夜之閒亦必有所生長故平旦未與物接其氣淸明

之際良心猶必有發見者但其發見至微而旦晝所爲之不

善又已隨而梏亡之如山木既伐猶有萌蘗而牛羊又牧之

也晝之所爲既有以害其夜之所息夜之所息又不能勝其

晝之所爲是以展轉相害至於夜氣之生日以寖薄而不足

以存其仁義之良心則平旦之氣亦不能清而所好惡遂與人遠矣

本義 不特山木嘗有是美也雖存乎人者其初豈無仁義之良心哉但爲外物所誘情欲所牽其所以放失其良心而不存者亦如斧斤之於山木也今日伐之明日又伐之尚得保全其美乎然物欲能爲人心之害而不能使善端之終泯也故其日間紛擾到得夜間寧靜其良心亦必有所生息當平旦一物未接其氣清明之際此時善念萌生其好惡與人心之公好公惡相去不遠但放失既久發見甚微所存者僅幾希而已使於此培養而擴充之則良心猶可望其復全也夫何夜氣之清明無幾而旦晝所爲復將幾希之善端隨即禁梏而亡失之亦如萌蘖之牧於牛羊者矣由是昨夜之所息而今日梏之今夜之所息而明日又梏之日復一日反覆相爭則夜氣寖薄不足以存仁義之良心夜氣既不足以存則必將好人所惡惡人所好而始焉與人相近者今去禽獸不遠矣人見其無異於禽獸也以爲天質之不美本未嘗有才

不知人情之常。但可以爲善。不可以爲惡。其爲惡而至於去禽獸不遠者。乃由於旦晝之梏亡。以至此耳。若以爲未嘗有才。是豈人之情也哉。

〔附解〕〔蒙引〕雖存乎人者。雖字承上山木來。○〔趙氏曰〕仁義性也。而孟子以心言者。心統乎性也。良心卽仁義之心。卽所謂性也。○〔蒙引〕旦旦指日間言。與旦晝旦字同。與旦氣旦字異。○〔存疑〕良心定於賦予之初。如何生得物欲外劫而心爲之喪。物欲旣退。此心寧靜而義理復明。便似復生也。○〔困勉錄〕其日夜之所息。日夜二字只平說。此句內不必遽重在夜也。○〔朱子曰〕平旦之氣。只是夜間息得許多時節。不與事物接。纔醒來。便有得這些清明之氣。此心自恁地虛靜。少間纔與物接。依舊又汨沒了。○〔翼註〕好惡與人相近。好在仁義。惡在不仁不義也。○仁義是性。好惡是情。能好惡是才。○〔蒙引〕旦晝有別。旦蚤間。晝通日言。然此旦又在平旦之後。○〔存疑〕耳目口鼻之欲。皆所以放其良心也。旦晝所爲之不善。亦只是這箇。○〔朱子曰〕梏如被禁械在那裏。不容走作。亡如將自家物失去了。○梏亡之謂。梏亡其良心也。○反覆非顛倒之謂蓋有互換更迭之意。〔蒙引〕梏之反覆。專指旦晝。言其梏而又梏日復日也。〔存疑〕日間心擾於物。氣爲之昏。到夜來心靜而氣復清。因其復清。故謂之夜氣。夜來氣清。到得平旦未與物接。這一段清氣猶在。故稱曰旦氣。非有二也。〔朱子〕曰。夜氣不足以存。是存箇甚。人多說只是夜氣。非也。這正是說那本然底良心。○氣只是這箇氣。日裏也生。夜間也生。只是日間生底爲物欲梏亡。隨手又耗散了。夜間生底則聚得在那裏。不曾耗散。所以養得那良心。且如日間目視耳聽口裏說話。手足運動。若不曾操存得。無非是耗散底時節。夜間則停留得在那裏。如水之流。夜間則閘得許多水住在這裏。這一池水便滿。次日又放乾了。到夜裏又聚得些小。若從平旦起時便接續操存而不放。則此氣常生而不已。若日間不存得此心。夜間雖聚得些小。又不足以勝其旦晝之梏亡。少間這氣都乾耗了。便不足以存其仁義之心。如箇船閣在乾燥處。轉動不得了。心如箇寶珠。氣如水。若水清則寶珠在那裏也瑩徹光明。若水濁則和那寶珠也昏濁了。○夜氣不足以存。皆是旦晝所爲壞了。所謂好惡與人相近。今只要去這好惡上理會。日用間於這上見得分曉。有得力處。夜氣方與你存夜氣上郤未有工夫只是去旦晝理會這裏有工夫日間添得一分道理夜氣便添得一分日間只管進夜間只管添這氣便盛○此章以仁義之良心爲主其存其亡皆以心言之下文引孔子之言以明心之不可不操則其意益明矣但日夜所息以下只以好惡相近爲良心之萌蘖不復更著心字故說者謂氣有存亡而欲致養於氣誤矣

故苟得其養無物不長苟失其養無物不消

山木人心其理一也

講義 由此觀之山木伐而猶有萌蘖之生良心放而猶有幾希之善可見人心之與物理其生息之機皆未嘗亡顧所以養之者何如耳苟其生息之機得所培養則不但山木之萌蘖待雨露之浸潤而益滋也即吾心幾希之理亦將與夜氣而常存而可漸復其仁義之良矣其何物之不長乎苟其生息之機失所培養則不但山木之旣伐加以牛羊之牧而遂濯濯也即吾心淸明之氣亦將隨旦晝而梏亡而去禽獸也不遠矣果何物之不消乎

附解翼註養字兼未失而保之既失而復之○四書脉長不在維持之久消不待漸磨之久只一念自爲轉移耳○蒙引山木人心其理一也辭俱平説意則重在人心本文是如此集註亦是如此辭所以必兼平説者以無物二字明也○新安陳氏曰所以養其心者不外乎下文之操存而已此結上二段以起下文所引孔子語之意

孔子曰操則存舍則亡出入無時莫知其鄉惟心之謂與

孔子言心操之則在此舍之則失去其出入無定時亦無定處如此孟子引之以明心之神明不測得失之易而保守之難不可頃刻失其養學者當無時而不用其力使神清氣定常如平旦之時則此心常存無適而非仁義矣程子曰心豈有出入亦以操舍而言耳操之之道敬以直内而已○愚聞

之師曰入理義之心未嘗無惟持守之卽在爾若於旦晝之間不至梏亡則夜氣愈淸夜氣淸則平旦未與物接之時湛然虛明氣象自可見矣孟子發此夜氣之說於學者極有力宜熟玩而深省之也

【講義】養有得失而心之消長因之然則心可頃刻失養乎孔子嘗曰天下之物容有操之未必存舍之未必亡者今纔一操持隨卽收斂而存纔一舍置隨卽放失而亡亡卽出也存卽入也或出或入都無一定之時亦莫知其去向若此者果何物哉亦惟心如此而已蓋克念此心罔念亦此心是以或存而或亡也一息此心千里亦此心是以無時而無鄉也非心之謂而何由孔子之言觀之可見心之在人得失甚易而保守甚難所當無時無處而不用其力矣

【附解】問操則存（朱子曰）心不是死物須把做活物看不爾則是釋氏入定坐禪操存者只是於應事接物之時事事中理

便是存若處事不是當便是心不在若只管兀然守在這裏驀忽有事至於吾前操底便散了却是舍則亡也問於未應接之時如何曰未應接之時只是戒謹恐懼而已又問若戒謹恐懼便是把持曰也須是持但不是硬捉在這裏只要提教他醒便是操不是塊然自守○亡不是無只是走作逐物去了○孟子大意只在操則存舍則亡兩句上心一放時便是斧斤之伐牛羊之牧一收斂在此便是日夜之息雨露之潤他是要人於旦晝時不爲事物所汨人心能操則常存豈特夜半平旦○〔存疑〕出入無時莫知其鄉只就操則存舍則亡上見得存人也亡出也只繫於操舍無有定時故曰出入無時入則在內出則在外只繫於操舍無有定處故曰莫知其鄉○〔朱子曰〕孔子此四句只是狀人之心是箇難把捉底物事而人之不可不操出入便是上面操存舍亡入則是在這裏出則是亡失了此大約泛言人心如此非指已放者而言亦不必要於此論心之本體也○〔翼註〕上四句懸空說未句方可露心字○〔四書脈〕此節重在欲人存養意○〔蒙引〕註神明不測兼得失言○惟其得失之易故保守之難也非謂上二句專謂得失易下二句專謂保守難○〔新安陳氏曰〕註

不可須刻失其養六句。是推廣孟子言外意。纔足上文收結一章之意。○程註敬以直内本文未有此意乃程子撮要義以補之也。○潜室陳氏曰。註人理義之心未嘗無以下一段境界乃指示喪失良心者欲其認取此時體段從此養去也。

無或乎王之不智也章

總旨 勿軒熊氏曰。此見孟子格心之學須就有萌上著力。善端之發正須正人賢士輔翼而開廣之。○存疑二條雖前就生物上譬。後就教奕上譬。然只是一意。不可依新安謂前是交脩者不得常用其力。後是自脩者不肯專用其力。○達說此章承上文心字來。大都亦是論心。見專一之心不可無。而鴻鵠之心不可有意。

孟子曰無或乎王之不智也、

或與惑同疑怪也王疑指齊王、

本義 孟子曰。人君之德。莫貴於智。今齊王之不智。亦無怪其然也。孟子告子

【附解】蒙引無惑乎王之不智也。據見在言爲是。其智弗若與曰非然也，言非其本然不智也。

雖有天下易生之物也，一日暴之，十日寒之，未有能生者也。吾見亦罕矣，吾退而寒之者至矣，吾如有萌焉何哉。

暴溫之也。我見王之時少，猶一日暴之也。我退則諂諛雜進之日多，是十日寒之也。雖有萌蘖之生，我亦安能如之何哉。

【本義】何則？蓋君心惟在所養何如耳。譬有物於此，雖極天下之易生也，若使一日暴之，才得陽氣之溫和，却乃十日寒之，不勝其陰氣之肅殺，必然枯槁零落，未有能生者也。今吾見王之時少矣，雖有忠言讜論，從容獻納，就如一日暴之一般。及吾既退，而讒諂面諛之人，左右雜進，却能蠱惑君心，敗壞君德，就如十日寒之一般。故王雖善端發動，非無萌蘖之生，然一時之開悟，不勝衆欲之交攻，我將如之何哉。王之不智，有由然矣。

附解蒙引暴之陽氣之發舒也故生寒之陰氣之閉固也故不生○翼註以陽明喻君子以陰濁喻小人故曰一暴十寒

○四書脈吾見亦罕矣全重歸咎王疎君子而親小人

今夫弈之爲數小數也不專心致志則不得也弈秋通國之善弈者也使弈秋誨二人弈其一人專心致志惟弈秋之爲聽一人雖聽之一心以爲有鴻鵠將至思援弓繳而射之雖與之俱學弗若之矣爲是其智弗若與曰非然也

弈圍棋也數技也致極也弈秋善弈者名秋也繳以繩繫矢而射也○程子爲講官言於上曰人主一日之間接賢士大夫之時多親宦官宮妾之時少則可以涵養氣質而熏陶德

性時不能用識者恨之范氏曰人君之心惟在所養君子養之以善則智小人養之以惡則愚然賢人易疎小人易親是以寡不能勝衆正不能勝邪自古國家治日常少而亂日常多蓋以此也

【本義】夫忠言啓迪固在於賢者而專心聽信則係於人君今我之進見日少亦由王聽信不專故也今夫弈之爲數乃數之至小者也然學弈者不專其心之所主致其志之所向則不得其數之精也如弈秋通國中所稱善弈者也設使他敎二人弈其一人專心致志惟弈秋之言是聽其一人雖在旁同聽乃一心外馳想着鴻鵠將至欲彎弓繫箭射而取之是學在弈秋而心又在鴻鵠也雖與他同學不及多矣是豈其生禀之智弗若彼一人歟我以爲非然也蓋以心不若彼之專志不若彼之致也今王雖有爲善之資而無必爲之志與學奕而分志於鴻鵠者等矣安望其親君子遠小人以成明

哲之德哉故無惑

乎王之不智也

附解雙峯饒氏曰心以所主者言志以所向者言專心是心之所主專在此致志是極其心之所向直到那田地○蒙引使弈秋使字是設使之使非實事也○本文爲是其智弗若與曰非然也是承上文一心以爲有鴻鵠將至者說來上段不智直就王說此段語末乃見王之所以不智處○四書脈此節重學弈不重誨弈上

魚我所欲也章

總旨四書脈此章以本心二字爲主上六節言人有本心末二節傷人失本心舍生取義乃人之本心本心不昧則此身且非我有何況身外物乎勘得生死富貴關破便爲勿喪之資○翼註通章以義字作主末句本心謂羞惡之心即是義之端也○蒙引牛山之木章是存養之功魚我所欲章是取舍之分

孟子曰魚我所欲也熊掌亦我所欲也二者不可得兼舍魚而

取熊掌者也生亦我所欲也義亦我所欲也二者不可得兼舍生而取義者也

魚與熊掌皆美味而熊掌尤美也

補義 孟子見世人徇利忘義往往失其羞惡之心乃就生死之際指其良心不昧者以開導之曰今夫魚之味美我所欲也熊掌之味尤美亦我所欲也使勢有所限得魚則失熊掌得熊掌則失魚兩者不可得兼則寧舍魚而取熊掌也就如人有此生乃軀命所關固我所欲也而義尤爲守身之大閑亦我所欲也使勢遭其窮全生則害義全義則害生二者亦不可得兼則寧舍生而取義也

附解 〔四書鏡〕此四箇所欲且勿露熊掌尤美義尤重意此意還在下文○〔說統〕舍生取義不是勉人之詞蓋人心自然如此所謂本然之良心也○〔翼註〕舍生取義所包甚廣不專在君父之難上說觀一簞節可見

生亦我所欲所欲有甚於生者故不爲苟得也死亦我所惡所惡有甚於死者故患有所不辟也

釋所以舍生取義之意得得生也欲生惡死者雖衆人利害之常情而欲惡有甚於生死者乃秉彝義理之良心是以欲生而不爲苟得惡死而有所不避也

【義】人之所以舍生取義者何哉蓋生本我之所欲而本然之良心覺義之可欲尤有甚於生者故不肯苟且以得生也死本我之所惡而本然之良心覺不義之可惡尤有甚於死者故當患難而有所不肯避也

【解】困勉錄說統謂兩甚字雖指義不義說本文却不道破按即明點義字亦何妨○翼註首二節重一義字註云秉彝之良心是也良心即末節本心也○湯雙梧曰此條蒙上文來點出兩甚字以見決擇取舍意

如使人之所欲莫甚於生則凡可以得生者何不用也使人之所惡莫甚於死者則凡可以辟患者何不爲也

設使人無秉彝之良心而但有利害之私情則凡可以偷生免死者皆將不顧禮義而爲之矣

【本義】如使人無好義之良心而所欲莫甚於生則凡可以得生者將何不用也又豈肯爲義而舍生哉使人無惡不義之良心而所惡莫甚於死則凡可以辟患者將何不爲也又豈肯爲義而就死哉

【精解】困勉錄此節是反言以見良心之必有不是反言以見良心之必無○翼註此及下節不過即次節之義而反覆言之

由是則生而有不用也由是則可以辟患而有不爲也

由其必有秉彝之良心是以其能舍生取義如此

【本義】由其有是好義之心故寧舍生取義雖可以苟生而有不用也不然豈樂於輕生者耶由其有是惡不義之心故寧捐生赴難雖可以辟患而有不為也不然豈樂於就死者耶

【附解】慶源輔氏曰由是之是蓋指秉彝之良心而言也

是故所欲有甚於生者所惡有甚於死者非獨賢者有是心也人皆有之賢者能勿喪耳

羞惡之心人皆有之但衆人汩於利欲而忘之惟賢者能存之而不喪耳

【本義】人情莫不好生而惡死而今由秉彝之良心觀之義之可欲尤甚於生不義之可惡尤甚於死即此欲義惡不義之

心。非獨賢者有此心也。秉彜之良。原無豐嗇。人皆有之。但衆人汨於利欲之私。多有喪失其良心者。唯賢者獨能操存而勿喪之耳。

附解　說統　是故二字。結上起下。重人皆有之句。○說約　賢者能勿喪耳。與前章聖人先得我心之所同然耳語意一般。俱是要見其同處。不是要見其異處。○慶源輔氏曰。註羞惡之心。卽所謂秉彜之良心也。秉彜之良心。是指其全體而言。羞惡之心。則又於全體之中。指其所謂義者言之也。○存疑　上雖有四節。不過只是一意反覆說人有羞惡之心耳。故遂以一語結斷曰。人皆有之。賢者能勿喪耳。

一簞食。一豆羹。得之則生。弗得則死。嘑爾而與之。行道之人弗受。蹴爾而與之。乞人不屑也。

豆。木器也。嘑。咄啐之貌。行道之人。路中凡人也。蹴。踐踏也。乞

人丏乞之人也不屑不以爲潔也言雖欲食之急而猶惡無禮有寧死而不食者是其羞惡之本心欲惡有甚於生死者人皆有之也

【大全】欲義惡不義之心人人皆有何以驗之今夫一簞之食一豆之羹其爲物至微然自飢餓之人視之得此則生不得則死其爲軀命所關則甚重也宜乎以得食爲急不暇計義之何如矣設使置豆羹於旁大聲招呼而與之便是行道之凡人也不肯受以其嘑爾之可羞也甚至棄簞豆於地用足蹴踏而後與之便是乞丏之人也不屑受以其蹴爾之可羞也夫路人乞丏至微賤者猶不肯以生死之故而泯其羞惡之心此可以驗良心爲人之所必有也

【講解】【翼註】不受不屑之心不可指定行人乞人說只是雖行乞且激於義而不苟受況非行乞者乎○【蒙引】蹴爾尤重於嘑爾故乞人亦不受○【存疑】此條又是即義心之激發處以明之與言人皆有不忍之心則以孺子入井之事一般

萬鍾則不辨禮義而受之萬鍾於我何加焉爲宮室之美妻妾之奉所識窮乏者得我與

萬鍾於我何加言於我身無所增益也所識窮乏之者得我謂所知識之窮乏之者感我之惠也上言人皆有羞惡之心此言衆人所以喪之由此三者蓋理義之心雖曰固有而物欲之蔽亦人所易昏也

本義 夫簞食豆羹生死所係尚知以嘑蹴爲可恥而不受至於萬鍾之祿豈特簞豆之微辭受之間其當辨宜何如者乃不辨禮義之當得與否而冒焉受之夫萬鍾之得失非如簞食豆羹有關於生死者也於我身又何所加益焉而顧冒焉受之者卻是爲何將爲宮室計而欲極其華美爲妻妾計而欲極其奉承爲所識窮乏之者計而欲其感我之周濟所以不

辨禮義而受之與、

【附解】〔存疑〕萬鍾則不辨禮義而受。照行道弗受、乞人弗屑說。於我何加。焉照得之則生、弗得則死說。爲宮室之美三句。是說喪其良心由此三者。既曰於我何加、却乃爲此三者。可見無謂。故下文有是亦不可已乎之論。〇〔說統〕生死主於決斷。故單言義。辭受主於遜讓。故兼言禮。〇〔翼註〕於我何加、言得失無係於生死。不作性分之上不容一物看。〇〔困勉錄〕末句與字作斷詞。不必作疑詞。

鄉爲身死而不受、今爲宮室之美爲之。鄉爲身死而不受、今爲妻妾之奉爲之。鄉爲身死而不受、今爲所識窮乏者得我而爲之。是亦不可以已乎。此之謂失其本心。

言三者身外之物、其得失比生死爲甚輕。鄉爲身死猶不肯受嘑蹴之食今乃爲此三者而受無禮義之萬鍾是豈不可以止乎本心謂羞惡之心○此章言羞惡之心人所固有或能決死生於危迫之際而不免計豐約於宴安之時是以君子不可頃刻而不省察於斯焉

【本義】夫同此人也同此心也鄉爲身死而不肯受嘑蹴之食今却爲宮室之美而受無禮義之萬鍾鄉爲身死而不肯受嘑蹴之食今却爲妻妾之奉而受無禮義之萬鍾鄉爲身死而不肯受嘑蹴之食今却爲所識窮乏者得我而受無禮義之萬鍾夫簞豆有係於生死是不可已者且已之而不受矣而三者不過身外之物儘可已者獨不可以已而不受乎不可已而已此之謂私欲錮蔽向時不受嘑蹴之本心喪失而無存矣豈不可哀哉

【附解】四書脈鄉爲今爲只就一人看○朱子曰宮室之美妻妾之奉窮乏之得我三者或物欲之尤人所易溺或意計之私

人所不能免者自非燭理素明涵養素定而臨事有省察之功未有不以此而易彼也〇〔四書脈〕失其本心言非無欲惡之本心乃是失其本心也〇〔蒙引〕總註言羞惡之心人所固有是釋前五節之意或能決死生於危迫之際而不免計豊約於晏安之時則

釋後三節意也

仁人心也章

〔總旨〕〔四書脈〕此章專是教人求放心分言之有仁義合言之是一箇心〇〔新安陳氏〕曰此章歸宿在求放心上四心字皆

是指仁

而言

孟子曰仁人心也義人路也

仁者心之德程子所謂心如穀種仁則其生之性是也然但謂之仁則人不知其切於己故反而名之曰人心則可以見

其爲此身酬酢萬變之主而不可須臾失矣。義者行事之宜。謂之人路，則可以見其爲出入往來必由之道，而不可須臾舍矣。

本義 孟子曰、仁義之心，人皆有之，而能存之者少，殆未知其切於人耳。蓋心爲一身之主宰，人皆知其至切也，至於仁則視以爲外物，若與心不相干的一般，不知人心方寸之中，由其有這仁之生理在內，方能兼總四端，包括萬善，而廓然有大公順應之體，仁即人之心也。路爲日用之率由，人皆知其至切也，至於義則視以爲難行，若與路不相似一般，不知出入往來之際，必以這義之裁制爲準，方能處常知經，處變知權，而坦然有平正通達之途，義即人之路也。

附解 朱子曰、仁無形迹底物事，孟子恐人難理會，便說道只人心便是。不是把仁來形容人心，乃是把人心來指示人以仁也。○潛室陳氏曰、道以路言，謂事事物物各有當行之路。義亦言路者，謂處事處物，各就他當行路上行，故皆以路言。

然道若大路。則取其明白易知。義爲人路。則取其往來必由。○〔朱子曰〕仁人心是就心上言。義人路是就事上言。○〔翼註〕兩人字最見仁義切於人身意。○〔存疑〕註仁者心之德則仁是心所具之理。比心又出一步。不是心也。曰人心者。反而名之也。反名者。以心所具之理。反而歸之心也。自其所具者。歸於具之者。故曰反。所以反而名之人心者。欲人知其切於己也。仁雖人心所具之理。實心之所以爲心也。以心所具之理言。則仁自仁。心自心。二者固有分矣。以心之所以爲心而言。則心即仁。仁即心。而實未嘗有所分也。故謂仁爲心之理可。謂仁爲人心亦可。

舍其路而弗由。放其心而不知求。哀哉。

哀哉二字最宜詳味。令人惕然有深省處。

〔本義〕夫仁爲人心。則人當操存而不放。義爲人路。則人當率由而不舍矣。乃置之冥行徑趨者。將義之正路舍置而不由。却乃由於邪曲之途。徇欲忘理者。將仁之良心放失而不知求。却乃求夫身外之物。則是自暴自棄。名雖爲人而實失其

所以爲人之理去禽獸不遠矣不亦可哀之甚哉

【附解】雲峯胡氏曰兩其字卽是上文兩人字

○困勉錄二句只平說爲是與首節一例

人有雞犬放則知求之有放心而不知求

程子曰心至重雞犬至輕雞犬放則知求之心放則不知求豈愛其至輕而忘其至重哉弗思而已矣愚謂上兼言仁義而此下專論求放心者能求放心則不違於仁而義在其中矣

【本義】仁義甚切於人而人自失之總之只是放心於外不知照管而已如雞犬爲物甚輕放失於外人尙知求之至於心乃任其放怠而不知檢點以求之愛其所輕而忘其至重其亦弗思之甚矣

附辯朱子曰存得此心便是仁若此心放了又更理會甚仁今人之心靜時昏動時擾亂便是放了放心不獨是走作喚做放纔昏睡去了便是放○慶源輔氏曰能求其心則心存心存則無適非天理之流行而應事接物之際必能合時措之宜故曰義在其中

蓋有體必有用也

學問之道無他求其放心而已矣

學問之事固非一端然其道則在於求其放心而已蓋能如是則志氣清明義理昭著而可以上達不然則昏昧放逸雖曰從事於學而終不能有所發明矣故程子曰聖賢千言萬語只是欲人將已放之心約之使反復入身來自能尋向上去下學而上達也此乃孟子開示切要之言程子又發明之

曲盡其指。學者宜服膺而勿失也。

求義彼學問之道、非止一端、然其所以如此者、非有他也、凡以求吾所失之仁而已矣。外此則何者爲學問之道哉

精解朱子曰不是學問之道只有求放心一事。乃是學問之道皆所以求放心。○求放心也不是在外面求得箇放心來只是求時便在。如我欲仁斯仁至矣。只是欲仁便是仁了。○求放心非以一心求一心。只求底便是巳收之心。○雙峯饒氏曰上文說仁人心也。是把心做義理之心。不應下文心字又別是一意。若把求放心做收攝精神不令昏放則只從知覺上去恐與仁人心也不相接了。勉齋云此章首言仁人心是言仁乃人之心。次言放其心而不知求。末言學問之道無他求其放心而巳矣。言學問之道非止一端如講習討論玩索涵養持守踐行。擴充克治皆是其所以如此者非有他也不過求吾所失之仁而巳。此乃學問之道也。三箇心字脈絡聯貫。皆是指仁而言。今讀者不以仁言心非矣。○翼註求放心。兼靜存動察言

今有無名之指章

【總旨】【蒙引】對桐梓言之。則曰身。自身言之。則有心指之分。隨所在分輕重。使人知所重也。下三章。只是此一意重出。

孟子曰。今有無名之指。屈而不信。非疾痛害事也。如有能信之者。則不遠秦楚之路。爲指之不若人也。

無名指。手之第四指也。

【本義】孟子曰。吾人立身。所貴於不屈者。在志意。不在一指也。今有無名之指。卷曲而不伸。於身非有疾痛之苦。於事未爲舉動之害。似不必於求伸也。如有人能伸之者。就是秦楚之路。亦將不憚遠赴之勞以求之矣。何也。蓋以衆人之指皆伸。而我之一指獨屈。以指不若人爲恥也。

【附解】【蒙引】指有五。一巨指。二食指。三將指。四無名。五小指。將指者。左傳闔廬傷將指。言其將領諸指也。○【翼註】不遠秦楚之路。不以秦楚爲遠也。不是自秦之楚。自楚之秦。

指不若人則知惡之心不若人則不知惡此之謂不知類也、

不知類言其不知輕重之等也。

【本義】夫一指之屈伸、無所關係。尚以不若人爲恥。至於心爲一身之主。少有邪曲。則有愧於人心同然之良矣。其可惡當何如也。却乃屈於物欲、甘居人下、而不求所以伸之。此之謂輕其所重。重其所輕、不知類之甚矣。人可不反而求之哉。

【附解】南軒張氏曰。人與聖人同類。以心之同耳。不同者陷溺之故也。心不若人而知惡之。必求所以免於惡。蓋有須臾不遑寧處者矣。

拱把之桐梓章

【總旨】說統此章喚醒人處。全在一。箇愛字。蓋人雖至愚。未有不以身爲愛者。然往往置身於物欲攻取之塲。雖曰愛之。其實害之矣。孟子從愛字。剔出一養字。又從養字。剔出兩所以字。正見養乃所以成其愛也。既昧其所以養矣。又何以成其爲愛也哉。人若思量到此。決不肯甘置其身於物欲。故又以弗思二字指點他。

孟子曰、拱把之桐梓、人苟欲生之、皆知所以養之者。至於身、而不知所以養之者、豈愛身不若桐梓哉、弗思甚也。

拱、兩手所圍也。把、一手所握也。桐梓、二木名。

【講】孟子曰、吾身之與外物。其輕重本是有辨。乃人之昧焉而弗覺者多矣。今有桐梓之木。其大不過拱把之間。至微細也。人苟愛其美林。而欲有以生之。則必培植灌溉。皆知所以養之矣。至於吾身。爲綱常倫理所繫屬。天下國家所倚賴。其當養爲何如者。却乃內不知以理義養其心。外不知以中和養其氣。致使良心萌蘖伐於物欲之斧斤。夜氣幾希梏於旦晝之攻取。是豈愛吾之身。反不若愛桐梓之切哉。良由本心之明蔽於物欲。而輕重之辨昧於反觀。其亦不思之甚也。誠一思之。舉凡天下可愛可重之物。無足以當吾身者。而何有於拱把之桐梓哉。

附錄 新安陳氏曰。此身字內包心外包動容周旋而言。○南軒張氏曰。愛其身必思所以養之。古之人理義以養其心。以至動作起居聲音笑貌之間。莫不有養之之法。所以尊德性道問學以成其身也。○家訓弗思甚句與不知類句同意。俱是提醒人意。非徒慨之也。

人之於身也章

總旨 新安陳氏曰。此章言人當以養心志爲重。養口體爲輕。非謂養心志者不養口體也。養心志則道心爲主。而人心聽命。雖飢食渴飲與常人同。而食所當食。飲所當飲。自與常人異。若專養口體。則人心愈危。道心愈微。不至於窮口腹之欲而滅天理者鮮矣。孟子於此欲人不養小以失大。蓋所以遏人欲而存天理也。○達說 通章重所以考其善不善三句。下只發明此意耳。大人小人。比對正見所養之善否而已。當自審後獨就養不善一邊。以爲鑒戒。蓋申說養小之爲小人而

益見當審輕
重於已也。

孟子曰：人之於身也，兼所愛；兼所愛，則兼所養也。無尺寸之膚不愛焉，則無尺寸之膚不養也。所以考其善不善者，豈有他哉？於己取之而已矣。

人於一身固當兼養，然欲考其所養之善否者，惟在反之於身以審其輕重而已矣。

【講義】孟子曰：人固以養身爲貴，尤以善養爲難。且如人之一身，四肢百骸，皆吾所愛惜也。既兼所愛，則必調護培息，皆當兼養，而不忍有所戕賊矣。極而言之，無尺寸之膚不在所愛之中，則無尺寸之膚不在所養之内也。然同一養也，有養得其道而爲善者，又有養失其道而爲不善者，所以考其養之善與不善，豈有他術哉？只於自已身上反而求之，審其何者爲重而在所當急何者爲輕而在所當緩養其所當重則善養其所當輕則不善善與不善特近取於吾身而自得之而已矣使非反之於已而審其輕重之倫有不失其善之宜者哉

〔附纂〕〔翼註〕身字渾融說勿露大體小體愛以心言養以事言○〔新安陳氏曰〕無所不愛曰兼愛無所不養曰兼養無尺寸之膚至不養也中兼愛兼養意○〔說統〕人之於身也五句槩論人情○〔新安陳氏曰〕註輕重卽下文所謂貴賤大小是也

體有貴賤有小大無以小害大無以賤害貴養其小者爲小人養其大者爲大人

賤而小者口腹也貴而大者心志也

〔大義〕何以見人當取之於已以考其善不善耶蓋所養有得失而人品亦因之以判也彼衆體雖同具於一身然有貴賤之分大小之別焉既有大小則大者在所當重不可以小而害大矣既有貴賤則貴者在所當重不可以賤而害貴矣小

大貴賤之間。養之善與不善。正在於此。若使養其小體、則所養者既小、所就亦小、豈不爲小人乎、若能養其大體、則所養者大、所就亦大、豈不爲大人乎、

此兼養者不可不知自考矣

【旁解】達說、體有貴賤二句、見體原有不同、不是可槩養的。〇說統、貴賤大小、註雖以口腹心志言、看來還是虛虛說、分稱獨尊爲貴、聽其役使爲賤、權無不統爲大、各分一官爲小、無以小害大二句、見當審其輕重、養其小者爲小人二句、正見其養之善不善處。

今有場師、舍其梧檟、養其樲棘、則爲賤場師焉

場師、治場圃者、梧、桐也、檟、梓也、皆美材也、樲棘、小棗、非美材也、

【講義】乃今之養體者我惑焉。試以材木言之。今有場師於此、舍其梧檟有用之材、而養其樲棘無用之木、則是美惡不分

以無用害有用也、

非賤場師而何、

附解 蒙引今有場師二條正是養其小者爲小人意但未可說出且譬以起之至下文飲食之人云云方說出

養其一指而失其肩背而不知也則爲狼疾人也

狼善顧疾則不能故以爲失肩背之喻

衍義 又自一身言之養其一指之細而自失其肩背之大而不知也則是輕重反常如狼之疾走但顧前而不顧後也非狼疾之人而何、

附解 說統一指肩背乃就小體中又分大小以喻不是實語

飲食之人則人賤之矣爲其養小以失大也

飲食之人專養口腹者也

本義　觀養木與養指之弊。可見人當養其大者矣。乃若飲食之人為飢渴所困。止圖饜足不顧廉恥則人莫不鄙賤之矣、為其專養口腹之小體、而失心志之大體、故從而賤之也、

附解　翼註　養小以失大。謂心為嗜欲所汩也。

飲食之人無有失也。則口腹豈適為尺寸之膚哉

此言若使專養口腹而能不失其大體。則口腹之養軀命所關不但為尺寸之膚而已。但養小之人無不失其大者。故口腹雖所當養而終不可以小害大賤害貴也

[illegible]　若使飲食之人、而能於大者無所失也、則口腹乃軀命所關豈適為尺寸之膚而已、人又何可賤之有哉、但養小之人無有不失其大者。此其所以可賤也。愛身者亦審其善養之道而已矣

【[illegible]】〔翼註〕此節是設言。不但爲尺寸之膚。只是言所係亦重。以決養小者之必失大耳。〇〔說約〕前原說無尺寸之膚不愛不養。況口腹不但尺寸乎。照應理如此也。

鈞是人也章

【章旨】〔說統〕此章綱領在從其大體爲大人一語。而先立乎大四字是工夫下手處。思之一字。則又指出箇機竅。正要人從形氣中認出主宰來。則能參能贊的人。卽此能視能聽的人。莫大品格。其主張端的在自己心上。

公都子問曰鈞是人也或爲大人或爲小人何也孟子曰從其大體爲大人從其小體爲小人

鈞同也從隨也大體心也小體耳目之類也。

【本義】公都子問孟子曰。鈞是人也。其品宜無不同矣。乃或稱爲大人。或稱爲小人。其故何也。孟子曰。人之一身。有大體焉。

有小體焉使以大體爲主而從其主張便進於高明而爲大人若使以小體爲主而從其馳逐便流於卑下而爲小人蓋大人小人之分惟係於所從如此

附解 翼註爲大人爲小人爲字作謂字看不著力○四書鏡大體小體且空講慢露出心與耳目爲是○家訓從與養不同養以用功言從打養來以成功言

曰鈞是人也或從其大體或從其小體何也曰耳目之官不思而蔽於物物交物則引之而已矣心之官則思思則得之不思則不得也此天之所與我者先立乎其大者則其小者不能奪也此爲大人而已矣

官之爲言司也耳司聽目司視各有所職而不能思是以蔽

於外物既不能思而蔽於外物則亦一物而已又以外物交於此物其引之而去不難矣心則能思而以思爲職凡事物之來心得其職則得其理而物不能蔽失其職則不得其理而物來蔽之此三者皆天之所以與我者而心爲大若能有以立之則事無不思而耳目之欲不能奪之矣此所以爲大人也然此天之此舊本多作比而趙註亦以比方釋之今本既多作此而註亦作此乃未詳孰是但作比字於義爲短故且從今本云○范浚心箴曰茫茫堪輿俯仰無垠人於其間渺然有身是身之微太倉稊米參爲三才曰惟心爾往古來

今孰無此心心爲形役乃獸乃禽惟口耳目手足動靜投閒抵隙爲厥心病一心之微衆欲攻之其與存者嗚呼幾希君子存誠克念克敬天君泰然百體從令

公都子又問曰鈞是人也其趨向宜無不同矣乃或從其大體或從其小體又何故也孟子曰大體小體之分惟在能思與不思之間而已且如耳目之官各有所司耳司聽目司視然能思其視聽之理是以聲色之外物得以蔽之則耳目亦一物而已以聲色之外物交於耳目之物爲所引誘而去不難矣此耳目之所以爲小體也若心則至虛至靈其官以思爲職能盡其職而思則得其應接之理失其職而不思則不得其應接之理思不思關於得失之重如此此心之所以爲大體也此耳目與心稟受於有生之初無一不切於身但就中較量則惟心爲大耳誠能於物感未交之時先立其大使虛靈之本體足以爲衆動之綱維則事無不思而心得其職耳雖未有所聽而聽之本已立非禮之聲不能奪吾聰

矣目雖未有所視而視之本已立非禮之色不能奪吾明矣視聽一宰於心而聽明不蔽於物若此者乃所謂出羣衆之中伸萬物之上而稱之爲大人者以此而已矣苟心失其職而求造於大人之域豈可得哉

〔[illegible]〕〔摘訓〕蔽是遮蔽本文蔽於物是耳目見蔽於物註物不能蔽物來蔽之就蔽心說非蔽耳目也○〔朱子曰〕物交物上物字指外物下物字指耳目○〔說統〕引之而去是引耳使聽引目使視不是引心○〔淺說〕思則得之說得廣註中凡事物之來不專指聲色言○〔翼註〕自耳目之官至不得也二段只就耳目與心上閒閒說不著人言不思不是人不肯思思不是人用力去思乃是耳目與心小大之本體原是如此○〔說統〕此天之所與我者總承上說○〔朱子曰〕先立乎其大者此語最有力且看他下一箇立字卓然竪起自心便是立所謂敬以直內也○〔存疑〕先立乎其大一句正是答或從其大體意孔子之所謂操存孟子之所謂求放心乃立之之道也

有天爵者章

總旨 說統 此章論爵分別天人正欲轉人爵之慕而爲天爵之脩也曰惑之甚曰終必亡都是點醒世人語

孟子曰有天爵者有人爵者仁義忠信樂善不倦此天爵也公卿大夫此人爵也、

天爵者德義可尊自然之貴也。

本義 孟子曰人情莫不重爵矣然有性分之尊爲天所與而得失予奪不係於人謂之天爵者有勢位之尊爲人所與而得失難必於已謂之人爵者何謂天爵心之慈愛爲仁裁制爲義不欺爲忠无妄爲信樂此仁義忠信之善自始至終而不倦此降衷之懿不假於勢而自尊所謂天爵也何謂人爵九命而爲公六命而爲卿三命而爲大夫列此爵命於朝而得之者貴失之者賤必假乎勢而後尊所謂人爵也

附解 南軒張氏曰仁義又言忠信忠信只是誠實此二者。〇新安陳氏曰樂善即樂此仁義忠信不倦者樂之至也〇翼

註樂善不倦只是秉彝好德自然之情切勿涉工夫○蒙引謂之天爵者非人所得而貴賤者也

古之人脩其天爵而人爵從之

脩其天爵以爲吾分之所當然者耳人爵從之蓋不待求之而自至也

本義 夫爵位雖有天人之分而得失則有相因之理古昔盛時人心淳厚學惟爲己盡夫仁義忠信之理造於樂善不倦之地以脩其天爵者初未嘗有意於人爵也然道德既崇名譽自著公卿大夫之爵有不求而自至者此人爵從天爵而兩得者也

今之人脩其天爵以要人爵既得人爵而棄其天爵則惑之甚者也終亦必亡而已矣

要求也脩天爵以要人爵其心固已惑矣得人爵而棄天爵則其惑又甚焉終必并其所得之人爵而亡之也

【講義】今之人不然其始知人爵之由天爵而致也於是脩其天爵以爲得人爵之地及人爵既得志意已滿遂以爲天爵無用而棄之夫假天爵以要人爵是不知天爵之爲尊其心固已惑矣既得人爵而棄天爵又不知天爵之當保則惑之甚者也夫人爵之可要徒以有此天爵耳天爵既棄名實俱虧終必并其所得之人爵亦亡之而已矣

【餘論】〔蓬說〕則惑之甚句重終亦必亡句帶言○〔新安陳氏曰〕無所爲而爲善者誠也故堅所守而不移有所爲而爲善者僞也故得所求而遂已或曰脩其天爵亦有人爵不從之者棄其天爵亦有人爵終不亡者何也曰脩天爵自有得人爵之理棄天爵自有亡人爵之理其不得者上之遺賢其不亡者下之僥倖豈常理哉

欲貴者章

〔總旨〕存疑此章是因時人多求在人之貴而不知有在己之貴故特喚醒之下兩條又是說人所欲之貴不足貴在己之貴有可貴乃示人求諸己而不求諸人也

孟子曰欲貴者人之同心也人人有貴於己者弗思耳

貴於己者謂天爵也

〔大義〕孟子曰人情莫不好榮而惡辱人爵之榮羨慕而欲得之者此人心所同然也乃天下有至貴之理人人各足於己而無待於外者此其可欲爲何如但人多蔽於物欲未嘗反己而思是以惟見在人之貴爲可欲耳

〔附解〕困勉錄欲貴之貴主爵位言〇湖南講欲貴卽欲人爵的貴〇翼註貴於己就是良貴弗思耳非慨人不思正喚人去思耳要得儆醒人意

人之所貴者非良貴也趙孟之所貴趙孟能賤之

人之所貴謂人以爵位加己而後貴也良者本然之善也趙孟晉卿也能以爵祿與人而使之貴則亦能奪之而使之賤矣若良貴則人安得而賤之哉

【參義】豈知貴之在己者乃本然之貴所謂良貴也人之所貴者乃外至之貴非良貴也如趙孟爲晉國執政之卿能操爵以貴人者然能以爵與人而使之貴亦能奪之而使之賤人貴之不足恃如此若吾身之良貴人安得而賤之哉

【[illegible]】【翼註】人之所貴與下人之膏粱人之文繡二人字俱指操爵人之柄者言○【說約】按通義金仁山曰晉六卿趙氏爲長故春秋時謂之趙孟

詩云既醉以酒既飽以德言飽乎仁義也所以不願人之膏粱之味也令聞廣譽施於身所以不願人之文繡也

詩大雅既醉之篇飽充足也願欲也膏肥肉粱美穀令善也聞亦譽也文繡衣之美者也仁義充足而聞譽彰著皆所謂良貴也○尹氏曰言在我者重則外物輕

本義 良貴之可貴於何見之大雅既醉之詩有云既醉以酒既飽以德夫飽不曰味而曰德者何哉蓋言德莫美於仁義君子戴仁而行抱義而處則理義悅心而天下之至味在我矣若他人之膏粱人自食之於我何有焉所以不願人之膏粱之味也仁義既積於躬由是令聞昭宣廣譽四達則實大聲宏而天下之至文在我矣若他人之文繡人自衣之於我何加焉所以不願人之文繡也良貴之可貴如此世之欲貴者其思之

附解 存疑 詩既飽以德主恩惠言此作德行之德斷章取義也○說統 仁義本德說來聞譽又本仁義說來○翼註 聞譽仁義中所自有不指聲譽說即遯世不知亦不害其爲聞譽○蒙引 不願謂無所慕於彼也非謂有厭薄不願就之意○

方文伯曰兩人之字。正對上貴於己的己字看。○講說此節正見其爲良貴非在我重而外物自輕之意。故尹註在外。

仁之勝不仁也章

總旨 南軒張氏曰此爲有志於仁而未力者言也

孟子曰仁之勝不仁也猶水勝火今之爲仁者猶以一杯水救一車薪之火也不熄則謂之水不勝火此又與於不仁之甚者也、

與猶助也、仁之能勝不仁。必然之理也。但爲之不力。則無以勝不仁。而人遂以爲眞不能勝。是我之所爲。有以深助於不仁者也。

【本義】孟子曰、天理人欲不容並立。以常理而言。則理可以制欲、公可以滅私。仁之勝不仁也、猶水之能勝火、乃一定之理也。然仁之可以勝不仁者、謂其以常存之天理而遏方萌之人欲耳。乃今之爲仁者、天理之存無幾。而人欲之燄方張。是猶持一杯之水、救一車薪之火、火必不可得而熄矣。及見火之不熄、遂諉之曰、水不能勝火。此言一出、而不仁之人、皆信以爲仁之難成、是我爲仁不力之故、反助於彼不仁之甚者也、

【[illegible]】困勉錄仁不仁當兼兩人一人說。〇謂之水不勝火。是他人謂之如此。非自諉之辭。自諉意當在亦終必亡內。玩註自見。〇〔說統〕與於不仁。何要說得重。把別人的不仁都歸到他名下。無非深罪之也。〇〔存疑〕助不仁之甚者。言人皆謂仁不能勝不仁。却去爲不仁。豈不是有助於彼。〇〔困勉錄〕此節自不勝火以上。是言其無益。不熄以下。是言其反有害。

亦終必亡而已矣

言此人之心亦且自怠於爲仁。終必并與其所爲而亡之〇

趙氏曰言爲仁不至而不反諸己也

【本義】然非但有害於人就是自己也信之不專爲之不力將并其幾希之仁亦寖消寖微而終至於亡矣

【附解】〔説統〕亦終必亡即指今之爲仁者說

五穀者種之美者也章

【總旨】〔說統〕此章只重熟仁非是取荑稗爲仁不熟乃至不如荑稗蓋甚言仁之當熟以成其爲美也○〔翼註〕通章歸重末句

孟子曰五穀者種之美者也苟爲不熟不如荑稗夫仁亦在乎熟之而已矣

荑稗草之似穀者其實亦可食然不能如五穀之美也但五

穀不熟則反不如荑稗之熟猶爲仁而不熟則反不如爲他道之有成是以爲仁必貴乎熟而不可徒恃其種之美又不可以仁之難熟而甘爲他道之有成也○尹氏曰日新而不已則熟

大註　孟子勉人爲仁曰學莫先於爲仁爲仁必期於有得不觀之五穀乎彼五穀者天所生以養人人所資以爲食固種之美者也然所以謂之美者以其由種而耘而穫可以爲粒食之資耳使苗而不秀秀而不實則反不如荑稗之成熟而有用矣夫五穀不可不熟如此況仁爲吾心之生理兼四端包萬善是何如美德豈可不加培養之功是以爲仁者亦在乎省察於念慮體驗於躬行由期月之能守以至於終日之不違必使天理渾全德性常用亦如五穀之熟焉而後可已矣不然是自喪其心德之美而與五穀之不熟者等耳豈不有愧於他道之有成哉

附解翼註美種就養人上見○徐自溟曰不徒曰熟而曰熟之可見責在人之用工求熟非是舉已熟之成功而與他道較美惡也但熟之之工夫又全在心體涵濡勿矯强襲取○翼註心如穀種必以存養爲栽培以克復爲耘耨至天機暢茂德性堅凝方是熟處○鄧定宇曰仁到熟處動與仁游靜與仁俱時時皆仁處處皆仁不待安排方始是熟○新安陳氏曰而已矣者熟之之說盡夫爲仁之功外此無他也○困勉錄註又不可以仁之難熟二句是餘意○潛室陳氏曰註他道如百工衆技百家諸子皆是

羿之教人射章

總旨鄒嶧山曰此章即藝以況道見必不能廢成法教學邊俱重○說統通章要看四箇必字

孟子曰羿之教人射必志於彀學者亦必志於彀

羿善射者也志猶期也彀弓滿也滿而後發射之法也學謂

學射、

【本義】孟子曰天下之事未有無法而可底於成者故善教者必有所據善學者必有所循不觀之曲藝乎善射莫過於羿羿之教人射宜若有必得之巧乃其教之之法只是開弓引滿期至於彀率學射者亦只是開弓引滿期至於彀率彀率之外羿不能有異教弟子不能有異聞也

大匠誨人必以規矩學者亦必以規矩

大匠工師也規矩匠之法也○此章言事必有法然後可成師舍是則無以教弟子舍是則無以學曲藝且然况聖人之道乎

【本義】良工莫過於大匠大匠教人制器宜亦有獨運之智矣乃其教之之法只是引規執矩使之爲方圓學匠者亦只是

引規執矩學之爲方圓規矩之外大匠不能别有所傳弟子不能别有所習也曲藝且然則聖人之道可知矣

【附解】説統 引弓滿彀凝神不分乃可命中故曰志規矩無一定之則大小方圓惟所用之故曰以○【淺説】大抵知行者造道之法也虞廷之精一孔門之博約大學之格致誠正古今之爲師爲弟子者其能舍是以爲教與學乎○【葛屺瞻曰】正意不曾説破

告子章句下

凡十六章

任人有問屋廬子曰章

【總旨】翼註 此章見理欲之辨當論其大分不當較其一偏據一偏則常屈於變而禮之重者反輕食色之輕者反重論大分則不但常非變所能敵即變之中而常自在食色縱一時非輕而終不重於禮禮誠萬世爲重而終不輕於食色孟子

豈徒以闢任人不經之談、而直欲以嚴理欲之大防也。

任人有問屋廬子曰、禮與食孰重。曰、禮重。

任國名、屋廬子名連、孟子弟子也。

【本義】任人有問屋廬子曰、甘食者人之性、而食之中有禮在焉。不知禮與食果孰重乎。屋廬子答曰、食雖切於養生、而又賴禮以節其流、無禮則必失之縱、是禮重於食也。

【附解】翼註、此禮重見禮所以品節乎食、而使不至於貪饕、下禮重見禮所以品節乎色、而使不至於淫佚。

色與禮孰重。

任人復問也。

【本義】任人復問曰、悅色者亦人之性、而色之中有禮在焉。不知色與禮又孰爲重乎。

曰禮重曰以禮食則飢而死不以禮食則得食必以禮乎親迎則不得妻不親迎則得妻必親迎乎

本義 屋廬子答曰、色雖人之所欲、又賴禮以別其嫌、無禮則必至於淫、是禮重於色也、任人遂設難以問曰、子謂禮重於食固也、設使身當飢餓之際、此時若拘於禮、則必不得食而死、不拘禮則可得食而生、當此軀命所關之時、尚必以禮食乎、子謂禮重於色固也、設使身處窮乏之中、此時若拘親迎之禮、則必不可以得妻、不拘親迎之禮、則可以得妻、當此怨曠無聊之日、尚必以親迎乎、子謂禮重於食色、殆不然也。

附解 說約 不以禮食、如嗟來之類。○朱子曰 不親迎則得妻、如古者國有凶荒則殺禮而多昏、周禮荒政十二條中亦有此法。蓋貧窮不能備親迎之禮、法許如此。

屋廬子不能對明日之鄒以告孟子孟子曰於答是也何有

何有不難也。

【本義】屋廬子不能對、明日乃往鄒以告孟子。孟子曰、禮之重於食色者、理之常。任人之所詰問者、事之變。於答此問何難之有。

【附解】說約於答何有、正謂往應一節下三節、先就其言而斷之。

不揣其本而齊其末、方寸之木可使高於岑樓。

本謂下、末謂上。方寸之木至卑、喻食色。岑樓、樓之高銳似山者、至高、喻禮。若不取其下之平、而升寸木於岑樓之上、則寸木反高、岑樓反卑矣。

【本義】吾謂任人之問不難於答者、何以言之。蓋理欲輕重、本有一定之分、故謂禮重而食色輕者、乃據其大分而言也。如任人之論。則執其偏勝之說。以較量一定之理。而本末輕重。將失其平矣。且如岑樓至高。寸木至卑。爲從其根底而比較之也。如不從下面揣摩其根本。惟就梢末比並其高低。則舉方寸之木。可升之岑樓之上。寸木反高。岑樓反卑矣

【附解】困勉錄不揣二節。當平看。不可作相承說。

金重於羽者。豈謂一鉤金與一輿羽之謂哉

鉤帶鉤也。金本重而帶鉤小。故輕。喻禮有輕於食色者。羽本輕而一輿多。故重。喻食色有重於禮者

【附義】金之質至重。羽之質至輕。爲其分劑適均而稱量之也。豈謂一鉤至少之金。與一輿至多之羽而較輕重之謂哉

【附解】蒙引此金字。五金之總名。○說約此兩節。亦以與下節正意不可預出。

取食之重者與禮之輕者而比之。奚翅食重。取色之重者與禮

之輕者而比之奚翅色重

禮食親迎禮之輕者也。飢而死以滅其性、不得妻而廢人倫、食色之重者也。奚翅猶言何但。言其相去懸絕、不但有輕重之差而已。

本義 若任人之論則偏甚矣。飢而死、食之重者也。以禮食禮之輕者也。取食之重者與禮之輕者而比之、則食乃軀命所關、其重於禮甚矣、豈但如所云食重而已哉。得妻、色之重者也。親迎、禮之輕者也。取色之重者與禮之輕者而比之、則色乃大倫所係、其重於禮甚矣、豈但如所云色重而已哉。此正所謂寸木可高於岑樓、鉤金反輕於輿羽也、豈可爲定論乎。

附解 蒙引、禮食親迎、禮之輕者也。此本不是輕、但以對飢而死以滅其性、不得妻而廢人倫、則爲輕耳。

往應之曰紾兄之臂而奪之食則得食不紾則不得食則將紾

之乎踰東家牆而摟其處子則得妻不摟則不得妻則將摟之
乎

紾戾也摟牽也處子處女也此二者禮與食色皆其重者而以之相較則禮爲尤重也○此章言義理事物其輕重固有大分然於其中又各自有輕重之別聖賢於此錯綜斟酌毫髮不差固不肯枉尺而直尋亦未嘗膠柱而調瑟所以斷之一視於理之當然而已矣

本義 惟就兩重者相較則禮爲尤重矣汝何不往應之曰子以飢死爲滅性食固重矣然敬兄亦禮之重也設使當飢餓之際紾兄之臂而奪之食則得食不紾則不得食則將干犯禮義忍於紾兄而奪之乎子以不娶爲廢倫色固重矣然以

正相從、尤禮之重也。設使當鰥曠之時、踰東家牆而摟其處子、則得妻、不摟、則不得妻、則將蔑棄禮法、敢於踰牆而摟之乎。吾知寧可無食、必不可紾兄之臂也。寧可不得妻、必不可摟人處子也。禮之重於食色也明矣。又何難於答任人哉。

附解 困勉錄、總註雖似抑揚、重用權邊、其實正意是要明禮之重於食色、勿悞認。

曹交問曰章

總旨 新安陳氏曰、全章之要、在爲之而已。中言行堯之行、以躬行言也。末言豈難知與病不求歸求、以求知言也。求知以開其爲之之端、躬行以盡其爲之之實、則所謂可爲堯舜者、必眞能爲之、安有不假脩爲而可安坐以至堯舜之理耶。

存疑 奚有於是一條、說爲堯舜在乎作爲、徐行後長一條、示以堯舜之道不難爲、子服堯之服一條、則教以爲之也。

曹交問曰、人皆可以爲堯舜、有諸。孟子曰、然。

趙氏曰、曹交、曹君之弟也。人皆可以爲堯舜、疑古語、或孟子

所嘗言也、

【大意】曹交問孟子曰、聖人莫過於堯舜。堯舜之爲聖。疑若古今絕德。非人之所能爲。乃有言人皆可以爲堯舜者。不識果有此理乎。孟子曰。堯舜雖聖。與人同類。何不可爲之有。信有此理也。

【附解】四書脈有諸。不是問有此言。否。還是問堯舜可爲否也。○翼註。然。不徒然。其有是言。直是決可以爲意。

交聞文王十尺、湯九尺。今交九尺四寸以長。句食粟而已。如何則可

曹交問也、食粟而已、言無他材能也、

【大意】曹交不喻爲字之意。乃以形體自負曰。交聞自古能爲堯舜者。莫如周之文王。商之成湯。文王長十尺。湯長九尺。是有此非常之軀幹。方有此非常之事功。今交九尺四寸以長。比文不足。比湯有餘。似具聖人之體貌矣。及揣己力量。但知

食粟焉耳、更無他長、可以表見於世、有其形而無其實、交之有愧於湯文遠矣、敢問如之何乃可以爲堯舜乎

附解 四書脈 如何則可。不是問爲之法只是愁不勝意。

曰奚有於是亦爲之而已矣有人於此力不能勝一匹雛則爲無力人矣今曰舉百鈞則爲有力人矣然則舉烏獲之任是亦爲烏獲而已矣夫人豈以不勝爲患哉弗爲耳

、匹字本作鴄、鴨也、從省作匹、禮記說匹爲鶩是也、烏獲古之有力人也、能舉移千鈞、

本義 孟子曰、欲爲堯舜、奚有於是形體哉、亦惟勵作聖之志、反己自脩去其不如湯文者就其如湯文者黽勉爲之而已矣譬如有人於此向也不用力而力不能勝一匹雛、則爲無力人矣今也肯用力而自任曰舉百鈞則爲有力人矣有力

無力。在舉與不舉之間。然則有能舉烏獲之任者、不必其形體之相似、是亦今之烏獲而已矣。若使能爲堯舜之所爲、豈不卽今之堯舜乎。人於堯舜之道、往往以不勝任爲患、豈知力之不勝、不足爲患、患在甘於暴棄、畏其難而弗之爲耳、何不勝之足患哉。

附解 新安陳氏曰、爲之一字、爲此章之要。所謂弗爲耳、及下文所不爲也、皆與爲之而已一句相應。○賽合註 不勝匹雛舉百鈞舉烏獲之任、總在一人身上言。○存疑 無力有力兩箇爲字輕、與上下亦爲弗爲二爲字不同。○翼註 力不同科如何人人能烏獲。此意只要破其形體之拘、言只論其人能舉烏獲之任、便是烏獲、不必形體似烏獲也。○弗爲耳、泛就聖道說。是自暴自棄而不爲。下節所不爲也、專說敬長、是驕盈躁率而不爲。

徐行後長者、謂之弟。疾行先長者、謂之不弟。夫徐行者、豈人所不能哉。所不爲也。堯舜之道、孝弟而已矣。

陳氏曰：孝弟者，人之良知良能自然之性也。堯舜人倫之至，亦率是性而已，豈能加毫末於是哉？楊氏曰：堯舜之道大矣，而所以為之，乃在夫行止疾徐之間，非有甚高難行之事也，百姓蓋日用而不知耳。

【[illegible]】且堯舜亦不難為也。今夫長者在前，我徐行而讓步於後，這便是知敬長之禮，謂之弟；使長者在後，我疾走而突出其前，這便是有傲長之心，謂之不弟。夫徐行者不過於步趨之間遵先後之序，豈有甚高遠難行之事為人所不能者哉？惟其忽長幼之節，是以廢事長之禮，蓋自不肯為耳。豈知此孝弟之道，近之則吾人知能之良，推之實聖人盡性之事。堯惟親睦九族，而後有平章之化；舜惟慎徽五典，而後有風動之休。是堯舜之道亦只孝弟而已，豈得加毫末於其間哉？

【附解】〔翼註〕堯舜之道，道字不另講，下孝弟即是道也，觀而已矣字可見。○〔存疑〕孝弟之理通於上下，舉其近，徐行後長，此

孝弟也極其遠則堯之親睦九族平章百姓舜之瞽瞍底豫而天下定此孝弟也此是實理實事

子服堯之服誦堯之言行堯之行是堯而已矣子服桀之服誦桀之言行桀之行是桀而已矣

言爲善爲惡皆在我而已詳曹交之問淺陋麤率必其進見之時禮貌衣冠言動之間多不循理故孟子告之如此兩節云

本義 堯舜不難爲而爲之機則在吾子也子若被服堯之所服誦述堯之所言體行堯之所行衣冠言動一循乎孝弟則雖不必容貌如堯是亦一堯而已矣子若被服桀之所服誦述桀之所言體行桀之所行衣冠言動不循乎孝弟則雖不必容貌如桀是亦一桀而已矣夫能爲堯則必能爲舜而出於堯則必入於桀子可不愼擇所從哉

附解〔賓合註〕說堯該得舜。○〔蒙引〕子服堯之服三句。都須就孝弟說。○〔新安陳氏曰〕上一節告以徐行疾行此一節告以衣服言行皆是就其病之切處箴敎之。

曰交得見於鄒君可以假館願留而受業於門

假館而後受業又可見其求道之不篤

本義 曹交聞孟子之言有感於心曰交初疑聖道難爲幸而得聞夫子之敎乃知堯舜可學而至此一念求敎之誠有不容自已者交得見於鄒君可以假借旅館以爲駐居之所願暫留於此而受業於夫子之門牆庶幾得盡聞聖道之傳終成學聖之志矣。

附解〔翼註〕得見鄒君。有挾貴意假館。又有求安意。

曰夫道若大路然豈難知哉人病不求耳子歸而求之有餘師

言道不難知若歸而求之事親敬長之間則性分之内萬理皆備隨處發見無不可師不必留此而受業也○曹交事長之禮既不至求道之心又不篤故孟子教之以孝弟而不容其受業蓋孔子餘力學文之意亦不屑之教誨也

本義 夫假館而後受業則其求道之不篤可知孟子乃從而拒之曰子欲假館受業者意以道之難知而求師於我也不知這箇道理具於性分之内著於日用之常譬如大路爲衆人之所最明者豈有難知之理而待人指示哉但人自不知所以求之耳子誠歸於家庭之間而求此道於事親敬長之際則行止疾徐隨所寓而皆道衣冠言動隨所覺而皆師不必身親授受而師資有餘矣何必留此受業而後可求道也

附解 蒙引夫道若大路然如父當慈子當孝兄當友弟當恭之類此理昭然智愚所共曉者故曰豈難知哉此正指衆人

所可與知者耳若夫精微之蘊。則亦有未易知者。○或言本文道字恐難專指孝弟曰孟子已說在前了。曰堯舜之道孝弟而已矣。不然。朱子何以曰歸而求之事親敬長之間。○〔翼註〕大路明白現前。故下句云豈難知哉。純以知言。不可說人路喻共由。○〔蒙引〕人病不求者。或蔽於私。或役於氣。自暴自棄也。○子歸而求之。或以爲反而求之非也。歸字是對留受業於鄒說。故註云不必留此而受業也。○註隨處發見。無不可師。只言依他行便都是道也。

高子曰小弁小人之詩也章

總旨　說統通章以仁孝二字作主。高子在怨上疑其爲小人。孟子在怨上見其爲仁孝。凱風是借來比例。通章只重小弁上。

公孫丑問曰。高子曰。小弁。小人之詩也。孟子曰。何以言之。曰。怨

高子齊人也。小弁小雅篇名。周幽王娶申后。生太子宜臼。又

得褒姒生伯服而黜申后廢宜臼於是宜臼之傅爲作此詩以敘其哀痛迫切之情也。

本義 公孫丑問孟子曰吾聞高子之說詩也以爲詩三百篇多仁人孝子之言惟小弁乃小人之詩也孟子問曰高子以小弁爲小人之詩其說云何公孫丑曰高子謂詩之爲教溫柔敦厚今小弁處父子之間而爲嗟怨之辭此所以爲小人之詩也

附解 賽合註小人對仁人孝子看。蒙引怨只是哀怨不必直謂怨親也。翼註怨是公孫丑述高子之意如此後凱風何以不怨方是公孫丑自出己意言之。

曰固哉高叟之爲詩也有人於此越人關弓而射之則己談笑而道之無他疏之也其兄關弓而射之則己垂涕泣而道之無

他戚之也小弁之怨親親也親親仁也固矣夫高叟之爲詩也

固謂執滯不通也爲猶治也越蠻夷國名道語也親親之心仁之發也

本義孟子曰凡說詩者當會其意而不可泥其言固哉高叟之說詩也夫謂小弁爲怨則可謂怨爲小人則不可何者小弁乃怨其所當怨者也譬如有人於此越人關弓而射此人我雖知其殺人不可然不過從旁談笑而開導之初無急迫之意此無他以越人與我情分之遠利害本不相關故因其疏而疏之也如使其兄關弓而射此人則恐陷其兄於殺人之罪當必向前垂涕泣而勸止之不勝其遑遽之情矣此無他以兄與我手足至親休戚本同一體故因其親而親之也今小弁處父子之閒正與其兄關弓一般故其爲詩哀痛迫切庶幾動親心之感悟正是垂涕泣而道之意蓋親親也夫親親之心乃至誠惻怛之念仁之發也未有小人而仁者而可謂小弁爲小人之詩乎高叟之說詩所以爲固也

【附解】〔翼註〕詩雖主於溫厚。然亦有當怨者。必執彼以例此。是執一不通。故曰固。〔翼註〕爲詩。猶云說詩也。〔說統〕越人與其兄所射。總射有人於此之人。〔翼註〕越人兩段作四箇人看。兩已字作旁觀者說。重其兄一邊。親親仁也。乃一事之仁。非全體之仁。〔蒙引〕集註云。親親之心仁之發也。依此當以仁爲親親之根源

曰凱風何以不怨

凱風。邶風篇名。衞有七子之母。不能安其室。七子作此以自責也。

【衍義】丑又問曰。小弁之怨。固是親親。至於凱風之詩。七子不得於其母。猶小弁不得於其父也。何爲痛自刻責。不怨其親乎。

【翻解】新安陳氏曰。母生七子而寡。不能安其室。七子作詩。不敢非其母。引罪自責。謂子不能慰其心。使母不安。以感動之

也。○〔翼註〕丑非疑凱風。只是舉以例小弁意不當怨耳

曰凱風親之過小者也小弁親之過大者也親之過大而不怨是愈疏也親之過小而怨是不可磯也愈疏不孝也不可磯亦不孝也

磯、水激石也、不可磯、言微激之而遽怒也。

〔衍義〕孟子曰人子之情。本無親疏。而父母之過。則有大小。凱風雖有過。然祇以一時之私心。而少有虧於父子之天性。是過之小者也。若小弁信讒廢嫡。則傷天地之太和。戾父子之至性。是過之大者也。親之過大。而漠然無所動其念。則親既絕我。我又自絕於親。已疏而益疏。其薄於親甚矣。親之過小。而我遂憤然繼之以怒。則是以石激水。水不能容乎石。微激而遽怒。其不可磯甚矣。以此觀之。愈疏是有忘親之心。忘親不可謂之孝也。此小弁所以怨也。不可磯是無順親之心。不

能順親、亦不可謂之孝也。此凱風所以不怨也。怨與不怨各有攸當。惡可比而同之乎

【附解】【蒙引】七子之母過在身家。宜臼之父過係宗社。七子之母所失者不自制其一己情慾之私。而宜臼之父所失者三綱淪九法斁而四海覆矣。此其過之小大可見。○【翼註】磯是借字不可。猶云不容也。○【存疑】註磯水激石也當云激水石。蓋水之行處有石水行不去遂激起而叫號矣。○【說約】石喩母水喩子。

孔子曰舜其至孝矣五十而慕

言舜猶怨慕小弁之怨不爲不孝也○趙氏曰生之膝下一體而分喘息呼吸氣通於親當親而疏怨慕號天是以小弁之怨未足爲愆也

【本義】昔者孔子嘗曰、舜其爲至孝矣、年至五十、猶怨慕其親而不忘。夫舜以怨慕而稱至孝。則小弁之怨未可謂之不孝

也。何可以小
人目之哉

附解 淺說。舜之怨慕。怨己而慕乎親也。小弁之怨。怨己而亦怨親也。實未免有不同者。孟子亦姑引以爲證。而取詩意之近厚耳。

宋牼將之楚章

總旨 新安陳氏曰。此章大意。與首篇首章相似。利端一開。利心競熾。而大倫將不暇顧。其禍有甚於交兵者。交兵不過殺人身耳。言利則必蠹害人心。孟子此章於過人欲存天理尤嚴焉。

宋牼將之楚。孟子遇於石丘。

宋姓。牼名。石丘地名。

本義 昔宋牼將往楚。孟子偶遇於石卯之地

曰先生將何之

趙氏曰學士年長者故謂之先生

【本義】孟子因問之曰先生此行意欲何往

曰吾聞秦楚搆兵我將見楚王說而罷之楚王不悅我將見秦王說而罷之二王我將有所遇焉

時宋牼方欲見楚王恐其不悅則將見秦王也遇合也按莊子書有宋鈃者禁攻寢兵救世之戰上說下教強聒不舍疏云齊宣王時人以事考之疑即此人也

【衍義】宋牼曰今百姓之苦莫甚於戰爭而列國相爭莫強於秦楚我聞秦楚二國興兵搆怨意將南向而見楚王說以罷

兵息民之說、使無攻秦、設或楚王不悅吾言、我將西向而見秦王、說以罷兵息民之說、使無攻楚、不遇於楚、必遇於秦、或者二王之中、將必有一處遇合焉、

[illegible]〔四書脈〕構兵處。且漫說兵連禍結。恐侵下不利意。○遇合也。以言聽計從說。○〔翼註〕二王我將有所遇、是說不遇於楚。必遇於秦。不可倒說。不遇於秦、必遇於楚。

曰軻也請無問其詳願聞其指說之將何如曰我將言其不利也曰先生之志則大矣先生之號則不可

徐氏曰。能於戰國擾攘之中。而以罷兵息民爲說。其志可謂大矣。然以利爲名。則不可也。

【大全】孟子曰、先生往說秦楚、軻也邂逅之際、請無問其詳、只願聞其大指、說之以何爲詞乎、宋牼曰、兩國構兵、由其見利

而不見害也。我將說以兵連禍結之害、使之知其不利而自寢耳、孟子因闢之曰、當今策士皆以戰功爲尚、先生獨於兵戈擾攘之時、而以罷兵息民爲說、意在措天下於安寧、志誠大矣、但謀人國家之事、宜論道理、不宜論利害、今先生欲言搆兵爲不利、則是以利爲名、而欲秦楚之王惟利是從、名號實有所不可也、

【附解】〔折衷〕說、箇不利便伏箇利字在、故以爲不可。

先生以利說秦楚之王、秦楚之王悅於利、以罷三軍之師、是三軍之士樂罷而悅於利也、爲人臣者懷利以事其君、爲人子者懷利以事其父、爲人弟者懷利以事其兄、是君臣父子兄弟終去仁義、懷利以相接、然而不亡者、未之有也。

【本義】何以見以利爲名者之不可哉。蓋有利則必有害也。先生以利說秦楚之王、而謂罷兵息民乃國之利、由是秦楚之

王欣然說於利以罷三軍之師、三軍之師得免於鋒鏑死亡之憂其誰不樂是士卒亦樂罷而悅於不戰之利也利之名一倡舉國之人皆熙熙然爭騖於利為人臣者懷圖利之念以事其君為人子者懷圖利之念以事其父為人弟者懷圖利之念以事其兄是君臣父子兄弟之間終去仁義只懷利以相交接吾恐見利則爭失利則怨親愛之心既亡篡弒之禍將起國不至於滅亡者未之有也利之為禍如此

〔分解〕〔翼註〕師即士也勿分將帥卒徒○懷字根說字來最重○〔家訓〕臣子弟不必拘定三軍中人說○利說秦楚利字以息兵言懷利利字寬說是一點私心有為而為之意○〔翼註〕上只言下之事上而下乃兼言相接者感應一理也○〔南軒〕張氏曰古之謀國者以義理不以利害此天理人欲之所以分而治忽所由係也說之以利使其能從亦利心耳罷兵雖息一時之患而徇利實傷萬世之彝

先生以仁義說秦楚之王秦楚之王悅於仁義而罷三軍之師

是三軍之士樂罷而悅於仁義也爲人臣者懷仁義以事其君爲人子者懷仁義以事其父爲人弟者懷仁義以事其兄是君臣父子兄弟去利懷仁義以相接也然而不王者未之有也何必曰利

此章言休兵息民爲事則一然其心有義利之殊而其效有興亡之異學者所當深察而明辨之也

本義利既不可爲名則當以何者說之亦有仁義而已矣先生若以仁義說秦楚之王而曰殃民非仁過制非義由是秦楚之王欣然悅於仁義以罷三軍之師三軍之師得蒙休息生養之澤其誰不樂是士卒亦樂罷而悅於仁義之道也仁義之名一倡舉國之人皆將熙熙然爭趨於仁義爲人臣者懷仁義之心以事其君爲人子者懷仁義之心以事其父爲

人弟者、懷仁義之心以事其兄、是君臣父子兄弟之間、皆去利心、只懷仁義以相交接也、吾見彝倫式敘上下交歡有尊君親上之風、無悖逆淩犯之俗、其不能與王業而王天下者、未之有也、仁義之造福如此、先生亦持此以往可矣、何必以

利爲

言哉、

附解 存疑 以仁義說秦楚之王只是就搆兵上說其非仁義不是搆兵外別說他去做仁義也○家訓 仁義說秦楚仁義字以不殃民爲仁不蹂制爲義言懷仁義仁義字寛說是一點公心無爲而爲之意○存疑 懷仁義以事其君是懷箇仁義之心去事君不是把仁義去事君也蓋其所以事君者只是見得道理當如此初不爲一已富貴之圖便是懷仁義以事其君也○賽合註 何必曰利此句結上王與亡兩條

孟子居鄒章

總旨 覺軒蔡氏曰 此章見孟子於禮意之閒是否之際權衡輕重各稱其宜如此○說統 首節爲相處守四字及居鄒平

陸是伏案不成享三字是斷案得之鄒不得之平陸是結案

孟子居鄒季任爲任處守以幣交受之而不報處於平陸儲子爲相以幣交受之而不報

趙氏曰季任任君之弟任君朝會於鄰國季任爲之居守其國也儲子齊相也不報者來見則當報之但以幣交則不必報也

講義　昔孟子居鄒有任君之弟季任者因其見有朝會之事爲之居守其國使人自任至鄒執幣帛以爲納交之禮孟子受其幣而不往報焉及處於齊平陸之時儲子爲齊相使人自齊至平陸執幣帛以爲納交之禮孟子受其幣而亦不往報焉其受幣之同如此

附解[蒙引]居處二字少有別居意常處意暫蓋鄒是父母之國平陸其所寓也○[說統]曰居鄒曰平陸曰處守曰爲相此是敘事中書法都未道破○

[蒙引]不報者不往答拜也

他日由鄒之任見季子由平陸之齊不見儲子屋廬子喜曰連得閒矣

屋廬子知孟子之處此必有義理故喜得其閒隙而問之

[illegible]義及至他日孟子由鄒之任乃見季子以報前日之禮又一日由平陸之齊却不見儲子以報前日之禮其報禮之異如此屋廬子喜曰連也仰慕夫子之道每欲請問但無閒隙之可乘今觀處季任儲子之事一見一不見是必有義理存乎其閒我得其閒隙而可請問矣

附解[蒙引]連得閒矣謂已得閒而問也非謂孟子所處有閒隙處也

問曰夫子之任見季子之齊不見儲子爲其爲相與

言儲子但爲齊相不若季子攝守君位故輕之邪

本義 屋廬子因問曰季子儲子同一幣交則宜同一往見也今夫子至任就往見季子及至齊却不肯見儲子夫子之意豈是爲儲子爲齊相不似季子攝守君位之尊故輕之而不見與

附解 折衷爲其爲相與乃故設此問以探其義理所在非眞以此疑孟子也

曰非也書曰享多儀儀不及物曰不享惟不役志于享

書周書洛誥之篇享奉上也儀禮也物幣也役用也言雖享而禮意不及其幣則是不享矣以其不用志于享故也

本義 孟子曰君子交際之義只論道理不論名位我之不見儲子非以其爲相之故也獨不觀之書乎書曰凡人獻享於

上、貴在禮意有餘、若物有餘而禮不足、是儀不及物、卽謂之曰不享、惟其未嘗用志于享故耳、書之言如此。

附解 蒙引 儀禮意也、對物言。集註只云禮者、蓋禮有本有末。此禮字指本言、故下文便云禮意、多厚也、不可因多字遂謂是禮文。○書所享、指天子、孟子引之、則謂享賢者事也。○賽合註 曰不享、言是謂非享也、非謂我不享之也。

爲其不成享也

孟子釋書意如此。

本義 夫以物享人、書乃謂之不享者、何。蓋人必有恭敬之心、將幣帛之物、方可以成享禮、若不用志於享而徒致飾於幣帛之陳、則有文無實、不成享禮矣。書所謂不享者、蓋爲此也、子亦可知我不見儲子之故矣。

附解 蒙引 此句最當玩味、要見是發上文未發之意、莫與上文不享一般看、要深一步、正是解那意。○存疑 惟不役志于享、是書自解曰不享意、爲其不成享、又是孟子解書曰不享意。

屋廬子悅。或問之屋廬子。曰季子不得之鄒。儲子得之平陸。

徐氏曰。季子爲君居守。不得往他國以見孟子。則以幣交。而禮意已備。儲子爲齊相。可以至齊之境內而不來見。則雖以幣交。而禮意不及其物也。

本義　屋廬子得孟子所以不見儲子之故。遂欣然有悅於心。或人不知其意。以爲同一幣交。何有成享不成享之辨。乃疑而問屋廬子。曉之曰。但觀二子之所處。可知矣。季子爲君居守。若自任至鄒。必出境而遠涉越國見賢。國誰與守。其不得之鄒者。乃勢之所不能。非心之所不欲也。若儲子則異乎是。其官則齊相也。既無居守之責。平陸乃齊邑也。又無越國之勞。可來而不來。是其不之平陸者。乃心之所不欲。非勢之所不能也。夫季子不得之鄒。則雖以幣交。而禮意已備。此所以謂之成享。儲子得之平陸。而不一至。則雖以幣交。而儀不及物。此所以謂之不成享也。又何疑哉。

附解〔翼註〕季子不得之鄒。有居守及他國二意。儲子得之平陸有爲相及境內二意。〇〔慶源輔氏曰〕不得之鄒而不來。則是制於禮者也。得之平陸而不至。則是簡於禮者也。制於禮者。欲爲禮而不可。簡於禮者。可爲而不欲。君子之所爲。一視其禮意之輕重。而行吾義而已。

淳于髡曰章

總要〔說統〕通章以仁字爲骨子。以心理迹三字爲眼目。以用不用三字爲關鍵。〇〔說約〕此章三問三答。首疑孟子之去爲不仁。答言不論去就。但無私心。合天理。同歸於仁。次疑不去亦未必有名實。答言賢者於人國。必有益。但不用耳。終疑無名實。不可謂賢。答言賢者固不可識也。孔子見幾明決而用意忠厚。故去國之故。不肯明言。直俟孟子發明之。然則孟子之去齊。亦必有不欲明言者。髡固未知。宜其嘵嘵耳。

淳于髡曰先名實者爲人也後名實者自爲也夫子在三卿之

中名實未加於上下而去之仁者固如此乎

名聲譽也實事功也言以名實爲先而爲之者是有志於救民者也以名實爲後而不爲者是欲獨善其身者也名實未加於上下言上未能正其君下未能濟其民也

本義 淳于髠因孟子仕齊無功而去乃譏之曰士君子處世只有出處兩端若以功名爲急務而先之是心存於救民而爲人也若以功名爲緩圖而後之是志在於守已而自爲也自爲爲人總求此心之安仁者之事也今夫子嘗踏於齊位居三卿之中則非自爲之時矣乃上無以致君下無以澤民名實未加於上下忽然致仕而去又不能終其爲人之志人已兩無所成進退兩無所據仁者固如此乎

附解 說統名實卽功名二字名生於實者也先後作緩急解爲人自爲髠雖並言其實致譏重爲人邊○蒙引爲人似可

兼正君救民而朱子於此獨言救民大抵必正君而能救民也○大國三卿是時齊雖僭號稱王卿猶仍舊○困勉錄仁者固如此乎作既不成處又不成出看

孟子曰居下位不以賢事不肖者伯夷也五就湯五就桀者伊尹也不惡汙君不辭小官者柳下惠也三子者不同道其趨一也一者何也曰仁也君子亦仁而已矣何必同

仁者無私心而合天理之謂楊氏曰伊尹之就湯以三聘之勤也其就桀也湯進之也湯豈有伐桀之意哉其進伊尹以事之也欲其悔過遷善而已伊尹既就湯則以湯之心爲心矣及其終也人歸之天命之不得已而伐之耳若湯初求伊

尹即有伐桀之心而伊尹遂相之以伐桀是以取天下爲心也以取天下爲心豈聖人之心哉

【本義】孟子曰子疑我去國爲未仁是徒泥去就之迹而未能深諒我之心也且以古人言之古有迹近於爲已寧居下位而不肯以我之賢事君之不肖者伯夷也亦有迹近於爲人感幣聘而五就湯因湯進於桀而五就桀者伊尹也有迹近於爲已爲人不羞汙君而必事之不辭小官而必居之者柳下惠也三子者或去或就或去而且就其道不同而其志意之所趨向則一也所謂一者何也乃仁之所在也蓋去者非絶俗就者非徇世有去有就者非無定守總歸於心之無私理之當然耳然則君子處世可就則就固非有意於爲人而以名實爲先可去則去亦非有意於自爲而以名實爲後要求合乎此心之仁而已矣何必行之盡同乎

【講解】蒙引下位不指有官者謂士庶也○【竇合註】道字輕當迹字看○【存疑】註無私心以心言合天理以事言伯夷之去

非沽名也○天下無道○在所當去○是其心固無私○而其去亦合天理也○下惠之不去○非貪祿也○進不隱賢○必以其道○不以三公易其介○其心亦非有私○而於理亦合也○伊尹之有去有就○其就湯也○感湯之聘○欲以其道覺民○其就桀也○以湯之進○冀其悔過遷善也○其去而就湯也○以桀不悔過○而湯有可就○亦非爲利祿也○是其心未嘗有私○於理亦合也○〔蒙引〕君子亦仁而已矣○說開去○不指三子○孟子自謂也○〔家訓〕仁字同○字俱根人已先後意講○〔困勉錄〕何必同○是言君子一人之先後不必同○不是言君子與古人不必同○

曰魯繆公之時○公儀子爲政○子柳子思爲臣○魯之削也滋甚○若是乎賢者之無益於國也

公儀子名休○爲魯相○子柳○泄柳也○削○地見侵奪也○髡譏孟子雖不去○亦未必能有爲也○

本義 淳于髡又譏孟子曰、賢者處世之迹。固難盡同。而其濟世之功實難取必、昔者魯繆公之時、以公儀休爲相、而秉國之政。以子柳子思爲臣、而分理庶職。此三人者皆當世所謂賢人、而繆公用之宜乎魯之日强矣。乃當時鄰國交侵疆宇日蹙、魯之削弱滋甚。以此觀之、賢者原無益於人國。其去就未足爲重輕也。

附解 蒙引 爲政者相國之任。爲臣則凡布列庶位者皆是。○四書脈 若是乎賢者二句。不專指公儀子等言。正墻寓譏孟子意。

曰、虞不用百里奚而亡、秦穆公用之而霸。不用賢則亡、削何可得與。

百里奚事見前篇。

本義 孟子曰、賢人去留。國之存亡攸繫。何可謂其無益。昔百里奚初仕於虞。虞公貪受晉賂。不聽其言。遂見執於晉。與虢俱亡及其在秦穆公加之相位言聽計從遂霸西戎顯名天下夫以虞公一不用百里奚卽至於滅亡而不救雖欲求如魯之削地不可得矣然則魯之僅至於削而不亡者猶賴羣賢維持之力也豈可謂賢者無益於人國乎

【附解】說統節意重用不用上百里奚非愚於虞而智於秦只用與不用耳不用賢二句推開說

曰昔者王豹處於淇而河西善謳緜駒處於高唐而齊右善歌華周杞梁之妻善哭其夫而變國俗有諸内必形諸外爲其事而無其功者髡未嘗覩之也是故無賢者也有則髡必識之

王豹衛人善謳淇水名緜駒齊人善歌高唐齊西邑華周杞梁二人皆齊臣戰死於莒其妻哭之哀國俗化之皆善哭髡以此譏孟子仕齊無功未足爲賢也

本義 堯又譏孟子曰、賢者之抱負難知、而事功易見。使其果有益於人國、堯豈不知者乎。昔者衛人王豹善謳、居於淇水之上、河西之人、凡近淇水而居者、皆化之而善謳。齊人綿駒善歌、居於高唐之邑、齊右之人、凡近高唐而居者、皆化之而善歌。華周杞梁之妻、因夫死於戰鬭、哭之而哀、至於城爲之崩、由是一國之中、其俗皆變而善哭。即此三事推之、可見名實相須。有才猷蘊蓄於內者、必有功業昭著於外、如有才以爲其事、而無功效之可指者、堯未嘗覩之也。看來當今之世、實是無賢者耳、若果有賢者、則其才猷自足以經世、功業自足以及民、堯必知其人矣。今既未見其人、安望其有益於國哉。

附解 新安陳氏曰、謳、聲有曲折也。歌、長言也。○吳氏程曰、按左傳禮記皆無華周妻哭之事、不過帶說華周、猶前篇稱禹稷過門不入耳。○翼註 內以抱負言、外以功業言。爲其事、即須有諸內、無其功、即反形諸外。四句一正一反、作兩層看。○賽合註 是故句、暗指今日齊國言。

【附考】左傳襄公二十三年、齊侯襲莒、杞殖華還載甲夜入、明日先遇莒子、莒子重賂之、使無死、曰請有盟、華周對曰、貪貨棄命、亦君所惡也、昏而受命、日未中而棄之、何以事君、莒子親鼓而伐之、獲杞梁、莒人行成、齊侯歸、遇杞梁之妻於郊、使弔之、辭曰、殖之有罪、何辱命焉、若免於罪、猶有先人之敝廬在、下妾不得與郊弔、齊侯弔諸其室。〇劉向說苑齊莊王攻莒、杞梁與莒戰、梁遂鬭殺二十七人而死、妻聞而哭、城爲之阤、而隅爲之崩、

曰孔子爲魯司寇不用從而祭燔肉不至不稅冕而行不知者以爲爲肉也其知者以爲爲無禮也乃孔子則欲以微罪行不欲爲苟去君子之所爲衆人固不識也

按史記孔子爲魯司寇、攝行相事、齊人聞而懼、於是以女樂遺魯君、季桓子與魯君往觀之、怠於政事、子路曰、夫子可以

行矣孔子曰魯今且郊如致膰於大夫則吾猶可以止桓子卒受齊女樂郊又不致膰俎於大夫孔子遂行孟子言以爲爲肉者固不足道以爲爲無禮則亦未爲深知孔子者蓋聖人於父母之國不欲顯其君相之失又不欲爲無故而苟去故不以女樂去而以膰肉行其見幾明決而用意忠厚固非衆人所能識也然則孟子之所爲豈髡之所能識哉○尹氏曰淳于髡未嘗知仁亦未嘗識賢也宜乎其言若是

【大義】孟子曰賢者固未易識也盍即孔子之事觀之昔者孔子爲魯司寇魯之君相惑於女樂而不之用孔子之心已決於去而猶未去也時方有祭祀之舉而膰肉不頒於孔子於是孔子不脫冕而行當是時人之不知者以爲爲肉而去固

不知也、卽知者以爲爲無禮而去、亦未爲深知也、乃孔子則欲在己以輕去之微罪行、而不顯其君相之失、且去以燔肉、亦爲有辭、又不欲爲無故而苟去也、其見幾明決而用意忠厚如此、然則君子之所爲、信有出於常情擬議之外者衆人淺陋之見、固莫得而識其心也、又何輕量賢者哉、

附解 賽合註 不用下要補孔子心已去而未卽去意○家訓 從而祭、當受女樂時、隨後卽有郊祭之事、非孔子往從祭也、冕非行旅之服、不脫冕而行、言去之急也、此亦見孔子名實未加於上、下而去之也○蒙引 孔子以燔肉不至而行、其用意、欲人咎其以細故去國、在孔子有微罪也、非謂以君相之微罪而行也、此所以爲不顯君相之失、以爲用意忠厚也、然雖細故、亦其故也、故又曰不欲爲無故而苟去、言在己亦有辭於去、非全無可去之故也○汪氏曰 以微罪行、仁也、不爲苟去、義也、君子之所爲仁義而已○翼註 君子之所爲、信心不拘迹、故衆人不識、亦粘出處上說○四書脈 此節亦重爲魯不用、上不重以微罪行、此二句特明託燔之意、

五霸者三王之罪人也章

【總旨】（賽合註）此孟子傷王道之不行也。要見世變愈趨愈下。

孟子曰：五霸者，三王之罪人也；今之諸侯，五霸之罪人也；今之大夫，今之諸侯之罪人也。

趙氏曰：五霸，齊桓、晉文、秦穆、宋襄、楚莊也。三王，夏禹、商湯、周文武也。丁氏曰：夏昆吾，商大彭、豕韋，周齊桓、晉文，謂之五霸。

【本義】孟子曰：自古治世安民，德莫有過於三王者。三王既往，五霸迭興，雖不無扶衰撥亂之功，然在當時之天下，不可謂無功，而在三王之世，不得謂無罪，是三王之罪人也。至於今之諸侯，不惟不容於三王之世，亦且不容於五霸之國，殆又爲五霸之罪人也。至於今之大夫，雖若有功於諸侯，而實得罪於諸侯，殆又爲今之諸侯之罪人也。

附解〔家訓〕三王提起下將五霸諸侯遞言其罪○〔說統〕罪在無王處見之此處且未露○〔新安陳氏曰〕五霸宜從前一說

天子適諸侯曰巡狩諸侯朝於天子曰述職春省耕而補不足秋省斂而助不給入其疆土地辟田野治養老尊賢俊傑在位則有慶慶以地入其疆土地荒蕪遺老失賢掊克在位則有讓一不朝則貶其爵再不朝則削其地三不朝則六師移之是故天子討而不伐諸侯伐而不討五霸者摟諸侯以伐諸侯者也故曰五霸者三王之罪人也

慶賞也益其地以賞之也掊克聚斂也讓責也移之者誅其人而變置之也討者出命以討其罪而使方伯連帥帥諸侯

以伐之也伐者奉天子之命聲其罪而伐之也摟牽也五霸牽諸侯以伐諸侯不用天子之命也自入其疆至則有讓言巡狩之事自一不朝至六師移之言述職之事

本義何以見五霸爲三王之罪人蓋三王之時紀綱振舉法度脩明天子以時巡行於諸侯之國名曰巡狩巡狩者巡其所守之土地也諸侯以時朝覲於天子之廷名曰述職述職者述其所脩之職事也時乎春也正百姓耕田之時天子省於畿內諸侯省於國中見有播種不足者必賑貸以補益之使其不妨於耕時乎秋也正百姓收穫之時天子省於畿內諸侯省於國中見有糧食不給者必賑貸以周助之使其不妨於歛察閭閻之疾苦行周恤之恩惠故其時之民皆家給人足而無匱乏之患也試以巡狩之事言之天子入諸侯之疆內見其未墾之土地能開闢已熟之田野能脩治老者養之而不至凍餒賢者尊之而罔或遺逸且用俊傑有材之士使之布列庶位分猷而宣力是能克謹侯度有功於王室者

也能無慶乎慶以土地而諸侯莫不勸矣若入其疆而土地荒蕪不闢亦不治也老者遺棄而凍餒不免賢者放失而禮意不及惟用掊克聚斂之臣使之損下益上蠹政而殃民如此是怠棄封守違背乎王章者也能無讓乎讓其愆尤而諸侯莫不懲矣以述職之事言之諸侯朝於天子本有常期也設或一次不朝是慢上之漸也則貶其爵位以次而降其官再次不朝是陵替之端也則削其土地以次而降其祿如三次不朝則悖亂已極不但當削其地而已遂命六軍之衆往誅其人而更置賢者以守其國焉三王之制如此由此觀之可見禮樂征伐之權皆出自天子臣下無敢自專者故天子但出令以討罪而不必親與伐國之師諸侯但承命以伐人而不敢擅興討罪之旅此體統名分所在三王以來未之改也今五霸不用天子之命牽連與國之諸侯以攻伐諸侯之叛已者名雖爲伐實同於討豈非以臣而僭君以下而犯上得罪於王法者乎我故曰

五霸者三王之罪人也

對辨 蒙引土地辟謂墾也田野治指熟地言下文土地荒蕪則兼田野不治在其中○養老者無凍餒之老也尊賢者

知重有德也。俊傑在位者。收用人才而不取掊克之徒也。此一句專指布列庶位以脩百職者。不與尊賢相混。〇〔艾千子〕曰入其疆七句。當提出王者。方見當時諸侯皆爲天子舉其職。方見慶討之權操自天王。不然。霸者五命。未嘗無尊賢育才敬老慈幼也。〇〔四書脈〕貶爵而後削地。削地而後誅夷。猶有俟其改過之心。〇〔蒙引〕五霸之伐諸侯。而必摟諸侯以伐之者。此正假仁處也。以其不奉天子之命。亦須合諸侯之議併諸侯之力。而以爲出於公也。天子則命方伯連帥伐其罪。五伯則摟諸侯以攻伐。實違其法而又竊其法。雖竊其法而實壞其法也。自天子適諸侯曰巡狩至助不給。是一節。省耕省斂。天子諸侯之所同也。自入其疆至有讓。是一節。言天子巡狩之事。自一不朝至六師移之。言諸侯述職之事。以上文觀之。則賞罰征討之柄。自天子出。固無有摟諸侯以伐諸侯之事者也。故繼之曰是故天子討而不伐云云。而繼云故曰五霸者三王之罪人也。

是故二字。分明承上。

五霸桓公爲盛。葵丘之會。諸侯束牲載書而不歃血。初命曰誅不孝無易樹子無以妾爲妻再命曰尊賢育才以彰有德三命曰敬老慈幼無忘賓旅四命曰士無世官官事無攝取士必得無專殺大夫五命曰無曲防無遏糴無有封而不告曰凡我同盟之人既盟之後言歸于好今之諸侯皆犯此五禁故曰今之諸侯五霸之罪人也

按春秋傳僖公九年葵丘之會陳牲而不殺讀書加於牲上壹明天子之禁樹立也已立世子不得擅易初命三事所以脩身正家之要也賓賓客也旅行旅也皆當有以待之不可忽忘也士世祿而不世官恐其未必賢也官事無攝當廣求

賢才以充之不可以闕人廢事也取士必得必得其人也無專殺大夫有罪則請命於天子而後殺之也無曲防不得曲爲隄防壅泉激水以專小利病鄰國也無遏糴鄰國凶荒不得閉糴也無有封而不告者不得專封國邑而不告天子也

【講義】何以見今之諸侯爲五霸之罪人蓋五霸之中惟齊桓公最爲强盛觀其葵邱之會諸侯也威信服人但於壇坫之上束縛牲體盛載盟書而無事乎殺牲歃血其書命之詞有五初命曰罪莫大於不孝有則必誅無赦以正綱常世子已告於天子而立不得擅易以搖國本妻乃已之敵體不得以妾爲之以亂嫡庶此齊家之事也再命曰賢才皆有德者也賢者尊之而隆以高位才者育之而授以庶職於以彰顯有德此貴德之事也三命曰本國之老者不可慢必恭敬之以尊高年幼者不可棄必慈愛之以恤孤弱四方之賓客行旅不可忽必善待之以柔遠人此施惠之事也四命曰有功之

士、但當世其祿而不可世其官、使名器至於冒濫、百官之事、但當有分職而不可有兼職、使庶務至於廢弛、欲舉用有德之士、必選於衆而務在得人、欲誅殺有罪之大夫、必告於朝而不可擅殺、此馭臣之事也。五命曰、鄰國有水旱之灾、無得曲防水利、使專於己而病於人、鄰國遇凶荒之歲、無得閉遏糴販、使我有餘而彼不足、至於國邑之土地人民、皆當聽命王朝、無得專擅分封、而不告天子、此又睦鄰尊王之事也。戒命既畢、又復丁寧之曰、凡我同盟之人、自今既盟之後、當同歸於和好、既講信脩睦、以篤鄰國之交、尤協力一心、以尊天子之命。五霸之禁、嚴切如此、宜乎諸侯世守勿失者、乃今之諸侯皆犯此五禁、恬然不知有葵邱之會矣、其得罪於五霸、不亦多乎、我故曰、今之諸侯、五霸之罪人也。

附解　蒙引　葵邱之會、諸侯爲一句、非諸侯束牲載書而不歃血也、謂桓公也。○摘訓　血乃幽陰之物、塗血於口、以讀盟書將以質諸鬼神也。桓公威信服人、無事於歃血、故但束牲而不殺之、以取其血、歃血所以讀書也、既不歃血、故但載書而已。下文五命、即載書之詞。○蒙引　賢才、皆有德者也、俊傑在位、便是育。亦不必說如今學校育才。○翼註　老幼是本國者外國卿大夫至此爲賓庶人至此爲旅○取士必得必得其人也有不拘於世類不限於品格二意○[說統]曲防註以壅泉激水爲解然水旱俱有之國利在有水則壅之使不出激之使來而不借鄰國之旱國利在無水則壅之使不入激之使去而不恤鄰國之壑○[蒙引]蔡邱五命非桓公所自爲一明天子之禁也○言歸於好言蓋語詞如詩經言旋薄言之類○言歸於好不得違五命之禁也新安解作無構怨也恐不切

長君之惡其罪小逢君之惡其罪大今之大夫皆逢君之惡故曰今之大夫今之諸侯之罪人也

君有過不能諫又順之者長君之惡也君之過未萌而先意導之者逢君之惡也○林氏曰邵子有言治春秋者不先治五霸之功罪則事無統理而不得聖人之心春秋之間有功

者未有大於五霸有過者亦未有大於五霸故五霸者功之首罪之魁也孟子此章之義其亦若此也與然五霸得罪於三王今之諸侯得罪於五霸皆出於異世故得以逃其罪至於今之大夫宜得罪於今之諸侯則同時矣而諸侯非惟莫之罪也乃反以爲良臣而厚禮之不以爲罪而反以爲功何其謬哉

本義 何以見今之大夫爲諸侯之罪人蓋諸侯之設立大夫謂其能輔之以正也若君之過既已彰著不能犯顔敢諫却乃曲意順從以助其失謂之長君之惡此則過本在君而彼爲之贊助乃柔媚之小人其罪猶小若君之過尚未萌動不能潛移默化却乃先意迎合以導其非謂之逢君之惡此則君本無過而彼爲之引誘乃傾險之奸人其罪甚大今之大

夫皆逢君之惡、而陷之於危亡之地者、我故曰今之大夫、今之諸侯之罪人也、

附解 南軒張氏曰、君萌不善之念。其始必有未安於心。未敢遽遂也。已迎而安之。則其發也。必果。君以爲已意未形。於事而彼能先之。則其愛也。必篤。故長君惡於外者。其罪易見。逢君惡於內者。其隱難知。易見者害猶淺。難知者害不可言也。○蒙引 長君之惡者。未必皆逢君之惡。逢君之惡者。未有不長君之惡。○逢君之惡。所謂賊其君者也。安得不爲諸侯之罪人。

魯欲使慎子爲將軍章

總旨 翼註 通章前八節。是論魯事。末一節。是譏慎子。○徐徵玆曰。章內有殃民踰制二意。不平大旨是勸令勿殃民。而推本王制。以止其安覬之心也。

魯欲使慎子爲將軍

慎子魯臣

本義 昔魯君欲使慎子爲將軍，伐齊以取南陽。

孟子曰：不教民而用之，謂之殃民。殃民者，不容於堯舜之世。

教民者，教之禮義，使知入事父兄，出事長上也。用之，使之戰也。

本義 孟子止之曰：兵凶器，戰危事，古人不得已而用之者也。然必教民有素，乃可以即戎。若平時不教民以禮義，一旦用之，是驅無辜之民，置之必死之地也，不謂之殃民而何。殃民之人，乃聖王之所必誅而無赦者，吾知決不容於堯舜之世矣。

附解 翼註 教民註只重禮義者。戰國時兵法之教，固所有也。○蒙引 殃民者者字分明作人說。○焦漪園曰：此節是以利

害論齊不可伐

一戰勝齊遂有南陽然且不可

是時魯蓋欲使愼子伐齊取南陽也故孟子言就使愼子善戰有功如此且猶不可

本義 且以理論之縱使子有克敵制勝之才但一戰而遂有南陽之地於理且有不可而況於未必勝乎

附解 蕉漪園曰一戰曰遂有此是假設之詞其不可之故下文始發明之此節是以是非論齊不可伐

愼子勃然不悅曰此則滑釐所不識也

滑釐愼子名

本義 愼子聞孟子之言遂勃然不悅曰戰勝攻取乃爲將之奇功今一戰勝齊遂有南陽夫子猶以爲不可則必如何而

後可乎此其故則
滑釐之所不識也

【附解】翼註此則字單承不可邊來

曰吾明告子天子之地方千里不千里不足以待諸侯諸侯之地方百里不百里不足以守宗廟之典籍

待諸侯謂待其朝覲聘問之禮宗廟典籍祭祀會同之常制也

【本義】孟子曉之曰吾明告子以不可之故思昔先王建邦設都各有定制天子之都邑地方千里則賦稅所入可以供朝覲聘問之需是天子所以禮待諸侯者取足於此耳苟不足於千里則經費有虧諸侯之燕享賜賚皆無所出而王朝之禮廢矣天子且有定制況諸侯乎諸侯之邦域地方百里則賦稅所輸可以供祭祀會同之用是諸侯所以守宗廟之典

籍者取足於此耳苟不足於百里則財用不繼國家之犧牲幣帛皆不能辦而宗廟之典籍不可守矣先王之制如此

【附餘】【賽合註】宗廟典籍典常法也籍册籍也諸侯祭祀會同之制受之天子載之方策藏之宗廟故曰宗廟典籍非以宗廟爲祭祀而帶言會同也○【說統】此節舉先王建國之初制雖併天子說重在諸侯上

周公之封於魯爲方百里也地非不足而儉於百里太公之封於齊也亦爲方百里也地非不足也而儉於百里

二公有大勳勞於天下而其封國不過百里儉止而不過之意也

【本義】諸侯百里之制卽以齊魯二國徵之昔周公以王室懿親著篤棐之績報功之典宜加厚也乃其出封於魯地方不過百里當時地非不足而止於百里若有所限制而不得踰越者取其能守魯之典籍而已太公以師尚父奮鷹揚之烈

報功之典亦宜加厚也乃其出封於齊地方不過百里當時地非不足而止於百里亦若有所限制而不得踰越者取其能守齊之典籍而已在天子固不得以優厚之恩加於常制之外在二公亦不得以親賢之重超於藩封之等此二國之故典也

附解摘訓因魯伐齊故本二國始封之制言之

今魯方百里者五子以爲有王者作則魯在所損乎在所益乎

魯地之大皆幷吞小國而得之有王者作則必在所損矣

本義夫前人以百里受之天子則後人當以百里嗣其先君無所容其增益者今魯即周公之魯而地之方百里者五已四倍於始封之舊其侵犯王制已甚矣子以爲有王者作欲脩明法度以整齊邦國則魯之地將在所損乎抑在所益乎吾恐以百里之制準之其當損也必矣

附解 焦漪園曰齊魯之地均非始封之舊而田氏之齊亦非復太公之齊但孟子方欲責魯故不暇論齊耳

徒取諸彼以與此然且仁者不爲況於殺人以求之乎

徒空也言不殺人而取之也

本義 由此觀之就使不興一兵不戮一民徒手而取彼地以與魯在仁者猶以爲貪利苟得不肯妄爲何況驅民於鋒鏑殺人於原野以求之乎

疏翼 註仁者循天理故不爲苟取俱在違制上論 ○ 存疑 自吾明告子至然且仁者不爲解然且不可意方盡蒙引謂吾明告子以下三節指然且不可說徒取諸彼節指殃民說不是

君子之事君也務引其君以當道志於仁而已

當道謂事合於理志仁謂心在於仁

本義 夫越制殃民、豈皆魯君之過哉。子亦與有責矣。大、凡君子之事君也、務在委曲引導其君、使之事事合理、而非理者不可見諸行、且念念合理、而非理者不可萌諸心、彼其驅不教之民以圖分外之地、其心可謂不仁、而事亦可謂過當矣、豈君子之所以引其君乎、

附解〔說統〕引其君三字貫至而已。作一句讀、引字有多方誘掖意、而已字正與務字相應。○〔翼註〕當道屬事、志仁屬心、然不可平說、乃是淺深文法、必志仁始爲當道。○〔困勉錄〕仁與道分言之則爲二、合言之則爲一、故此章集註分心與事兩項、而下章朱子小註謂鄉道志仁非二事。此乃互相發而不相背也。

今之事君者曰章

總旨〔說統〕前章責臣之逢君、此獨責君之用人。

孟子曰今之事君者曰我能爲君辟土地充府庫今之所謂良

臣古之所謂民賊也君不鄉道不志於仁而求富之是富桀也

辟開墾也

【本義】孟子曰人臣事君惟當以向道志仁爲先不當以富國强兵爲事乃今之事君者見其君樂於聚財則以興利之說自誇其能曰我能爲君開辟土地以盡地利充實府庫以聚財貨在今日必以爲良臣矣然非暴征橫斂窮民之力何由得之是乃古之所謂民賊也何也君方拂民從欲不能向道不能志於仁而但以黷貨爲務是一桀而已而又爲之剋剝搆奪以富之以貪濟暴是富桀也

【附解】〔存疑〕辟土地是盡地力李悝是也故註曰開墾故以爲富桀不是擴境土若開擴境土當屬戰必克矣充府庫聚斂也○〔蒙引〕鄉道卽當道也○〔四書脈〕君不向道以下正見其爲民賊

我能爲君約與國戰必克今之所謂良臣古之所謂民賊也君

不鄉道、不志於仁、而求爲之強戰、是輔桀也。

約要結也。與國和好相與之國也。

【本義】見其君喜於用兵，則以戰勝之說自誇其能，曰：我能爲君連合與國以壯聲勢，每戰必勝以樹勛名。在今日亦必以爲良臣矣，然非興師動衆糜爛其民，何由得之？是古之所謂民賊也。何也？君方好大喜功，不能向道，不能志於仁，而但以黷武爲事，是一桀而已。乃又爲之奮勇爭鬬以輔之，以威助虐，是輔桀也。

【附解】說統：盡地力則有財，故闢與充是一串事。合與國之力則可以決勝，故約與戰是一串事。

由今之道，無變今之俗，雖與之天下，不能一朝居也。

言必爭奪而至於危亡也。

【本義】今之人君，皆以民賊爲良臣者，豈不以國富兵強，遂可以取天下乎？然剝民之財以爲富，殘民之命以爲強，其道則權謀功利非先王之正道也其俗則兼幷攻奪非先王之善俗也若幸由今日之道而不能變今時之俗則雖與之以天下而人心不歸國本不固有智力者又將起而奪之危亡之禍可立而待不能一朝居也夫富强之臣其無益於人國也如此而世主顧偏信之貪近利而忘遠圖亦獨何哉

【附解】翼註道以所行言俗以所尚言俱指富强○【蒙引】由字變字主君言○【說統】雖與之天下二句是反跌語此全在民賊上見其必亡○

白圭曰吾欲二十而取一章

【總旨】四書脈此章見中正之法不可廢什一乃中正賦法白圭憤當時之暴斂欲二十而取一意亦美矣但非聖人中正之法故孟子以貉道闢之見其不可行於中國○【賽合註】首節白圭欲輕稅中五節孟子言輕稅之不可行末節言常法之不可易○【存疑】孟子辨白圭二十取一之非主意只是言其不足用

白圭曰：吾欲二十而取一，何如？

白圭，名丹，周人也。欲更稅法，二十分而取其一分。林氏曰：按史記，白圭能薄飲食，忍嗜欲，與童僕同苦樂。樂觀時變，人棄我取，人取我與，以此居積致富。其爲此論，蓋欲以其術施之國家也。

【本義】白圭曰：國家因地制賦，固不能不取諸民，然如今之稅法則甚重矣。吾欲於二十分之中而取其一，使上不妨於經費，下不病於誅求，不識夫子以爲何如？

【附錄】因勉錄：按圭之意，只是欲儉以足用。註中樂觀時變、人棄我取、人取我與此數語，只帶說，不重。

孟子曰：子之道，貉道也。

貉北方夷狄之國名也

【本義】孟子曰爲國者當有公平正大之體立法者當爲經常久遠之規故什一而稅乃先王治中國之道也如子二十取一之制則是貉之道而已安可行於中國哉

萬室之國一人陶則可乎曰不可器不足用也

孟子設喻以詰圭而圭亦知其不可也

【本義】夫治國之必資於賦如用器之必資於陶也且如萬室之國生齒甚煩而但使一人燒造瓦器以供其用則可足用乎白圭曰不可所陶之器不足以給萬室之用也

【附解】四書脈以萬室之國喻中國之用以一人之陶喻二十取一器不足用正見不可意

曰夫貉五穀不生惟黍生之無城郭宮室宗廟祭祀之禮無諸

侯幣帛饔飧無百官有司故二十取一而足也

北方地寒不生五穀黍早熟故生之饔飧以飲食饋客之禮也

本義 孟子曰子既知此則知貉道不可行於中國矣夫貉之地寒五穀不能生長惟黍耐寒而生物產甚薄本無可以多取矣且其俗無城郭宮室之營造無宗廟祭祀犧牲粢盛之備辦無諸侯交際之幣帛燕享之饔飧無百官有司之廩祿習俗如此朴陋用度如此省約故雖二十取一亦可以充足而有餘也

附解 說統五穀二句是所入之少不可以多取無城郭三句是所費之少不必於多取○家訓惟黍生之輕看無城郭至有司重看故二十句頂費省來○蒙引幣帛大段凡綾羅緞絹之類及銅錢貨物皆幣也故又謂之錢幣幣蓋通名帛只其一端○翼註諸侯字總管幣帛饔飧既無諸侯因無諸侯交際之幣帛饔飧百官是大者有司是小者

今居中國去人倫無君子如之何其可也

無君臣祭祀交際之禮是去人倫無百官有司是無君子

本義 今居中國有君臣祭祀交際之禮以綱紀人倫不可去也有百官有司之祿以任用君子不可無也若二十取一則交接之禮儀盡廢是去人倫矣建設之官屬盡省是併無君子矣如此則何以立國何以治人如之何其可哉

附解 困勉錄居中國二節只言其必不可省之費而輕稅之不可自見於言外

陶以寡且不可以爲國況無君子乎

因其辭以折之

本義 彼陶以寡止不足於器用耳且不可以爲國況中國之大而可無百職之君子以敘人倫乎君子既不可無則二十取自不足於用矣

附解 四書脉 前陶以寡對稅法言。此陶以寡對君子言。○存疑上曰城郭宮室等，後只曰去人倫無君子，又只曰況無君子乎，歸重於百官有司也。蓋城郭宮室人倫皆由君子而立也。

欲輕之於堯舜之道者，大貉小貉也；欲重之於堯舜之道者，大桀小桀也。

什一而稅，堯舜之道也。多則桀，寡則貉。今欲輕重之，則是小貉小桀而已。

本義 且什一而稅，上足以足國，而下不至於病民，此堯舜之道，萬世無弊，人不得以私意而輕重之者也。自古至今，其取諸民者，惟貉爲最輕，惟夏桀爲最重耳。今欲更制立法，以堯舜之道爲可損而欲輕之，則因陋就簡，而與貉同道，彼爲大貉，而我亦小貉也；以堯舜之道爲可加而欲重之，則横征暴斂，而與桀同事，彼爲大桀，而我亦小桀也。桀不可爲，貉亦豈

可爲哉惟法堯
舜之道可矣

附解 翼註桀邊件說不
重大小只是一樣意

丹之治水也愈於禹章

總旨 達說 通章只是兩截意前一截重順逆害後一截重利
害字篇中把禹與圭對較其得失利病此孟子最着精神處

白圭曰丹之治水也愈於禹

趙氏曰當時諸侯有小水白圭爲之築堤壅而注之他國

本義 當時諸侯有小水白圭曾爲之築堤壅而注之他國因
自誇其功於孟子曰古今稱治水者必歸大禹然其用力甚
勞歷時最久今丹之治水隄防一築汎濫即除
不必四載之勤八年之久也殆有愈於禹焉

孟子曰子過矣禹之治水水之道也

順水之性也。

本義 孟子斥之曰、子之言過矣、蓋禹之治水、順水之道而行其所無事也

是故禹以四海爲壑、今吾子以鄰國爲壑、

壑受水處也

本義 是故水性就下。而最下者莫如海。乃衆水之所歸也。禹乃隨山刊木、疏河決川、而導之於海、是以四海爲壑也、故凡九州攸同。萬世永賴。而功之及於人者弘矣。若吾子曲爲隄防、壅泉激水以注之於鄰國、是以鄰國爲壑也、是逆水之性矣、其視禹之治水何如哉。

附解 蒙引、是故禹以四海爲壑。正是水之道處。

水逆行謂之洚水、洚水者洪水也、仁人之所惡也、吾子過矣

水逆行者下流壅塞故水逆流今乃壅水以害人則與洪水之災無異矣

本義 夫水性可順而不可逆逆之則氾濫無涯謂之洚水洚水者卽堯時之所謂洪水也懷山襄陵下民昏墊乃仁人之所惡而欲除其害者也今吾子以鄰國爲壑則水勢逆行而鄰國受害與洪水之災無異是仁人之所惡者而乃自以爲愈於禹吾子之言過矣

附解 達說仁人所惡不重仁人用惡只重洪水害人○困勉錄水逆行至所惡也俱泛說白圭壅水害人與洪水無異補在仁人之所惡也下

君子不亮章

總旨 家訓君子定是能亮說不亮惡乎執者是反言以決其能亮也此示人不可不亮之意

孟子曰君子不亮惡乎執

亮信也與諒同惡乎執言凡事苟且無所執持也

本義孟子曰有是實心斯有是實事若主於心者不忠信則凡事苟且無所執持而事不可立矣是故君子貴乎亮也

附解〔翼註〕亮以心言執以事言○〔侃滄柱曰〕註云亮與諒同然論語中諒字單就小信言此處兼有貞字意知明守固所以亮卽能執也

魯欲使樂正子爲政章

總旨〔說統〕此章見相天下者不在才而在量○〔翼註〕前六節只重其爲人也好善一句孟子喜正子爲政以此其許正子優於天下亦以此末二節申明好善所以優於天下重前節下乃反言以決之輕看

魯欲使樂正子爲政孟子曰吾聞之喜而不寐

喜其道之得行、

【本義】魯君欲使樂正子爲政、孟子曰、樂正子見用於魯、是吾道可行之會、吾聞之喜甚而不能寐焉

【附解】四書脈 爲政是舉國以聽、故孟子喜其道之得行。須知此道是公共之道、不必說克之道、卽我之道

公孫丑曰、樂正子強乎、曰否、有知慮乎、曰否、多聞識乎、曰否

此三者皆當世之所尚、而樂正子之所短、故丑疑而歷問之、

【本義】公孫丑問曰、人必有用世之全才、然後可以當大任、夫子喜樂正子之爲政、必爲其才有足取矣、不知樂正子之爲人果強毅有執、可以擔當大事者乎、孟子曰、否、強固非其所長也、丑又曰、果其智慮有餘、可以裁決大議者乎、孟子曰、否、智慮固非其所長也、丑又曰、果其多聞博識、可以理煩治劇者乎、孟子曰、否、多聞識固非其所長也、

【附解】蒙引 強、如今言有力量也。○賽合註 強者於政能擔當。有智慮者於政能圖謀、多聞識者於政能通達、皆以才言、曰

否者言非其所長也。丑之問明知樂正子所短在此。

然則奚爲喜而不寐

丑問也、

本義 丑又問曰、今之爲政者、皆以强力知慮多聞爲尚、而樂正子皆無之、然則夫子何爲喜而不寐、

曰其爲人也好善

本義 孟子曰、樂正子雖無可見之才、而其爲人則善人也、故聞一善言見一善行則心誠好之汲汲然惟恐求而弗得者、

此則正子之所長也。

好善足乎

丑問也、

本義 丑又問曰魯大國也好善一節遂足以治之乎

曰好善優於天下而況魯國乎

優有餘裕也言雖治天下尚有餘力也

本義 孟子曰子無以好善爲未足也善之量甚大而好善之用無窮由是以理天下且綽綽然有餘裕矣況區區一魯國乎

附解 四書脈 好善就翕受之量說要切相度上看優與足不同飽滿爲足優則溢於外矣○說叢 好善優於天下以下俱是論其理不就樂正子說

夫苟好善則四海之內皆將輕千里而來告之以善

輕易也言不以千里爲難也

【本義】何則，善之出諸己者有限，善之取諸人者無窮。夫苟見人之善而有以好之，則其意氣所孚，風聲所感，四海之內皆將輕千里之遠而來告之以善。由是以天下之善理天下之事，豈不綽綽然有餘裕哉。

【附解】家訓：夫苟好善，苟字不可忽，言好善之心極其真懇而毫無滿假也。

夫苟不好善，則人將曰：訑訑，予既已知之矣。訑訑之聲音顏色，距人於千里之外。士止於千里之外，則讒諂面諛之人至矣。與讒諂面諛之人居，國欲治，可得乎？

訑訑，自足其智，不嗜善言之貌。君子小人，迭為消長。直諒多聞之士遠，則讒諂面諛之人至，理勢然也。○此章言為政不在於用一己之長，而貴於有以來天下之善。

【本義】夫苟不好善，則人之善者，皆將曰：彼之爲人訑訑然自謂天下之事我皆已知之矣，往告以善，必不見好也。但見訑訑之聲音顔色，距人於千里之外，無有輕千里而來告之以善者。善者既止於千里之外，則讒諂面諛之人至矣。與讒諂面諛之人居，則所聞者皆非善言，而所行者皆非善政矣。國欲治可得乎？此爲政者之所以貴於好善也。此吾之所以嘉樂正子之得爲政也。

【講義】【家訓】人將曰，人字指善人。○【說統】人將曰三字，是從旁摹擬之詞。○【困勉錄】予既已知之矣，有見於聲音者，有見於顔色者。訑訑總形容予既已知之之貌，勿分貼爲是。○【賓合註】距不是我去距人，見其狀貌自遠去而不就也。讒是開賢意，諂是媚上意，面諛是順旨意。○【南軒張氏曰】好善誠篤，非舍己私者不能。能舍己則中虛，虛則能來天下之善。於爲天下何有？蓋善者天下之公也，自以爲是，則專己而絶天下之公理，蔽孰善焉。

陳子曰章

總旨　家訓　此章見君子行道之心固切而重道之心亦不輕惟欲行道則不忍以道自私苟可以就則就了而不輒去惟欲重道又不肯以道徇人苟可以去又去了擇其可就而就之總是抱一道爲去就而不失其仕之正也

陳子曰古之君子何如則仕孟子曰所就三所去三

其目在下

本義　陳子問孟子曰仕以行義古之君子未嘗不欲仕也不如何如何而後仕乎孟子曰君子之處世不必於仕亦不必於不仕只看遭際何如如其可就則就之固未嘗絕人而逃世其所就而仕者有三如其可去則去之亦不肯枉己以徇人其所去而不仕者亦有三

附解　說統　三就三去一是說他委曲一是說他毫無遷就

迎之致敬以有禮言將行其言也則就之禮貌未衰言弗行也

則去之

所謂見行可之仕，若孔子於季桓子是也。受女樂而不朝，則去之矣。

【本義】何以見去就之有三也。如君子至其國，其君接遇之，既致其敬，又盡其禮，而且虛懷以聽，謂將採納其言，見諸行事，此正吾道大行之機也。君子則委身以就之。既就之後，或禮貌雖若未衰，而言論終不見用，則大違行道之初心，惟有潔身而去之耳。

【附解】【蒙引】迎，接也。非出迎也。○【存疑】迎之致敬以有禮，猶云恭而有禮。蓋亦有致敬而無禮者，故兼言之。○迎之致敬以有禮，將以爲行其言之地耳。○【蒙引】言將行其言也，一說人君許以行其道也。

其次雖未行其言也，迎之致敬以有禮，則就之；禮貌衰，則去之所謂際可之仕，若孔子於衛靈公是也。故與公遊於囿，公仰視蜚鴈而後去之。

本義　其次雖未必能行其言也，然接遇之間，既致其敬，又盡其禮，此猶足用爲善之機也，君子亦欣然而就之。如或始勤終怠，并此禮貌而簡棄焉，是亦不可與有爲矣，君子能不毅然而去之乎。

附解　摘訓其次、其下，乃因所遇不同而言，如云此外另有一樣，非以此別人品。

其下朝不食，夕不食，飢餓不能出門戶，君聞之曰：吾大者不能行其道，又不能從其言也，使飢餓於我土地，吾恥之，周之，亦可受也，免死而已矣。

所謂公養之仕也。君之於民，固有周之之義，況此又有悔過

之言所以可受然未至於飢餓不能出門戸則猶不受也其曰免死而已則其所受亦有節矣

本義 其下則寓於人國而言之不行迎之無禮使賢者朝不得食夕不得食至於飢餓不能出門戸君聞之始悔曰吾大者不能行其所欲行之道次又不能從其因事納誨之言使飢餓於我土地欲去而不得去是吾之恥也於是有以周之夫君之於民固有周之之義況此又有悔過之言而吾窮困亦已甚矣故亦可受也夫受其所周是亦就也然其所受又當有節不過免死而已矣此三就三去之道也

附解 蒙引行其道與從其言不同行其道如彼之道明德也吾行其明德之道如彼之道新民也吾行其新民之道彼以堯舜之道望我吾行堯舜之道彼以湯武之事望我我行湯武之事也從其言只是爲他因事納誨如有所諫諍之類與上文言將行其言也言字不同彼卽是行其道也○此末一段只言就若不如是則不就而去在其中矣然亦只是暫時

之就。終

須去耳

舜發於畎畝章

【總旨】達說通章不重天心仁愛聖賢全重困之乃所以成之以見困窮非不幸。令上智下愚皆有所警省

孟子曰舜發於畎畝之中傅說舉於版築之間膠鬲舉於魚鹽之中管夷吾舉於士孫叔敖舉於海百里奚舉於市

舜耕歷山三十登庸說築傅巖武丁舉之膠鬲遭亂鬻販魚鹽文王舉之管仲囚於士官桓公舉以相國孫叔敖隱處海濱楚莊王舉之爲令尹百里奚事見前篇

【本義】孟子曰歷觀往昔聖賢大抵由困而亨者多也如舜爲天子實發跡於畎畝之中降而王佐若傅說爲商良弼實舉

於版築之閒、膠鬲輔周與王、實舉於魚鹽之中、至於伯佐、如管夷吾則舉於士官之囚。孫叔敖則舉於海濱之際。百里奚則舉於市井之地。之數人者。雖君相異位。王伯異術。要皆始於貧賤。而終於顯榮者也

附解新安陳氏曰。舜聖人。且君也。故只曰發傅說以下五賢皆臣也。故皆曰舉。

故天將降大任於是人也、必先苦其心志、勞其筋骨、餓其體膚、空乏其身、行拂亂其所爲、所以動心忍性、曾益其所不能

降大任、使之任大事也、若舜以下是也。空窮也、乏絶也、拂戾也。言使之所爲不遂、多背戾也、動心忍性、謂竦動其心、堅忍其性也。然所謂性。亦指氣稟食色而言耳、程子曰、若要熟也須從這裏過。

本義夫舜說諸人皆天之所篤生以濟世安民者然皆起於困窮拂鬱之中者何故蓋君相是極大之任必才全德備之人纔足以當之而非備嘗艱難更歷變故則無以成其德而達其才也故天將以君相之任付託於斯人也則必先苦其心志使內不得舒勞其筋骨使外不得息餓其體膚使飲食不充空乏其身使財用不足凡有行事則違拂謬亂其所爲使不得稱意如此者正欲其窮則反本勞則能思有以竦動其仁義禮智之心堅忍其聲色臭味之性而德於是乎益純矣閱歷世故備嘗世味有以知其所未能知爲其所未能爲而才於是乎益周矣大任之能勝夫豈無所自乎

附解困勉錄家訓謂是人暗指舜說等人看來不泥爲是○家訓必先所以字俱根天說大任兼君相○達說空乏其身財用空乏也蒙引謂總苦心志三句未妥○存疑爲是作爲有經營運用意行是據見成底行去以所爲者見之行也看來只是一串事○蒙引動心忍性成其德也增益其所不能成其才也或謂只動心忍性便是增益不能則欠了才一脚未過也○不必如陳新安以苦心志爲所以動心勞餓空乏爲所以忍性勞餓空乏之獨不能生善念乎苦心志獨不能忍

嗜欲薄滋味乎○〔存疑〕動心忍性增益不能俱本窮拂亂來

○〔困勉錄〕上節已有天字意在內不必至此節然後推本於天家訓謂此節原聖賢之成就由於困窮之故得之

人恒過然後能改困於心衡於慮而後作徵於色發於聲而後喻

恒常也猶言大率也橫不順也作奮起也徵驗也喻曉也此又言中人之性常必有過然後能改蓋不能謹於平日故必事勢窮蹙以至困於心橫於慮然後能奮發而興起不能燭於幾微故必事理暴著以至驗於人之色發於人之聲然後能警悟而通曉也

【本義】抑不特上智之人爲然，而中人之性，亦必有過，然後能改而遷於善焉。何則？蓋其不能謹於平日以免過，故必事勢窮蹙，以至心困而不舒，慮衡而不順，然後能奮發而興起；不能燭於幾微以克過，故必事理暴著，以至驗於人之色，發於人之聲，阻折不堪，然後能儆悟而通曉。感慨發於懲創之餘，悔悟生於蹉跌之後，中人之性大抵然也。

【顏氏家訓】恆非常常有過，言人緣過後改者恆多也。○【翼註】困於心，是憂鬱不能自舒；衡於慮，是思索不能自通。○【朱子】曰：困心衡慮者，心覺有其過；徵色發聲者，其過形於外。○【賽合註】作屬行，喻屬知。困心衡慮、徵色發聲，正是過處；作與喻，正是改處。○【翼註】困衡者已知有過，故言作；徵發者方知有過，故言喻。○【洪覺山曰】動心忍性，是自進步；困心衡慮、徵色發聲，是跌腳而後轉步。○【賽合註】此節首二句虛下，正言其實也，全要在中人上形容。

入則無法家拂士，出則無敵國外患者，國恆亡。

此言國亦然也。法家，法度之世臣也；拂士，輔弼之賢士也。

【本義】抑不特於人爲然，而國亦有然者。蓋爲人君者，有世家大臣謹守其法度，有忠臣賢士匡救其闕失，則内有所嚴憚而不敢縱肆。有强大之敵國常畏其淩逼，有軍旅之外患常恐其疏虞，則外有所儆懼而不敢怠荒。此國之所由興也。若使入而在内無法家拂士，則必親諛佞而廢箴規；出而在外無敵國外患，則必懷宴安而忘儆惕。將見心志日荒，政事日壞，而禍亂隨之矣。國豈有不亡者乎。

【附解】説統：出入只作内外字看。○蒙引：法家之法，與法語之言法字同。世臣二字就法家二字出。拂士只是輔弼左右之士。此法字畧次。法家是世臣，拂士是方仕者，有親疎尊卑之辨。敵國外患也須做兩般看，如魯有武仲之據防，楚有伍子胥之在吳，非敵國，乃外患也。

然後知生於憂患而死於安樂也。

以上文觀之，則知人之生全出於憂患，而死亡由於安樂矣。

○尹氏曰言困窮拂鬱能堅人之志而熟人之仁以安樂失之者多矣。

本義 由此觀之然後知人之生全多出於憂患而其死亡多由於安樂也人能於安樂之中不忘憂患則有生全之福無死亡之禍矣。

附解 說統 此節雖是結上文味然後知三字乃是自上文看出而別立言耳非收拾上文也全要得警悟人意○新安陳氏曰憂患未必便生然憂患則警戒而其慮深有生全之理安樂未必便死然安樂則多怠肆而其志荒有死亡之理○蒙引 生於憂患死於安樂之意遂節都有不可如新安陳氏分貼

教亦多術矣章

總旨 說統 此節是表明君子有無窮之教乃是要人曲體君子不教之教方有進益處

孟子曰教亦多術矣予不屑之教誨也者是亦教誨之而已矣

多術言非一端屑潔也不以其人爲潔而拒絕之所謂不屑之教誨也其人若能感此退自脩省則是亦我教誨之也○尹氏曰言或抑或揚或與或不與各因其材而篤之無非教也

本義 孟子曰學者之受教不同君子之教人亦異其教亦多術矣何以見教之多術蓋人皆知教之爲教而未知不教之爲教如不以其人爲潔而教誨之也者雖曰拒而不納然其心非忍而絕之實將激而進之是亦教誨之而已矣豈非多術中之一術乎

附錄 〔蹇合註〕術字從心來有箇經畫區處在內首句虛下正見其多術○〔四書脈〕予字不必作孟子○〔困勉錄〕不屑之教

誨。只是謂不屑教之也。以不屑爲教。意在本句。○註其人若能感此二句正就教之心言。不可泥看。蓋我欲其感悟便是教誨。不必待彼能感悟而後爲教誨也。○新安陳氏曰。不屑教如孔子於孺悲孟子於滕更。皆是

四書講義尊聞錄卷之二十

盡心章句上

凡四十六章

盡其心者章

【總論】說統此章全是以人合天之學。○【折衷】首節是造其理之智次節是履其事之仁末節是智仁各造其極總是窮理盡性以至於命也。

孟子曰盡其心者知其性也知其性則知天矣

心者人之神明所以具衆理而應萬事者也性則心之所具之理而天又理之所從以出者也人有是心莫非全體然不

窮理則有所蔽而無以盡乎此心之量故能極其心之全體而無不盡者必其能窮夫理而無不知者也既知其理則其所從出亦不外是矣以大學之序言之知性則物格之謂盡心則知至之謂也

【本義】孟子曰心體之所以爲大者正以其具有是性而萬物之理無不該也故性有未知則心有所蔽而無以盡其本然之量矣苟能盡其心者由能知其性也而吾所以有是性者又自天而來也天有元亨吾得之以爲仁禮天有利貞吾得之以爲義智天大無外而性禀其全天人一理性命一物不知性則已既知性則知天矣

【附解】新安陳氏曰心者神明之舍具衆理心之體也應萬事心之用也大學章句釋明德或問釋致知之知字此釋心字大槩三處互相發云○朱子曰伊川云盡心然後知性此不然盡字大知字零星性者吾心之實理若不知得卻盡箇甚

惟就知上積累將去。自然盡心。人能盡其心者。只爲知其性。此句文義與得其民者得其心也相似。者字不可不仔細看。○【蒙引】雲峰謂知性有工夫。盡心無工夫。盡是大段見功。知是積累用工。愚謂積累用工之言。作推本說則可。若本文知性字。亦是。舉成功者說。故集註云知性則物格之事也。又曰必其能窮夫理而無不知者也。○知性之外。再無知天工夫。○或以性爲理之所當然。天爲理之所以然者。殆未察也。此處不必依論語四十而不惑五十而知天命說。蓋未至知天。亦未足爲知性。未有知性而違天者。纔說著理。便究到所以然處。

存其心養其性所以事天也

存、謂操而不舍。養、謂順而不害。事、則奉承而不違也。

【本義】然心既盡矣。又貴乎有以存之。使其一動一靜。常在於方寸之中。而能爲一身之主。性既知矣。又貴乎有以養之。使凡事事物物。皆順其當然之則。而勿喪其本然之真。夫心也性也。皆天之所與我者。吾而放之害之。則違天矣。故存其心

養其性、所以事天也、

附解朱子曰存心者。氣不逐物。而常守其至正也。養性者。事必循理。而不害其本然也。○問盡心存心。盡莫是極至地位存莫是初存得這心否。曰盡心也未說極至只是凡事便須理會教十分周足無少闕漏處方是盡。存也非獨是初工夫初間固是操守存在這裏。到存得熟後也只是存。這存字無始終。只存這裏。○存疑存心工夫兼動靜靜亦定動亦定是也。養性亦兼動靜。或謂如此則靜時存心。就該得養性矣。愚謂尚有毫釐之差。蓋應事接物順其情而不害是動養也。事物未感。守其理。而不失。是靜養也。心以知覺言。性以理言。○朱子曰存之。養之。即是事。心性。即是天。故曰所以事天也。○存疑事天與知天稍不同。必窮理之極。然後可言知天。若存養之始。就可言事天矣。

殀壽不貳、脩身以俟之、所以立命也、

殀壽命之短長也。貳疑也。不貳者。知天之至。脩身以俟死。則事天以終身也立命謂全其天之所付不以人爲害之○程子曰心也性也天也一理也自理而言謂之天自稟受而言謂之性自存諸人而言謂之心張子曰由太虚有天之名由氣化有道之名合虚與氣有性之名合性與知覺有心之名愚謂盡心知性而知天所以造其理也存心養性以事天所以履其事也不知其理固不能履其事然徒造其理而不履其事則亦無以有諸己矣知天而不以殀壽貳其心智之盡也事天而能脩身以俟死仁之至也智有不盡固不知所以爲仁然智而不仁則亦將流蕩不法而不足以爲智矣

本義　然生死壽殀最人心易動而自始至終亦人之未易保全者必也性無一毫之不知心無一毫之不盡或壽或殀畧不足以介諸懷心無一息之不存性無一息之不養以脩身爲己任直至死而後已焉如此則天賦於我之正理無不全而歸之矣非所以立命而何知天者智也事天者仁也立命者智仁各造其極而人之能事畢矣

附解　朱子曰殀壽不貳不以生死爲吾心之悅戚也○旣不以殀壽貳其心又須脩身以俟方始立得這命自家有百年在世百年之中須事事教是當自家有一日在世一日之內也須教事事是當始得若旣不以殀壽動其心一向胡亂做又不可○蒙引　脩身以俟之之字承上句殀壽字言○此命字以理言○蒙註　身即心性命即天也

莫非命也章

總旨　淺說　上章命字以理言此章命字以氣言然盡道而死順受其正乃所以立命也故曰發其末句未盡之意

孟子曰莫非命也順受其正

人物之生，吉凶禍福皆天所命。然惟莫之致而至者，乃為正命。故君子脩身以俟之，所以順受乎此也。

【本義】孟子曰：凡人吉凶禍福，皆有一定之數，莫非天之所命。但要順受其正，而盡其在我之當修，以聽其在天之自至耳。

【附解】朱子曰：莫非命也，此一句是活絡在這裏。○蒙引：小則為吉凶，大則為禍福。○翼註：順受其正，不重順受，乃重正字。蓋同一命也，而正不正分焉，君子唯當順受其正。○雲峰胡氏曰：莫非命也，凡有生者之所同；順受其正，能修身者之所獨。

是故知命者，不立乎巖牆之下。

命謂正命。巖牆，牆之將覆者。知正命，則不處危地以取覆壓之禍。

本義　惟當順受其正。是故知正命者、必不肯行險而立於巖牆之下、凡可以致禍者皆不爲也。此所謂順受其正者也。

附解　雲峰胡氏曰立命、是已造聖賢之域。知命是方入聖賢之階。立在知後、知在立先。○慶源輔氏曰立乎巖牆之下以致覆壓而死、則乃是人所自取耳、非天爲之也。蓋巖牆有傾覆之勢、自家却去下面立地、便是自取其覆壓也。是故君子戰戰兢兢、如履薄冰、非禮勿動。○蒙引曉得正命者、必不肯行險以巖牆言、特舉人所易曉者耳。須會其意、凡行險以僥倖者、皆立乎巖牆之下者也。

盡其道而死者、正命也。

盡其道、則所値之吉凶、皆莫之致而至者矣。

本義　然果何如而爲正命。蓋人能存心養性、盡其自脩之道、而不免於死者、乃莫之致而至、則其死爲正命也。

附解　新安陳氏曰盡其道、即上章所謂脩身是也。

桎梏死者非正命也

桎梏所以拘罪人者。言犯罪而死，與立巖牆之下者同，皆人所取，非天所為也。○此章與上章蓋一時之言，所以發其未句未盡之意。

本義又何如而為非正命，蓋為惡犯刑，以致桎梏而死者，乃其所自取，非正命也。是則盡道而死者，不立巖牆之下者也，乃順受其正者也。桎梏死者，立巖牆之下者也，乃不順受其正者也。知乎此而立命之說盡矣。

附解新安陳氏曰：順受其正，理也。立巖牆下，非理也。盡道而死，理也。桎梏死，非理也。君子必以理御氣。

求則得之章

總旨存疑此見人當致力於其所可求，不必勞心於其不可得也。

孟子曰求則得之舍則失之是求有益於得也求在我者也

在我者謂仁義禮智凡性之所有者

本義 孟子曰甚矣人不可不審所求也有物於此不求則已求則得之不舍則已舍則失之得失係於求不求如此是求有益於得也以其所求者在我所固有之物也惟其在我故求而可得也而人乃不知求之何哉

隨解 蒙引上三句虛說下方指出言○賽合註求則得二句意相連求便得舍方失可見唯不求求斯益矣二句須有斟酌

求之有道得之有命是求無益於得也求在外者也

有道言不可妄求有命則不可必得在外者謂富貴利達凡外物皆是○趙氏曰言爲仁由己富貴在天如不可求從吾

所好、

本義 若求之有節制之道、而不可妄求、縱或求之、亦不可必得、而得之有命、得失不關於求不求、如此、是求無益於得也。以其所求者、身外之物也、惟在身外、故求而不可必得也、而人乃切切然以求之、何哉。

附解 新安陳氏曰、命字以氣言。○賽合註、求有道、言有箇義理在、不可妄求、非言求之有法也。得有命、緊連上句、言縱求得之、亦有命在、未可必得、是求之與得不相資也。○朱子曰、富貴身外之物、求之惟恐不得、縱使得之、於身心無分毫之益、況不可必得乎。若義理、求則得之、能不喪其所有、可以爲聖爲賢、利害甚明。

萬物皆備於我矣章

總旨 折衷、此章總是勉人以盡性之學、首節言理之具於人、下節言得之之妙與其求之之方、總是言性之所以盡、不重在第其安勉之等上。

孟子曰萬物皆備於我矣

此言理之本然也大則君臣父子小則事物細微其當然之理無一不具於性分之内也

本義　孟子曰天下之物萬有不齊莫不有當然之理大而君臣父子小而事物細微無一不具我性分之内蓋自降衷以來而此理已渾然各足矣

附解　賓合註萬物指理言我指人身人有此身便有此理萬般具備一無欠缺是謂萬物皆備於我不曰理而曰物理皆在物物莫非理○蒙引註本然對當然説此言理之本然下二節言人之當然與中庸誠者天之道誠之者人之道相似

反身而誠樂莫大焉

誠實也言反諸身而所備之理皆如惡惡臭好好色之實然

則其行之不待勉强而無不利矣其爲樂孰大於是

【本義】夫理備於我本無不實也苟或反之於身私意不萌物欲無累而所備之理皆實有諸己無少虧欠則仰不愧俯不怍泰然順適樂莫有大於此者焉

【附解】朱子曰反身而誠見得本具是理而今亦不曾虧欠了他底若不反身而誠只是天下公共之理我無與焉○賽合註反身身字卽上句我字○翼註誠是實理自然註云如惡惡臭如好好色是下學之誠非聖人之誠也特以爲例耳○朱子曰檢點自家身上果無欠闕事君眞箇忠事父眞箇孝仰不愧於天俯不怍於人其樂孰大於此○賽合註次節是舉已成者言三節方是用工夫

强恕而行求仁莫近焉

强勉强也恕推己以及人也反身而誠則仁矣其有未誠則

是猶有私意之隔而理未純也故當凡事勉强推己及人庶幾心公理得而仁不遠也○此章言萬物之理具於吾身體之而實則道在我而樂有餘行之以恕則私不容而仁可得

本義 反身而誠者自然循理仁者之域也其有未誠則是猶有私意之隔而理未純也必當凡事勉强推己及人以責人者而責之於己以己之所欲者而施之於人是雖未能廓然大公也然私由是而可克矣是雖未能與理爲一也然理由是而可復矣求仁莫近於此焉

附解 朱子曰反身而誠自然循理所以樂强恕而行且恁地把捉勉强做去萬物皆備於我下文反身强恕皆蒙此句爲義强恕者亦是他見得萬物皆備於我了只爭著一箇反身而誠便須要强恕上做工夫亦只是要去箇私意而已私意既去則萬物自無欠缺處矣

行之而不著焉章

總旨 鄱陽朱氏曰此章勉人知道而爲儆歎之辭

孟子曰行之而不著焉習矣而不察焉終身由之而不知其道者衆也

著者知之明察者識之精言方行之而不能明其所當然既習矣而猶不識其所以然所以終身由之而不知其道者多也

本義 孟子曰日用之間有是事則有是理人皆行是事而不能明其理之所當然爲有理之當然必有理之所以然人皆習其事矣而猶不識其理之所以然焉以此言之則終身由於斯道之中而不知其道者衆也此道之所以不明於天下

也。知道之學。君子可不務哉

附解 蒙引 行者。據成迹而行耳。習亦然。所謂行之。猶所謂日用飲食也。如父坐而子當立。彼見父亦立也。臣拜而君受。彼見君亦拜也。但不知子之立而父之坐者。以父者子之所天。父固當坐而子固當立也。臣之拜而君之受者。以君者臣之元首。臣固當拜而君固當受也。此行之而不著者也。如是而行之不已。則習也。既習矣。於其所當然者。或能知之矣。而又不能識其所以然。如父之坐。子之立。其所以然。非出於安排也。一出於天命之性。自然而然。而有不得不然者也。君之受臣之拜。其所以受。所以拜者。非出於矯僞也。一出於天性之真。自然而然。而有莫覺其然者也。○賽合註 行習總是由著察。總是知。

人不可以無恥章

總旨 折衷 此孟子欲人不失其羞惡之心也。○蒙引 四恥字皆同。惟下一恥字。作恥辱說。似以事言。然其實亦是無可恥也。皆以心言。

孟子曰。人不可以無恥。無恥之恥。無恥矣。

趙氏曰。人能恥己之無所恥。是能改行從善之人。終身無復有恥辱之累矣。

本義　孟子曰。恥者。羞惡之良心也。恥吾之未能進於善。則善可遷。恥吾之未能免於過。則過可改。故人不可以無恥也。人若能以無恥之恥爲恥。而惕然悔悟。奮然自新。則終身無恥辱之累矣。人可自失其恥心哉。

附解　家訓。人原有恥心。此云不可無者。要人常提醒此心之意。

恥之於人大矣章

總旨　朱氏公遷曰。此自其固有之心而言。無恥之恥。則無恥所以勸也。不恥不若人。則不若人所以戒也。二章正相表裏。

孟子曰恥之於人大矣

恥者吾所固有羞惡之心也存之則進於聖賢失之則入於禽獸故所繫爲甚大

本義 孟子曰凡人恥心之存亡卽分人品之邪正其關於人大矣哉

附解 達說人字要重看

爲機變之巧者無所用恥焉

爲機械變詐之巧者所爲之事皆人所深恥而彼方且自以爲得計故無所用其愧恥之心也

本義 彼陷溺其心者奸險叵測於機械變詐之巧無所不爲此正有良心者所深恥而不爲者也而彼方自以爲得計蓋

恬然無所用其愧恥之心焉

【附解】〔折衷〕機械有制服人意。變詐有誑誘人意。○機變便是巧。大病在爲字上。○〔蒙引〕不曰無恥而曰無所用其恥者。蓋恥者人所固有。獨彼自不用其恥耳。

不恥不若人何若人有

但無恥一事不如人。則事事不如人矣。或曰不恥其不如人。則何能有如人之事。其義亦通。或問人有恥不能之心如何。程子曰。恥其不能而爲之可也。恥其不能而掩藏之不可也。

【本義】人而至於無所用恥。則無恥一事已不能如人。將不顧禮義而無所不爲矣。更何事可若人乎。甚矣恥之所繫大也。

【附解】〔說統〕人之異於禽獸者。只是恥。若無恥。則與禽獸何異。不得復列於人。故曰何若人有。

古之賢王章

總旨 說約古之賢王至忘勢一截古之賢士至忘人之勢又一截蓋兩平語也故王公以下只承賢士說而思賢王意亦見於其中則其立言之妙

孟子曰古之賢王好善而忘勢古之賢士何獨不然樂其道而忘人之勢故王公不致敬盡禮則不得亟見之見且猶不得亟而況得而臣之乎

言君當屈己以下賢士不枉道而求利二者勢若相反而實則相成蓋亦各盡其道而已

本義 孟子曰人之取重於人者必當有以自重古之賢王惟知有道德之可好不知有勢分之足恃也其尊士如此若古之

賢士何獨無所好無所忘哉樂已之道而怡然以自高忘人之勢而漠然如無有惟其樂道忘勢故王公內不致敬外不盡禮則雖欲數見之而不可得夫見且猶不得亟而況得以爵祿奔走而臣之乎唯賢王能遂賢士之高亦惟賢士方能成賢王之大此隆古之盛所以不可及也

附錄 蒙引賢王曰古賢士亦曰古孟子蓋有感於當時而云也○好善者好人之善也忘勢者忘己之勢也樂其道樂已之道也忘人之勢謂君之勢也何獨不然喚下文言亦有所好有所忘也○致敬以心言盡禮以禮貌儀物言

孟子謂宋句踐曰章

總旨 翼註此章雖從遊說起而後面道理甚大不必粘定遊說○齊合註總註內重而外輕句屬可以囂囂矣上無往而不善句屬故士窮不失義三節

孟子謂宋句踐曰子好遊乎吾語子遊

宋牼句踐名遊遊說也

【本義】孟子謂宋句踐曰子好遊說諸侯乎吾語子以遊之道

人知之亦囂囂人不知亦囂囂

趙氏曰囂囂自得無欲之貌

【本義】夫遊說者往往以人之知不知爲欣戚汝之遊而諫行言聽人知之也亦囂囂然而無以爲欣諫不行言不聽人不知也亦囂囂然而無以爲戚此遊之道也

【附解】說統囂囂二字欲其先存此心非於知不知時方始有也○蒙引此兩句源頭便自尊德樂義來

曰何如斯可以囂囂矣曰尊德樂義則可以囂囂矣

德謂所得之善尊之則有以自重而不慕乎人爵之榮義謂

所守之正樂之則有以自安而不徇乎外物之誘矣

本義句踐曰囂囂若未易能也敢問何如斯可以囂囂矣孟子曰囂囂非可以矯情爲之也所得之善如孝弟忠信根於所性者謂德其理有當尊也吾則恭敬奉持而不敢忽所守之正如進退出處各有所宜者謂義其理本至樂也吾則懽欣愛慕而不敢忘夫尊德則有以自重而不慕乎人爵之榮樂義則有以自安而不循乎外物之誘可以囂囂矣

附解慶源輔氏曰尊如尊德性之尊樂如樂天知命之樂○蒙引所謂有以自重有以自安者自得也所謂不慕乎人爵之榮不徇乎外物之誘者無欲也自得即內重無欲即外輕此所謂囂囂也

故士窮不失義達不離道

言不以貧賤而移不以富貴而淫此尊德樂義見於行事之實也

【本義】夫誠尊德樂義，亦何往而不宜哉。故士之當其窮也，能尊德樂義而有可貞之守，必不以貧賤而移，豈至於失義乎。及其達也，能尊德樂義而有可行之道，必不以富貴而淫，豈至於離道乎。

【附解】蒙引：窮不失義，窮而尊德樂義也。達不離道，達而尊德樂義也。窮不失義，義字兼德。達不離道，道字兼德義。窮達二字應上人知不知意，然不可就指人不知為窮、知為達也。○存疑：上而尊德樂義，是就其平日用功言，此則推出一步，就其行事言也。觀本文故字及總註內重而外輕，則無往而不善意可見。

窮不失義，故士得己焉；達不離道，故民不失望焉。

得己，言不失己也。民不失望，言人素望其興道致治，而今果如所望也。

【本義】夫砥行飭躬，士之所以自愛其身也。今能窮不失義，不降志，不辱身，而生平砥礪之節已完，士於是乎不失己焉。與

道致治民之厚望於上也今能達不離道上不負君下不負民而蒼生仰望之心已慰民於是乎不失望焉士之窮達皆善如此

附解 新安陳氏曰不失己如云不失其身

古之人得志澤加於民不得志脩身見於世窮則獨善其身達則兼善天下

見謂名實之顯著也此又言士得已民不失望之實○此章言內重而外輕則無往而不善

本義 不觀諸古人乎古之人得行其志則推此德義於人而功澤加於民不得行其志則脩此德義於身而名實著見於世不得志窮也而脩身見世是窮則獨善其身也德義之在我者我自尊之樂之何已之不得焉得志達也而澤加於民

是達則兼善天下也德義之在我者與天下共尊之樂之何
民之失望焉即古人之事而可以見士得已矣不失望之實
也此士之所以囂
囂而盡遊之道哉

附解家訓古之人即尊德樂義士也○〔賽合註〕善即德義○
〔存疑〕下二句即上二句意○〔新安陳氏曰〕得志兼善此民不
失望之實不得志獨
善此士得已之實也

待文王而後興者章

總旨〔慶源輔氏曰〕孟子此言蓋欲學者不以凡民自棄而以
豪傑自期也○〔徐自溟曰〕孟子此語以興不興分凡民豪傑
之品非以凡民豪
傑分興與不興之興

孟子曰待文王而後興者凡民也若夫豪傑之士雖無文王猶
興

興者感動奮發之意凡民庸常之人也豪傑有過人之才智者也蓋降衷秉彝人所同得惟上知之資無物欲之蔽爲能無待於教而自能感發以有爲也

本義 孟子曰古來作人風化莫盛於文王而人之親炙文王者固無不感發以爲善矣然必待文王之教化薰陶漸漬而後興起於善者此氣拘物蔽之凡民耳若夫豪傑之士則卓然自立才智過人雖無文王在上固自能興起於善也人可不以豪傑自期哉

附解 困勉錄獨言文王者舉此以見例耳存疑謂文王化行江漢比自古聖人獨盛謬矣○翼註興者興起爲善有勃然而發奮然而往意

附之以韓魏之家章

四書集聞錄

【總旨】說統此爲世之溺情於富貴者發

孟子曰附之以韓魏之家如其自視欿然則過人遠矣

附益也韓魏晉卿富家也欿然不自滿之意尹氏曰言有過人之識則不以富貴爲事

【本義】孟子曰凡人識不足者每以外物爲重輕有人於此一旦附益之以韓魏之大家自人視之其快意宜何如者如其自視欿然毫無驕盈之念此其識見高明知吾心有至富至貴者在而外物不足以動之其過人也遠矣

【附解】蒙引附益也非是既富而又益之也止是言以此加之也○存疑自視欿然者自視若不足也是自簡身心不自滿足不是韓魏之家猶不滿其願○翼註此富貴亦是道當得者若不當得則辭之不但自視欿然矣○蒙引過人處在內在前不是就此處爲過人故尹氏曰有過人之識則不以富貴爲事

以佚道使民章

總旨 說統本文二道字最重。天下惟道足以服人。何怨之有。不是令其無怨。此心自無可怨也。

孟子曰、以佚道使民、雖勞不怨。以生道殺民、雖死不怨殺者。

程子曰、以佚道使民、謂本欲佚之也。播穀乘屋之類是也。以生道殺民、謂本欲生之也。除害去惡之類是也。蓋不得已而爲其所當爲。則雖咈民之欲。而民不怨。其不然者反是。

本義 孟子曰、人情莫不好佚而惡勞。宜其勞之而怨也。如上之於民。心本欲佚之。乃不得已而使其所當使。是謂以佚道使民。非厲民也。民亦諒其心而雖勞不之怨矣。人情莫不好生而惡死。宜其殺之而怨也。如上之於民。心本欲生之。乃不得已而殺其所當殺。是謂以生道殺民。雖死者亦諒其心。不怨其殺之矣。夫勞與殺之所及。且無怨。而勞與殺之所不及又可知矣。

【附解】存疑註播穀乘屋之類。其日之類。則固有以該鑿池築城等事矣。○翼註二怨字。即指被勞所殺之人。其曰雖死不怨殺者。亦自其必死之時言之也。

霸者之民章

【總旨】新安陳氏曰首以霸與王對說。中言王而不及霸。末方以小補繳上霸者之事。○達說王霸之辨。只存心與無心之間。孟子論王霸。全在此處分別。○困勉錄此章自王者之民至不知為之者。只是言王民之氣象。而含有王道之大意。末節則直指王道。王道之大。然須知其是言王道之大。不是言王道。王道在至誠無心上。至誠無心意在言外。

孟子曰霸者之民驩虞如也王者之民皡皡如也

驩虞與歡娛同。皡皡廣大自得之貌。程子曰驩虞有所造為

而然豈能久也耕田鑿井帝力何有於我如天之自然乃王者之政楊氏曰所以致人驩虞必有違道干譽之事若王者則如天亦不令人喜亦不令人怒

【本義】孟子曰欲知王霸之道當觀王霸之民霸者之民感上之惠其氣象殆驩虞如也王者之民忘上之德其氣象殆皞皞如也

【附解】新安陳氏曰三如字似恂恂如踧踖如之如語助辭也霸者之民感上之惠而驩虞如霸功淺近易悅故也王者之民忘上之德而皞皞如王者廣大深遠而無迹故也

【蒙引】此二句即王霸之民氣象而見得王霸者之氣象

殺之而不怨利之而不庸民日遷善而不知爲之者

此所謂皞皞如也庸功也豐氏曰因民之所惡而去之非有

心於殺之也何怨之有因民之所利而利之非有心於利之也何庸之有輔其性之自然使自得之故民日遷善而不知誰之所爲也

【本義】何以見其皞皞如也如刑以懲民惡王者不能不殺民也然爲民除殘爲民去暴因民之所惡而去之而民且忘其爲殺矣自不以爲怨利以厚民生王者非無所利民也然分之田里教之樹畜因民之所利而利之而民且忘其爲利矣自不以爲功教以正民德王者非不導民以善也然天生蒸民厥有恒性順其性之自然而導之故民日遷善而不知其所以爲之者此所謂皞皞也

【附解】存疑殺之刑也利之養也民日遷善教也不怨不庸不知爲之皞皞也所以致民不怨不庸不知爲之處註最明白○翼註爲之謂做出他箇善來卽教之意○此節正皞皞處註中非有心及使自得之見上之忘也本文不怨不庸不知

爲之者見下之忘也
合之上下兩忘也

夫君子所過者化所存者神上下與天地同流豈曰小補之哉

君子聖人之通稱也所過者化身所經歷之處即人無不化如舜之耕歷山而田者遜畔陶河濱而器不苦窳也所存者神心所存主處便神妙不測如孔子之立斯立道斯行綏斯來動斯和莫知其所以然而然也是其德業之盛乃與天地之化同運並行舉一世而甄陶之非如霸者但小小補塞其罅漏而已此則王道之所以爲大而學者所當盡心也

本義 即此觀之可見君子凡爲殺爲利爲教所經過者物無不化不必久於此而深洽之也凡欲殺欲利欲教所存主者

有是心便有是政其感應至神而不可測也夫天地以化神而成覆載之功王者以化神而布甄陶之澤德業之盛直與之同運並行豈但如霸者之功小補其罅漏而已哉

附解朱子曰經歷不必爲經行之地凡其身之所臨政之所及風聲氣俗之所被皆謂經歷○存是存主處不是主宰是存這事這事便來應○存疑過化存神通是業德是就其平日所存言○朱子曰上下與天地同流重鑄一番過相似小補只是逐片逐些子補綴○說統流字重要貼註同運並行意見得天地之神化流至此王者之神化亦流到此正與下小補相反○蒙引所過者化一段不是說不怨不庸以前的事亦不是說不怨不庸以後的事只就不怨不庸者贊王道之大如此蓋王道只是公公則大矣私則小矣萬古不能易此理○朱子曰自王者之民皥皥如也而下至此皆說王者功用如此

仁言不如仁聲之入人深也章

【總旨】家訓此章仁善字原並舉開説不得牽扯纏擾單釋政教而不釋言聲者以言聲不待釋也

孟子曰仁言不如仁聲之入人深也

程子曰仁言謂以仁厚之言加於民仁聲謂仁聞謂有仁之實而爲衆所稱道者也此尤見仁德之昭著故其感人尤深也

【講義】孟子曰爲治之道固欲其兼全尤當知所尤重如人君有不忍人之心所謂仁也仁之發於語言號令者謂之仁言仁之被於民而歌頌遍興者謂之仁聲二者皆有以入人也然仁言發於己而未必其然且但出於一時仁聲傳於人而已有所試且又著於平素仁言之入人不如仁聲之入人深也

【附解】蒙引此一句只就人上説善政不如善教之得民也此以政教得效之小大言

善政不如善教之得民也

政謂法度禁令所以制其外也教謂道德齊禮所以格其心也

【本義】然所以爲仁言仁聲者不外政教兩端而政教之效又有異者政之善教之善皆有以得民也然善政以紀綱法令整飭民於事迹善教以仁義禮樂道化民於性分善政得民之效小不如善教得民之效大也

【附解】【輯註】政雖是法制禁令然謂之善政則與惡政不同矣亦能得民但不及善教耳法制政之立也禁令政之行也善教註以道德齊禮解則亦非耳提面命之教矣道德教之本也齊禮教之具也○不如字且虛註制外格心即下節意勿用出

善政民畏之善教民愛之善政得民財善教得民心

得民財者百姓足而君無不足也得民心者不遺其親不後其君也

【本義】試以其得民者言之。善政所設，民皆遵守約束，畏之而不敢玩；善教所感，民皆歡欣鼓舞，愛之而不忍忘。善政不止民畏已也，取之有道，用之有節，百姓足而君無不足，有以得民之財；善教不止民愛已也，孝弟忠信，入以事其父兄，出以事其長上，或忘其勞，或忘其死，風俗淳厚，教化大行，有以得民之心。夫畏惕於法也，愛生於心也，苟至於愛，而畏不足言矣。民心本也，民財末也，苟得其心，而財在其中矣。故曰善政不如善教之得民也。而仁言仁聲之入人者，從可知矣。

【附解】家訓：愛之是感於其教而愛戴不忘，得心是化於其教而回心向道。○【匯聚圖曰】畏愛在政教之初，得財得心在政教既成之後。

人之所不學而能者章

【總旨】存疑此章大意是言在人皆有本然之善以見人之不可失也

孟子曰人之所不學而能者其良能也所不慮而知者其良知也

良者本然之善也程子曰良知良能皆無所由乃出於天不繫於人

【本義】孟子曰人之生也學而後能有不待學習而即能者其本然之良能也慮而後知有不待思慮而即知者其本然之良知也

【附解】翼註論吾人用工學慮自不可廢但不學不慮是本體呈露之妙耳吾人用工則當學以復其不學之體慮以復其不慮之體但孟子不曾說及此耳時解說壞學慮大非○困勉錄良知良能俱在用上說

孩提之童無不知愛其親也及其長也無不知敬其兄也

孩提二三歲之閒知孩笑可提抱者也愛親敬長所謂良知良能者也

本義 何以見之彼孩提之童未有知識孰敎以孝而無不知愛其親也及其稍長也未有思慮孰敎以悌而無不知敬其兄也所謂良知良能也

附解 蒙引長字對孩提言謂稍長也○上謂良知良能二者此知愛知敬只有知字何也曰連愛敬二字說則有良能矣

親親仁也敬長義也無他達之天下也

言親親敬長雖一人之私然達之天下無不同者所以爲仁義也

【本義】然是愛親敬長之心非自外至也仁主於愛愛莫切於愛親孩提之愛即是仁也義主於敬敬莫先於從兄稍長之敬即是義也夫親親敬長所以爲仁義者無他正以愛敬之心達之天下無不同故也天下同此孩提其無不知愛之心同也天下同此稍長其無不知敬之心同也此其所以爲仁義也若有不同則不得謂之仁義矣

【附錄】〔達說〕親親仁也敬長義也此親親敬長字面略說得泛便不是須緊根孩提稍長說○〔翼註〕親親即仁敬長即義不可說是仁義之發○〔潛室陳氏曰〕此章無推此及彼之意所謂達乃達道達德之達言人心所同然也○〔說約〕達之天下無不同只就孩提稍長說○既出乎人之本然必通乎人之同然也○〔困勉錄〕達之天下句只是應轉上二節語無兩意也淺說以上二節爲言愛親敬長者人之本然末節言愛親敬長人之同然殊誤

舜之居深山之中章

【總旨】〔說叢〕此章語氣與吾與回言終日章絕相類一往一來反覆贊美之詞

孟子曰舜之居深山之中與木石居與鹿豕遊其所以異於深山之野人者幾希及其聞一善言見一善行若決江河沛然莫之能禦也

居深山謂耕歷山時也蓋聖人之心至虛至明渾然之中萬理畢具一有感觸則其應甚速而無所不通非孟子造道之深不能形容至此也

〔本義〕孟子曰觀聖人者不以其迹而以其心舜當側陋未揚而居深山之中也與木石爲居與鹿豕爲遊深山之野人如此舜亦如此無甚異於深山之野人也此第就其一無所接寂然不動者言之耳及其偶聞一善言偶見一善行有以感觸其心之善則心與之契意與之會其從之也略無毫髮之勉强其行之也不容有斯須之凝滯辟如長江大河之決沛

然而逝人孰得而阻之哉
此舜之所以大異於人也

附解 達說與木石居相忘於木石直與之同居也鹿豕遊亦然不重所居之陋意○說約及其一轉甚捷蓋始終皆指歷山時也○蒙引決江河謂江河之決也非人決之也○蒙引聖人之心至虛至明惟至虛故渾然之中萬理畢具惟至明故一有感觸則其應甚速而無所不通

無爲其所不爲章

總旨 鄱陽朱氏曰此章勉人擴充羞惡之心

孟子曰無爲其所不爲無欲其所不欲如此而已矣

李氏曰有所不爲不欲人皆有是心也至於私意一萌而不能以禮義制之則爲所不爲欲所不欲者多矣能反是心則

所謂擴充其羞惡之心者而義不可勝用矣故曰如此而已矣

本義 孟子曰、羞惡之心人皆有之則不義之事皆人所不爲不欲者也但爲私意所蔽不能以禮義制之於是爲所不爲欲所不欲者多矣誠於應事之際心有所不爲者便斷然其無爲有所不欲者便斷然其無欲則所爲者皆所當爲而事事無歉於心所欲者皆所當欲而念念無惡於志如此以擴充羞惡之心而已矣

附解 雲峯胡氏曰有所不爲有所不欲是本來羞惡之心無爲其所不爲無欲其所不欲是能擴充其羞惡之心爲是一身之動欲是一念之動不能謹其動而且謹其動之幾是眞能擴充其羞惡之心而義不可勝用矣○說約上兩句即擴充矣非又因此而擴充之○蒙引集註所謂義不可勝用者不可以對仁而言此章單言之義也無爲無欲字內四德俱有○大註義不可勝用入在如此而已矣

人之有德慧術知章

【纂箋】新安陳氏曰此章與舜發畎畝章互相發故集註引動心忍性以釋此章

孟子曰人之有德慧術知者恆存乎疢疾

德慧者德之慧術知者術之知疢疾猶災患也言人必有疢疾則能動心忍性增益其所不能也

【本義】孟子曰人心莫不有德見之敏而能燭事幾於未然德之慧也處事莫不有術見之明而能善事理之當然術之智也人之有德慧術智者常在疢疾中來也

【附解】蒙引凡在心之理謂之德處事之方謂之術此下舉孤臣孽子以證其實

獨孤臣孽子其操心也危其慮患也深故達

孤臣遠臣孽子庶子皆不得於君親而常有疢疾者也達謂達於事理卽所謂德慧術知也

【本義】何以驗其然也嘗觀之同是臣獨彼爲孤臣同是子獨彼爲孽子者所謂情義隔於君親勢分制於近嫡而常有疢疾者也其操心也危常若禍患之至專一而不敢肆其慮患也深預防禍患之來精審而不敢忽專精之極故能周知人情備嘗世故達於事理而德慧術知全焉故曰有德慧術知者恒存乎疢疾也然則當憂患者可不思進德而自勉勵乎

【備解】〔存疑〕操心危者戰兢恐懼常恐其身之陷於禍患也慮患深者思患預防使禍患無自而生也操心是恐懼意慮患是脩省意

有事君人者章

【總旨】〔蒙引〕此章論人品通指爲人臣者言○〔說統〕此要人取法乎上之意○〔翼註〕各節上句且虛講下正見之也

孟子曰。有事君人者。事是君則爲容悅者也。

阿徇以爲容。逢迎以爲悅。此鄙夫之事。妾婦之道也。

【本義】孟子曰、臣品不同。有事君人者、其事是君、不務責難陳善、但阿徇逢迎以取君之容悅也。此諂諛之臣品之最下者也。

【附解】慶源輔氏曰。阿徇爲容。謂長君之惡以求容其身者。逢迎爲悅。謂逢君之惡以求君之悅者。○【存疑】要看箇爲字是事務之意。

有安社稷臣者。以安社稷爲悅者也。

言大臣之計安社稷。如小人之務悅其君。眷眷於此而不忘也。

【本義】容悅之臣固無足言矣有安社稷臣者其輔君保民討安社稷無所不用其至而精神志念以此爲悅者也此以功名爲志而富貴不足累其心人臣之忠者也

【附解】說統此悅字借上文悅字來形容忠臣徇國之念見得以安社稷爲悅則雖拂君之欲而亦有所不顧也意在言外

有天民者達可行於天下而後行之者也

民者無位之稱以其全盡天理乃天之民故謂之天民必其道可行於天下然後行之不然則寧沒世不見知而不悔不肯小用其道以徇於人也張子曰必功覆斯民然後出如伊呂之徒

【本義】然猶一國之士也有天民者以道自重而不敢褻天當其未行之先必視達焉可行其道於天下而後行之不肯徇

人以小用者也此志於道德而功名不足累其心其品又在社稷臣上矣

附解〔說統〕達可行只主道不主時要見他不大行不肯輕試意

有大人者正己而物正者也

大人德盛而上下化之所謂見龍在田天下文明者○此章言人品不同畧有四等容悅佞臣不足言安社稷則忠矣然猶一國之士也天民則非一國之士矣然猶有意也無意無必惟其所在而物無不化唯聖者能之

本義 然猶有意也有大人者其德既盛其化自神但正其在己而上下化之物無不正此則功在社稷而無計安之勞道濟天下而無必行之迹所謂大而化之者也洵爲臣道之極歟

【附解】存疑。正己無工夫。是以見成者言。物正亦不大段費力。是人自化之。易曰德博而化是也。○四書脈。物正是世道自我主張。氣化自我挽回。○慶源輔氏曰。猶有意。如程子所謂伊尹雖聖人。終是有任的意思在是也。大人則聖人矣。如周公孔子方能當之。周公在上而能使天下文明者也。孔子在下而能使萬世文明者也。至公無私。進退以道。周公之無意無必也。仕止久速。無可不可。孔子之無意無必也。

君子有三樂章

【總旨】說統此章首尾。俱以王天下相形。見得吾性中自有眞樂。原與勢分毫無干涉。在人認取如何耳。

孟子曰。君子有三樂。而王天下不與存焉。

【本義】孟子曰。人皆知王天下之可樂。然君子有三樂。而王天下猶不得在其數焉。

【附解】淺說。王天下只是說得位而已。未說到其道大行處。若說到道行處。便是下章中天下而立。定四海之民。正爲君子

之所樂者矣傳道猶可樂況親見其道之大行而使萬物各得其所乎

父母俱存兄弟無故一樂也

此人所深願而不可必得者今既得之其樂可知

【本義】何謂三樂父母兄弟人之至親而俱存無故亦人之至願而不可必得者今焉父母俱存兄弟無故吾之孝友得以自盡而無遺恨焉不亦樂乎此一樂也

【附解】蒙引父母俱存則得以致吾孝兄弟無故則得以致吾友所謂樂之實樂斯二者樂則生矣生則惡可已惡可已則不知足之蹈之手之舞之○〔淺說〕兄弟無故不專是俱存意凡無不幸之事皆是若遇兄弟有惡處者亦是有故此亦是係於天者

仰不愧於天俯不怍於人二樂也

程子曰人能克己則仰不愧俯不怍心廣體胖其樂可知有息則餒矣

【本義】克己最難盡性非易俯仰之間鮮有無愧怍者今焉己私既克天理已復完其命於天者而仰焉不愧於天盡其同於人者俯焉不怍於人心廣體胖浩然自適又豈不樂乎此二樂也

【講解】【存疑】今人心中纔有一事不慊便覺不樂俯仰無愧其樂可知然欲俯仰無愧亦不容易故註以克己解之此當以顏子不改其樂孔子樂在其中來參看

得天下英才而教育之三樂也

盡得一世明睿之才而以所樂乎已者教而養之則斯道之傳得之者衆而天下後世將無不被其澤矣聖人之心所願

欲者莫大於此今既得之其樂爲何如哉

本義 人才難得斯道易孤君子成物濟世之心多有鬱鬱然不得以自遂者今焉盡得一世明睿之才而所以樂乎己者教導而育養之則斯道之傳得之者衆而天下後世固將無不被其澤矣其樂爲何如哉

附解 翼註天下二字要看見非一鄉一國之善士也○蒙引英才以資質言故註曰明睿之才若兼有學力則教育字不見分曉英才謂才之英者○教與養不同既教之又養之俟其成也

君子有三樂而王天下不與存焉

林氏曰此三樂者一係於天一係於人其可以自致者惟不愧不怍而已學者可不勉哉

本義 一樂爲親二樂爲己三樂爲人此皆天性道義之真趣而極人間之至難者王天下特勢分之樂而已烏足以擬此

故曰君子有三樂、而王天下不與存焉、

附解、四書脈、此節申上三節。要兩意相形與首節虚含不同

廣土衆民章

總旨、蒙引、君子所性章。亦爲不得大行而發上章。亦如此

孟子曰廣土衆民。君子欲之所樂不存焉

地闢民聚。澤可遠施。故君子欲之然未足以爲樂也。

本義、孟子曰人惟内有不足。斯不能不遷於外耳。君子不然如使得一國而君之廣土衆民澤可遠施君子欲之然所及猶有限。所樂不存於是焉

附解、翼註、欲樂皆是行道澤民但有淺深

中天下而立定四海之民君子樂之所性不存焉

其道大行無一夫不被其澤故君子樂之然其所得於天者則不在是也

本義 如使土不但廣也而立國中於天下民不但衆也而安民盡乎四海則無一夫不被其澤而吾道無乎不及君子樂之矣然此特樂之自外來者耳所性不存於是焉

附解 蒙引中天下而立猶云宅中圖治不必謂天下四方而我卻居其中央○中天下而立對廣土言定四海之民對衆民言○朱子曰此君子是通聖人而言

君子所性雖大行不加焉雖窮居不損焉分定故也

分者所得於天之全體故不以窮達而有異

【本義】君子所性不存何如。君子所性雖大行而得所欲所樂也亦不爲之少加焉雖窮居而不得所欲所樂也亦不爲之少損焉何則其所得於天者分數已定故也此所以可窮可達而吾性不加損也

【附解】朱子曰此說生來承受之性君子所性只是一個道理。雖達而爲堯舜在上。亦不見加添些子若窮而爲孔孟在下。亦不見減少些子。蓋這一個道理合下都定了更添減不得。

○【說約】此節言。所。性。不。存。之。故。下。乃。正。言。所。性。又。不。加。不。損。之。故。也。

君子所性仁義禮智根於心其生色也睟然見於面盎於背施於四體四體不言而喻

上言所性之分與所欲所樂不同此乃言其蘊也仁義禮智性之四德也根本也生發見也睟然清和潤澤之貌盎豐厚

盈溢之意施於四體謂見於動作威儀之閒也喻曉也四體不言而喻言四體不待吾言而自能曉吾意也蓋氣稟清明無物欲之累則性之四德根本於心其積之盛則發而著見於外者不待言而無不順也程子曰睟面盎背皆積盛致然四體不言而喻惟有德者居之○此章言君子固欲其道之大行然其所得於天者則不以是而有所加損也

【本義】以君子所性之蘊言之仁義禮智人所同具之性也但衆人爲氣拘物蔽而失之耳君子氣稟清明物欲無累四德皆根於心植立堅固不可搖奪根既內深則英華外發其生色也睟然四德之呈露於面而清和潤澤盎然四德之充暢於背而豐厚盈滿以至四德之施於四體手容不待言而自恭足容不待言而自重有莫知其所以然者君子所性之蘊

如此。豈窮達所得而加損哉。

【附解】蒙引。蘊猶實也。○翼註。根心。須照。分定。說。唯合下便分得來。故仁義禮智。種種含在這裏。觸之而生。意自滋滋欲流。故曰生色。生字從根字來。根深則自有生意。○蒙引。生色二字通貫下三句。○四書脈。睟字盎字。俱當著在仁義禮智上論。不當著在面字背字上論也。○存疑。註豐厚寬大而厚重也。盎溢。從容而有餘裕也。○不言而喻。總是自然不待勉强意。

伯夷辟紂章

【總旨】徐巖泉曰。述文王之善養老。而仁人歸有欲動時君行養老之政意。

孟子曰。伯夷辟紂。居北海之濱。聞文王作。興曰。盍歸乎來。吾聞西伯善養老者。太公辟紂。居東海之濱。聞文王作。興曰。盍歸乎

來吾聞西伯善養老者天下有善養老則仁人以爲已歸矣

已歸謂已之所歸餘見前篇

【本義】孟子曰人君爲政莫不欲人之歸我也然未有仁政不行而能致其來歸者不觀諸文王乎昔伯夷辟紂隱居北海之濱聞文王起爲西伯乃奮然興曰盍歸乎來吾聞西伯善養老者吾其歸焉以就其養可也太公辟紂隱居東海之濱聞文王起爲西伯乃奮然興曰盍歸乎來吾聞西伯善養老者吾其歸焉以就其養可也以此觀之天下有善養老如文王者則天下仁人皆翕然以爲已歸矣

【附解】存疑天下有善養老者則仁人以爲已歸是承文王事而泛論箇道理如此謂就文王說固不是謂說開當時之君亦非也

五畝之宅樹牆下以桑匹婦蠶之則老者足以衣帛矣五母雞

二母彘無失其時老者足以無失肉矣百畝之田匹夫耕之八口之家可以無飢矣

此文王之政也一家養母雞五母彘二也餘見前篇

【本義】然養老當何如惟觀文王之所以治其國者則知文王之所以養其老者矣每夫授以五畝之宅於牆下隙地皆樹之以桑匹婦蠶之則帛有所出而老者之衣足以衣帛矣五母雞二母彘無失其孕字之時則肉有所出而老者之食足以無失肉矣授以井田百畝匹夫耕之則穀有所出而八口之家皆可以無飢矣

【附解】達說樹牆下以桑專重文王講言文王因牆下可桑而令民樹之桑以備婦蠶之用焉五母雞二母彘亦重文王○

【蒙引】衣帛無失肉皆言老者少者不與也無飢獨言八口之家老者固在其中然於此可見聖人之政少壯者只要得無飢寒耳老者都要他溫飽政中之教也○【存疑】此條且舉文王治岐之政且莫說到養老上至下條方就上文發出養老

意○〔蓮說〕此節似與養老無與必先著此一節者正爲制其田里三句根本

所謂西伯善養老者制其田里教之樹畜導其妻子使養其老五十非帛不煖七十非肉不飽不煖不飽謂之凍餒文王之民無凍餒之老者此之謂也

田謂百畝之田里謂五畝之宅樹謂耕桑畜謂雞彘也趙氏曰善養老者教導之使可以養其老耳非家賜而人益之也

本義 文王治岐之政如此則伯夷太公所謂西伯善養老者豈家賜而人益之哉亦惟因民之所利而利之耳如田百畝里五畝文王爲民區畫之樹桑畜牧文王教民孳植之由是導引其妻子使即其田里樹畜之所得者爲衣帛食肉之具以養其老者如是焉止矣凡人年五十衣非帛不煖年七十食非肉不飽不煖不飽謂之凍餒文王之民皆得衣帛食肉

而無凍餒之老者此正伯夷太公所謂養老之謂也今之君可不以爲法乎

附解存疑尊其妻子使養老就在匹婦蠶之雞彘無失其時內○翼註五十非帛四句又泛論老之失所以引起文王之無失所極輕○達說文王之民無凍餒之老全在使民各養其老不然文王之恩亦有所遺安能使無凍餒哉大抵此節全重非家賜而人益意田里樹畜妻子民之所有也制之敎之導之使養其老所謂非家賜而人益正在此處見得○翼註此之謂也謂字打轉首句此字指制其田里四句

易其田疇章

總旨翼註此章只論養民未及敎民也是足民即所以仁民耳

孟子曰易其田疇薄其稅斂民可使富也

易治也疇耕治之田也

【本義】孟子曰治天下者莫重於養民如田疇乃民之常產必使各盡力於南畝而無妨耕耨之時焉稅斂雖國之常賦必輕減其征輸而務存寬恤之意焉夫田疇易則地利之所獲甚豐稅斂薄則私積之所供有限民可使富也所謂開財之源如此

【附解】〈蒙引〉易田疇與薄稅斂俱主在上人說

食之以時用之以禮財不可勝用也

教民節儉則財用足也

【本義】然又不可無以節之也食必以時而非時者有禁用必以禮而非禮者有禁夫食以時則生殖滋蕃用以禮則經費有制凡易薄所餘之財自不可勝用也所謂節財之流又如此

【附解】〈達說〉食以時朝饔夕飧之類用以禮冠婚喪祭之類然亦上之教之也○〈蒙引〉食以時如魚不盈尺人不得食數罟

不入洿池。以至果實未熟者。教以勿採之類。○用以禮。如雞豚狗彘之畜以養老者。非祭祀賓客之需不妄烹宰。

民非水火不生活。昏暮叩人之門戶求水火。無弗與者。至足矣。聖人治天下。使有菽粟如水火。菽粟如水火。而民焉有不仁者乎。

水火民之所急。宜其愛之而反不愛者。多故也。尹氏曰。言禮義生於富足。民無常產則無常心矣。

【本義】夫民非水火不生活。宜其甚愛之矣。然昏暮叩人之門戶求水火。無弗與者。又若非人之所甚惜何哉。以其至足故也。夫人不私水火而獨私菽粟者。以菽粟不足耳。聖人治天下。開其源。又節其流。能使菽粟如水火之至足焉。夫禮義生於富足。既菽粟如水火。則有恒產者自有恒心。而民焉有不仁者乎。夫一足民而民無不仁。如此則治天下者何可不以養民爲先務也。

附解〔蒙引〕聖人治天下。使有菽粟如水火。上兩條是也。使之一字。正主易田疇薄稅斂食以時用以禮。○〔說約〕菽粟如水火。必無之事也。只形容其至足耳。○〔說統〕民焉有不仁句是反跌語。意不重在仁民上耳。見得民足自無不仁。世主欲民之仁。不可使之不足耳。

孔子登東山而小魯章

總旨〔折衷〕此。示學者。以希聖之方。首節形容聖道之大。次節形容聖道之大者有本。末節言學聖道者必以漸而進。不可躐等也。

孟子曰。孔子登東山而小魯。登太山而小天下。故觀於海者難爲水。遊於聖人之門者難爲言此言聖人之道大也東山蓋魯城東之高山而太山則又高矣此言所處益高則其視下益小所見旣大則其小者不足觀也難爲水難爲言猶仁不可爲衆之意

本義孟子曰人至於聖而止道至聖人而極大哉孔子乎在一國則高一國其諸登東山之高而小夫魯焉一國皆在指顧之內而魯失其爲大也在天下則高天下其諸登太山之高而小天下焉六合皆在俯仰之中而天下失其爲大也蓋所處高而視下小如此是故凡水皆水也而獲觀於海者目擊乎汪洋浩瀚之勢則衆水皆難乎其爲水凡言皆言也而獲遊乎聖人之門者耳聆乎仁義道德之宗則衆言皆難乎其爲言蓋所見大則小者不足觀亦明矣聖道之大如此

附解說約孔子二字一頓○存疑登東山而小魯二句就本身所處上言其大觀於海者難爲水二句就他人所見上言其大觀於海者難爲水是起下句遊於聖人之門者難爲言句○摘訓故字承上非兩平意惟其視下益小則人皆見其

○大而小者不足觀矣○〈說約集〉註所處屬聖人所見屬學者

觀水有術必觀其瀾日月有明容光必照焉

此言道之有本也瀾水之湍急處也明者光之體光者明之用也觀水之瀾則知其源之有本矣觀日月於容光之隙無不照則知其明之有本矣

【本義】然人徒見其道之大而不知其所以大者有其本也蓋大德敦化乃小德之所以分一理渾然乃萬理之所自出譬之水惟有源也故急流不息焉則觀水之源有術必於湍急之處觀之而其本可見矣譬之日月惟有明也故容光必照焉則觀日月之明有術必於容光之隙無不照觀之而其本可見矣

【附解】〈淺說〉觀水有術術字不可與明字對○〈翼註〉體在天謂之明照及地謂之光容光必照言有一隙可容其光者亦必

照○蒙引闌處正是大其源即是本必照處正是大其明即是本

流水之爲物也不盈科不行君子之志於道也不成章不達

言學當以漸乃能至也成章所積者厚而文章外見也達者足於此而通於彼也○此章言聖人之道大而有本學之者必以其漸乃能至也

本義 聖道大而有本如此學之者豈能一蹴而至乎彼流水之爲物也必盈滿於此而後可流通於彼若積水尚淺未至於盈科則坎止有不行矣水之進必以漸如此況君子之志於聖人之道也而可無漸乎故必日積月累學問成就有文章之美然後可以從容上達以詣其極苟未至於成章則是下學之功猶有未盡於此而遽望聖域特懸空妄想而卒歸於罔得也安能以自達哉志聖道者信不可無循序漸進之功矣

附解存疑流水之爲物也。盈科而後進。是起下君子之志於道句。盈科後進是滿一坎而後進一坎。其坎亦不一。以前章放乎四海參看。可見成章後達。亦當依此例看○朱子曰成章是做得成片段。有文理可觀○慶源輔氏曰如自有諸己之謂信。至於大而化之之謂聖。自志學至於從心不踰矩。其閒次第。皆是足於此而通於彼○蒙引朱子下箇所積者厚。又是推原成章所以處。蓋成章不是工夫字。

雞鳴而起章

總旨蒙引此章教人擇術。舉舜蹠而言。以見其相去之遠。曰利與善之分。以見其所爭之不遠。孟子示人取舍之機如此。

孟子曰、雞鳴而起、孳孳爲善者、舜之徒也。

孳孳勤勉之意。言雖未至於聖人。亦是聖人之徒也。

本義孟子曰、有人於此、當雞鳴之時、事物未交、便起而孳孳爲善者、是雖未必遽至於舜而充此向善之心便是舜之徒

也

附解 翼註雞鳴固是夜氣清明之時然自雞鳴而起便去爲善爲利便舍得日夕不已意二爲字有主念言者有主事言者亦兼得

雞鳴而起孶孶爲利者蹠之徒也

蹠盜蹠也

本義 有人於此當雞鳴時便起而孶孶爲利者是雖未必遽至於蹠而充此徇利之心便是蹠之徒也

欲知舜與蹠之分無他利與善之閒也

程子曰言閒者謂相去不遠所爭毫末耳善與利公私而已矣才出於善便以利言也○楊氏曰舜蹠之相去遠矣而其

分乃在利善之閒而已是豈可以不謹然講之不熟見之不明未有不以利爲義者又學者所當深察也或問雞鳴而起若未接物如何爲善程子曰只主於敬便是爲善

【本義】由是觀之則欲知舜與蹠之分其初豈有他哉惟在利與善之閒而已學者於取舍之閒一昧其幾則差之毫釐而謬以千里矣可不慎哉

【附解】【翼註】欲知舜與蹠之分亦承上舜蹠之徒來非正較舜蹠也○【朱子曰】閒是兩者相並在這裏一條路做這邊去一條路做那邊去所以謂之閒○【蒙引】凡無所爲而爲只見理之當爲便爲者善也若有所爲而爲則雖其所當爲亦利也孟子立善利二字便都該得○【淺說】此節是申上二節意不是推其所以之說又一說上二節言舜蹠之相去遠末一節言其分之不遠者亦非

楊子取爲我章

【總旨】【蒙引】此章之言蓋以楊墨之害道人多知之而子莫之執中乃甚惑人故孟子槩以爲猶執一而深闢之

孟子曰楊子取爲我拔一毛而利天下不爲也

楊子名朱取者僅足之意取爲我者僅足於爲我而已不及爲人也列子稱其言曰伯成子高不以一毫利物是也

【本義】孟子曰今異端之學紛紛矣楊子專主爲我充其爲我之心雖拔一毛而利天下彼亦不肯爲也

【附解】【翼註】爲我與爲已不同爲已是脩已爲我只是自私○【蒙引】拔一毛而利天下不爲對摩頂放踵便是假借辭非實說○【翼註】爲我兼愛非楊墨自立此名俱是孟子名之拔一毛而利天下不爲也摩頂放踵利天下爲之亦非楊墨自說要如此此亦是孟子就其所執推之則必至於此耳與斷論子莫者一般

墨子兼愛摩頂放踵利天下爲之

墨子名翟兼愛無所不愛也摩頂摩突其頂也放至也

本義 墨子主於兼愛充其兼愛之心摩其頂以至踵可以利天下彼亦將爲之

子莫執中執中爲近之執中無權猶執一也

子莫魯之賢者也知楊墨之失中也故度於二者之閒而執其中近近道也權稱錘也所以稱物之輕重而取中也執中而無權則膠於一定之中而不知變是亦執一而已矣程子曰中字最難識須是默識心通且試言一廳則中央爲中一家則廳非中而堂爲中一國則堂非中而國之中爲中推此

類可見矣又曰中不可執也識得則事事物物皆有自然之中不待安排安排著則不中矣

【本義】又有子莫者矯楊墨之失而執中於二者之閒非不爲我也而不至如楊子之絕物非不兼愛也而不至如墨子之徇人執中如此似乎近於道矣然中無定在當爲我而爲我當兼愛而兼愛隨時進退因地變通此之謂能權今子莫執中而無權則膠於一定而不知變亦猶楊墨之各執其一也均之爲失中也

【附錄】〔翼註〕近之近似於道也道中而已子莫執中據其名迹近似於道不作猶賢於楊墨說蓋彌近理則大亂眞不可謂猶賢○〔困勉錄〕論語權字對經字說此權字對衡字說雖皆是隨事任理之心然對經字說則只在處變上看對衡字說則通常變在內矣○〔蒙引〕執中而無權由前面無致中工夫耳

所惡執一者爲其賊道也舉一而廢百也

賊害也爲我害仁兼愛害義執中者害於時中皆舉一而廢百者也○此章言道之所貴者中中之所貴者權楊氏曰禹稷三過其門而不入苟不當其可則與墨子無異顏子在陋巷不改其樂苟不當其可則與楊氏無異子莫執爲我兼愛之中而無權鄉鄰有鬬而不知閉戶同室有鬬而不知救之是亦猶執一耳故孟子以爲賊道禹稷顏回易地則皆然以其有權也不然則是亦楊墨而已矣

【本義】所以惡夫楊墨子莫之執一者爲其有害於道也蓋天下理一而分殊隨時以變易彼只執其一偏則其餘百端皆廢也賊道如此此執一者之所以可惡也

附解蒙引爲其賊道也此道字卽中而合權者也○翼註賊道且虛勿如註中說透舉一廢百正是賊道處○雲峯胡氏曰吾儒之中也隨時以取中異端之中也執中而無權吾儒之一也一以貫萬異端之一也一而廢百

飢者甘食章

總旨正解此章上節卽飢渴以起貧賤而言欲之累心末節言不累於欲者之過人總是欲人之審富貴而安貧賤也

孟子曰飢者甘食渴者甘飲是未得飲食之正也飢渴害之也豈惟口腹有飢渴之害人心亦皆有害

口腹爲飢渴所害故於飲食不暇擇而失其正味人心爲貧賤所害故於富貴不暇擇而失其正理

本義孟子曰飲食本有正味也惟是飢者得食則甘之渴者得飲則甘之是皆未得飲食之正味也由飢渴害之也豈惟

口腹有飢渴之害而不知正味哉。人心有正理。猶飲食之有正味也。惟以貧賤之故搖亂其心。見富貴即不暇決擇而失其正理。亦猶飢渴之甘於飲食。不復知有正味也。

【附解】朱子曰：飢渴害其知味之性。則飲食雖不甘亦以為甘。利欲害其仁義之性。雖所為不可亦以為可。○蒙引：飲食正味。此只淺說。如魚餒肉敗。不得其醬而食。便是不暇擇而失其正味也。○魏莊渠曰：心之受害。只在急不暇擇中失脚。

人能無以飢渴之害為心害。則不及人不為憂矣。

人能不以貧賤之故而動其心。則過人遠矣。

【本義】貧賤之害心。無異於飢渴之害口腹。可見貧賤者人心之飢渴也。以貧賤而動心。是以飢渴之害為心害也。有人於此能以理制欲。以道御情。而無以飢渴之害為心害。則識見高明。持守堅定。其過人遠矣。又何憂其不及人哉。

【附解】淺說：人能無以飢渴之害為心害。此飢渴就當貧賤字看。○翼註：只就此安貧賤一事說他不憂不及人。不必推開

到將來
德業。

柳下惠不以三公易其介章

總旨 翼註 人但知惠之和而不知其介孟子特表而出之故曰闡幽

孟子曰柳下惠不以三公易其介

介有分辨之意柳下惠進不隱賢必以其道遺佚不怨阨窮不憫直道事人至於三黜是其介也○此章言柳下惠和而不流與孔子論夷齊不念舊惡意正相類皆聖賢微顯闡幽之意也

本義 孟子曰柳下惠之為人也人皆知其為和矣自我觀之其直道自守確乎不易雖與之三公之位以易其所守之介

亦不可得也，其和而不流。如此豈人所可及者哉。

附解 說約：三公設言亦倒句耳。正言之則如云不貶其介以換那三公也。○ 翼註：介有分辨之意，實主守言。蓋唯心有分辨，故以正自守。

有爲者辟若掘井章

總旨 存疑：此章當與論語爲山章參看，言有爲要成功也，兼德學事功說。○ 淺說：此孟子警人之辭。

孟子曰：有爲者辟若掘井，掘井九軔而不及泉，猶爲棄井也。

八尺曰軔，言鑿井雖深，然未及泉而止，猶爲自棄其井也。○

吕侍講曰：仁不如堯，孝不如舜，學不如孔子，終未入於聖人之域，終未至於天道，未免爲半途而廢，自棄前功也。

【本義】孟子曰凡人之有爲譬若掘井何則掘井必欲得泉有爲必要成功也若掘井雖九軔矣苟未及泉而止猶是自棄其井也有爲者若始勤而終怠進鋭而退速則是自棄前功與棄井者何異哉故不爲則已爲則必要其成也

【附解翼註】辟若掘井句且虚正意在棄井後大發○猶字宜玩見得況未至九軔者乎

堯舜性之也章

【總旨】【四書脈】此章不重辨帝王之安勉只是舉帝王之誠以别霸者之僞

孟子曰堯舜性之也湯武身之也五霸假之也

堯舜天性渾全不假脩習湯武脩身體道以復其性五霸則假借仁義之名以求濟其貪欲之私耳

【本義】孟子曰堯舜性乎此道得之於天然也湯武身乎此道心體而力行之也皆實有此道者也若五霸既不牢乎性又

不能體於身。但假借以文之而已

〔附解〕〔存疑〕三之字。指道。性是渾成底物。身便能作爲。故取以立言性身本是死字。此却做活字用。○〔蒙引〕原五霸性分元自有眞仁義。乃置眞者不用而外尋箇假者以自文。可歎也。

久假而不歸、惡知其非有也

歸、還也、有、實有也。言竊其名以終身。而不自知其非眞有。或曰、蓋歎世人莫覺其僞者、亦通、舊說久假不歸、即爲眞有、則誤矣、○尹氏曰、性之者與道一也、身之者履之也、及其成功則一也、五霸則假之而已、是以功烈如彼其卑也、

〔本義〕夫五伯之習於假也、日復一日、久而不歸、始焉飾詐以欺人、終焉執迷以自欺、在彼亦不自知其非眞有也、惡可以

入堯舜湯
武之道哉。
【附解】〔蒙引〕久假便是不歸。不必說不歸於眞。言其假之久而
安也。所謂居之不疑相似。○末兩句是孟子歎辭。承上言五
伯本是假之。而終不自
知其爲假。所以可歎也。

伊尹曰予不狎於不順章

【總旨】〔說統〕此章借尹立論。
所以立人臣不軌之防。

公孫丑曰伊尹曰予不狎于不順放太甲于桐民大悦太甲賢
又反之民大悦

予不狎于不順、太甲篇文、狎習見也、不順言太甲所爲不順
義理也。餘見前篇、

【本義】公孫丑問曰、嘗聞伊尹曰、予不忍習見嗣君之不順義理也、因放置太甲於桐、當其時民大悅、及太甲悔過自新而賢矣、又反之而迎歸於亳、當其時民又大悅、

【附解】達說始悅其正君之非。終悅其成君之德。

○【翼註】伊尹言至不狎一句、下五句敘其事。

賢者之爲人臣也、其君不賢、則固可放與

【本義】由此觀之、凡賢者之爲人臣也、設遇其君不賢、則固可放置之歟、

孟子曰、有伊尹之志則可。無伊尹之志則篡也。

伊尹之志、公天下以爲心、而無一毫之私者也。

【本義】孟子曰、君豈易言放哉。當日伊尹之志至公無私。爲祖宗社稷計、不得已而出此。使爲臣者有伊尹之志、則行權濟變、猶可也、若無伊尹之志而擅謀廢置、則是篡也、君可易言放哉、

附解 說統志字重看即所謂無利天下心是也○覺軒蔡氏曰孟子此兩言不惟見伊尹之志如青天白日而百世之下姦臣亂賊亦無所逃其罪矣味則可之辭亦見處變僅可之意而非正法也

詩曰不素餐兮章

總旨 鄱陽朱氏曰傳食章則言人之有功者我當食其人主食人者而言也此章則言見食於人者必有功於人主於食人之食者而言也○說統此章以功字爲主在師世上說不在用世上說

公孫丑曰詩曰不素餐兮君子之不耕而食何也孟子曰君子居是國也其君用之則安富尊榮其子弟從之則孝弟忠信不素餐兮孰大於是

詩魏國風伐檀之篇素空也無功而食祿謂之素餐此與告

陳相彭更之意同

【本義】公孫丑問曰詩有曰不素餐兮蓋言守志之士不肯無事而空食也以此觀之可見君子必居位而有功方可食人之食若不仕無功則當耕而食也今乃享國君之養不耕而食何也得毋蹈素餐之譏乎孟子曰子亦未知君子之有功於人國甚大也君子居是國也雖不委質爲臣然言皆至道動皆至教若其君用之而其言得行於上也則治效畢臻而安富尊榮其子弟從之而其教得行於下也則風俗攸隆而孝弟忠信上有功於君下有功於民詩所稱不素餐兮孰有大於君子哉

【附解】〔家訓〕用之用其言也從之從其教俱作已然事方見有功非擬度也○〔存疑〕安者安其位無禍亂也尊者高居九五爲人所崇仰無敢慢也若周王下堂見諸侯下勞晉侯於踐土失其尊矣榮與辱對以仁則榮不仁則辱來照看雖大國必畏之是榮也○〔家訓〕富字不專是府庫充實人君藏富於民

王子墊問曰章

總旨　淺說　此章之意只在言士雖未得爲大人之事其志則欲爲大人之事耳

王子墊問曰士何事、

墊齊王之子也上則公卿大夫下則農工商賈皆有所事而士居其閒獨無所事故王子問之也

本義　王子墊問曰天下之人上而公卿大夫下而農工商賈皆有所事士於其閒不知果何所事乎

膳解　賽合註　王子以何事爲問亦不耕而食之意也末句大人之事與士何事事字相應看

孟子曰尚志、

尚高尚也志者心之所之也士既未得行公卿大夫之道又

不當爲農工商賈之業則高尚其志而已

本義 孟子曰士固未嘗有事惟在高尚其志而已尚志便是士之事也

附解 朱子曰此志字與父在觀其志之志同未見於所行方見其所存也○四書脈尚非隱居高尚之謂乃是謂身雖卑微而志則高大不淪於卑汙齷齪也此已包得下節意

曰何謂尚志曰仁義而已矣殺一無罪非仁也非其有而取之非義也居惡在仁是也路惡在義是也居仁由義大人之事備矣

非仁非義之事雖小不爲而所居所由無不在於仁義此士所以尚其志也大人謂公卿大夫言士雖未得大人之位而

其志如此則大人之事體用已全若小人之事則固非所當爲也

【本義】王子墊曰何謂尚志孟子曰志在仁義而已矣如殺一無罪之人非仁也士之志必曰吾若居位必不殺一無罪也非所當有而取之非義也士之志必曰吾若居位必不取非其有也心之所居何在仁是也鰥寡孤獨吾必欲覩之爲一體也路之所由何在義是也紀綱法度吾必欲使之得其宜也士之尚志如此夫居仁者大人之體也由義者大人之用也士既志於居仁由義則雖未得爲大人之事而大人之事已全備矣若小人之事則固非所當爲士豈肯爲之哉

【附解】翼註講仁義要見得仁冒天下之道義伸萬物之上方切尚志○存疑非仁非義之事雖小不爲而所居所由無不在於仁義皆據後日言其所志則如是也所以謂尚志○居以心之所存言路以身之所行言○盧未人曰殺一無罪四句是反說居惡在四句是正說

仲子不義與之齊國而弗受章

總旨 折衷仲子一生矯廉至於廢大倫而不顧前只辯其操不能充未暇罪其廢倫故此又以廢倫斥之在人皆信之截總是律之以大倫而小廉不足取也

孟子曰仲子不義與之齊國而弗受人皆信之是舍簞食豆羹之義也人莫大焉亡親戚君臣上下以其小者信其大者奚可哉

仲子陳仲子也言仲子設若非義而與之齊國必不肯受齊人皆信其賢然此但小廉耳其辟兄離母不食君祿無人道之大倫罪莫大焉豈可以小廉信其大節而遂以爲賢哉

本義 孟子曰、仲子之爲人也、就其平日不食不居之操推之。設、若非義而與之以齊國、彼必不肯受、人皆以此爲大節、而信其賢、不知此不受之義、特舍簞食豆羹之小廉而已。蓋人道大倫、惟內而親戚、外而君臣上下、則人之罪、卽莫大乎亡親戚君臣上下、今仲子辟兄離母、不食君祿、是負莫大之罪也、若以其小廉而遂信爲大節、夫豈可哉。

附解〔翼註〕仲子畧讀住。不義與之齊國而弗受九字。連讀。○〔存疑〕仲子不義與之齊國而弗受。卽伊尹祿之以天下不顧。繫馬千駟弗視。亦非小事。乃謂是舍簞食豆羹之義者。蓋對親戚君臣上下言。則徒爲小節也。○〔淺說〕信字當許字看。此大者虛說。不指大倫。○〔四書脈〕奚可哉。只以亡倫意發。

桃應問曰章

總旨 朱子曰。此亦只是言聖賢之心耳。聖賢之心合下是如此。權制有未暇論。然到極不得已處。亦須變而通之。○〔存疑〕此章問答。是就各人所處上說。都未及權變處。是就天理極致處說。都未粘着人情上。○〔翼註〕首節是綱。中三節是言皐

陶之執法末節
言舜之全親

桃應問曰舜爲天子臯陶爲士瞽瞍殺人則如之何

桃應、孟子弟子也、其意以爲舜雖愛父而不可以私害公臯陶雖執法而不可以刑天子之父故設此問以觀聖賢用心之所極非以爲眞有此事也

本義桃應問曰天下之事處常易處變難設若舜爲天子臯陶爲士而遇瞽瞍殺人夫殺人者罪當死舜雖愛父而不可以私害公爲舜者將如何以處之臯陶雖執法而不可以刑天子之父爲臯陶者將如何以處之

附解翼註如之何兼舜與臯陶註可據

孟子曰執之而已矣

言皐陶之心知有法而已不知有天子之父也

本義 孟子曰皐陶之心知有法而已不知有天子之父也瞽瞍殺人法所當罪必執之而已矣

附解 困勉錄執之即作執瞍何妨

然則舜不禁與

桃應問也

本義 桃應曰然則舜爲天子獨不禁皐陶之執其父與

曰夫舜惡得而禁之夫有所受之也

言皐陶之法有所傳受非所敢私雖天子之命亦不得而廢之也

【本義】孟子曰、夫舜惡得而禁之、蓋皐陶之法受之於天、天討其罪、皐陶奉天以從事耳、非所敢私也、雖天子之命豈得廢之哉。

【附解】存疑、夫有所受之者。書曰天討有罪、五刑五用、法本於天、制於聖人、法官相傳而世守之、便是有所受也、常說謂受之於堯、極拙、謂總是國法、便有所受、亦鶻突。

然則舜如之何

桃應問也、

【本義】桃應曰、然則舜如之何、禁皐陶之執、固不可、聽皐陶之執、亦豈可乎。

曰舜視棄天下猶棄敝蹝也竊負而逃遵海濱而處終身訢然樂而忘天下

蹝草履也遵循也言舜之心知有父而已不知有天下也孟子嘗言舜視天下猶草芥而惟順於父母可以解憂與此意互相發○此章言為士者但知有法而不知天子父之為尊為子者但知有父而不知天下之為大蓋其所以為心者莫非天理之極人倫之至學者察此而有得焉則不待較計論量而天下無難處之事矣

【本義】孟子曰舜之心知有父而已不知有天下也其視棄天下猶棄敝蹝之無難也必且竊負瞽瞍而逃遵海濱而處既脫其父於刑則終身訢然快樂而忘其有天下舜之所處如此則既不撓皐陶之法而亦得以全父子之恩矣

【附解】南軒張氏曰舜之有天下初不以天下與於己循天理之當然而已爲瞽瞍殺人而枉其法則失天下之公若致辟

於瞽瞍則廢父子之倫。是皆雖有天下。不可一朝居者也。舜寧去天下而存此義耳。舜非輕天下也。義所當去。視天下猶敝蹝也。是故在皋陶則使舜得以伸其竊負之義。在舜則以此而可以終身。夫何求哉。循天理而已。〇汪氏曰：竊負而逃畏天故也。訢然之樂。樂天故也。孟子之對。示後世爲人臣子之道而已。以天子之父殺人且不可舍。況其卑者乎。以天下之大且可棄。況其小者乎。

孟子自范之齊章

總旨 鄱陽朱氏曰：此章勉人爲仁之辭。〇翼註：通章重況居天下之廣居一句。上是感觸。下是旁證。皆輕。

孟子自范之齊。望見齊王之子。喟然歎曰：居移氣。養移體。大哉居乎。夫非盡人之子與。

范。齊邑。居，謂所處之位。養，奉養也。言人之居處所繫甚大。王

子亦人子耳特以所居不同故所養不同而其氣體有異也

本義 孟子自范邑之齊望見齊王之子中有所感而喟然歎曰居能移人之氣養能移人之體大矣哉其居之所係乎夫王子者本其有生之初非都是人之子也歟

附解 〔蒙引〕其發歎之意全在況居天下之廣居者乎惟先有此感然後發此歎非徒歆羨其勢位之器宇異於凡人而已也。〔翼註〕居屬位養屬祿養又本於居故下單言居。氣如氣象之氣體如體態之體折衷云氣者體之充體者氣之寓說得精。〔淺說〕夫非盡人之子連帶下宮室車馬衣服多與人同作一串說下註中特以所居不同故所養不同而其氣體有異貼在其居使之然內

王子宮室車馬衣服多與人同而王子若彼者其居使之然也

況居天下之廣居者乎

廣居見前篇尹氏曰睟然見於面盎於背居天下之廣居者然也

本義 王子之宮室車馬衣服雖華美異於人然亦不過是宮室車馬衣服耳其所資用者亦大率與人同乃其氣體若彼之異者特以其所居之位與人不同而有以使之然也夫以勢位之居猶足移氣而與人異如此況居天下之廣居其氣象不尤異乎吾知中心無愧正氣以充睟於面盎於背施於四體四體不言而喻矣

附錄 四書脈同是日用所資之同非制度華美之同

魯君之宋呼於垤澤之門守者曰此非吾君也何其聲之似我君也此無他居相似也

垤澤宋城門名也孟子又引此事為證

【本義】居能移氣觀於魯君之事又有可信者焉昔魯君之宋傳呼於宋垤澤之門其守門者曰此呼於門者非吾君也何其呵護之聲之似我君也以守門之言觀之二君之聲之相似者無他以其所居之位原相似也此王子之所以異也然則君子之居廣居不益可信哉

【附解】【蒙引】引魯君事爲證證王子也然居廣居意亦自見於言外

食而弗愛章

【總旨】【說約】此章明人君待賢之禮○【翼註】首節言待君子者不貴徒食徒愛而貴於敬下二節恐人認幣帛作敬又言敬貴實而不貴虛也敬字一章之骨實字又敬字之骨然實字即在敬字內首節敬字即指其有實者言特未抽出耳又非兩層

孟子曰食而弗愛豕交之也愛而不敬獸畜之也

交接也畜養也獸謂犬馬之屬

【本義】孟子曰凡人君之待賢者貴於能愛且敬非徒祿養以食之已也若第食之而已而無有愛慕之意是以豕交之也即或愛之矣而無有尊敬之誠是以獸畜之也是豈待賢之道乎

【附解】翼註此節以食引起愛以愛引起敬只重敬上

恭敬者幣之未將者也

將猶奉也詩曰承筐是將程子曰恭敬雖因威儀幣帛而後發見然幣之未將時已有此恭敬之心非因幣帛而後有也

【本義】待賢之道恭敬其所不容已也然所謂恭敬又非幣帛之謂也恭敬有情有文情先於文而文以將情恭敬者乃幣之未將而先存諸中者也

恭敬而無實君子不可虛拘

此言當時諸侯之待賢者特以幣帛爲恭敬而無其實也。拘、留也、

本義 夫恭敬在幣之未將是乃恭敬之實也。若徒以幣帛爲恭敬而無實是亦豕交獸畜之類耳。君子而可以虛文拘留之乎。待賢者愼無使儀不及物可也。

附解 東陽許氏曰。恭敬者之恭敬以發於心者言。恭敬而無實之恭敬以幣帛言。○翼註 虛拘猶言把箇空套子拘留他。拘字是覊縻之意。不可虛拘不是說君子不當留只是說人君決不能留君子也。要辨得眞。

形色天性也章

總旨 說統 此章示人以誠身之學。把聖人立箇樣子。玩惟字然後字。都是勉人希聖意。

孟子曰形色天性也惟聖人然後可以踐形

人之有形有色無不各有自然之理所謂天性也踐如踐言之踐盡衆人有是形而不能盡其理故無以踐其形惟聖人有是形而又能盡其理然後可以踐其形而無歉也○程子曰此言聖人盡得人道而能充其形也蓋人得天地之正氣而生與萬物不同既爲人須盡得人理然後稱其名衆人有之而不知賢人踐之而未盡能充其形惟聖人也楊氏曰天生烝民有物有則物者形色也則者性也各盡其則則可以踐形矣

【本義】孟子曰、人生天地間。莫不有形。莫不有色。而是形色也、則有所以然之故所當然之則焉是皆天性所在也然衆人牿於氣稟狃於習俗、不能有以踐之、唯聖人能盡其性而無一毫人欲之私雜於其間是以貌言視聽各協其則而於形色本然之理無不踐也、人可不以聖人爲法乎。

【附解】蒙引此形色平說故註云有形有色。○問形色天性下却云踐形而不言色、何也、朱子曰有此形便有此色言形則色在其中矣。○蒙引踐形猶云實其形謂不虛之也以能盡其形之理也。○形色天性本都到十分地位。人必究得到十分地位。方是踐形方滿得那腔子。

齊宣王欲短喪章

【總旨】說統通章以註中至情二字爲主。喫緊在亦敎之以孝弟而已矣一句。

齊宣王欲短喪公孫丑曰爲朞之喪猶愈於已乎

已猶止也、

【本義】齊宣王以三年之喪爲太久、欲減而短之、其忍心廢禮甚矣、公孫丑乃附會其說曰、三年之喪不行已久、今若短而爲朞、豈不猶愈於止而不行喪乎、

【附解】【翼註】欲短喪、尚未定也。

孟子曰、是猶或紾其兄之臂、子謂之姑徐徐云爾、亦教之孝弟而已矣

紾戾也、教之以孝弟之道。則彼當自知兄之不可戾、而喪之不可短矣。孔子曰、子生三年、然後免於父母之懷、子也有三年之愛於其父母乎、所謂教之以孝弟者如此。蓋示之以至

情之不能已者非强之也

【本義】孟子責之曰王欲短喪而子曰爲朞猶愈於已是猶或有人紾戾其兄之臂爲不順也而子謂之曰姑徐徐紾之云爾以我觀之亦惟教之以孝弟而示之以天理人情之不能已者則彼當自知兄臂之不可紾矣徐徐云爾非所以教人也然則王欲短喪子何不以孝弟教之哉

【附餘】存疑教之孝弟只承上紾兄之臂說短喪之意在言外集註喪之不可短乃附說孔子曰子生三年以下是就正意解○蒙引自紾兄者言只是弟然孝者必弟弟者必孝故孟子并言之非以弟字屬兄之不可戾孝字屬喪之不可短也

王子有其母死者其傅爲之請數月之喪公孫丑曰若此者何如也

陳氏曰王子所生之母死厭於嫡母而不敢終喪其傅爲請

於王欲使得行數月之喪也時又適有此事丑問如此者是非何如按儀禮公子爲其母練冠麻衣縓緣既葬除之疑當時此禮已廢或既葬而未忍即除故請之也

【大全】當其時適有齊之王子有其生母死者其傅爲之請於王欲使得行數月之喪公孫丑因舉而問曰期喪既日不可然則爲請數月者尚不及期則是非又當何如耶

【附解】翼註王子二句記者之言○【達說】若此者何如不是問數月之喪是非何如乃是問傅之請數月者何如

曰是欲終之而不可得也雖加一日愈於已謂夫莫之禁而弗爲者也

言王子欲終喪而不可得其傅爲請雖止得加一日猶勝不

加我前所譏乃謂夫莫之禁而自不爲者耳○此章言三年通喪天經地義不容私意有所短長示之至情則不肖者有以企而及之矣

【本義】孟子曰是王子者欲終三年之喪而不可得也推王子報親之心雖加一日之喪亦得伸人子之情猶愈於止況數月之久乎我前謂子不教王終喪者謂夫齊王無所禁止自欲短之而弗爲三年之喪者也豈可與王子並論哉

【附解】困勉録是欲終之是終三年之喪不是終既葬而除之喪○達說欲終之而不可得二句斷請數月者之是謂夫句斷教短喪者之非

君子之所以教者五章

【總旨】翼註五段平看只重君子教人不重人能受教上○五者字皆指教言

孟子曰君子之所以教者五

下文五者蓋因人品高下或相去遠近之不同

【本義】孟子曰君子之教或因人品不同而異其施或因時地相去而殊其澤其所以教者大約有五也

【附解】翼註所以教謂教之術也

有如時雨化之者

時雨及時之雨也草木之生播種封殖人力已至而未能自化所少者雨露之滋耳及此時而雨之則其化速矣教人之妙亦猶是也若孔子之於顏曾是已

【本義】五者何有天資既高學力又到於道將有所得君子因而發之不先不後適當其可如時雨之化養草木者

有成德者有達財者

財與材同此各因其所長而教之者也成德如孔子之於冉閔達財如孔子之於由賜

【本義】有天資純粹德有可成君子爲之涵育薫陶使之去其偏而入於全去其疵纇而一於純美以成就其德者有天資明敏材有可通君子爲之開導誘掖未就理者使之就理未致其極者使至於極以通達其材者

【辨解】【存疑】德是心術近正底人材是有技能底人○有德未必無材有材亦未必無德分言之者自其所優言也

有答問者

就所問而答之若孔孟之於樊遲萬章也

【本義】又有資質凡下學力未充不可語之以所難知惟隨其疑而解之不可强之以所不能惟因其明而通之而就所問

而答

者

【附解】〔困勉錄〕小註謂答問未及師承

而存疑謂答問亦是門人當兼用

有私淑艾者

私竊也淑善也艾治也人或不能及門受業但聞君子之道於人而竊以善治其身是亦君子教誨之所及若孔孟之於陳亢夷之是也孟子亦曰予未得爲孔子徒也予私淑諸人也

【本義】更有或同時而相去者遠或不同時而其生也後不能及門受業但聞君子之道於人而竊以善治其身是亦爲教誨之所及者

附解朱子曰艾芟草也自艾淑艾皆有斬絕自新之意○翼註註善治其身不是以善而治其身只是善其身治其身也

此五者君子之所以教也

聖賢施教各因其材小以成小大以成大無棄人也

本義此五者其所教不同而其爲教則一此君子之所以爲教也

附解趙氏曰君子之教人如天地之生物各因其材而篤焉天地無棄物聖賢無棄人

道則高矣美矣章

繩旨翼註此章以教字作主不以道字作主道字提起作原委唯道有定體故教有成法丑欲孟子貶教非欲其貶道也故引繩墨彀率爲喻總是發明教不可貶意

公孫丑曰道則高矣美矣宜若登天然似不可及也何不使彼

爲可幾及而日孳孳也

本義 公孫丑曰君子之道誠高矣美矣宜乎學者之入道若登天之難而不能企及也何不予以卑近易行之法使學者日孳孳焉以求至乎

附解 蒙引道爲君子之道是君子所知所行者○翼註道字泛說不明指孟子

孟子曰大匠不爲拙工改廢繩墨羿不爲拙射變其彀率

彀率彎弓之限也言教人者皆有不可易之法不容自貶以徇學者之不能也

本義 孟子曰教不可貶也不觀之曲藝乎大匠誨人必以繩墨初不爲拙工無能而遂改廢繩墨以徇之蓋舍繩墨卽無以教工也羿教人射必以彀率初不爲拙射無能而遂變其彀率以徇之蓋舍彀率卽無以教射也教有一定之法如此

皆有不可易之法皆字指大匠及羿君子教人正意却在下文此是比況【附解】家訓兩箇拙字與後能字相反○【蒙引】大註言教人者下是正言也

君子引而不發躍如也中道而立能者從之

引引弓也發發矢也躍如如踊躍而出也因上文彀率而言君子教人但授以學之之法而不告以得之之妙如射者之引弓而不發矢然其所不告者已如踊躍而見於前矣中者無過不及之謂中道而立言其非難非易能者從之言學者當自勉也○此章言道有定體教有成法卑不可抗高不可貶語不能顯默不能藏

本義 惟其有一定之法是以君子立教但示以學之之法而不告以得之之妙正如射者教人射但引滿其弓以示之而不爲之發矢也然得之之妙即在於學之之法之中而其所不告者已如踴躍而見於前也君子立教一本乎天命人心之正與當然不易之理固非極於高遠而難求亦非流於卑近而易求乃無過不及中乎道而立者也惟能者由其所引之端以求其不發之妙則力到功深而躍如者可從矣其不能者君子且奈之何哉亦不容自貶以徇其不能也然則學者亦自勉而已矣

附解 說統 引字不發字躍如字都影射字來○蒙引 躍如只是說道理當時可得象似踴躍而出一般○說約 兩節總是破丑登天一問不要把不發躍如說得太玄妙了○家訓 中道即繩墨彀率立即不改變也○達說 中道而立只是論教法不是論道體○蒙引 得之之妙不外乎學之之法而其所以得之只在深造之以道力到功深自然心領神會

天下有道章

【總旨】存疑：未聞以道殉人。主意在此一句。當時仕者皆以道殉人者也，故發此言。

孟子曰：天下有道，以道殉身；天下無道，以身殉道；

殉如殉葬之殉，以死隨物之名也。身出則道在必行，道屈則身在必退，以死相從而不離也。

【講義】孟子曰：君子之身，與道爲體者也。天下有道，正吾身可出之時也，則以道從身而顯，致君澤民，施功實也。天下無道，正吾道有屈之日也，則以身從道而隱，卷懷獨善，自守嚴也。進退惟道與俱，此吾之所聞也。

【附解】翼註：殉字即不離意。○註：身出，在有道內；道屈，在無道內。

未聞以道殉乎人者也。

以道從人，妾婦之道。

【本義】未聞枉己之道以殉乎人者也、彼一意于進。而行藏無與于道者。可以愧矣。

【備解翼註】以道殉人。道字。輕看。既曰殉人。則必枉道以殉之。失其身矣。

滕更之在門也章

【總旨】南軒張氏曰。受道者。以。虛。心。爲。本。則能受。有所挾。則私意先横於中。而不能入矣。故空空之鄙夫。聖人必竭兩端之教。而滕更挾二。故不答也。使能思所以不答之故。於所挾致力以消之。是亦誨之矣。

公都子曰、滕更之在門也、若在所禮而不答何也

趙氏曰、滕更、滕君之弟、來學者也、

【本義】公都子問曰、滕更以國君之弟、而知來學、其在夫子之門也、宜若在夫子所加禮、而有問必答者矣、乃不答其問何也、

附解〔翼註〕禮字。主。答。問。言不答其問。卽是不在所禮了。

孟子曰挾貴而問挾賢而問挾長而問挾有勳勞而問挾故而問皆所不答也滕更有二焉

趙氏曰二謂挾貴挾賢也。尹氏曰有所挾則受道之心不專。所以不答也○此言君子雖誨人不倦又惡夫意之不誠者。

〔蒙引〕孟子曰學問之心能虛則專不可以有挾也若挾己爵位之貴而問挾己才能之賢而問挾己之年長而問挾己有勳勞於師而問挾己有舊好於師而問則求道之心不專皆所不答也今更來學而所挾已有其二焉此吾所以不答也

附解〔翼註〕五問字俱是問道○賢字淺看○〔四書脈〕挾長非必長於師只是年之大○〔存疑〕平日雖有勳勞於我然當其有問是其所無欲求益於我也若有所挾是不以所無求益爲重從而答之。非但已失其重彼亦從而輕之。不以爲意。彼此皆失其正矣。此所以不答也。〇蒙引趙氏曰、挾二謂挾貴挾賢也。以國君之弟。固有貴可挾。以諸侯子姓而能從師受業。亦可見有賢可挾處。

於不可已而已者章

總旨、雲峯胡氏曰、前二者。是當用心而不用心之弊。後一句。是過用其心之弊。〇蒙引、於不可已而已者以處事言。於所厚者薄以待人言。其進鋭者以修爲言。〇蒙訓三項各重上句。下句意。就在上句内見。

孟子曰、於不可已而已者、無所不已、於所厚者薄、無所不薄也、

已止也不可止謂所不得不爲者也所厚所當厚者也此言不及者之弊。

大義、孟子曰、君子立身行已。固不可不用其心。而亦不可過用其心。以處事言之。凡有關於綱常倫理之當爲者此不可

已者也若於不可已者顧止而不爲則必至於逡巡畏縮天下之事無一不可已矣以待人言之凡有關於親愛情誼之相屬者此所當厚者也若於所當厚者顧薄之而罔恤則必至於殘忍少恩視天下之人無所不可薄矣此二者不用其心固宜廢弛也

其進銳者其退速

進銳者用心太過其氣易衰故退速○三者之弊理勢必然雖過不及之不同然卒同於廢弛

本義 以修爲言之凡功必以漸進若志意太高工夫無序其進銳者則其氣易衰而其退必速矣此則過用其心者亦同歸於廢弛也可見天下事惟適可而已不及太過各有弊也

附解 覺軒蔡氏曰進銳退速其病正在意氣方盛之時已有易衰之勢不待意氣已衰之後始見其失也○存疑進銳不

但進修爲治亦然所謂求治太速更張無斷者亦是

君子之於物也章

【總旨】翼註此章上下兩層只一意總是君子用惠不混其等而必以其等也不以下半節串上半節註中序字即等字以輕重言不以先後言

孟子曰君子之於物也愛之而弗仁於民也仁之而弗親親親而仁民仁民而愛物

物謂禽獸草木愛謂取之有時用之有節程子曰仁推己及人如老吾老以及人之老於民則可於物則不可統而言之則皆仁分而言之則有序楊氏曰其分不同故所施不能無

差等所謂理一而分殊者也尹氏曰何以有是差等一本故也無僞也

本義 孟子曰天下之理本一而分則各殊君子之於物也取之有時用之有節其愛之也至矣然品節雖嚴而取用不廢愛之而弗仁也於民也所欲與聚所惡勿施其仁之也至矣然好惡雖同而恩義未篤仁之而弗親也然則於誰而親之乎君子降一本之恩以親其親而因推親親之念以仁民自不得以待親者槩施之民也擴同胞之度以仁其民而因推仁民之仁以愛物自不得以待民者槩施之物也於無所不愛之中而不失其貴賤親疎之等此聖人之仁所以歷萬世而無弊也

附解 東陽許氏曰此章四仁字皆言仁之用程子推已及人正訓仁字推字亦要輕看以已所有推出行去爾○翼註弗仁弗親俱要見理勢不可意前兩而字作然而二字看後兩而字作等而下之四字看

知者無不知也章

總要 纂註 此章主人君圖治而言。重一務字。○新安陳氏曰 此章乃平論智仁，非論智仁相爲用也。

孟子曰：知者無不知也，當務之爲急；仁者無不愛也，急親賢之爲務。堯舜之知而不徧物，急先務也；堯舜之仁不徧愛人，急親賢也。

知者固無不知，然常以所當務者爲急，則事無不治，而其爲知也大矣。仁者固無不愛，然常急於親賢，則恩無不洽，而其爲仁也博矣。

本義 孟子曰：道莫大於仁智，然有要焉。知者固無所不知也，然欲事事而知之，則智不能徧，天下之事廢弛者正多，故惟當務之爲急。急於當務。則大者既立。其小者亦將以次而舉。事無不治。其爲智也大矣。仁者固無所不愛也。然欲人人而愛之。則愛不能徧天下之人。有遺者正多。故急親賢之爲務。急於親賢。則賢人各供其職。修政立事。四海皆被其澤。恩無不洽。其爲仁也溥矣。古來稱仁智者。莫過於堯舜。堯舜之知。非物物而徧知之也。其所急者惟先務。況智不如堯舜者乎。堯舜之仁。非人人而徧愛之也。其所急者惟親賢。況仁不如堯舜者乎。

附解　質証。智邊俱屬處事。仁邊俱屬待人。○當務空說。不指定何事。蓋亦隨其時事不同。要見是最當知之事。方應智字。下段親賢之爲務。五字對上當務二字。急字對上急字。○新安陳氏曰。上四句言智仁之理。下六句舉堯舜之智仁以實之。

不能三年之喪。而緦小功之察。放飯流歠。而問無齒決。是之謂不知務。

三年之喪服之重者也緦麻三月小功五月服之輕者也察致詳也放飯大飯流歠長歠不敬之大者也齒決齧斷乾肉不敬之小者也問講求之意○此章言君子之於道識其全體則心不狹知所先後則事有序豐氏曰智不急於先務雖徧知人之所知徧能人之所能徒弊精神而無益於天下之治矣仁不急於親賢雖有仁民愛物之心小人在位無由下達聰明日蔽於上而惡政日加於下此孟子所謂不知務也

大義　夫智急於先務仁急於親賢是謂知務也苟或舍重務輕如於三年之喪不能自盡却於緦麻小功之服討論之必詳舍大務小如於放飯流歠之大過不知自檢却於乾肉無齒決之理講求而不置是之謂不知務爲治者可不審乎

【附解】新安陳氏曰：不知務，是併結上文當務、親賢爲務二務字。○【達說】此之謂不知務句就仁知說。○【翼註】此節乃不知務底模樣，非不知務之實也。

【附考】禮記曲禮：毋放飯，毋流歠，濡肉齒決，乾肉不齒決。【註】濡，濕也，宜齧斷之；乾肉堅，宜用手。

盡心章句下

凡三十八章

不仁哉梁惠王也章

【總旨】【賽合註】此舉惠王之不仁以爲戰爭者儆。

孟子曰：不仁哉梁惠王也！仁者以其所愛及其所不愛，不仁者以其所不愛及其所愛。

親親而仁民、仁民而愛物、所謂以其所愛及其所不愛也。

集註 孟子曰君德莫貴於仁。乃不仁哉梁惠王也、仁者主於愛人以其所愛及其所不愛、并不愛者亦愛之蓋無往而不用其恩也、不仁者偏於慘刻以其所不愛及其所愛、并所愛者亦不愛之蓋無往而不受其害也今惠王政以所不愛而及所愛、非不仁而何

附解 蒙引仁者以天地萬物爲一體。民吾同胞。物吾與也。蓋無一物不在所愛之中。今乃以民物爲所不愛何也此亦所謂其所厚者薄而其所薄者厚之意。民亦吾所愛也親親則爲在所不愛矣。物亦吾所愛也。親民則又在所不愛矣○翼註仁不仁。重不仁。邊。俱泛說。末補惠王出來。

公孫丑曰何謂也梁惠王以土地之故糜爛其民而戰之大敗將復之恐不能勝故驅其所愛子弟以殉之是之謂以其所不

愛及其所愛也

梁惠王以下孟子荅辭也糜爛其民使之戰鬬糜爛其血肉也復之復戰也子弟謂太子申也以土地之故及其民以民之故及其子皆以其所不愛及其所愛也○此承前篇之末三章之意言仁人之恩自內及外不仁之禍由疏逮親

【本義】公孫丑問曰何謂以其所不愛及其所愛也孟子曰仁者用心由親而民由民而物梁惠王以貪土地之故糜爛其民而戰以爭之至於大敗將復戰之又恐民莫用命不能必勝故驅其所愛子弟以殉之夫以土地之故及其民以民之故及其子此之謂以其所不愛及其所愛也視夫仁者之親親而仁民仁民而愛物者何如耶吾故曰不仁也

【附録】存疑惠王本意不是驅其所愛子弟以殉之兵敗被殺則似驅之也

春秋無義戰章

[illegible]説統。此章意在尊王。

孟子曰、春秋無義戰、彼善於此、則有之矣。

春秋每書諸侯戰伐之事。必加譏貶、以著其擅興之罪。無有以爲合於義而許之者。但就中彼善於此者、則有之。如召陵之師之類是也。

[illegible]孟子曰、嘗觀春秋一書、其中紀戰者多矣。或書名以示貶、或書人以示譏。無有以其戰爲合義而許之者。但就中有假尊王之事以行之、聲無王之罪以擊之、而春秋謂彼之戰、差善於此之戰者、則有之矣。然總之無義戰也。

[illegible]蒙引春秋。是指春秋經。非指春秋時也。故註云、春秋每書諸侯戰伐之事云云。彼善於此、則有之矣。此何要見得總

是無義戰意○〔說約〕無義戰言無義其戰者指孔子書法說○〔四書脉〕註攄典字勿用恐犯末節

征者上伐下也敵國不相征也

征所以正人也諸侯有罪則天子討而正之此春秋所以無義戰也

〔參攷〕夫春秋所以無義戰者何也蓋征者以上伐下之名諸侯有罪則天子討而正之諸侯奉而伐之此大義也若彼此相敵之國無自相征伐之理敵國相征則無王矣今春秋皆敵國相征也安得有義戰乎

〔附解〕〔翼註〕上指天子下指諸侯敵國皆是諸侯上伐下不必天子親伐只是命方伯以伐之耳○〔蒙引〕此條正解上文所以春秋無義戰之意

盡信書章

【總旨】家訓此章舊謂概論讀書之法而證以武城非是本旨。孟子全爲當時好戰嗜殺往往以武城血流漂杵一言藉口。不但使仁人之心不白且以滋後世不仁之禍故發此論

孟子曰盡信書則不如無書

程子曰載事之辭容有重稱而過其實者學者當識其義而已苟執於辭則時或有害於義不如無書之愈也

【本義】孟子曰凡載事之書容有重稱而過其實者學者當識其大義而已不可執其辭而一一盡信之也盡信書則時或有害於義既無以明古人之心而反以滋後世之口實不如無書之爲愈也

【辨解】蒙引此書字不必指書經凡載事之辭皆書也

吾於武城取二三策而已矣

武城、周書篇名、武王伐紂、歸而記事之書也、策、竹簡也、取其二三策之言、其餘不可盡信也。程子曰、取其奉天伐暴之意、反政施仁之法而已。

【本義】何以見書之不可盡信也。彼武城一書、其簡編固甚多、吾於其閒僅取其奉天伐暴發政施仁之二三策而已矣、其餘安可盡信也

【附解】翼註、全重。而已矣字。見其餘不可盡信、便帯起下節

仁人無敵於天下、以至仁伐至不仁、而何其血之流杵也

杵、舂杵也、或作鹵、楯也、武成言武王伐紂、紂之前徒倒戈、攻于後以北、血流漂杵、孟子言此、則其不可信者、然書本意乃

謂商人自相殺，非謂武王殺之也。孟子之設是言，懼後世之惑且長不仁之心耳。

【本義】如武成有云血流漂杵，夫仁人之師，應天順人，無敵于天下，以武王之至仁伐紂之至不仁，宜兵不血刃而士民歸之矣，而何其與商人敵至殺傷之多而血流漂杵也。書不可盡信，有如此。

【附解】四書脉：仁人句泛論其理，至仁不仁方屬武王與紂說。

○問：血流漂杵，乃紂前徒倒戈之所爲，荀子以爲殺之者皆商人，非周人者是也，而孟子之不信何哉？朱子曰：此亦拔本塞源之論，蓋雖殺者非我，而亦不忍言也。程子以爲孟子設爲是言，蓋得其微意。

有人曰我善爲陳章

【總旨】存疑：此章首言善陳善戰爲大罪，下引湯武之事以見其不用戰，末節焉用戰是直說出本意。

孟子曰有人曰我善爲陳我善爲戰大罪也

制行伍曰陳交兵曰戰

【本義】孟子曰今有人曰我善爲陳我善爲戰斯人也爭地以戰殺人盈野爭城以戰殺人盈城大罪之人也

【附解】翼註有人曰蓋當時人臣自負之詞善陳是整而不亂善戰是勝而不敗意○【折衷】大罪重殃民上

國君好仁天下無敵焉

【本義】夫世以善戰陳自負者必謂舍戰陳別無可以敵天下矣不知國君特患不好仁耳苟平日好仁而有以感動乎民心一旦興弔伐之師則天下自無有與之爲敵者矣又安用彼善爲陳善爲戰者哉

【附解】翼註好仁當兼平時修德行仁與一旦弔伐言但不可不耳○天下無敵謂天下不與之敵也非是敵他不過

南面而征北狄怨東面而征西夷怨曰奚爲後我

此引湯之事以明之。解見前篇、

【本義】何以見仁者之無敵。如湯好仁之君也。其十一征也、南面而征則北狄怨，東面而征則西夷怨，曰奚爲後我，孰有敵之者。

武王之伐殷也、革車三百兩、虎賁三千人、

又以武王之事明之也。兩、車數、一車兩輪也。千、書序作百、

【本義】又如武王亦好仁之君也。其伐殷也、革車只用三百兩，虎賁只有三千人。其不尚兵威如此。

【附解】〔翼註〕湯武平看。俱是好仁無敵者。革車、載輜重之皮車。虎賁。執射御之親軍。此二句。只言不尚兵威。未說到無敵。直到若崩句。方見無敵也。○〔蒙引〕虎賁氏掌先後王而趨以卒伍。軍旅會同亦如之。蓋亦如今之親軍禁兵也。

王曰無畏、寧爾也、非敵百姓也、若崩厥角稽首、

書泰誓文與此小異孟子之意當云王謂商人曰無畏我也我來伐紂本爲安寧汝非敵商之百姓也於是商人稽首至地如角之崩也

【本義】然觀武王入殷之初謂商人曰爾無畏我來除暴以安寧爾也非與爾百姓爲敵也於是民皆稽首若崩厥角矣夫誰與王敵

【附解】說約王曰至百姓也止若崩句叙辭○蒙引崩不是崩墜只是垂向下之意○此條重在若崩厥角稽首一句

征之爲言正也各欲正己也焉用戰

民爲暴君所虐皆欲仁者來正己之國也

【本義】夫國君好仁而自能無敵於天下者何也蓋征之爲言正也謂其以仁義之師而正彼虐民之罪也則民爲暴君所

虐皆欲仁者來正己之國也又豈有敵之者既無敵則焉用戰既不用戰則焉用彼善戰之人哉

附解 翼註 正己二字暴國之民自指其國言以仁易暴此便是正。此節不重釋征字之義只由湯武之事看來以决其無敵耳

梓匠輪輿章

總旨 賽合註 此見學貴自悟也

孟子曰梓匠輪輿能與人規矩不能使人巧

尹氏曰規矩法度可告者也巧則在其人雖大匠亦末如之何也已蓋下學可以言傳上達必由心悟莊周所論斲輪之意蓋如此

【本義】孟子曰教有可以言傳者有不可以言傳者彼木工有梓匠車工有輪輿其教人也但能與人以規矩使人有所持循依據而已至於由規矩而精熟之得之於手而應之於心是巧也則存乎其人也雖大匠亦未如之何也已是則下學猶規矩也可以言傳上達猶巧也必由心悟若徒守成法而不能默契其妙於法度之中非善學者也

【附解】新安陳氏曰巧即循規矩熟後自得之妙未有舍規矩而可以得巧者上達即是下學之覺悟處未有舍下學而徑可以上達者但巧與上達非教者所能致力耳未嘗以爲出於規矩與下學之外也

舜之飯糗茹草也章

【總旨】〔翼註〕此章全是形容聖人之心

孟子曰舜之飯糗茹草也若將終身焉及其爲天子也被袗衣鼓琴二女果若固有之

飯食也糗乾精也茹亦食也袗畫衣也二女堯二女也果女侍也言聖人之心不以貧賤而有慕於外不以富貴而有動於中隨遇而安無預於已所性分定故也

本旨 孟子曰常人之情未有不隨遇爲欣戚者也嘗稽帝舜其始之飯糗茹草也貧賤極矣而舜不自知爲貧賤也吾窺其心殆若將終身焉未嘗因處困而有慕於外也及其後爲天子也被袗衣鼓琴二女果侍富貴極矣而舜不自知爲富貴也吾窺其心若固有之未嘗因勢分而有動於中也遇雖懸而心則一非大聖人所性分定其孰能之

附錄 南軒張氏曰若將終身若固有之可謂善形容舜者蓋所欲不存樂天而安土窮而在下則無一毫之虧達而在上則無一毫之加故無適而不得也

吾今而後知殺人親之重也章

【總旨】蒙引。此章教人慎其所施也。

孟子曰：吾今而後知殺人親之重也。殺人之父，人亦殺其父；殺人之兄，人亦殺其兄。然則非自殺之也，一閒耳。

言吾今而後知者。必有所爲而感發也。一閒者。我往彼來。閒一人耳。其實與自害其親無異也。范氏曰：知此則愛敬人之親，人亦愛敬其親矣。

【本義】孟子有所爲而感發，曰：吾今而後知殺人親之取禍至重也。何則？天道好還，無施不報。殺人之父，人亦殺其父；殺人之兄，人亦殺其兄。然則非自殺其父兄也，特閒一人耳。其實出爾反爾，皆自殺之也。殺人之親，不亦重乎？

【附解】蒙引。親謂父兄。○然則非自殺之也，一閒耳。此章之言只重在此一句。

古之爲關也章

【總旨】賽合註，此章大意還重今一邊。蓋卽古以歎今。非以古今平較也。

孟子曰：古之爲關也，將以禦暴。

譏察非常。

【本義】孟子曰：事有在古爲良法，在今爲弊政者，卽爲關有可見矣。蓋古之爲關也，將欲譏察異言異服之人，而以之禦止暴客，此設關之本意也。

今之爲關也，將以爲暴。

征稅出入。○范氏曰：古之耕者什一，後世或收大半之稅，此以賦斂爲暴也。文王之囿與民同之，齊宣王之囿爲阱國中，

此以囿囿爲暴也後世爲暴不止於關若使孟子用於諸侯必行文王之政凡此之類皆不終日而改也

本義乃今之爲關也將欲征商賈之出入而以之爲暴殊失爲關之本意矣夫卽一關而古今之仁暴相遠如此不重可慨哉

身不行道章

總旨翼註此以化人使人兩開平看

孟子曰身不行道不行於妻子使人不以道不能行於妻子

身不行道者以行言之不行者道不行也使人不以道者以事言之不能行者令不行也

【本義】孟子曰道者理之當然君子所以行之身而可法令之人而可從者此也身不行道則觀法無自化不行於妻子使人不以道則處置失宜令不行於妻子夫妻子至近仰吾以爲天者尚不可化不可行況他人乎

【附解】翼註如身不行孝難使妻子行孝身不行弟難使妻子行弟是道不行也如父母使舜完廩浚井若子非大舜必不肯從是令不行也○使人不以道道字屬我只是我使之者不合理也如撥以不堪施以不恕之意

周於利者章

【總旨】說統此章勉蓄德意○蒙引上句起下句正與論語百工居肆以成其事君子學以致其道同

孟子曰周於利者凶年不能殺周於德者邪世不能亂

周足也言積之厚則用有餘

【本義】孟子曰人貴蓄積然後有餘用如周於利者有以自給雖遇凶年不能殺之故良農不患乎年之凶而惟患乎蓄之

不厚周於德者有以自立雖處邪世不能亂之故君子不患乎世之難處而患乎德之不充此君子所以不以一長自足。而必周其德也。

附解 蒙引周於德。德謂識到守到氣又到也故邪世不能亂。三者一不至。則亂矣

好名之人章

[illegible] 蒙引此章是觀人之法。

孟子曰好名之人能讓千乘之國苟非其人簞食豆羹見於色

好名之人矯情干譽是以能讓千乘之國然若本非能輕富貴之人則於得失之小者反不覺其真情之發見矣蓋觀人不於其所勉而於其所忽然後可以見其所安之實也

本義孟子曰輕視富貴惟有德者能之而好名之人亦能讓千乘之國然苟非真能讓國之人則雖能讓千乘之國而於簞食豆羹得失之小者或不覺喜怒之見於色是豈能舍其大而不能舍其小哉葢前日之讓國出於一時之勉強而今日之計較乃其真情之發見也故觀人者不於其所勉而於其所忽然後可以見其所安之實也

附解朱子曰苟非其人其人指真能讓國者非指好名之人也○四書脉見色者得之而喜見於色失之而愠見於色

不信仁賢章

源指翼註三節平看仁賢略重

孟子曰不信仁賢則國空虛

空虛言若無人然

本義孟子曰爲國之道多端而致治之要有三國恃仁賢爲輔也苟信任弗專而存一猜疑之心則賢者皆懷志解體而

朝廷無復有所倚賴矣。國有不空虛者乎。

附解 慶源輔氏曰。仁者德之首。賢者總言其有德耳。○四書脉。不信。或外親而内疎。或始用而終疑。則賢者弗庸。猶之乎無耳。故云空虛。○不必說到賢者去國。

無禮義則上下亂。○禮義所以辨上下定民志。○

本義 國恃禮義爲防也。苟縱肆弗檢。而自壞中正之制。將上偪下僭。且入於悖亂。而莫之救矣。國有不亂者乎。

附解 說統。義即禮中裁物之宜。照下文上下亂看。專主名分上說。○

無政事則財用不足。○生之無道。取之無度。用之無節故也。○尹氏曰。三者以仁賢

爲本無仁賢則禮義政事處之皆不以其道矣

【本義】國恃政事爲具也苟廢墜不修而全無經理之方將民貧國耗日憂匱乏而莫之贍矣財用有能足者乎三者爲國之要也

【附解】（蒙引）政事者政以大綱言事其中節目也○（說統）政事所該者廣不止理財而理財亦在其中周禮九職任萬民生之有道也九賦斂財賄取之有度也九式節財用用之有節也三意總是開源節流二意

不仁而得國者章

【總旨】（說統）當時互相吞噬自謂力可經營天下矣故孟子以仁字喚醒他

孟子曰不仁而得國者有之矣不仁而得天下未之有也

言不仁之人騁其私智可以盜千乘之國而不可以得丘民

之心。鄒氏曰、自秦以來、不仁而得天下者有矣、然皆一再傳

而失之、猶不得也、所謂得天下者、必如三代而後可

【本義】孟子曰、天下雖有適然之數、終不能勝必然之理、如不仁本不可得國也、然或遘昏庸之會、逞私智之巧、或以一夫而盜千乘之國者有之矣、若以不仁而得天下者、吾恐四海之廣、兆民之衆、欲以力制之、而不可以威屈、欲以術愚之、而不可以計欺、求其成混一之舉、而遂僥倖之圖者、未之有也

【附解】【困勉錄】得國得天下、俱以土地言。○【翼註】騁其私智、兼愚弄人、制服人二意、如田氏厚施而取齊、是愚弄人者、如三卿滅智范中行而分晉、是制服人者。

民爲貴章

【總說】【說統】通章專爲輕視其民者發、全重民爲貴一句、社稷與君、都是借他來形民爲貴也、下三節總是發明爲貴之意、

四書尊聞錄　孟子盡心　三三　懷新堂

若將君與社稷平較便無味

孟子曰民爲貴社稷次之君爲輕

社土神稷穀神建國則立壇壝以祀之蓋國以民爲本社稷亦爲民而立而君之尊又係於二者之存亡故其輕重如此

【本義】孟子曰國之所恃以立者有三曰民曰社稷曰君然就三者較之民無可尊之勢而有可畏之形其至貴者也社稷者報祀爲民生而報祈穀爲民命而祈不可與民並論矣社稷次之至於君雖爲神人之共主實由民心之愛戴社稷之安寧又不可與二者並論矣君爲輕焉

【附解】新安陳氏曰此以理言非以分言也

是故得乎丘民而爲天子得乎天子爲諸侯得乎諸侯爲大夫

丘民田野之民至微賤也然得其心則天下歸之天子至尊貴也而得其心者不過爲諸侯耳是民爲重也

【本義】惟民爲貴是故得乎邱民之心皆爲我歸即可以得乎天下而爲天子若得天子之心不過命爲諸侯得乎諸侯之心不過命爲大夫夫以得尊貴者之心反不如得邱民之心此所以民不可輕也

【附記】說統首句是一節之綱下把諸侯大夫配說者只見得邱民之權即天子不能與之相抗耳

諸侯危社稷則變置

諸侯無道將使社稷爲人所滅則當更立賢君是君輕於社稷也

【本義】諸侯之立所以保民而主社稷也苟淫佚無道不能保民而危及社稷則當變易君位更置賢者以主之而不能有

常尊矣夫君位之存亡。係於社稷之安危。是君輕於社稷也而其輕於民可知矣。

[illegible]【翼註】危社稷要跟虐民說來。變置是更立賢君。與滅國不同。

犧牲既成。粢盛既潔。祭祀以時。然而旱乾水溢。則變置社稷。祭祀不失禮。而土穀之神不能爲民禦災捍患。則毀其壇壝而更置之。亦年不順成八蜡不通之意。是社稷雖重於君而輕於民也。

【本義】社稷之立。所以依民生也。苟犧牲既成粢盛既潔克備其獻享之禮。春焉而祈秋焉而報不失其祭祀之時。乃不能爲民禦災捍患。或旱乾或水溢則當毀其壇壝徙置他所以示更新之意而社稷不能有常享矣夫社稷之更置。係於生民之利害。此所謂社稷輕於民也。而君之輕於民。益可知矣。

附錄說統純色曰犧全體曰牲成者肥腯之意○雲峯胡氏曰兩變置字不同集註釋之亦異變置諸侯者改立其人也變置社稷者改立其祀神之壇壝而非改立其神也

附考禮記郊特牲天子大蜡八伊耆氏始爲蜡蜡也者索也歲十二月合聚萬物而索饗之也蜡之祭也主先嗇而祭司嗇也祭百種以報嗇也饗農及郵表畷禽獸仁之至義之盡也古之君子使之必報之迎貓爲其食田鼠也迎虎爲其食田豕也迎而祭之也祭坊與水庸○八蜡以記四方四方年不順成八蜡不通以謹民財也順成之方其蜡乃通

聖人百世之師也章

纂言牛春宇曰通章就夷惠流風之遠而明其爲聖人也○說約聖人百世之師也聖人二字重宜一頓故聞至若是乎正解夷惠之師百世而斷其由於聖人也況於親炙句大段無此一宕則似聖人可以師百世而反未必感當時故追論之疑反不甚重

孟子曰聖人百世之師也伯夷柳下惠是也故聞伯夷之風者頑夫廉懦夫有立志聞柳下惠之風者薄夫敦鄙夫寬奮乎百世之上句百世之下聞者莫不興起也非聖人而能若是乎而況於親炙之者乎

興起感動奮發也親炙親近而熏炙之也餘見前篇

【衍義】孟子曰行造其極之謂聖人聖人百世之師也蓋其盛德至善既有以淑人心於既往而流風餘韻自有以表師極於將來求其可以當此者伯夷柳下惠其人也故伯夷往矣聞其風之清者頑夫化而爲廉雖愚必明也懦夫化而有立志雖柔必強也柳下惠往矣聞其風之和者薄夫化而爲敦皆不偷之民也鄙夫化而爲寬皆容德之士也夫二子振奮乎百世之上若是其遠而百世之下聞者莫不興起若是其神向使清非聖人之清而猶有所雜和非聖人之和而猶有

所乘則人亡而清和亦與之俱亡矣安能感化之若是哉夫百世之下聞其風者猶感化之若是而況與聖人生同其時親近而薰炙之者其感化也又當何如哉信乎其爲百世之師而非人之所可及矣

【附纂】翼註聖人字要見各造其極意方切夷惠一偏之聖○奮字勿作奮發有爲只與聞文王作之作字相似○【説統】非聖人而能若是乎贊歎之詞不是證其爲聖人處

仁也者人也章

【總旨】蒙引大意孟子是開釋仁道二字以示人

孟子曰仁也者人也合而言之道也

仁者人之所以爲人之理也然仁理也人物也以仁之理合於人之身而言之乃所謂道者也程子曰中庸所謂率性之

謂道是也○或曰外國本人也之下有義也者宜也禮也者履也智也者知也信也者實也凡二十字今按如此則理極分明然未詳其是否也

【纂疏】孟子曰人皆知有仁與道之名而不知皆吾所固有也仁也者非他也即是人所以爲人之理也有是人之身即有是仁之理本無岐出者故合仁於人而言之性以竿形形以率性便爲天然自有之則至當不易之行而天下古今共由之道即此而在矣非所謂道而何世之外人以求仁與道者豈不惑哉

【輯釋】蒙引仁也者人也此單言之仁兼四德萬善在其中○仁字最說得廣父慈子孝兄友弟恭之類皆是以至視思明聽思聰等之類皆是○仁以所具而言道以所循而言○有物必有則此箇則便是物之所循者也故曰合而言之道也仁不在人之外而道又不在仁與人之外○【朱子曰】仁者人也非是以人訓仁且如君臣之義君臣便是人義便是仁盡

君臣之義即是道所謂合而言之者也○〔達說〕知仁者人也則求仁者當反諸身知合而言之道也則遠人者不可以爲道矣

孔子之去魯章

〔總旨〕〔說約〕齊魯較前篇一例又多去他國句不可爲重出

孟子曰孔子之去魯曰遲遲吾行也去父母國之道也去齊接淅而行去他國之道也

〔合義〕孟子曰昔孔子爲受女樂而去魯曰遲遲吾行也豈濡滯哉去父母之國恩重於義道當如是也又因晏嬰之阻而去齊則接淅而行豈迫遽哉去他國恩不掩義道當如是也蓋可久可速聖人之時也

〔附錄〕〔蒙引〕去父母國之道也去他國之道也二句孟子釋之之辭

君子之戹於陳蔡之閒章

【總旨】說約下句釋上句。言外見戹非道之故也。

孟子曰君子之戹於陳蔡之閒無上下之交也。

君子孔子也戹與厄同君臣皆惡無所與交也。

【本義】孟子曰昔君子絕粮於陳蔡二國之閒而受戹也則以上無禮賢下士之君下無推賢讓能之臣以爲之交也是以不免於戹也此固上下之責也。於孔子何尤哉。

【附解】翼註戹陳蔡。卽絕粮時。勿依史記發兵圍之說。上下。指陳蔡君臣。無交。是君不下賢。臣不薦賢。並際可公養之禮全然不曉意。

貉稽曰章

總旨徐儆弦曰孟子告貉稽有兩意一則以聖人尚不免遭謗況學者乎一則欲其反觀內省德如文孔卽見慍無害如己德未至則當自反自脩而不可專咎之他人耳

貉稽曰稽大不理於口

趙氏曰貉姓稽名爲衆口所訕理賴也今按漢書無俚方言亦訓賴

本義貉稽曰人得衆口之譽則有所賴稽今爲人所訕大無賴於衆口將如之何

孟子曰無傷也士憎茲多口

趙氏曰爲士者益多爲衆口所訕按此則憎當從土今本皆從心蓋傳寫之誤

[illegible]孟子曰衆口所訕無害也汝之被訕猶未多也若爲士者則益多爲衆口所訕矣

[illegible]達說無傷就貉稽言士憎多口以下則泛說爲士者以明無傷之意

詩云憂心悄悄慍于羣小孔子也肆不殄厥慍亦不隕厥問文王也

詩邶風柏舟及大雅緜之篇也悄悄憂貌慍怒也本言衛之仁人見怒於羣小孟子以爲孔子之事可以當之肆發語辭隕墜也問聲問也本言大王事昆夷雖不能殄絕其慍怒亦不自墜其聲問之美孟子以爲文王之事可以當之○尹氏曰言人顧自處如何盡其在我者而已

【本義】試以古之憎茲多口者言之。詩云憂心悄悄然其甚、而猶日見怒於羣小。此非爲孔子言也、而孔子之事足以當之。又有云故今不殄絶人之慍怒、而亦不隕墜己之聲聞。此非爲文王言也、而文王之事足以當之。士見憎如此、此可見人患不爲孔子文王耳。羣小之慍與厥慍之不殄、固無傷也。子誠盡其爲士之道、何必以不理於口爲病哉。

【附解】〔翼註〕上引詩重慍於羣小句、下引詩重不殄厥慍句。二慍字俱是人慍我、即詞意也。憂心悄悄、亦可貼孔子憂道不行意。不隕厥問、亦可貼文王柔順文明之德無所損意。但不重耳。

賢者以其昭昭章

【總旨】〔存疑〕此指當時之治人者言、自諸侯至於大夫。凡有治人之責者皆然。○〔翼註〕二段抑揚不平看

孟子曰：賢者以其昭昭使人昭昭、今以其昏昏使人昭昭。

昭昭、明也。昏昏、闇也。尹氏曰：大學之道、在自昭明德、而施於

天下國家其有不順者寡矣。

本義 孟子曰。人已同明。斯爲德化之盛。然貴以身先之。如古之賢者。必先自明其德。然後推之以新民。是以其昭昭使人皆昭昭。今之爲治者。已德不明。而徒欲人之明其德。是以其昏昏使人昭昭也。有治人之責。可不先自治乎。

附解 〈翼註〉明不是知識之明。是吾性全體大用。吾復其性。因率天下各復其性。○〈四書脈〉言昭昭者。明而又極其明也。○〈說約〉兩使字異。上使字。是引導。下使字。是驅廹他。○〈蒙引〉在人君則人字兼臣民。在人臣則人字兼君民。

山徑之蹊閒章

總旨 〈說統〉提醒高子。在介然爲閒四字。見心學不可少有閒斷。

孟子謂高子曰。山徑之蹊閒句介然用之而成路句爲閒不用則茅塞之矣。今茅塞子之心矣。

徑山路也蹊人行處也介然倏然之頃也用由也路大路也爲閒少頃也茅塞茅草生而塞之也言理義之心不可少有閒斷也

【本義】孟子謂高子曰理義之心人所固有雖易發而亦易窒有如山中小徑僅容人之蹊步閒未見爲大路也若倏然之頃人皆用之遂成大路雖成路矣及爲閒不用以行則依舊茅草塞之矣是路之通塞一視乎人之用不用如此然則人心善端發處一蹊閒也體察而力充之則可以成德一大路也否則内爲氣習所蔽外爲物欲所誘而遂窒之一茅塞也今子之心未嘗不明向道亦非無路若工夫閒斷而氣習物欲之爲茅者塞子之心矣可不思所以自用之哉

【附解】說統爲閒不用是既由之後復不用也

蒙引爲閒不用則茅塞之矣是承上句意說

禹之聲章

總旨 李彭山曰、作樂者皆有本原。高子只舉一鐘以驗。又只就追蠡以見樂之優。其論亦妄甚矣。故孟子亦不與深言。而但就轍迹之易曉者示之。以明一器之不足以論樂也。

高子曰、禹之聲、尚文王之聲。

尚、加尚也。豐氏曰、言禹之樂、過於文王之樂、

本義 高子曰、夏禹周文王所作之樂、雖俱是治世之聲、然自今日觀之、禹之聲殆尚於文王之聲乎、

附解 翼註 只重禹樂。不以文王平看。

孟子曰、何以言之。曰、以追蠡。

豐氏曰、追、鐘紐也。周禮所謂旋蟲是也。蠡者、齧木蟲也。言禹時鐘在者、鐘紐如蟲齧而欲絕、蓋用之者多、而文王之鐘不

然是以知禹之樂過於文王之樂也

本義孟子曰子以禹樂爲過於文王者果何所據以言之哉高子曰樂之優劣視人用之多寡吾觀禹之鐘紐如蟲齧而欲絶此此必聲美而用之者多故其器乃做也若文王之樂則不然吾以是知禹之尚於文耳

附解翼註鐘乃樂之一器意舉鐘則凡樂可知

曰是奚足哉城門之軌兩馬之力與

豐氏曰奚足言此何足以知之也軌車轍迹也兩馬一車所駕也城中之涂容九軌車可散行故其轍迹淺城門惟容一車車皆由之故其轍迹深蓋日久車多所致非一車兩馬之力能使之然也言禹在文王前千餘年故鐘久而紐絶文王

之鐘則未久而紐全不可以此而議優劣也〇此章文義本不可曉舊說相承如此而豐氏差明白故今存之亦未知其是否也

本義 孟子曰是一追蠡者奚足以知樂之優劣哉試以車轍言之彼城門車轍之迹獨深於城中子之所明也然城門之軌豈一車兩馬之力使然與蓋歲月既久往來者衆不求深而自深也然則禹之樂作於千餘年之前雖不多用而紐自敝文之樂作於千餘年之後雖多用而器猶新蓋時之先後不同耳豈有所優劣於其間哉

附解 翼註 城門之軌貼轍迹深意在內喻鐘之蠡也兩馬之力與貼日久車多所致在內喻禹在文王前千餘年也日久車多不平日久故車多也

齊饑章

【總旨】〔蒙引〕此章見孟子可止則止之義。

齊饑，陳臻曰：「國人皆以夫子將復爲發棠，殆不可復。」

先時齊國嘗饑，孟子勸王發棠邑之倉以賑貧窮。至此又饑，陳臻問言齊人望孟子復勸王發棠，而又自言恐其不可也。

【本義】初孟子居齊時，值饑歉，孟子勸王發棠邑之倉以賑民。至此又饑，陳臻曰：國人向因夫子一言得蒙賑恤，今歲復饑，民皆以夫子將復有勸王發棠之舉，以臻觀之，殆不可復爲請也。

【備旨】〔翼註〕齊饑，要見是再饑。○〔困勉録〕臻之所爲不可復，猶非孟子之所爲不可復也。

孟子曰：「是爲馮婦也。晉人有馮婦者，善搏虎，卒爲善士。則之野，有衆逐虎，虎負嵎，莫之敢攖。望見馮婦，趨而迎之。馮婦攘臂下

車衆皆悅之其爲士者笑之

手執曰搏卒爲善士後能改行爲善也之適也負依也山曲曰嵎攖觸也笑之笑其不知止也疑此時齊王已不能用孟子而孟子亦將去矣故其言如此

【本義】孟子曰以吾今日之遇而復請發棠是爲馮婦也昔晉人有馮婦者善徒手搏虎卒之改其前行而爲善士是足見重於士林矣則一日之野適有衆逐虎虎方負嵎據險之威莫敢攖觸望見馮婦衆人趨而迎之馮婦故態復形自車中攘臂而下以徇其請斯時也衆逐虎者皆悅之其爲士者笑之笑其爲善之不終而不知止也使我今日復請發棠安知爲士者不以我爲馮婦乎

誠如子言有所不可也

【[illegible]】【趣註】馮姓婦名也○【翼註】善士淺看只是改去前日逞技角力之陋習意其爲士者笑之不重取笑只見得義不可

耳○〔南軒張氏曰〕世固有勇於爲善者不察夫理義之當然與否而必爲之蠢亦足以悅於流俗然發不中節有害於君子之道是皆馮婦之類耳學者其無惑於衆之悅而有動哉審諸己而已矣

口之於味也章

〔總旨〕〔翼註〕性命本是合一的首節不謂性非說全不是性但重在命耳次節不謂命非說全不是命但重在性耳故總註云各就其重處言之只用此互字作一章骨子○〔蒙引〕前段是伸命而抑性後段是伸性而抑命

孟子曰口之於味也目之於色也耳之於聲也鼻之於臭也四肢之於安佚也性也有命焉君子不謂性也

程子曰五者之欲性也然有分不能皆如其願則是命也不可謂我性之所有而求必得之也愚按不能皆如其願不止

爲貧賤蓋雖富貴之極亦有品節限制則是亦有命也

【本義】孟子曰學莫大於性命惟君子能審所重焉如口之於滋味也目之於采色也耳之於聲音也鼻之於香臭也四肢之於安佚也此皆吾人有生之初自然稟受豈不謂之性乎然其間有得有不得皆是造物爲主性也而有命存焉使任性以自恣則將無所不至矣

君子不謂此性而徇之也

【附解】朱子曰此性字指氣質而言此命字合理與氣而言五者之欲固是人性然有命分既不可謂我性之所有而必求得之又不可謂我分可以得而必極其欲如貧賤不能如願此固分也富貴之極可以無所不爲然亦有限制裁節又當安之於理如紂之酒池肉林却是富貴之極而不知限制若以其分言之固無不可爲但道理却恁地不得今人只說得一邊不知合而言之未嘗不合也

仁之於父子也義之於君臣也禮之於賓主也智之於賢者也

聖人之於天道也命也有性焉君子不謂命也

程子曰仁義禮智天道在人則賦於命者所禀有厚薄清濁然而性善可學而盡故不謂之命也張子曰晏嬰智矣而不知仲尼是非命邪愚按所禀者厚而清則其仁之於父子也至義之於君臣也盡禮之於賓主也恭智之於賢否也哲聖人之於天道也無不脗合而純亦不已焉薄而濁則反是是皆所謂命也或曰者當作否人衍字更詳之○愚聞之師曰此二條者皆性之所有而命於天者也然世之人以前五者爲性雖有不得而必欲求之以後五者爲命一有不至則不

復致力故孟子各就其重處言之以伸此而抑彼也張子所謂養則付命於天道則責成於己其言約而盡矣

〔本義〕君子雖不言性然又有當以性爲重不可自諉者且如仁主於愛而屬於父子也義主於敬而屬於君臣也禮以恭爲主而屬於賓主也智以別爲主而屬於賢者也聖人純亦不已而天道屬於聖人也此五者有全有不全有盡有不盡清濁厚薄視其所稟順逆常變視其所遇豈不謂之命乎然皆生理之固有不以聖而豐不以愚而嗇命也而有性存焉使聽命以自諉則皆制而安之矣君子不謂此爲命而諉之也此君子遏人欲存天理而得性命之正也

〔附解〕翼註賢者二字不必作否字只云知賢者之異於不賢則否字意已該了○說統此聖人兼性之反之者說勿誤入生安等語○翼註聖人之於天道兼察之由之二意○蒙引仁之於父子也有至與不至云云命也其辭雖兼至與不至其意則主於不至者故曰有性焉君子不謂命也○

〔朱子曰〕此命字專指氣而言此性字專指理而言

浩生不害問章

總旨〔達說〕通章只是斷樂正子爲人。總見其止於善信。而未及美聖神也首節說箇善人信人。就有二之中四之下的意。後面說箇二之中四之下。只完得首節善人信人二句意。○〔翼註〕可欲二節。正答其問下四節。又推類以盡其餘。

浩生不害問曰、樂正子何人也、孟子曰、善人也、信人也、

趙氏曰、浩生姓不害名齊人也、

本義 浩生不害問曰。樂正子之所造、果何等人也。孟子曰、樂正子爲人。據其今日之資稟學力言之。殆善人也。亦信人也

附解〔翼註〕善人信人勿講明。明則不害不必問了。

何謂善何謂信

不害問也、

【本義】不害又問曰、何以謂之善、何以謂之信、

【附解】【翼註】此是問善信名義○非問充何以謂善人信人也○

曰可欲之謂善○

天下之理○其善者必可欲○其惡者必可惡○其為人也可欲而不可惡則可謂善人矣

【本義】孟子曰、人性本有善而無惡、善者人情之所欲也、若其人立身行己但見可欲而不見可惡則可謂之善人矣

【附解】【朱子曰】可欲是資稟好○別人以為可欲是說這人可愛也只是渾全一箇好人○問可欲之謂善若作人去欲他恐與有諸己之謂信不相協、蓋有諸己是說樂正子身上事可欲卻就人說恐未安曰此便是他有可欲處人便欲他豈不是渠身上事○與下句非不相協○有可欲之善然後有諸已而充實將去若無可欲者則充實個甚物譬如先討得真實

藥材。然後脩製以爲丸爲散。若是藥材不真。雖曰般羅碾。畢竟不是。

有諸己之謂信

凡所謂善、皆實有之、如惡惡臭。如好好色。是則可謂信人矣。

○張子曰。志仁無惡之謂善。誠善於身之謂信

本義 然善固無惡矣。或若存若亡。未必能不失也。必也躬行實踐。真能有此善於己。而無一毫虛僞之意。然後可以謂之信人也。

附解 蒙引 可欲之謂善。覩其所以而已。有諸己之謂信。則所由所安皆善矣。到此地位大段高了。○翼註 註云凡所謂善皆實有之。此實字是堅實意。與下充實不同。凡字皆字勿重看。重看則礙下充實。

充實之謂美

力行其善至於充滿而積實則美在其中而無待於外矣

【本義】夫善信固有可稱然聖賢之學問尚不止此也蓋善雖實有而蓄積未充未足爲美也惟是眞積日久而悉有衆善充滿此足而無少間雜則章美內含不徒一善成名而已是謂之美

【附解】蒙引充實二字平說非充之而至於實也充滿而積實猶言廣博而深厚○存疑充實是這信到充滿積實處一二件實亦可謂信十數件實亦可謂信但不可謂充實充實是立身制行無事不實性分內事無一欠缺故謂之充實易之有乎盈缶是也美卽善也然必善到充實方謂之美此是美重於善處故曰美在其中又謂和順積中○說統美是純懿字樣無瑕疵無虧欠意

充實而有光輝之謂大

和順積中而英華發外美在其中而暢於四支發於事業則

德業至盛而不可加矣

【本義】然內雖充積而外無可觀未足爲大也惟是積久而著蓄極而通暢於四肢發於事業則誠中形外已至廣大高明之域矣是謂之大

【附解】【蒙引】大字全就光輝上說美指在內者大指在外者美人非無外內有餘而外猶未足也大人非無內發於外者本於內卽其外可知其內矣○【徐儆弦曰】德以發於身者言業以見於事者言但在光輝上見其至盛○【存疑】此是功夫到後自然之符驗

大而化之之謂聖

大而能化使其大者泯然無復可見之迹則不思不勉從容中道而非人力之所能爲矣張子曰大可爲也化不可爲也

在熟之而已矣

本義然大而未化猶有迹也惟由大而化之至德而無矜持之勞大業而無作爲之迹則是不思不勉而從容中道矣是謂之聖

附解程子曰大而化之只是理與已一其未化者如人操尺度量物用之尚不免有差至於化則已便是尺度尺度便是已○存疑化是消融變化不見了形迹大而未化是暢於四支尚有矜持發於事業尚有造作者在矜持造作便有箇形迹可見到功夫熟然後從心所欲無矜持無造作施於四體不言而喻發於事業不見而章不動而變無爲而成都無形迹可見也○翼註聖字不限定生知安行爲有漸造者在

聖而不可知之之謂神

程子曰聖不可知謂聖之至妙人所不能測非聖人之上又

有一等神人也。

本義 未至於聖。猶可知也。既至於聖。則至德純於不顯。而意象之俱忘。大業溥於無外。而聲色之盡泯。是乃無方無體。而變化莫測矣。是謂之神

附錄 蒙引 化字。與不可知不同。化自我而言。謂不勉不思也。不可知以人而言。莫測其所以然也。○翼註 不可知兼體用。以體言則虛融而莫窺其朕。如孔子毋意必固我是也。以用言則變化而莫執其機。如孔子仕止久速各當其可是也。神字只是妙意。○存疑 聖神蒙引欲作兩人說。看來只作一人說爲是。○朱子曰 此六位皆他人指而名之之辭

樂正子二之中四之下也

蓋在善信之間。觀其從於子敖。則其有諸己者或未實也。張子曰。顏淵樂正子皆知好仁矣。樂正子志仁無惡而不致於

學所以但爲善人信人而已顏子好學不倦合仁與智具體聖人獨未至聖人之止耳○程子曰士之所難者但有諸己而已能有諸己則居之安資之深而美且大可以馴致矣徒知可欲之善而若存若亡而已則能不受變於俗者鮮矣尹氏曰自可欲之善至於聖而不可知之神上下一理擴充而至於神則不可得而名矣

【發義】人之所造其地位不同如此正子則善有餘信不足蓋介在善信二者之中而學力未充尚居美大聖神四者之下也使不以二者自足而以四者自勉則所造未可量矣此吾之厚望哉

【附解】翼註二之中是有餘於善而不足於信介在其中言外亦有勉正子意○雲峯胡氏曰須看尹氏上下一理四字善

者人心之天理始而爲人之所可欲者此理也終而人之所不可知者亦此理也善非粗淺神非高虛惟在乎實有此善而力行以充之耳

逃墨必歸於楊章

【總旨】蒙引此章之言爲當時儒者待異端而不得其術而發也○翼註首節重受字次節重辯字受便不追其既往辯則追其既往矣

孟子曰逃墨必歸於楊逃楊必歸於儒歸斯受之而已矣

墨氏務外而不情楊氏太簡而近實故其反正之漸大畧如此歸斯受之者憫其陷溺之久而取其悔悟之新也

【本義】孟子曰吾儒之於異端距之不嚴則無以盡閑邪之義待之不恕則無以開反正之端方今楊墨之徒固難望其以

吾道爲歸矣如使爲墨氏之學者或厭其務外欲逃而去之則必慕近實而歸於楊者其勢然也爲楊氏之學者或厭其太簡而欲逃而去之則必求中正之圖而歸於儒者亦其勢然也夫學楊墨者既歸於儒則與楊墨之害吾道者不可同日而語也爲吾儒者當憫其陷溺之久而取其悔悟之新受而教之以同歸於道而已矣豈可復與之辨哉

【附解】說統逃墨二句串說到歸儒上○【翼註】末句歸字直作楊墨歸儒受字只作儒受楊墨不以楊與墨乎○受之不是徒受了有借之大道意

今之與楊墨辯者如追放豚既入其苙又從而招之

放豚放逸之豕豚也苙闌也招罥也羈其足也言彼既來歸而又追咎其既往之失也○此章見聖賢之於異端拒之甚嚴而於其來歸待之甚恕拒之嚴故人知彼說之爲邪待之

恕故人知此道之可反仁之至義之盡也

【本義】乃今之與楊墨辨者彼既來歸而又追咎其既往之失而不之受如追放豚既入其苙使不得逸矣又從而招之以羈其足斯不亦已甚乎如此則彼不得其所歸而吾亦不免於過當是豈盡至公之心而得爲聖賢之道哉

【附解】存疑今之與楊墨辨正與歸斯受之相反○說統如追放豚追字只是追趕之追與註追咎追字不同○四書脈招是咎其前之奔非戒將來也

有布縷之征章

【總旨】說統此爲當時取民無制者發全章重用一緩二上下二段指出兼併之弊正見二之不可緩也

孟子曰有布縷之征粟米之征力役之征君子用其一緩其二用其二而民有殍用其三而父子離

征賦之法歲有常數然布縷取之於夏粟米取之於秋力役取之於冬當各以其時若并取之則民力有所不堪矣今兩稅三限之法亦此意也尹氏曰言民爲邦本取之無度則其國危矣

【本義】孟子曰征賦之法歲有常數有布縷之征粟米之征力役之征然而君子征之又各以其時而不併取於一時焉如布縷用之於夏則粟米力役在所緩粟米用之於秋則布縷力役在所緩力役用之於冬則布縷粟米在所緩如此則上無誅求督責之擾下無饑饉流亡之患也若一時而竝用其二則小民奔命不給而有殍一時而竝用其三則小民室家難保而父子離矣夫國無民何以爲國爲上者可不念哉

【附解】潛室陳氏曰緩非廢其征但不作一時併征之耳

【附考】讀禮疑圖：織麻曰布，析絲曰縷。

諸侯之寶三章

【總旨】【正解】此見人君當知所寶意。

孟子曰：諸侯之寶三，土地、人民、政事。寶珠玉者，殃必及身。

尹氏曰：言寶得其寶者安，寶失其寶者危。

【本義】孟子曰：諸侯之所當寶者有三：土地所以立國，而爲基業所由繫；人民所以守土，而爲根本所由固；政事所以治民，而爲紀綱所由植。寶此三者，則國安而身亦安矣。若寶珠玉者，内以嗜欲喪志，外以徵求剝民，攘奪將興，危亡立至，殃必及身矣，可不慎哉！

【附解】【摘訓】上寶字以所繫之重言，下寶字活，乃我去寶之也。

盆成括仕於齊章

總旨 說統此章戒天下之恃才者

盆成括仕於齊孟子曰死矣盆成括盆成括見殺門人問曰夫子何以知其將見殺曰其爲人也小有才未聞君子之大道也則足以殺其軀而已矣

盆成姓括名也恃才妄作所以取禍徐氏曰君子道其常而已括有死之道焉設使幸而獲免孟子之言猶信也

本義 盆成括仕於齊孟子預度之曰死矣其盆成括乎既而盆成括果見殺門人問曰夫子何以預知括之將見殺也孟子曰夫人不貴有才而貴聞道今括之爲人小有才能而於君子之大道茫然其無聞也則必妄作致禍是其才祇足以

自殺其軀而已矣、此我所以預知其敗者也

〔附解〕〔存疑〕小有才。言畧有才也。○〔翼註〕小有才是權謀術數之類。大道如仁義忠信是

孟子之滕章

〔總旨〕〔翼註〕此章重孟子設科上至斯受之。其心惟欲曲成後學而已。或人雖不能釋竊屨之疑、而其心亦終見諒。則大道爲公之心何如。若只歎所遇之窮。便非旨

孟子之滕、館於上宮。有業屨於牖上。館人求之弗得。

館舍也。上宮別宮名。業屨織之有次業而未成者。蓋館人所作置之牖上而失之也。

〔本義〕昔孟子之滕。滕君館之於上宮。當時偶有織屨將成。置於牖上。既而失之。館人求之而不得

或問之曰若是乎從者之廋也曰子以是爲竊屨來與曰殆非也夫子之設科也往者不追來者不拒苟以是心至斯受之而已矣

或問之者問於孟子也廋匿也言子之從者乃匿人之物如此乎孟子答之而或人自悟其失因言此從者固不爲竊屨而來但夫子設置科條以待學者苟以向道之心而來則受之耳雖夫子亦不能保其往也門人取其言有合於聖賢之指故記之

或人因而問曰若是乎從夫子來者之廋匿人物也孟子曰子以是從者爲是竊屨之故而來滕與或人曰殆非爲

竊屩而來也但夫子設置科條以待學者。其有既往之失必不追咎以塞其自新之路其有潔己而來者必不拒絶以阻其向化之機苟以是向道之心至斯容受以教誨之而已矣然則從者固非爲竊屩而來。在夫子亦何能保其往哉噫孟子大道爲公之心其亦見諒於或人如此。

附解 翼註 或人別一人非館人也。○淺說 不曰設教。而曰科者。教人各因其材自不得不別其科也。○往者是向日之不善也。○翼註 來者非是將來謂來學也來者卽是至者。不拒卽下受学。

人皆有所不忍章

總旨 達說 孟子教人盡仁義。只達不忍達不爲便都說盡了。恐人不知所以達故有次節云云又恐人不知所以充故有三四節云云。總不出首條之旨。

孟子曰人皆有所不忍達之於其所忍仁也人皆有所不爲達

之於其所爲義也

惻隱羞惡之心人皆有之故莫不有所不忍不爲此仁義之端也然以氣質之偏物欲之蔽則於他事或有不能者但推所能達之於所不能則無非仁義矣

【本義】孟子曰仁義人所固有惟在識其端而推廣之今夫人見可哀可憐之事便惻然有所不忍此仁之端也但爲氣拘物蔽有不忍於此而或忍於彼者必自其所不忍達之於其所忍是卽吾心全體之仁也見可愧可恥之事便毅然有所不爲此義之端也但爲氣拘物蔽有不爲於此而或爲於彼者必自其所不爲達之於其所爲是卽吾心全體之義也

【附解】李東一曰不忍雖在心不爲雖在事然而事本於心○【説統】喫緊在兩達字其提醒人處在人皆有三字○【摘訓】所不忍不爲是一端之仁義達之於所忍所爲則曲能有誠爲全體之仁義矣

人能充無欲害人之心而仁不可勝用也人能充無穿窬之心而義不可勝用也

充滿也穿穿穴窬踰牆皆爲盜之事也能推所不忍以達於所忍則能滿其無欲害人之心而無不仁矣能推其所不爲以達於所爲則能滿其無穿窬之心而無不義矣

〔本義〕達之如何如害人者人所不忍也人能充滿無欲害人之心量凡有涉於害人者皆所不忍是謂能達之於所忍而仁民愛物仁不可勝用也穿窬者人所不爲也人能充滿無穿窬之心量凡有類於穿窬者皆所不爲是謂能達之於所爲而砥行立節義不可勝用也

〔附錄〕蒙引此承上文只是一意但露出害人與穿窬字面以示人知所達耳〇〔新安陳氏曰〕達如導水自畎澮達之川自

川達之海。充如水達海。而充滿於其中也。惟。達。而。後。能。充。如擴而充之之意。○〔說統〕不可勝用。與仁也義也不同上以體言。此以用言。

人能充無受爾汝之實無所往而不爲義也

此申說上文充無穿窬之心之意也。蓋爾汝人所輕賤之稱人雖或有所貪昧隱忍而甘受之者。然其中心必有慚忿而不肯受之之實。人能即此而推之。使其充滿無所虧缺則無適而非義矣。

【大義】然義之爲端甚多。而穿窬之類非一。必如何而後爲能充無穿窬之心哉。如爾汝人所輕賤之稱也。人或有所貪昧隱忍而甘心受之。然其中必有慚忿而不肯受之之實。是即爲無穿窬之心也。人能充此不肯受之之實。而凡內愧之事。一

一盡去絕無可羞愧者隱匿於胸中則所
爲者必光明正大無所往而不爲義也

味解翼註無受爾汝亦不是與他相抗只不屈節於他便是○無所往而不爲義卽不可勝用意變文耳○蒙引申說上文充無穿窬之心之意非是又深一層只是指出上文所謂充無穿窬之心者如受爾汝之稱以言不言餂人此皆所當推而達之而不爲者○

士未可以言而言是以言餂之也可以言而不言是以不言餂之也是皆穿窬之類也

餂探取之也今人以舌取物曰餂卽此意也便佞隱默皆有意探取於人是亦穿窬之類然其事隱微人所忽易故特舉以見例明必推無穿窬之心以達於此而悉去之然後爲能

充其無穿窬之心也。

[illegible]不特此也。爲士者於應接之間、未可以言而强爲之言、要去動人、是以言鈎致其情也。可以言而竟不爲之言、故爲隱嘿要使他來問我、是以不言鈎致其情也。此雖細微之事、然不直心而私意如此、是穿窬之類也。充至此而後眞由所不爲達之所爲而義得矣。

[illegible]存疑語嘿雖細事。但有意窺探人心術、便不光明、所以爲穿窬之類。○〔翼註〕此節只衆穿窬之類、充字尚在言外找明。

言近而指遠者章

[illegible]鄱陽朱氏曰、此章明君子之言行。○〔翼註〕此章言與道平看、末節倒不善道之病而言、可推

孟子曰、言近而指遠者、善言也。守約而施博者、善道也。君子之

言也不下帶而道存焉

古人視不下於帶則帶之上乃目前常見至近之處也舉目前之近事而至理存焉所以爲言近而指遠也

【本義】孟子曰垂訓立教必資於言而言有其至善者在蓋有言必有指而近遠殊致如言極切近而其中所含之指却深遠者則既非過高而不合於經常亦非徒近而不根於至理此善言也經世宰物必資於道而道有其至善者在蓋有守必有施而約博殊功如守極簡約而其中所發之施極廣博者則得其至要而道爲有本善其所推而道爲有用此善道也求其能是二者其惟君子乎是故君子之言也止就目前之近事平平立論若不在衣帶之下可謂近矣而天命人心之至理無存於其中焉何其指之遠也信乎其爲善言矣

【衍義】朱子曰說言近指遠守約施博四方八面皆看得見此理本是遠近博約如一而行之則自近約始道理只是一但

隨許多頭面去又不可不去逐頭面理會也。○〔翼註〕近遠博約四字。只切字義虛虛講。若實則犯下文矣。○〔說統〕指是言中含蓄底旨趣。施是守中發出底施用○兩點君子只是申明上文以起下意。不重君子上。○〔存疑〕不下帶而道存焉謂只即目前近事論之。而理則有至妙者

南軒以爲所言只是其身中事似太泥

君子之守脩其身而天下平

此所謂守約而施博也○

〔本義〕君子之所守只是脩一己之身可謂約矣。而舉而措之則推無不準動無不化而天下自平焉何其施之博也信乎其爲善道矣

〔餘解〕〔翼註〕天下平。不作感化說。觀一施字只是舉而措之耳。

人病舍其田而芸人之田所求於人者重而所以自任者輕

此言不守約而務博施之病。

本義 由是觀之。可見人必先治己身而後可以治人。猶農夫必先治其田而後可以治人之田也。乃今人通病在舍其自己之田不治、而欲芸人之田、是徒欲人之各脩其身所求於人者甚重、而不務自脩其身所以自任者甚輕、顛倒如此、其去君子之善道、不亦遠乎、此善道所以必歸之君子。而善言可知矣。

附解 蒙引 人病舍其田而芸人之田。引譬起下。○ 說約 此節與興體相似。下二句是正說

堯舜性者也章

總旨 說統 此章以性字爲主。把堯舜湯武做箇樣。一性一反。始別而歸同。見人不可不盡其性意。

孟子曰。堯舜。性者也。湯武。反之也。

性者。得全於天。無所汚壞。不假脩爲。聖之至也。反之者。脩爲

以復其性而至於聖人也。程子曰、性之反之古未有此語。蓋自孟子發之。呂氏曰、無意而安行性也。有意利行而至於無意復性者也。堯舜不失其性。湯武善反其性。及其成功則一也。

本義 孟子曰、聖人之德終固無殊。而始則有異。若堯舜者乃天性渾全不假脩爲之聖人也。若湯武者脩爲以反其性而至於聖人也。

附解 鄱陽朱氏曰、此性字以天理自然而言。非指性而言也。乃所以性其性也。○此以德性言聖人身之兼用功而言反之舉成功而言。惟其能身之所以能反之也。○**纂**註性者與性之不同。之字指道言者字指人言

動容周旋中禮者盛德之至也。哭死而哀非爲生者也。經德不

回非以干祿也言語必信非以正行也

細微曲折無不中禮乃其盛德之至自然而中而非有意於中也經常也回曲也三者亦皆自然而然非有意而爲之也皆聖人之事性之之德也

【本義】性者之事何如如一動容而顏面之間一周旋而動履之際無不中於禮節者乃盛德之至也聖人一身渾全天理故行出來都是禮乃自然曲中而非有意於中也一見死者哭之盡哀蓋聖人誠心激發自然傷切不期哀而自哀非欲生者感我故哀也日用彝倫經常之德皆盡其道而無邪曲自有得祿之理然聖人是稟性自然不回不是欲干祿故不回也一言一語必然信實則言之必行所行者莫非道義之所在而行無不正矣然聖人之必信乃有德之言自然必信不是有意於正行而爲此也此性之之德也

[illegible]〔蒙引〕動容以顏貌言。周旋以動履言。此皆其小處。此等處皆能中禮。則其大者可知。故曰細微曲折無不中禮。○盛德之至。言無所勉强也。○非爲生者也。非以干祿也。非以正行也。數句要說仔細。蓋下文行法俟命。亦是非有爲而爲者。恐說得無性之反之之別。故上數節要說出自然而然。而非有意爲之之意。須與下節意稍異。○〔存疑〕經德猶曰庸德。如子臣弟友之道之類是也。能盡其道。便是不回。○〔蒙引〕正行者。言顧行也。○〔翼註〕必信必字不是期必。只是無不信意。○〔說統〕要知正行。初無不好。只多了安排念頭。○〔蒙引〕動容周旋以下。只是性之之德。不是指堯舜言。君子行法俟命亦然。○〔翼註〕此節四平看。爲是各段俱重自然意。

君子行法。以俟命而已矣。

法者。天理之當然者也。君子行之。而吉凶禍福有所不計。蓋雖未至於自然。而已非有所爲而爲矣。此反之之事。董子所謂正其義不謀其利明其道不計其功正此意也○程子曰動容周旋中禮者盛德之至行法以俟命者朝聞道夕死可矣之意也呂氏曰法由此立命由此出聖人也行法以俟命君子也聖人性之君子所以復其性也

[illegible]反之之事如何凡古聖賢之所制皆有法君子行之盡其在我由此而獲吉與福固俟之而無所徼求由此而罹凶與禍亦俟之而無所規避是雖未至於無心而亦不出於有為也此反之之事也

附解蒙引如動容周旋自當中禮哭死自當哀經德自當不回言語自當信莫非天理之當然者○錢肇陽曰而已矣承俟字來全不計較意

說大人則藐之章

纂旨 朱子曰說大人則藐之蓋主於說而言如曰見大人則藐之則失之矣蓋大人固當畏而所謂藐者乃是藐其堂高數仞之類耳這爲世人把大人許多崇高富貴當事有言不敢出口故孟子云爾

孟子曰說大人則藐之勿視其巍巍然

趙氏曰大人當時尊貴者也藐輕之也巍巍富貴高顯之貌藐焉而不畏之則志意舒展言語得盡也

述義 孟子曰今遊談之士欲進說於大人之前往往理爲勢屈而言不盡意也自我言之說大人者則當藐之若不介意勿視其巍巍然則志意展舒而言語得盡矣

附解 朱子曰勿視其巍巍卽藐也不是禮貌上倨傲待他

堂高數仞榱題數尺我得志弗爲也食前方丈侍妾數百人我

得志弗爲也般樂飲酒驅騁田獵後車千乘我得志弗爲也在彼者皆我所不爲也在我者皆古之制也吾何畏彼哉

榱桷也題頭也食前方丈饌食列於前者方一丈也此皆其所謂巍巍然者我雖得志有所不爲而所守者皆古聖賢之法則彼之巍巍者何足道哉○楊氏曰孟子此章以已之長方人之短猶有此等氣象在孔子則無此矣

本義 所以能勿視其巍巍然者何也蓋彼大人者堂有數仞之高榱題有數尺之長是宮室之美巍巍然也我若得志弗爲此宮室之美也食前方丈之廣侍妾數百人之衆是食色之盛巍巍然也我若得志弗爲此食色之盛也般旋佚樂以飲酒驅騁車馬以田獵後車之隨千乘是宴遊之侈巍巍然也我若得志弗爲此宴遊之侈也夫在彼者皆我所不屑爲

而在我者居廣居立正位行大道又皆古聖賢之法制也是我重而彼輕我大而彼小矣吾何畏彼哉此吾所以當藐視之也

附解 說統三不爲是鄙之之辭○四書脉制不是制度只理之當然處若有成法耳以其爲古聖賢相傳而守之者故曰古之制○四書鏡吾何畏彼非傲睨王侯但此心快然無拘無迫得以自盡便是無畏處正與藐之勿視句相應○摘訓此節是推原意

養心莫善於寡欲章

[illegible] 蒙引此章當以心對欲看心者天理之府而爲之害把天理逐出外者欲也○說統首句提起下四句存不存相形正見寡欲所以爲養心之要處

孟子曰養心莫善於寡欲其爲人也寡欲雖有不存焉者寡矣

其爲人也多欲雖有存焉者寡矣

欲如口鼻耳目四支之欲雖人之所不能無然多而不節未有不失其本心者學者所當深戒也程子曰所欲不必沈溺只有所向便是欲

【本義】孟子曰人之有心乃具衆理而應萬事之本誠不可以不養也而養心之法莫善於寡其耳目口鼻四肢之欲蓋天理人欲迭爲消長其爲人也寡欲則外感不雜內境常清心未有不存者也其爲人也多欲則物感旣搖中心無主心未有能存者也信乎養心莫善於寡欲矣

【附解】李衷一曰看一養字縱固不是養枯槁寂滅亦豈是養○〔翼註〕養心者養之使存也養字對戕害字看存字對馳騖字看○〔朱子曰〕欲是好欲不是不好底欲不好的欲不當言寡○〔四書脉〕只重能存與不存意勿泥寡矣字面

曾晳嗜羊棗章

總旨　鄱陽朱氏曰曾子之孝見於論孟者凡三章養曾晳見其順親志啓手足見其重遺體養志是生能致其養不食羊棗是沒能盡其思○家訓此章首二句只重不忍二字下羊棗所獨獨字重看正是曾子不忍之故

曾晳嗜羊棗而曾子不忍食羊棗

羊棗實小黑而圓又謂之羊矢棗曾子以父嗜之父沒之後食必思親故不忍食也

朱義　昔曾晳生時嗜食羊棗而曾子於父既沒之後遂不忍食羊棗

公孫丑問曰膾炙與羊棗孰美孟子曰膾炙哉公孫丑曰然則曾子何爲食膾炙而不食羊棗曰膾炙所同也羊棗所獨也諱

名不諱姓，姓所同也；名所獨也。

肉聶而切之爲膾，炙，炙肉也。

【本義】公孫丑問曰：膾炙與羊棗孰美？孟子曰：膾炙尤美哉。公孫丑曰：膾炙既美於羊棗，在曾皙亦必嗜膾炙矣。然則曾子何爲忍於食膾炙，而不忍於食羊棗也？孟子曰：膾炙衆人所同嗜也，羊棗曾皙所獨嗜也。爲衆人之所同嗜，則不忍之心無所激；爲父所獨嗜，則思親之念不容遏。此所以一食一不食也。此猶諱親之名，不諱親之姓，以姓者人所同也，名者親所獨也。知諱親之名不可槩同於姓，則羊棗之思，豈得竝及於膾炙哉。

【附解】說約：諱名不諱姓，亦是指親之名姓而言。

孔子在陳曰章

【總旨】翼註：此章以中道作主。中道即所謂經也。狂狷未能中，而可進於中，故孔子思之；鄉愿似中而實非中，反賊乎中，故孔子絕之。欲絕鄉愿。只在反經。則思狂獧者。亦欲進之於中。以傳經常之道於不泯耳。

萬章問曰孔子在陳曰盍歸乎來吾黨之士狂簡進取不忘其初孔子在陳何思魯之狂士

盍何不也狂簡謂志大而畧於事進取謂求望高遠不忘其初謂不能改其舊也此語與論語小異

〔集義〕萬章問曰嘗聞孔子在陳曰盍歸來於魯乎吾黨之士狂簡求望高遠知進取矣但猶不忘其初其舊習未能改也此吾所以思歸也夫既曰狂士則亦非其上者矣而孔子在陳何思魯之狂士

〔附解〕〔慶源輔氏曰〕志大謂狂畧於事謂簡狂簡二字又該括得下兩句進取即是志大不忘其初即是畧於事也○〔翼註〕註云求望高遠不能改其舊習即下文嘐嘐慕古行不掩言意此處且勿講明蓋此乃萬章引孔子之言只宜影響說

孟子曰孔子不得中道而與之必也狂獧乎狂者進取獧者有所不爲也孔子豈不欲中道哉不可必得故思其次也

不得中道至有所不爲據論語亦孔子之言然則孔子字下當有曰字論語道作行獧作狷有所不爲者知恥自好不爲不善之人也孔子豈不欲中道以下孟子言也

【本義】孟子曰孔子之思狂士殆有所不得已也孔子嘗曰道以中爲貴今不得中道之人而與之必也狂狷乎蓋狂者志不卑而進取狷者毅然有守而有所不爲也由孔子之言觀之孔子豈不欲士之中道者哉不可必得故不得已而思其次於中道之狂士也

【附錄】蒙引其次專指狂者孔子之言本兼狂狷孟子引來特要應何思魯之狂士一句○翼註孔子不得四句是引孔子

之言。下是推其意

敢問何如斯可謂狂矣

萬章問、

本義 萬章又問曰、敢問當時在魯之士、如何人斯可謂狂矣

曰如琴張、曾皙、牧皮者、孔子之所謂狂矣

琴張名牢、字子張、子桑戸死、琴張臨其喪而歌、事見莊子、雖未必盡然、要必有近似者、曾皙見前篇、季武子死、曾皙倚其門而歌、事見檀弓、又言志異乎三子者之撰、事見論語、牧皮未詳、

本義孟子曰如琴張曾晳牧皮之三子者其孔子之所謂狂士矣

附解說約此亦只舉其人不直徵其事恐妨下問也

何以謂之狂也

萬章問

本義萬章又問曰有狂之名必有狂之實敢問何以謂之狂也

曰其志嘐嘐然曰古之人古之人夷考其行而不掩焉者也

嘐嘐志大言大也重言古之人見其動輒稱之不一稱而已也夷平也掩覆也言平考其行而不能覆其言也程子曰曾晳言志而夫子與之蓋與聖人之志同便是堯舜氣象也特

行有不掩焉耳此所謂狂也。

【大註】孟子曰欲知狂之爲狂。惟於其志觀之可見矣。其志常曰古之人古之人動輒慕古也及平考其行則又不能覆其言也狂之爲狂蓋如此此孔子思進於中而與之傳道也

【講解】翼註其志嘐嘐然註云志大言大者。志大形爲言大也。不是兩平話觀白文提其志二字於嘐嘐上可見○動稱古人有自期待意夷平也不是平平不貴以過高之意只是據他動稱古人却將其言與其行比並要他言與行一般高大他便有不掩其言處○蒙引孟子此言總不出孔子所謂進取不忘其初者萬章不察故復問而孟子又只仍孔子意說放明白與他

狂者又不可得欲得不屑不潔之士而與之是獧也是又其次也

此因上文所引遂解所以思得獧者之意狂有志者也獧有守者也有志者能進於道有守者不失其身屑潔也

【本義】思狂者又不可多得於是欲得不屑爲不潔之士以勵其不及而與之以道是狷也是孔子之謂有所不爲而比之狂者又其次也

【[illegible]】說約并及狷者完必也狂狷語也

○以上思狂狷以下惡鄉原此處分截

孔子曰過我門而不入我室我不憾焉者其惟鄉原乎鄉原德之賊也曰何如斯可謂之鄉原矣

鄉原非有識者原與愿同荀子原慤字皆讀作愿謂謹愿之人也故鄉里所謂愿人謂之鄉原孔子以其似德而非德故以

爲德之賊過門不入而不恨之以其不見親就爲幸深惡而痛絶之也萬章又引孔子之言而問也

本義萬章又舉孔子之所惡者問曰孔子嘗曰有人於此過我之門而不入我之室我全不之憾焉者其惟彼鄉原之人乎蓋鄉原實害乎德者也孔子深惡鄉原若此敢問何如便稱爲鄉原之人乎

附解〔蒙引〕鄉原有似乎中道而實非也故曰德之賊德卽中道也○〔摘訓〕鄉原德之賊是孔子自解所以不入不憾之意註中似德非德是預透下文解○〔翼註〕何如斯可謂之鄉原究鄉原爲人之實也故下文亦只答以鄉原爲人之實未詳言其賊德也

曰何以是嘐嘐也言不顧行行不顧言則曰古之人古之人行何爲踽踽涼涼生斯世也爲斯世也善斯可矣閹然媚於世也

者是鄉原也

踽踽獨行不進之貌涼涼薄也不見親厚於人也鄉原譏狂者曰何用如此嘐嘐然行不掩其言而徒每事必稱古人耶又譏狷者曰何必如此踽踽涼涼無所親厚哉人既生於此世則但當爲此世之人使當世之人皆以爲善則可矣此鄉原之志也閹如奄人之奄閉藏之意也媚求悅於人也孟子言此深自閉藏以求親媚於世是鄉原之行也

本義 孟子曰欲知鄉原之爲人觀其譏狂狷之言可見矣其譏狂者曰何用是嘐嘐然也言誇大而不顧其行行潤畧而不顧其言則動輒曰古之人古之人耶其譏狷者曰行又何爲是踽踽然獨行涼涼然寡薄於人無所親厚哉人既生於

斯世也、即當爲斯世之人、使人皆以我爲善焉斯可矣、夫鄉原志意如此、既不爲狂者之絕俗、亦不爲狷者之潔己、惟闇然深自閉藏、與時俯仰以求親媚於世、者、鄉原之行也、

附解翼註、踽踽是立己嚴峻、涼涼是待人踈薄、○據註不見親厚不是說人不來親厚我、然畢竟因我不諧俗、○善亦是稱其長厚、許其圓通之意、○蒙引、深自閉藏、以其收縮退歛不敢放出一句忤人之詞、不敢做出一件戾俗之事、惟專媚世以取容、故曰云云、○四書脈、何以是嘐嘐五句、譏狂行何爲句譏狷、生斯世三句是鄉原總承狂狷而自言其志、不可單屬狷一邊、可矣二字正與上何以何爲相呼應、闇然二句、又是孟子判斷鄉原的公案

萬章曰、一鄉皆稱原人焉、無所往而不爲原人、孔子以爲德之賊何哉、

原亦謹厚之稱、而孔子以爲德之賊、故萬章疑之、

本義萬章曰一鄉有公論矣今皆稱之爲原人焉必其立身行己無所往而不爲原人矣夫謹厚似亦無害於德也而孔子以爲德之賊何哉

附解翼註此節方是問鄉原何以賊德故下文乃詳言賊德處

曰非之無舉也刺之無刺也同乎流俗合乎汙世居之似忠信行之似廉潔衆皆悅之自以爲是而不可與入堯舜之道故曰德之賊也

呂侍講曰言此等之人欲非之則無可舉欲刺之則無可刺也流俗者風俗頹靡如水之下流衆莫不然也汙濁也非忠信而似忠信非廉潔而似廉潔

【本義】孟子曰子亦知鄉原之情狀乎其善自矯飾將欲概舉其失而非議之令人無可舉也將欲細指其失而刺責之令人無可刺也一惟與時浮沉同乎下流之俗隨衆委靡合乎汙濁之世心之所居非眞忠信也而情深厚貌似乎忠信身之所行非眞廉潔也而好名矯讓似乎廉潔此正其閹然媚於世者衆人不知皆悅而稱之彼亦遂自以爲是居之不疑而實不可與入堯舜之道夫堯舜之道大中至正之道也今鄉原竊其似而淆其眞在已既不覺其非在人又惑其僞故曰德之賊也此孔子所以深惡之也

【附解】【蒙引】非輕刺重流俗狹汙世傾忠信以立心言故曰居廉潔以制行言故曰行○【翼註】無舉無刺言其善爲彌縫以處己言同流合汙言其巧爲迎合以待人言此四句且輕虛居之二句方實落○獨言堯舜者堯舜以中道相傳道之祖也○此節當重居之似忠信二句即下文似是而非也衆皆悅之自以爲是總不過極言其似是耳非又深一步意也不可與入堯舜之道其所以不可入道者病根亦在似字上蓋假不可以爲眞自然之理實非單承自以爲是一句也

孔子曰惡似而非者惡莠恐其亂苗也惡佞恐其亂義也惡利口恐其亂信也惡鄭聲恐其亂樂也惡紫恐其亂朱也惡鄉原恐其亂德也

孟子又引孔子之言以明之莠似苗之草也佞才智之稱其言似義而非義也利口多言而不實者也鄭聲淫樂也樂正樂也紫間色朱正色也鄉原不狂不獧人皆以爲善有似乎中道而實非也故恐其亂德

【本義】孔子嘗有言曰天下惟似是而非者最爲可惡試舉其類言之如莠似苗而非苗惡莠恐其亂苗也佞口似義而非義惡佞恐其亂義也利口之言似信而非信惡利口恐其亂信也鄭聲似雅樂而非雅樂惡鄭聲恐其亂雅樂也紫色似

朱而非朱惡紫恐其亂朱也至於鄉原似中道而非中道惡鄉原恐其亂德也由孔子之言觀之其所以惡鄉原而以爲德之賊者非以其亂德之故哉

附解 存疑 佞與利口如何分別佞是才智之稱他胸中有智畧本是不義的事他却安排裝點說出都是一段道理全似個義如蒯通之說韓信其言鑿鑿可聽此眞佞者利口之人無許多心機只是目前口尖舌利假如與人做朋友他說要與你如何眞有同患難同死生底意思聽其言雖管鮑雷陳不過人皆以爲信不知心中全無實事 ○ 翼註 恐字是自推其惡之心亂者眩惑莫辨之意 ○ 德字據註即是中道而上文忠信廉潔亦包了但忠信廉潔乃孟子語不應入孔子口中

君子反經而已矣經正則庶民興庶民興斯無邪慝矣

反復也經常也萬世不易之常道也興興起於善也邪慝如

鄉原之屬是也世衰道微大經不正故人人得爲異說以濟其私而邪慝並起不可勝正君子於此亦復其常道而已常道既復則民興於善而是非明白無所回互雖有邪慝不足以惑之矣○尹氏曰君子取夫狂狷者蓋以狂者志大而可與進道狷者有所不爲而可與有爲也所惡於鄉原而欲痛絕之者爲其似是而非惑人之深也絕之之術無他焉亦曰反經而已矣

【本義】然鄉原之亂德皆由大經之不正而人心之眞是未明耳君子有世道之責者惟在反經而已矣蓋經者大中至正乃萬世不易之常道君子躬行以率之於上而又修明教化禮樂以導之於下使大經昭如日星而復歸於正大經既正

其他節目皆可舉。則風化之本以端。而庶民皆有所觀感莫不興起於善而惟常道之是遵矣庶民既興則人人知反其本。而是者知其爲是非者知其爲非。則邪慝不能爲之惑而異端之道自銷鑠而至於無矣

附解〔翼註〕君子字是有主張世道之責者達而在上。則爲堯舜窮而在下則爲孔子。不可專主在上位者言失孟子自任之意。○〔存疑〕經是常道五倫其大者。故曰天下大經忠信廉潔要不外乎常道。○〔說統〕經原無不正只反之便是經正。○〔翼註〕邪慝泛說不止鄉原

由堯舜至於湯章

總旨 雲峯胡氏曰語孟末皆言堯舜以來相傳之意。但論譜以行言故歷述其政事之實孟子以知言故歷叙其見聞之眞。○論先後則不有見之者而孰有聞之者。是則見而知之者爲先。論難易則見而知之者聚精會神於一時之頃而聞而知之者。心融神會於異世之遙是則聞而知之者爲難也

孟子曰由堯舜至於湯五百有餘歲若禹臯陶則見而知之若湯則聞而知之

趙氏曰五百歲而聖人出天道之常然亦有遲速不能正五百年故言有餘也尹氏曰知謂知其道也

【本義】孟子曰聖聖相傳大道不息嘗稽之古精一執中之傳自堯舜始由堯舜至於湯計其時五百有餘歲若禹與臯陶則親見其道而知之若湯則聞其道而知之而堯舜之道湯傳之矣

【附解】家訓五百餘歲大槩以常數言却不重在此只見歷世之遠而以道相接不無待於人耳○蒙引知謂知其道其道云何卽精一執中而已矣○翼註二知字宜深看道統之傳乃心契神授之妙知字卽契字意○雲峯胡氏曰堯言執中中之用也湯言降衷中之體也舜自心上發出執中之蘊而六經言心始此湯自性上推原降衷之初而六經言性始此

此可見堯舜湯明道處。至若見而知之。言禹臯陶而不言稷契何也。或曰。舉臯陶或倒其餘。然考之書稷契不曰謨。而禹臯陶曰謨。蓋可見也。況洪範九疇禹發之。天叙天秩五典五禮。臯發之其明道之功固不小也

由湯至於文王五百有餘歲若伊尹萊朱則見而知之若文王則聞而知之

趙氏曰萊朱湯賢臣或曰即仲虺也爲湯左相

【本義】由湯至於文王五百有餘歲若伊尹萊朱則見而知其道若文王則聞而知其道而湯之道文王傳之矣

【附解】雲峯胡氏曰舜言精一而後協於克一。伊尹能發之。堯言執中而後建中於民仲虺能發之曰勇曰知曰仁曰禮曰義中庸三達德。孟子四端巳先見於仲虺誥中矣。是知萊朱即仲虺也。論語之末言武不言文此言文不言武文王謨以明道言也。武王烈以行道言也。

由文王至於孔子五百有餘歲若太公望散宜生則見而知之若孔子則聞而知之

散氏宜生名文王賢臣也子貢曰文武之道未墜於地在人賢者識其大者不賢者識其小者莫不有文武之道焉夫子焉不學此所謂聞而知之也

本義　由文王至於孔子五百有餘歲若太公望散宜生則見而知其道若孔子則聞而知其道而文王之道孔子傳之矣

附解　或曰尚父鷹揚之士也散宜生於經傳不多見亦以爲見文王之道而知之者何也（雲峯胡氏曰）敬勝怠義勝欲之類非太公孰發之書曰迪茲彝教則彝倫之敎散宜生蓋有助焉

由孔子而來至於今百有餘歲去聖人之世若此其未遠也近

聖人之居若此其甚也然而無有乎爾則亦無有乎爾

林氏曰孟子言孔子至今時未遠鄒魯相去又近然而已無有見而知之者矣則五百餘歲之後又豈復有聞而知之者乎○愚按此言雖若不敢自謂已得其傳而憂後世遂失其傳然乃所以自見其有不得辭者而又以見夫天理民彝不可泯滅百世之下必將有神會而心得之者耳故於篇終歷叙羣聖之統而終之以此所以明其傳之有在而又以俟後聖於無窮也其旨深哉○有宋元豐八年河南程顥伯淳卒潞公文彦博題其墓曰明道先生而其弟頤正叔序之曰周

公沒聖人之道不行孟軻死聖人之學不傳道不行百世無善治學不傳千載無眞儒無善治士猶得以明夫善治之道以淑諸人以傳諸後無眞儒則天下貿貿焉莫知所之人欲肆而天理滅矣先生生乎千四百年之後得不傳之學於遺經以興起斯文爲己任辨異端闢邪說使聖人之道煥然復明於世蓋自孟子之後一人而已然學者於道不知所向則孰知斯人之爲功不知所至則孰知斯名之稱情也哉

【本義】以此觀之道在聖人必同時之見知者有以羽翼推廣之於前然後後世之聞知者得有所考據以續其不傳之緒也乃由孔子而來至於今論其時不過百有餘歲去聖人之時若此其未遠也論其居自鄒至魯壤地相接近聖人之居

若此其甚也宜其有得於見知之眞者矣。然今於孔子之道已無有見而知之者則如前所云五百餘歲之後豈復有聞而知之者哉斯道之傳蓋深有可憂而有斯道之責者無容自諉矣。

附解 朱子曰禹皐之徒本皆名世之士。伊尹太公。又湯文之師非必見其君而後知之。湯文孔子又生知之聖亦非必聞前聖之道而後得之也。此其曰見而知之聞而知之者蓋以同時言之。則斯道之統。臣當以君爲主。以異世言之則斯道之傳後世當以前聖爲師學者不以辭害意可也。至章末二句則孟子之致意深矣。觀其所謂然而無有乎爾則雖若託於不居而其自任之實可見。觀其所謂則亦無有乎爾則雖若歎其將絕而所以啓夫萬世無窮之傳者。又未嘗不在於斯也。○東陽許氏曰。爾如是也。指見知聞知者而言。○蒙引或曰然而無有乎爾豈無顏曾子思三人乎。而孟子云然是前無三子而自擅其見知也。曰不然。孟子固曰聖王不作諸侯放恣。楊墨之道不息孔子之道不著。仁義充塞人將相食。顏曾子思當孔子在日則以有孔子在。今則與孔子俱往矣。世道之責微孟子任之。則孔子之道不百年而墜矣。故曰軻

書著孔子之道。尊此孟子所以欲自
比於見知者。以俟後聖於無窮也。

饒雙峯講義（孟子）四卷

宋 饒魯撰 清 王朝璩輯

清刻本

饒雙峰講義序

憶弱歲受學於儒先經訓喜雙峰饒氏諸説恒欲得其全書畢讀之年甫壯恭膺

簡命觀察江西饒九等郡屬邑萬年先、[illegible]通德在焉廵視所經周咨倍切知先生雲仍猶茂遺澤罕存爲憮惜移晷而企慕素懷購求隱願卽宦轍屢遷終縈睠不能置孝廉王揆方余觀風賞拔士也產先生梓里篤學敦行志希前喆歲甲辰延至楚南授季弟講讀迄丙午調任陝右亦邀與俱公暇詣孝廉講席見案寘手鈔數帙爲雙峰講義舉平生購求未遇係念弗諼者一旦條接諸目良用欣慰繙閱一過凡先生名言奥論余向所熟習者無不備在余向所未悉者更難勝數雖未知覩石洞纂述全書何如而雙峰遺澤固亦藉以永存矣詢所自得蓋孝廉即羣經訓詁中所引雙峰緒言悉爲裒集彙成此編且云先生裔孫應選廷杰之彩等擬鐫板以行因深嘉孝廉用心之勤而雙峰先生講義所以羽翼經傳千古不磨雖久燬散亡

而卒慶完繕者尤徵非偶爰序數言於簡端俾孝廉遺饒氏哲嗣速付剞劂以廣其傳而余亦用志景仰云

大清乾隆丁未歲孟春月既望江寧秦承恩題於西安藩署

每部價銀壹兩二錢

重訂饒雙峰先生講義序

泗之磬荆之璞會稽之竹箭醫無閭之珣玗琪天下所夙寶貴也士之涉泗遊荆登會稽歷醫無閭者眷至媺之足珍感鍾靈之攸託自莫不周諏博訪殷殷焉欲得其所畱遺諏之訪之而不可復得弗以爲菁英之歇絶即以爲什襲之無人非生長於其閒者之所深憾哉雙峰饒先生講義磬耶璞耶竹箭耶珣玗琪耶天下學者夙寶貴焉而吾邑實爲之泗荆會稽醫無閭來遊君子不嘗有眷至媺感鍾靈而周諏博

訪者耶其果能復得其所留遺耶僕以爲深憾久矣歲旃蒙大荒落假館楚南課讀餘暇取羣書中所著先生說經之旨彙爲一編片語單詞罔敢隕墜而思見聞之固陋期增益於方來俾先正名言集成有日後之過吾邑者弗喟息於菁英歇絶什襲無人則素志攸存不欲以顓蒙自諉者也若先生行誼之高淵源之正志傳粲然矣鄉里後學侈夸毗焉奚爲進洤

修士王朝榘謹題

重訂饒雙峰先生講義

例言六則

雙峰著述見於傳錄者或稱講義或稱纂述或稱石洞紀聞其書既皆不傳茲從散存羣籍者彙成一編未知的出何書特以發由講學義析微茫統名之曰講義

羣書中援引雙峰講義詳略每不相若且如問答各條其删去問答字樣中以蓋字承接作自爲辨難者尤夥茲編錄務從詳或有字句不同意可互通者必

分注於下備參考焉
雙峰於羣經皆有講義而亡佚畧盡大全諸書所引多自四書講義中採入惟易義二十餘條散見會通集成等書敬首著之以章片璧
紫陽四書集註諸儒善發明者首推饒氏故原註雖亡其佚時時見於他說乃孟子七篇中自告子下篇以後遺言絶少表見豈雙峰講義在當日亦未爲全書歟存什一於千百景仰雖切感喟徒深
榘夙佩伯厚氏斷圭足寶之訓嘗輯聖經中篇章字

句之遺逸者爲十三經拾遺共十六卷因念羽翼聖
經者唯諸儒論說雙峰同里先正也其緒言散見羣
書尤不僅寂寥數語且閱曝書亭經義考及通志堂
九經解等書知雙峰講義藏書家俱罕有存即明内
閣書目有石洞紀聞二册釋論語義據云元泰定間
人不知姓氏亦未敢懸斷爲雙峰遺書也爰鳩散佚
裒成此編固仍寶愛斷圭夙志耳掛漏之誚極知見
哂　方家增廣有懷願更矢諸異日

是書之成渠方館　芝軒先生藩署行笥鮮書凡所

繙閲皆假諸長沙廣文羅君及文光堂書肆比歸里雙峰裔孫應選廷杰之彩等求繕副本擬授剞劂乃敘衷鳩巔末紀諸簡端　博雅君子糾其謬誤補其遺亡則幸甚

朝渠謹題

重訂饒雙峰講義目錄

饒雙峰講義卷之十一

同邑後學王朝渠述

裔孫饒廷杰中立校

之彩

孟子一

孟子見梁惠王二章

孟子之書句句是事實說箇仁義便說未有仁而遺其親未有義而後其君爲仁義事實說賢者樂此不賢者雖有此不樂便說文王靈臺靈沼湯誓之時日

害喪爲同樂事實

　賢者亦樂此乎

賢者亦樂此不是矜誇他心裏亦說賢者未必樂此自家有慚孟子便說惟是賢者樂此出乎梁惠王之意外

　詩云經始節

自樂便不是仁同樂便是仁如文王未嘗無靈臺靈沼然與民同樂便是天理文王畢竟自朝至於日中昃不遑暇食用咸和萬民人民得所然後有此樂此

所謂後天下之樂而樂

寡人之民不加多

他所以要民多者蓋富國自民而出古者一民便是一丁實欲富國而強兵耳

此言盡法制品節之詳　五畝節註

五畝宅百畝田是法制五十衣帛七十食肉是品節有法制無品節則泛而不足用有品節無法制則於何處取用

吾不忍其觳觫

論語小不忍朱子兼婦人之仁匹夫之勇說婦人不能忍其愛匹夫不能忍其忿這箇又是要忍得了

曰有復節集註

集註推廣仁術則仁民易而愛物難是就術上說上面惻隱之發是就心上說仁術心路也由此心路子推將去

人性靈所以仁民易物無知如何感得他動所以愛物難

老吾老節

因他愛牛之心說到這裏欲他因愛物之心反而至於仁民因愛人之心反而至於親親又因親親推而至於仁民由仁民推之而至於愛物運於掌言其近而易天下雖大只由一家老老幼幼推去又何難且遠之有運於掌與示諸掌不同運屬行示屬知那箇是易知這箇是易行

吾王庶幾無疾病與

庶幾無疾病民惟恐君不安樂有愛之欲其生之意若時日害喪則惡之欲其死矣田獵雖非樂推類而

言之也

　文王之囿章

孟子尋常答問不曾着相如此章只曰於傳有之何

等曾一作着相說

　交鄰國章

齊王交鄰國欲以術孟子說出來渾是義理

　畏天之威

天理當然違之則有禍此便是天威了

　書曰天降節

書言寵綏四方指君而言孟子言寵之四方指天而言書之有罪無罪指紂而言孟子之有罪無罪指諸侯而言書之越厥志指君而言孟子之越厥志指民而言二書大段不同想古人之書與今多不同多是人記得人家不常有此本

血氣之怒至天理人欲之分矣今王亦節註

怒得是便是天理怒得不是便是人欲孟子之論大槩要分别天理人欲於毫釐之閒如同樂獨樂之類

今也不然節

師行而糧食君之行也以師其食也以糧一而字在中間見得是兩事方命之命是好底命天子之命必是教他撫一國之民今也如此則是逆王命了爲諸侯度指先王言爲諸侯憂指時君言

從流下節

荒是廢時亡是失事從獸無厭便是廢時樂酒無厭便是失事此晏子自釋也直至惟君所行也皆述晏子之言至景公悅以下則兼述其事

王曰王政節

都鄙用助法鄉遂用貢法此周所以兼二代之法井田之法平坦處可行江南想從古行貢法闤市是兩事闤是路道樽節處市是市井澤梁亦是兩事澤是水所都處梁是水所通處耕者九一仕者世祿是士農工商皆有所養惟鰥寡孤獨無所告故發政施仁必先斯四者

士師不能治士

周禮秋官司寇刑官之屬士師鄉士遂士縣士注鄉士掌六鄉之獄遂士掌六遂之獄縣士掌縣獄

其憚於自責二句　四境節注

自責下問集注自爲他開兩條路王當言此則寡人之罪也這便是自責又當言如何可以治人這便是下問齊王亦無服善之心故顧左右而言他後來因孔距心之辭則不憚於自責矣然亦恥於下問

賊仁者節

賊是賊殺譬如一根株木賊義則傷他枝葉賊仁是傷他根本如焚炙忠良刳剔孕婦是賊仁賊義則又輕得些

爲巨室章

兩箇譬喻是兩段意上面是說任賢不如任匠下面是說愛國不如愛玉

齊人伐燕取之章

當時只是子噲子之爲亂燕民自無罪齊王只當誅子噲子之別立君而去不當取他國這時只當定亂不當取之定亂者取其亂者而誅之如湯十一征不是全滅其國、取之則是蹊田而奪之牛齊王殺其父兄係累其子弟毀其宗廟遷其重器是滅其國了

是謀節

緊要在效死而弗去

前以士

士是命士元士上士是命士中士下士庶人在官者同祿庶人在官如府史胥徒之屬皆有祿以養之也

前以三鼎二句

五鼎是大夫之禮羊豕魚腊膚三鼎是士之禮特豕魚腊腊獸之乾者

吾之不遇魯侯天也

孔子有兩說道之將行也與命也道之將廢也與命也與孟子此章一同皆取必於天天之將喪斯文也後死者不得與於斯文也天之未喪斯文也匡人其如予何這是取必於已言天旣喪斯文必不使我得與於斯文天旣使我得與於斯文則是天必不喪斯文一說是我之命係於天是以天爲主一說是天命係乎我是以我爲主二者相爲賓主那箇是聖人之言這箇是賢人之言孔子告子服景伯亦是與常人說話又低得一等

譬之御者至獲禽耳或問乎節註

使王良得善射者而御之則範我馳驅正所以獲禽

即詩所謂不失其馳舍矢如破儻以孔孟之道而遇

明王則治國平天下皆餘事耳

文王何可當節

此一節當分作兩小節看由湯至於武丁以下言武

丁所以中興之易紂之去武丁以下言文王所以崛

起之難

故家舊臣遺俗舊民是說在下底流風之化善政之

事是說在上底

此言其勢之易也　夏后殷周節註

勢是指事力而言有地則有財有民則有兵地廣則財富民聚（一作衆）則兵強既富且強所以舉事易文王百里地狹民少所以難

德之流行

德之流行即是應前面文王之德底德字蓋德是本全靠時勢不得有智慧而後可以乘勢有鎡基而後可以待時時若無德雖有時勢何以行之

當今之時節

問孟子既卑管仲使孟子當管仲時則如之何曰亦只是合諸侯以尊周室但孟子則眞能使王室尊安而諸侯各循王度管仲不過假尊周之名以蓋其摟諸侯之實其所爲實文武之罪人也王霸之分只在誠僞孔子作春秋亦不過欲諸侯尊王室循周制而已

夫子加齊節集註

集註恐懼疑惑四字雖是說心之所以動然恐懼字

是爲下文養氣張本疑惑字是爲下文知言張本道明屬知言德立屬養氣要之不疑惑然後能不恐懼故集註論心之動則以恐懼居先論心之所以不動則又以無所疑惑居先

不動心有道節集註

以必勝爲主者北宮黝不動心之道以無懼爲主者孟施舍不動心之道以自反而縮爲主者曾子不動心之道皆是有主則能不動故集註引程子有主之語釋之

惡聲至必反之

惡聲必反不專謂諸侯於褐寬博萬乘皆然

孟施舍似曾子節

曾子反求諸已便是聖人與他說話他也未敢便以爲然必要求諸已以審其理而後信子夏篤信聖人則以聖人之言爲必可信不問說得是與未是便信了孟施舍取必於已其氣象似曾子之反求諸已北宮黝取必於人其氣象似子夏之篤信聖人此是論二子之勇有所似非論其是非等級也然將二子所

守來比量則孟施舍守其在我者爲得其所守之要耳

凡言守約不是守這約約要也言所守者得其要也守得其約則守字活言守定這約則守字死了

昔者曾子節

孟子因公孫丑有夫子過孟賁之語所以先說北宫黝孟施舍然後說歸曾子來

縮不縮指理言不惴吾往指氣言理者氣之主理直則氣壯理屈則氣餒吾之理不直雖一夫之賤亦爲

之屈吾之理直雖千萬人之衆在所必伸

孟施舍之守氣節集註

或問孟子不動心如何原於曾子曰浩然之氣便是大勇以直養便是自反而縮行有不慊於心則餒便是自反而不縮

夫志氣之帥也至無暴其氣

志帥也氣卒徒也如周亞夫軍中夜驚亞夫堅卧不起不起固是帥之定處然設或被他驚不已自家如何睡得安於此見持其志又不可不養其氣

君子所以足容重手容恭聲容靜氣容肅行中鸞和步中采齊皆欲無暴其氣也

我知言二句

孟子之言善養氣是以成德言非是説做工夫下文必有事焉而勿正以下却是説養氣做工夫處

浩然之氣即達德中之勇不動心即是勇者不懼添一箇知言即是知者不惑

其爲氣也至大節

人得天地之氣天地之氣如此剛大人之氣亦合如

此剛大其所以不能如此者不善養之故也程子曰人與天地一氣也人特自小耳且如文武一怒而安天下之民也只是這氣做出來他底却與天地一般様至大至剛只是善養故耳

其爲氣也配義節

浩然之氣全靠道義在裏面做骨子無這道義氣便軟弱蓋緣有是理而後有是氣理是氣之主如天地二五之精氣以有太極在底面做主所以他底常恁地浩然

配者合而有助之意註

集註配者合而有助之意譬如妻之配夫以此合彼而有助於彼者蓋理氣不相離氣以理爲主理以氣爲輔大凡人不能勇於爲善爲是無那氣來襯貼有那氣來襯貼起做得定是有力

是集義所生者

先說氣配道與義到養處乃說集義而不及道何也曰道是體義是用浩然之氣有體有用其體配道其用配義故曰配義與道其體用一也言用則體在其

中體上無做工夫處故只說集義

行有不慊於心則餒矣

二餒字之義無是餒也是無氣則道義餒行有不慊則餒是無道義則氣餒所指不同蓋二者相資論其用則道義非氣無以行論其體則氣非道義無以生

必有事節

前說持志無暴氣是兩事後說養氣不及持志言集義則持志在其中今日集義明日又集義則此志全在義上有事勿忘念念在集義上忘便是不能持其

志助長便是暴其氣
有事勿忘是說以直養勿正勿助是說養而無害必有事焉而勿忘勿助長是集義工夫正而助長是要義襲而取集義義襲乃是一段骨子以集義爲無益而忘之者不耘苗者也以義襲爲必預期其效而助長者揠苗者也是集義所生者故當以直養非義襲而取之也故當無害惟其是集義所生者故當必有事焉惟其非義襲而取之也故當勿正惟其是集義所生故當必勿忘惟其非義襲而取之故當勿助長

以直養而無害是養之之正道集義所生是養之之成功有事勿忘是做工夫處

問天下之不助苗長者寡矣其意何謂曰此是說天下之人平時不能養其氣者皆是臨時助長以暴其氣也似浩然却不是自家集義所生底故乍長乍消易盈易縮適足以戕賊其氣而已不特養氣不可助長凡事皆不可助長如看書未通不能潛心玩索而強探力索之類皆是助長

詖辭知其所蔽四句

詖淫邪遁雖是四件却只是兩件詖與淫屬陽邪與遁屬陰蓋詖尚有一邊是道理邪則并這一邊亦離了淫是詖之深遁是邪之極如楊墨初以爲我兼愛爲仁義雖非仁義之全體猶自見得仁義之一偏其終也至於無父無君則其離仁義也遠矣

當看邪四箇所字如看病相似詖淫邪遁是病證蔽陷離窮是病源所蔽所陷所離所窮是病源之所在如墨氏之所蔽在於見仁而不見義楊氏之所蔽在於見義而不見仁其蔽雖同而所以蔽則異孟子知

言如明醫然不見病證便識病源在何處

天下道理好底四件不好底亦四件元亨利貞仁義禮智是好底詖淫邪遁意必固我是不好底好底相因不好底亦相因元亨利貞起於元仁義禮智起於仁意必固我起於意詖淫邪遁起於詖

此條首數語見論語子絶四章而句法微異及兩存之

欲去蔽陷離窮之病在先去其蔽無所蔽便無下面三件蔽之源有三有爲氣稟所蔽有爲物欲所蔽有

爲學術所蔽有爲習俗所蔽

問去蔽之道當如何曰孔子嘗謂六言六蔽皆基於不好學欲去蔽者當自好聖賢之學始

發於其政二句

政者事之大體事者政之條目心才不正到處有害政事皆心之所發於大體既有害則小者可知故曰發於其政害於其事後篇言發於其事害於其政是條目上既有害則大者亦可知

彼告子者至之病註

告子以義爲外所以只要取必於口全不反求諸心如杞柳之説孟子闢之則又移爲湍水之説第一箇話頭用不得又換第二箇話頭是之謂遁辭

心通乎道至知言是也許

知言當如何用功程子心通乎道之説便是發明知言之要亦須格物上做來道是箇權衡以道觀人如持權衡以較輕重無有能逃者

知言便是知道孟子不欲以知道自謂所以只説知言

我學不厭至倦也

不厭不倦須黏上聖字說言學聖人之道而不厭又以聖人之道教人而不倦

學不厭智數句

子貢此言與中庸不同詳見中庸第二十五章章句或問輯釋論之

乃所願句

孟子要學聖人故子游子夏子張冉牛閔子顏淵皆曰姑舍是伯夷伊尹雖是古聖人然伯夷偏於淸伊

尹偏於任不若孔子之時中故曰乃所願則學孔子解孟子與解論語不同論語章句短孟子章句長須要識他全篇大指所在又須看前後血脈貫通而後可

饒雙峰講義卷之十一終

饒雙峰講義卷之十二

同邑後學王朝璩述
裔孫僙中立
　　　廷杰之彩校

孟子二

以力假仁者霸

或引包茅不入昭王不復是假仁曰此是假義不是假仁請問假仁曰救民仁也尊君義也湯放桀武王伐紂以救民爲主其事屬仁齊問罪於楚以尊周爲

主其事屬義孟子不說假義却說假仁蓋仁包五常言仁則義在其中如伐原示信大蒐示禮皆是假仁處

賢者在位二句

或問賢者有德但使之在位而不任事能者有才所以使之在職而任事曰如此說則賢者是箇無能底人了蓋凡是賢者皆當使之在位然賢者所能却不同就其閒使能敎者在敷敎之位能治獄者在治獄之位既有其位便有其職天下豈有無職之位豈

有無能之賢

般樂怠敖

般樂則不暇明其政刑怠敖則不能貴德尊士

尊賢使能二句

俊傑謂八中之俊傑者卽指賢能而言尊賢使能便是俊傑在位尊非禮貌之虛文與之共天位治天職以至去讒遠色賤貨貴德皆尊賢之道

關譏而不征節

關譏之制凡衆塗所會之地則立關以限之行旅有

節傳方可度關以此稽考其來歷以防姦宄節是使者所持之節傳如今脚引及州縣移文或用節或用傳周禮所謂以節傳出納之者是也

周禮宅不毛至夫家之征廛無夫里節註

家征是力役之征如今庶役夫征是粟米之征即百畝之稅如今輸租里布是布縷之征即五畝之稅如今納絹

無敵於天下者天吏也

問天吏二字曰吏君所命天吏天所命君所命者可

以刑人殺人凡有罪者皆得而刑殺之天所命者可以征人伐人凡暴亂之國皆得而征伐之

無敵於天下一句乃此章之大旨蓋能行五者之政則可以興王者之治當時諸侯不得民心惟務侵人土地故孟子教之但行王政以卹其民使吾國之民仰之若父母則天下之民亦仰之若父母矣如此則東征西伐何所不服不然吾國之民亦仇敵也況鄰國乎

人皆有不忍人之心章

人心慈愛惻怛纔見人便發將出來更忍不住所以謂之不忍人仁之爲德在天地則爲生物之心在人則爲不忍人之心天地能生物人不能生物但是愛人之心即是生物之心程子云惻隱之心人之生道也正此之謂

孟子論性惟這一章說得最分曉

先王有不忍人二句

斯猶即也言先王之心無物欲之蔽才有不忍人之心即有不忍人之政不待充廣而後能也若衆人則

須待充廣

凡有四端節集註

集註即此推廣是釋擴字充滿其本然之量是釋充字自親親而仁民而愛物推至於無一民一物之不愛是充仁之量自一事之得宜推至於無一事之不得宜是充義之量禮智皆然人能充廣則四端之流行發達常如火之始然泉之始達其勢方張而不可遏便由此而可以燎原赴海若不能充廣則如火始然而即滅泉始達而即壅便只恁地休了所以集註

說曰新又新說一作云新字正是發明二始字之意

問四端衆人皆有若擴充似非衆人所能曰知皆擴而充之其緊要在知字皆字衆人之中若有能知所以擴而充之又於四者皆能擴而充之則便是人中之君子但患人不知不爲耳

以四方論之土無定位無成名無專氣以五方論之亦未嘗無定位成名專氣不可執一看

矢人章

此上三四章皆是爲當時君大夫言之此章與仁則

榮一章之意同皆是教時君以擇術因恥辱而勉於仁之意言不能行仁則既無尊爵之可貴又無安宅之可居安富尊榮皆無之而爲人役不免爲宜乎爲人之所役則不當歸怨於人但當反求諸己已若爲仁雖大國豈能役之此役字即小國役大國楚六千里爲讐人役之役

大舜有大焉節

舜之稱堯方以舍己從人爲惟帝時克聖人雖生知而不自以爲生知第虛心以受人之善已之所爲偶

未有盡而人之所見有善於已卽舍而從之無一毫執吝之意乃所以見聖人之無我而非人所及也

已未善則至取之於已註

集註無所繫吝說舍字不待勉強說樂字此是舜之所以異於人處

柳下惠不羞節

他人不羞汙君不卑小官必至於苟進而柳下惠則不隱賢他人見袒裼裸裎而與之偕立則必至於流而柳下惠則不自失此其所以爲聖人之和而異乎

常人之和也

伯夷隘節

聖人之道大中至正所以萬世無弊纔偏便非聖人中正之道其流必皆有弊故君子不由人之立身學伯夷易學柳下惠難

天時章

立兩句爲柱下文分兩邊自解之非謂可以全無天時地利但不如人和爾用兵也要天時地利但人和爲本人必不和雖有天時地利亦

不可取勝況時不時屬天利不利屬地人心和不和則在我而已在天地者難必在我者可恃緊要在得道二字上

天時謂時日至屬也註

時日干支孤虛旺相之說大槩以五行衰旺言之五行有孤虛時有旺相時春屬木甲乙木生丙丁火便是木旺而火相旺字即是王字相王之次也金到這裏衰所以孤孤者無輔助之意是箇獨夫模樣如今說四廢然水爲母木爲子子實則母虛水到此所以

[illegible]

或問此說時日或是說方所曰二者一般一箇是橫一箇是直所以天德月德日亦有天德月德方大意如此其間又自有細密不同處

孟子將朝王章

景子之言是人臣事君之常孟子之言是人君尊賢之道

曰豈謂是與節

天下有達尊三是解上面是或一道也一句謂曾子

之言別有一箇道理乃是如此不可執君命召不俟駕一偏之說也

故將大有節

尊德樂道不如是如是字指謀爲則就之

故湯之於伊尹節

何處見得學而後臣葢學師之臣相之也觀尹之辭無所遜於湯桓之於管一則曰仲父再則曰仲父亦可見師之之意

按尹之辭見於尚書者今存五篇皆太甲時作所

謂無所遜於湯者未知何據

若於齊節

貨取是羅致底意思言人君之於賢者當致敬盡禮以招致之豈有一箇君子可以貨買結他來緣宋薛所饋有用所以當受若齊所餽則無用既無所用是賄之也若是受了便是被他以貨來籠絡了處字是處物爲義之處

凶年饑歲

凶年說得闊如水旱疾疫之類饑歲只是五穀不熟

我無官守至有餘裕哉

餘裕是寬緩不迫之意賓師從容規諷以漸而入如今朋友相似少焉不入亦當去但寬得些子不如那有官守言責者恁地逼迫不得其職不得其言則目下便着休

或疑孔子不脫冕而行與孟子之說不同曰正是一般蓋孔子有去志久矣但去得不恁地逼迫後來膰肉不至方不脫冕而行且如衞靈公可謂無道然亦以賓禮待孔子故孔子在衞極多時後來却因問陳

明日遂行亦是久有去志因此遂行耳

孟子爲卿章

孟子爲卿於齊齊王以孟子知禮一作理令其攝卿有司各有所司孟子不明言所以不與言之意只就所問行事上答之言事事各有人司之何待我說所謂不惡而嚴如此

棺七寸

周七寸只如今四寸許

齊人伐燕或問節

惟士師則可以殺有罪之人泛泛如何可以擅殺惟天吏可以伐無道之國諸侯如何可以擅相征伐天吏天所命者士師君所命者天吏以其有道故天命之征伐如湯武是也沈同安曉此理但知人之可伐而不知已之不可伐人

養弟子以萬鍾

孟子當日後車數十乘從者數百人皆是門人不是僕從所以齊王要以萬鍾養之

以左右望

左右望是欲全得之萬一不得於此亦可得於彼不得於此是譬喻辭十萬得於彼是譬喻受萬

孟子去齊尹士語人章

尹士是疑孟子來得不是去得也不是旣知王之不可以爲湯武又來做什麼及其去也又不索性去殊不知聖賢憂世之情則不如此方其來也只望齊王能行其道及其去也又望王能改過這是聖賢仁厚之道蓋決然去者義也欲去不去者仁也李氏所以說憂則違之之情憂只是不違去也疑有脫誤當看情字

李氏說見末節總註

夫天未欲節

孟子到此亦未如之何所以只得歸之於天

孟子去齊居休章

有見行可之仕有際可之仕有公養之仕孟子當時
見於祟便有不合處難於委贄爲臣所以止爲際可
之仕見行可者見得這道理漸可行也孟子自從旣
退之後未見其道之可行所以終於不受祿

孔氏曰仕至誤乎註

禮則有常義則有權如君命召不俟駕禮也有不召之臣便是義孔氏謂仕而受祿禮也不受齊祿義也說得自好但言公孫丑欲以一端裁之下得却未穩

滕文公爲世子章

前面文公再去見孟子時是疑其資稟凡下不可以爲堯舜故孟子以成覸以下三說答之末後孟子又恐文公自疑其土地狹小故以瞑眩之說告之後來文公也能問喪禮問經界亦足見其有爲處

世子自楚反節集註

道一而已矣與性一而已矣不同性以所稟言之道
以所由言之集註此處說得性字稍重

君薨聽於冢宰

君薨薨字統天子諸侯言聽於冢宰是國家政事皆
聽命於冢宰非聽訟聽政之謂當看於字

夏后氏五十節

若欲考究纖悉則難理會且井田之法黄帝開端便
做成了如何便改得商人七十畝周人如何便更百
畝多少擾擾鄉遂用貢法都鄙用助法三代所都之

地不同則鄉遂都鄙亦恐卒難做過至於溝洫塗畛亦非一朝一夕所能成朱子亦嘗疑之矣

又稱貸而益之

稱貸而益之如常年五石納官凶年折了只納四石而公家必取盈五石之數則又貸他人一石來湊納以足其數此所以見貢法之害

設爲庠序節

孟子教時君行仁政只是養與教二事井田以養之學校以教之告齊宣滕文皆如此

小民親於下者蓋百姓不親五品不遜所以教以人倫使之君與臣自相親父與子自相親長與幼自相親朋友以道相親夫婦以義相親非尊君親上之親或問夫婦有別如何相親曰夫婦無別則相瀆瀆便相離了

亦以新子之國

新其國小大雖不同可以為善便是新其國

使畢戰節

分田制祿雖平說然却相因穀祿即井地中公田撥

其穀以爲祿分田始可制祿

經畫其溝塗封植之界也註

溝塗封植之界經緯錯綜直者爲經横者爲緯只舉經字有緯在其中溝溝洫之類塗道塗封土堠植種木爲界

卿以下兩節

圭田餘夫亦是百畝中撥與他半分則五十畝四分則二十五畝

問各受田百畝六十傳與其子子養其父但只是長

子受父之田次子便是餘夫別請二十五畝若無子則百畝納之官曰然

或問人物繁庶公家安得有許多田分授曰天地間只着得許多物事少間人物過多便有乘除亦理勢使之然也

此其大略節

或問潤澤之說集注云合於人情宜於土俗此是朱子着緊說處曰前面說底是箇硬局子到這裏須是要會變通使合人情宜土俗可也潤澤非文飾之謂

乃是和軟底意思不全是硬局子溫潤滑澤方可行得此朱子善於形容孟子用心處

王制與周禮已自不同孟子多是臆度言之耳井田可行於中原平曠之地若是地勢高低如何可井恐江南是用貢法阡陌是田間路古人車制一車闊六尺有餘兩旁又翼之以人占田太多商君欲富國所以鑿開阡陌爲田前此諸侯欲富其國井田大綱已自廢了商君索性壞却

曾子曰不可　至　不可尚已

曾子所見不在衆人所見之中衆人見衆人之所見曾子見衆人之所不見所以能說夫子皜皜如濯之以江漢之水暴之以秋陽之日其光輝潔白有不可加者矣

從許子之道節

長短以丈尺言輕重以權衡言多寡以斗斛言皆是比而同之與竝耕相似便是齊物剖斗折衡而民不爭之說凡託神農黃帝者皆老子之說也

徐子以告夷子夷子曰儒者之道節

夷子是引若保赤子一句來證愛無差等之說孟子則謂不然信以爲人之親其兄之子爲若親其鄰之赤子乎是說夷子差看了若保赤子之意信直也彼有取爾也是說周書别有所取譬也以下二句却解周書本意

一本便有厚薄如木然根榦枝葉自有大小次第二本則天下皆是父母無分根榦枝葉了蓋親親而仁民仁民而愛物各有差等不同夷子不識以爲愛無差等

蓋上世節

厚葬其親發於其心之不能自已這便是夷子求見孟子之萌芽孟子就舉上世不葬其親之說亦見得發於不容已蓋上世不葬其親這一人於心有所不安却掩之葬親之事由此始掩之誠是也此一句是問掩之是耶非耶若以爲掩得是則孝子仁人之掩其親亦必自有箇道理以此觀之則厚葬其親自有不容已者葬其親厚則愛無差等之說不攻自破矣集註若所當然四字說掩之誠是一句佳　終

饒雙峰講義卷之十三

同邑後學王朝渠述

裔孫饒廷杰中立校

之彩

孟子三

陳代章

前面引虞人明不可往見之意言其能守義後面引王良明不可枉尺直尋之意言其不忘義以徇利

昔者趙簡子節

此節是序述體案而不斷文意直到如枉道而從彼何也方住須畱下御者三句地

射者是驅禽獸來迎而射之此禽當中來則可以正射若來得不正則或當左或當右以射之他御者自有法度射者不過迎而射之則不中非關御者事詭遇是詭道以遇禽獸射者不能迎而射之而御者以詭遇則其中非射者之能乃御者之力也

景春章

乾元亨利貞便是剛健爲正坤利牝馬之貞便是柔

順爲正儀衍雖使得諸侯懼不過順其欲耳諸侯之志在得土地二人（一作儀衍）從而投其所好說之征伐以得土地不過妾婦之事耳丈夫且有所不爲況大丈夫乎

三月無君二節

三月無君則弔似亦可疑如何恰好三月無君便去弔之恐是爲士先有位後失位者言之必竟子爲士則祭以士子爲大夫則祭以大夫尋常有祭一旦失位而不得祭一年有四時之祭若失位三月便廢此

一祭故爲可弔弔其不得祭非弔其不得君也古人重祭祀故如此不然則如何三月無君便弔

彭更章

當時功利之說盛不知聖道之有用見孟子所至之國時君稍見尊禮養其從者則以爲無事而食如王子墊問士何事公孫丑問不素餐兮皆是此意畢竟當時之君雖能養之而不能用之故時人有此疑然而當時諸侯尚知尊敬儒者如孔子之適衞孟子之在齊皆有所養想亦是先王之澤未泯

不行王政云爾

武行王政故征伐無所不服行仁政也似難如湯行仁政則有夏臺之囚文王行仁政則有羑里之囚滕方欲行王政齊楚便去廹他然孟子但告之曰君如彼何哉強爲善而已矣宋則未行故孟子言不行王政云爾

公孫丑問曰不見諸侯章

古者不爲臣不見前面陳代一章終未甚分曉此一段說得極分曉畢竟公孫丑是問不見諸侯何義故

孟子答之甚明是皆已甚陽貨先豈得不見皆是斷之之辭觀陽貨之事則不特諸侯不可見觀曾子子路之言則不特不可往見雖平交之人亦不可強與之言蓋物不可以苟合

水逆行氾濫於中國

水逆行是如此壅塞上來遂至於橫流當初畢竟先亦是如此壅塞到堯時水多年無去處所以氾濫於中國

邪說暴行又作

暴行郎上面壞宮室棄田宅也暴行通上下而言必有邪說糊塗了箇理義然後暴行始作

聖王不作節

墨氏無父之教便充塞了仁楊氏無君之教便充塞了義有仁義則天下治無仁義則天下亂今仁義既充塞則亂將起而率獸食人人又將相食矣但本文充塞仁義以下自難看少箇意脈過率獸食人上去故集註從而補之曰孟子引儀之言以明楊墨道行則人皆無父無君以陷於禽獸而大亂將作（今集註作作起）

是以今集註作亦率獸食人而人又相食如此說得甚分曉

吾爲此懼節

前言生於其心害於其政發於其政害於其事此言作於其心害於其事作於其事害於其政者亦各有意前言畢竟政是大體事是小節今既生於其心則必害於大體既害於大體則少焉於那小節上都壞了此段只指楊墨而言無父無君乃楊墨之見於行事者少焉充塞仁義而至於率獸食人是害於其政了

昔者禹抑節

前言天下之生久矣一治一亂爲綱領下面又言治了又亂亂了又治再三如此反覆說了則又到此以三段總結前面以予不得已一句起頭後以予不得已一句結合既而又繳上不得已去

詩云戎狄節

孟子所以引戎狄荆舒者以楊墨乃夷狄之教也

我亦欲節

問邪說詖行如何分曰說既邪僻其行必偏詖其辭

愈見淫蕩前言詖淫邪由詖而始此言息邪說由邪而始詖行淫辭則自邪說上來放者廢放距絶

臣章曰陳仲子章

不要問所從來只當思量我當食兄之祿與當居兄之室否若問所從來則纖屨辟纑以易之者又安知其所從來之非義如諸侯之取人猶禦然他既交也以道接也以禮則孔子受之矣若思其所從來則思之過行一步也不得這箇不是孟子如此辨得分曉則後世將謂陳仲子是箇好人

離婁節

規矩六律當初皆是聖人做起雖離婁公輸師曠亦不可無之況庸匠庸工乎不以仁政雖聖人也不能平治天下況後世乎

既竭心思焉三句

惟天下不能常有聖人所以要繼之以不忍人之政繼字最有意味不然仁政雖自聖人而始亦自聖人而止矣

責難於君謂之恭

恭有對敬言者有卽是敬者如中庸篤恭書允恭之類恭卽是敬也

規矩方員章

孟子是舉堯舜爲法舉幽厲爲戒這幾章意思一般

欲爲君節

人倫不說父子夫婦長幼朋友而獨舉堯舜君臣做人倫之樣子者其意在說當時人君

百世不能改也

改是要改其惡謚古人謚法最公後世亡國之君皆

得美謚公義廢矣

天子不仁節

社稷宗廟以祭言四海以土言四體以身言四海依舊在只是我不得有其土社稷宗廟依舊在只是我不得以諸侯卿大夫之禮行其祭四體依舊在只是我不得有其身非無了此物他依舊在只是不是我箇了

愛人不親章

上面三句包括未盡所以下句又說皆當反諸已添

箇皆字凡有行不得所欲者必自反諸身則我之身無不正天下亦歸之矣皆字説得闊不特説上面三者而已永言配命是常常思量要合理永是無間斷之意此章補前章意前章説大綱此章説得密

人有恒言章

國王畿之内天子所治天下四方諸侯之國天下取則於國國取則於家家取則於身

巨室世臣大家也　爲政不難章註

集註世臣大家是兩項世臣非一代之臣大家是貴

宦之家

天下有道小德章

天下有道則人隨其德之大小而有位之上下天下無道則修德者少縱有之不得在上位集註人皆有疑衍修德者是人自修德位必稱者是上之人處之各當皆是告時君之辭

賢兼才德以政事言也雖曰時勢如此然有大德者便能迴天便勝了這勢孟子所以不說堯舜而說文王者文王自小至大由百里而三分有二不爲紂所

役此可以見德足以勝時勢處

天者理勢之當然也 註

集註將理勢二字來說大德小德小賢大賢以理言小役大弱役強以勢言蓋天下有理有氣就事上說氣便是勢如鄭衛齊楚之役亦勢之當然也纔到勢之當然處便非人之所能爲卽是天了

侯維也 侯于周服註

侯維之維助語辭維字活有數義有是思字底有是獨字底有是發語辭底有是助語辭底隨其文義之

異維與從惟者同但詩内多從糸

不仁者可與言章

要在看樂其所以亡者一句他只愛那淫荒暴虐所以取亡底事故雖危自以爲安雖菑自以爲利孟子此章說得利害大段分明

夫人必自侮二句

自侮是不自重適所以召人之侮

所欲與之聚之

與之之與訓爲字是因人之欲凡他所欲却爲討與

之如聚斂然

自暴者章

前面說自暴自棄兩等人後面說弗居弗由又只指自棄者言之何也蓋非毀禮義之人已不可教誨矣那不能爲底只是爲之不勇耳尚知得仁義可居可由猶爲可教所以孟子只說此一項自歎息那自棄之人有安宅而不居有正路而不由是可哀也

居下位章

人要爲君取信必須朋友稱譽薦進然朋友所以稱

譬必能修身齊家方有可稱者若是不悅於親則何
可稱之有能悅親必出於誠必乃可這是推原誠身
效驗如此若說誠身工夫則無閒於事親取友事君
治民之際誠到至處自能動物則以之事親而親悅
以之取友而友信以之事君而君用以之治民而民
從初無先後之分矣
中庸自天下之達道五以下恐只是子思之言子思
當來只爲學者說所以說居下位起若孔子告哀公
則未必說居下位及取友等事如修身事親知人知

天之說却是孔子告哀公之言

按此段因總註此章述中庸孔子之言而發故附著於此

而明善又爲思誠之本註

集註明善又爲思誠之本似明善之外又有箇思誠恐非本文之意蓋明善即是思誠

伯夷辟紂章

作興是說文王起而爲方伯若說伯夷則當說作而興養老不特是老者得其養老少皆得其養歸乎來

是歸入文王境內非仕於文王也既有齒又有德故謂之大老若常人則是年老而已

聽其言也節

聽其言然後觀其眸子若言有不善則不必觀眸子蓋言有僞有不僞眸子却不容僞故既聽其言已得其大槩又觀其眸子以審之孟子胷中明所以聽其言便知得他心內事如詖淫邪遁知其所蔽陷離窮是也

恭者不侮人章

孟子就侮人奪人上說，是見得非泛言恭儉，亦是爲國君言之。當時國君必有名爲恭儉者，但無故而加兵於他人之國，便是侮人；無故而取人之土地，便是奪人，安得謂之恭儉？

王氏曰父有爭子至則亦戒之而已矣父子之閒節註

王荆公所謂爭，則下氣怡聲和悅以爭之；所謂戒，亦訓勑之而已。

事孰爲大二節

事君、事長、事兄皆是事，事但只是事親爲大；守國、守家守官守職皆是守但只是守身爲大此孟子所以云事親爲事之本守身爲守之本也能事親則忠可移於君順可移於長弟可移於兄守身亦然這箇論其本故謂之大

曾子養曾晳二節

曾子養志是順承他好底意思曾晳不私其口體之奉常有及物之心這便是好底意思冠者童子舞雩詠歸有老者安之少者懷之之氣象曾晳有這意曾子便能承順他蓋緣曾子意思亦是如此曾元便不

然矣孟子舉必有酒肉以爲養親之法凡有好底意思皆要承順而推廣之若是不好底意思則不當承順要喻之使合於道方謂之孝孟子舉曾子曾元之事作兩箇例頭見事親者須是養志若養口體末也曾子以下專論事親然守身亦父母之願亦可謂之孝不然則爲父母辱矣

人不足與適章

大人是伊周之徒他人當不得君仁君義便是正也仁體義用正包仁義言之

有不虞章

我去聲譽他人之譽平聲得此譽於他人去聲譽本是美人之好處但對毀字說則二者皆不得其眞之意

樂正子從於兩章

此兩章只一件事是兩次說樂正子方來孟子不欲便責之後却正其責所以分作兩章

樂正子是樂官之長恐其先曾作樂官來子孫遂以爲姓樂正裘亦是一人以此見樂正是姓如司馬亦是因官以爲姓

樂正子初意只欲來齊見孟子却因依王驩來欲省飯食之費耳所以言徒餔啜也如今人欲省路費模樣樂正子將作無緊要底事看了殊不如纔一失身便是因失其親將來王驩或薦引之則那時去就愈難區處孟子所以切責之

趙氏曰於禮至爲大　不孝有三節註

此三者不是尋常不孝底事奉順孝也但阿意曲從陷親於不義則不可非其道不仕孝也家貧親老而不爲祿仕則不可告而後娶孝也但告則不得娶以

至無子絶嗣則不可趙氏以意度說自好所以朱子不破其說

范氏曰天下至罪人也舜不告節註

范氏之意有功於世教若父之頑未至如瞽瞍之甚則人子平時所以事其親者未能如舜之孝而欲不告而娶則古今之罪人也

仁之實節

實如果實瞉之類包得許多生意在其中萌芽枝葉皆由是而生初焉五者只在事親從兄兩件內如兩

箇果實然少焉知得這箇節文這箇到樂這箇到生
而烏可已皆此實內萌芽發甲到枝葉蕃茂處此章
與論語本立而道生一句相似前面事親從兄是爲
仁之本後面智禮樂是道生但有子說得偏孟子說
得全

此章不言信者實則信在其中

此章有經緯仁義是經禮樂智是緯

禮之實二段

禮樂合精粗本末而言到樂處則道理自然生

節即限節文有文章如及階是節揖是文親親之殺尊賢之等此節文也就親親中而言則又有親疏遠邇到仁民愛物上亦是節文纔到節文處功用便廣了天理之節文作靜字看節文斯二者作動字看此章說得活亦當活看

天下大悅章

順親者父母所爲合乎道子所爲亦合乎道彼此無違逆之謂非順從之謂也

聖人遇此人倫之變却能回變爲常返逆爲順所以

可爲法於天下而傳後世也

順則有以諭之於道註

問如何可以諭之於道曰所以先意承志諭父母於道父母之意未發我便做道理承順其意而諭之於道爲人子不但得父母之心又能諭父母於道方謂之孝

饒雙峰講義卷之十三終

饒雙峰講義卷之十四

同邑後學王朝𤦡述
裔孫饒廷杰中立校
之彩

孟子四

舜生於諸馮章

兩箇夷字不同一箇是東方夷服之地一箇是近畎夷之地

子産聽鄭國之政章

子產未嘗不知爲政但偶然橋未成而以乘輿濟人孟子怕這般私恩小惠人易稱美之所以因此說破以警後人民未病涉要就未字上看十月徒杠已自成了所以民未至於病涉若徒杠到寒時方做則民已病於涉矣

禮爲舊君節

舊君其恩已絶尙且爲其君有服不應現在之君而待之如此集註所以云王疑孟子之言太過

諫行言聽節

諫是閉邪言是陳善

問諫行言聽如何又有故而去曰如夫子在其國道非不行只因受女樂便去諫行言聽是平日如此亦有偶然議論不合而去

非禮之禮章

雖合禮而不合中亦謂非禮之禮雖合義而不合中亦謂非義之義此二者亦是言時中之道

此章緊要在大人弗爲上大人對小人而言大人者言不必信行不必果惟義所在言必信行必果硜硜

然小人哉正是相對說

人有不爲章

凡人既不肯爲惡則必勇於爲善上面是有守下面是有爲先有守而後有爲

大人者言不章

大人者篤實而有光輝以上底人與道爲一不着安排隨時施宜言行何嘗有心於信果耶

大人者不失章

赤子如飢要乳便是欲但飢便啼喜便笑皆是眞情